인도네시아 문학사

이 번역서는 2018년도 한국외국어대학교 학술연구지원으로 이루어진 책이다.

HISTORY OF INDONESIAN LITERATURE

인도네시아 문학사

지은이 **얀트 무지얀또(Yant Mujiyanto), 아미르 푸아디(Amir Fuady)** 옮긴이 **김장겸**

HU:iNE

머리말

인도네시아 문학은 인도네시아인의 정신, 정서, 문화를 담고 있을 뿐만 아니라 인도네시아어로 쓰여진 모든 문학작품을 일컫는다. 이 문학작품들의 배경은 인도네시아에 국한되지 않으며, 외국을 배경으로 삼을 수도 있다.

문학사는 문학가의 창작활동과 문학작품을 기준으로 1920년대부터 21세기 초기까지 문학의 탄생과 발전 과정을 보여주는 문학 창작품을 연대순으로 구분하여 체계화하고 공식화한 것이다.

문학이론과 문학 평론처럼 문학의 일부로서 문학사는 이들과의 상호 영향을 주고 받으며 완성되어 간다는 측면에서 관련성이 있다. 문학 평론이든 문학사이든 그 둘 모두 작가가 창작한 문학작품에 대한 이해를 바탕으로 하고 있다.

인도네시아의 문학사는 크게 탄생 시대와 발전 시대로 나뉜다. 탄생 시대는 발레이 뿌스따까, 뿌장가 바루, 일본식민시기 등의 문학 세대로 구분된다. 발전 시대는 45년 세대, 끼사 세대, 66년 세대/문화성명 시대, 70년대 세대, 80년대 세대, 90년대 세대, 2000년 세대, 21세기 초기 등의 문학 세대로 구분된다.

문학사를 통하여 우리는 인도네시아 문학의 발자취인 문학의 탄생과 발전 과정, 문학가의 삶과 작품활동 그리고 문학 감상과 관련된 지식을 폭 넓게 얻을 수 있다.

얀트 무지얀또(Yant Mujianto)
아미르 푸아디(Amir Fuady)

옮긴이 서문

인도네시아 문학을 가르치면서 늘 마음 한 구석에 무거운 짐을 가지고 있었다. 그것은 인도네시아 문학을 전공한 학자로서 제대로 된 인도네시아 문학사의 교재가 부재했기 때문이다. 물론 정영림교수님이 인도네시아 현대문학사를 내 놓으셨지만 인도네시아 문학사를 가늠하기에는 부족한 점이 있었다. 이 점을 어떻게 보완할 수 있을까 고심하던 차에 얀트 무지안또(Yant Mujianto)와 아미르 파우디(Amir Faudy)의 인도네시아의 문학사(Kitab Sejarah Sastra Indonesia, 2014)를 접하고 우선 번역서라도 내기로 마음먹었다.

안뜨 무지안또와 아미르 파우디는 사범대학에서 언어와 문학을 전공하고 중고등학교에서 언어와 문학을 가르친 경험이 있으며, 이를 바탕으로 인도네시아 문학사를 통시적, 공시적으로 통합하여 알기 쉽게 정리하였다. 또한 이 두 저자는 수라까르따 3월 11일 사범대학교의 교수와 문학가, 그리고 비평가로 활동하면서 축적한 인도네시아 문학에 대한 전반적인 연구를 수행하였다. 그들이 수행한 문학사의 연구는 문학비평의 궁극적인 귀착점에 해당한다고 볼 수 있다. 다시 말해, 문학사의 연구는 문학작품과 작가를 시대별, 주제별, 특징별로 정리하고, 문학의 역사가 요구하는 자체의 상황과 논리를 바탕으로 문학작품의 의미에 새로운 생기와 의미를 불어 넣어 주고 있다는 점이 특징이라고 할 수 있다.

본 인도네시아 문학사는 모두 9장으로 구성되어 있는 책으로 제1장에서는 인도네시아 문학사: 문학의 일부로서의 문학개론과 문학사를, 제2장에서는 발레이 뿌스따까와 뿌장가 바루를, 제3장에서는 일본식민시기의 문학 세대와 45' 세대를, 제4장에서는 끼사시대, 문학성명시대, 50' 세대, 66' 세대를, 제5장에서는 1970년대와 1980년대 문학을, 제6장에서는 90년 세대와 2000년 세대 문학을, 제7장에서는 각 세대별 인도네시아 문학의 주요 작품과 특징을, 제8장에서는 발레이 뿌스따까 세대부터 최근 2000년 세대까지의 인도네시아 시들의 프로필을, 제9장에서는 연대순의 문학사건과 관련된 용어들 및 최근의 문학 트랜드를 다루고 있다.

위 인도네시아 문학사의 구성에서도 알 수 있듯이 저자들은 인도네시아 현대문학의 탄생 시점인 발레이 뿌스따까로부터 가장 최근의 2000년대 문학까지 각 세대별 및 시기별 주요작가와 시, 소설, 단편소설, 드라마, 번역, 번안 작품 등을 분석하고 있음은 물론 문학 용어, 문학잡지, 문학사건까지 전반적인 인도네시아 문학에 대해서 일목요연하게 선별하여 정리하고 있음을 알 수 있다. 사실, 모든 문학적 현상과 문학적 경향에 대한 문학사적 의미와 규정, 그리고 가치부여의 과정에서 작가와 문학작품의 세대별/시기별 선정의 객관성을 어떻게 보장할 수 있는가 하는 문제도 그리 간단한 문제가 아니라고 여겨진다. 왜냐하면 한 작가가 한 세대에서만 작품 활동을 한 것이 아니라 몇 세대에 걸쳐 이루어져 중첩되는 경향을 보이고 있기 때문이다. 이는 결국 이 두 저자의 문학사적 관점과 비평적 태도에 의거할 수밖에 없는 일이다. 이 점을 조금이나마 보완하기 위해 본 문학사에 등장하는 수많은 인도네시아의 문학가들 중에 세대별 또는 시기별로 대표적인 문학가의 인물 사진을 인터넷 사이트(id.wikiledia.org, biografiku.com, kumparan.

com, wordpress.com)와 몇몇 블로그에서 찾아 사용했음을 밝히며, 이들 사이트와 블로그에 감사한다.

인도네시아 문학사를 번역하면서 역자가 가장 고심한 것은 출발어인 인도네시아어를 도착어인 한국어로 번역하면서 원어 표기법에 입각해 번역할 것인지 아니면 한국의 외래어 표기법에 입각해 번역할 것인지에 대한 문제였다. 이는 모든 번역가들이 고심해 온 과제일 수 있지만 역자는 인도네시아어 발음에 입각해 번역하였음을 밝혀둔다. 인도네시아 문학사에서는 자바어, 네덜란드어, 영어, 순다어, 중국어 등 지방어와 외국어가 많아 어색한 표현과 오역이 있을 수 있으며, 특히 문학작품의 제목은 상징성을 띠고 있기 때문에 그 의미를 살려 제대로 번역되었는지에 대한 두려움도 있다. 역자 자신도 지금의 번역상태가 썩 만족스럽지 못하고 또한 완성도가 떨어지는 상태에서 출판하게 되어 마음이 무거움을 고백하지 않을 수 없다. 만약 번역의 오류가 있다면 그것은 전적으로 역자의 능력부족이며, 출판 이후에라도 독자들의 조언을 받아 오역을 수정할 수 있는 기회가 있기를 바란다.

마지막으로 힘들고 지루한 번역과정에서 언제나 힘이 되어 주었던 가족과 교정을 봐주신 말레이-인도네시아어통번역학과 선생님들께도 감사를 드리며, 부족한 원고를 좋은 책으로 탈바꿈시켜 주신 한국외국어대학교 지식출판콘텐츠원 담당선생님들께도 감사한 마음을 전한다.

2019년 3월,

옮긴이 김 장 겸

목차

I

인도네시아 문학사:
문학의 일부로서 문학개론과 문학사

I

인도네시아 문학사:
문학의 일부로서 문학개론과 문학사

1. 용어 이해

인도네시아 문학사는 인도네시아의 문학과 역사로 구성된다. 여기서 역사라는 단어의 의미는 '과거에 실제로 발생한 사실이나 사건'을 말하는 것으로 단어의 사전적 의미와 크게 다르지 않다(KBBI, 1988:74).

그러나 학문의 한 분야로서의 역사와는 다르게 인도네시아 문학사는 문학인물, 문학가, 문학 전문가 그리고 그들의 문학작품의 창작 및 출판과정과 결과물을 총칭한다. 또한 인도네시아 문학사는 문학가들의 문학세계와 문학적 삶에서 발생한 문학의 탄생과 발전 그리고 최근(20세기부터 21세기 초기)까지 인도네시아어로 쓰여진 문학작품들을 말한다.

인도네시아 문학작품은 인도네시아인의 정신, 숨결, 감성 그리고 인도네시아의 문화를 담고 있는, 인도네시아어로 쓰여진 모든 문학적 창작품이라고 할 수 있다. 그 문학작품은 대부분 인도네시아에서 인도네시아인들에 의해 인도네시아어로 쓰여진 작품들을 일컫는다. 그런데 시간이 흐를수록 외국에서 거주하고 있는 인도네시아인들이 외국을 배경으로 쓴 작품들도 인도네시아 문학작품으로 인정받을 수 있는 가능성이 커지고 있다. 이러한 문학작품들도 작가가 공유한 인도네시아어와 문화 그리고 인도네시아의 민족정신에서 결코 자유로울 수 없고 작가의 사고나 인생관 그리고 직관에 영향을 받고 있기 때문이다. 물론 외국 문화의 영향을 받고 있다는 것을 부인할 수는 없지만 그 작품들에는 작가 고유의 정신, 인격과 개성이 담겨 있다. 즉, 외국 문화와는 다른 인도네시아 문화를 간직한 작가의 정신이 반영되고 투영되어 있다고 할 수 있다.

외국을 배경으로 쓴 엔하 디니(N.H. Dini)의 소설작품인 '라 바르까(La Barka)', '선상에서(Pada Sebuah Kapal)', '내 이름은 히로꼬(Namaku Hiroko)', 부디 다르마(Budi Darma)의 단편소설인 '올렌까(Olenka)'와 '블루밍턴 사람들(Orang-orang Bloomington)', 우마르 까얌(Umar Kayam)의 단편소설인 '맨해탄의 천 마리 개똥벌레(Seribu Kunang-kunang di Manhattan)' 등의 작품들은 외국을 시공간적 배경으로 하고 있다. 이 작품들은 외국 생활의 내적 경험이 작가에게 적지않은 영향을 주고 있지만, 인도네시아인의 개성을 그대로 간직한 인도네시아의 문학이라는 인상을 주고 있다.

보편적인 인간의 가치와 평등 그리고 세계주의에 입각한 문화 개방이 널리 확산되고 있는 세계화 및 현대화로의 급격한 변화 속에서 인도네시아 문학의 주제도 민족문화의 창달과 의미를 제대로 구현하지 못하고 있을 뿐만 아니라 인도네시아인의 정서에도 깊이 뿌리 내리지 못하고 있는 것도 주지의 사실이다. 더 안타까운 사실은 인도네시아어로 쓰여진 문학작품이 종교적이며 사회주의적인 빤짜실라(Pancasilaistik; 빤짜실라-인도네시아 국가 5대 원칙) 성격을 지닌 인도네시아 민족정신, 정당성, 정직성, 도덕성, 양심, 상식 그리고 고귀한 인권을 구현하기 위한 합법적인 의무를 수행하고 있는지에 대한 의구심이라고 할 수 있다. 그러나 시간이 흐를수록 점차 인도네시아어로 쓰여진 문학작품이 빤짜실라에 바탕을 두고 있을 뿐만 아니라 다양하고 보편적인 가치로 인해 다양한 민족의 삶을 주제로 다루거나 배경(setting)을 다루고 있어 그나마 고무적이라고 할 수 있다. 이같은 주제와 배경을 다룬 작품들도 인도네시아 문학작품 중에 하나라고 볼 수 있다.

반면, 인도네시아어로 쓰여지지 않은 문학작품은 비록 인도네시아인의 정신, 민족 그리고 열정을 담고 있다고 할지라도 인도네시아 문학작품이라고 할 수는 없다. 원제 '어둠에서 빛으로(Door Duisternist Tot Licht)'를 '어둠이 가시고 빛을 발하다(Habis Gelap Terbitlah Terang)'로 번역한 까르띠니(R.A. Kartini)의 서신들, '회상물(Buah Renungan)'로 번역된 단편소설집과 '샤이자와 그의 동생(Saijah dan Adindanya)' 삽화로 유명한 물따뚤리(Multatuli) 또는 막스 하벨라르(Max Havelaar)의 작품들, 수라바야에서 태어난 네덜란드 여류 작가 마그달레나 헤르미나 세켈리 루로프(M.H. Szekely Lulofs, 1899~1958)의 '노동자(Kuli, 원제-Koeli)', '쫏 냐 딘(Cut Nya' Din)', 원제 '커피 농장에서 운명과의 경쟁(De Hongertoch, De Andere Wereld)을 '커피농장에서 운명을 쫓다(Berpacu Nasib di Kebun Kopi)'로 번역된 작품 그리고 끄뜻 딴뜨리(Ketut Tantri)라는 이름으로 유명한 영국 출신 미국 여성 작가의 '천국에서의 혁명(Revolusi di Nusa Damai, 원제: Revolt in Paradise)'이라는 작품은 인도네시아인의 정신, 정서, 숨결을 매우 강하게 느낄 수 있지만 인도네시아 문학작품이라고 부르지 않으며 작가들도 인도네시아 문학가의 범주에 포함시키지 않는다. 왜냐하면 위에서 언급된 작품들이 인도네시아의 문화, 배경, 투쟁, 열망을 반영하고 있지만 작품의 원본이 외국어(네덜란드어, 영어)로 쓰여졌기 때문이다.

2. 문학의 일부로서 문학사

문학이론과 문학 평론처럼 문학사는 문학교육에서 문학과 예술의 일부로 간주된다. 보통 문학사는 문학이론이 등장한 이후에 탄생하게 된다. 그것은 문학에 대한 용어, 관점, 방식이 문학의 일부인 문학이론이기 때문이다. 문학비평에 의하면, 문학이론과 문학사의 존재는 항상 문학 창작품 이후에 등장한다. 문학비평은 문학작품의 구조 및 가치, 작가의 창작방법, 세계관 따위를 일정한 기준에 따라 검토하고 판단하는 것을 말한다. 반면, 문학사는 문학작품에 나타난 작가의 정신과 상상력 그리고 사회상의 역사적 전개 과정을 살펴 기술하는 것을 말하며, 더 나아가 대중에 널리 퍼지고 출판된 문학작품의 양적, 질적 성장과 발전을 바탕으로 공식화된다고 볼 수 있다. 문학사의 연구자는 출판된 수백 편의 문학작품을 수집해서 연대순으로(집필과 출판일짜 대로) 목록화하고 그 문학작품들을 주제, 인물, 배경 등으로 분류한다. 또한 문학가(소설작가와 시인)와 문학 평론가들의 창작 및 연구 활동을 정리하여 10년 주기에서 다음 10년 주기로, 한 세대에서 또 다른 세대로 구분하여 문학가(소설작가와 시인)와 문학 전문가(연구가, 평론가, 에세이스트)의 명단을 작성한다. 그 다음에 문학가인 소설작가와 시인들의 이름, 학력, 직업 등의 개인 신상정보와 아울러 그들의 창작물과 관련된 그들의 종교와 인생관, 활동상 그리고 그들의 작품, 특히 출판된 작품이 속한 세대별로 분류표를 만든다.

세대별 문학작품의 분류에 있어서 특정 세대가 뚜렷한 문학적 특징을 지니고 있다면 그것은 역사적이고 뛰어난 개성을 지닌 문학 세대가 등장했음을 의미한다. 인도네시아 문학사에서는 다음과 같이 초기 문학 세대가 등장했다:

(1) 발레이 뿌스따까 세대(1920~1933)
(2) 뿌장가 바루 세대(1933~1942)
(3) 일본 식민시기의 문학 세대(1942~1945)

1920년대 문학부터 현재의 문학까지 문학 전문가 및 문학가로 왕성하게 활동한 아집 로시디(Ajip Rosidi)는 위에서 언급된 세대들을 초기 문학 세대 또는 초기 창작 세대라고 명명하고, 인도네시아 독립선포일(1945)로부터 현재까지를 그 다음 문학 세대인 발전 세대라고 명명했다.

발전 세대의 범주에 포함되는 세대는 다음과 같다:

(1) 45년대 세대(1945~1953)
(2) 50년대 세대(끼사 세대)(1953~1961)
(3) 66 세대(문화성명 세대)(1961~1970)
(4) 80년대 세대
(5) 최근 문학 세대(1990~현대)는 그들의 최근 문학활동에 대해 구체적으로 설명하기 위한 것이며, 이 문학 세대가 탄생시킨 문학작품들의 기록물 내지 출판물이라고 할 수 있다.

3. 문학이론, 문학 평론, 문학사 등의 관계

문예학은 문학과 예술이 포함된 아주 넓은 범주의 학문이지만 문학적인 측면에서 보면 문예학은 문학이론, 문학사와 사조 그리고 문학 평론이 포함된 문학을 과학적으로 체계를 세워서 연구하는 것을 일컫는다. 더 구체적으로 설명하면, 문예학은 문학이론과 용어, 문학의 탄생과 발전, 문학작품에 생명을 불어 넣는 문학 사조, 문학의 본질과 비본질적인 요소, 문학의 내외적 구조, 논평, 문학작품에 대한 가치 판단과 토론에 관한 것이라고 할 수 있다. 문예학은 다음과 같이 나뉜다:

(1) 문학이론
(2) 문학사와 문예사조
(3) 문학 평론

문학작품과 연계된 문예학은 문학 창작품과 함께 문학 교육과 문학 감상 분야로까지 확장될 수 있다. 문학이론은 문학작품의 성격과 작품을 분석하는 방법에 대한 체계적인 설명이며, 여러 가지 문학작품의 장르 구분과 문학 용어를 상세히 설명한 것이라고할 수있다. 문학작품은 장르, 형태, 내용, 특징 등으로 구분할 수 있고 더 세분화할 수도 있다. 문학이론에는 문학의 기준과 요소, 문학의 다양한 비유적 표현, 문학의 본질적 요소와 비본질적 요소가 포함될 수도 있다.

문학이론은 학문적이고 체계적이고 방법론적이기 때문에 누구나 습득할 수 있다. 시, 단편소설, 소설, 희곡 등을 창작하는 것과는 달리 문학이론을 습득하는데 예술적 재능이 필요한 것은 아니다. 따라서 누구나 문학이론을 깊이 있게 배울 수 있다.

문학이론은 아주 방대한 문학에 관한 지식의 체계화이자 공식화이다. 문학에 대한 지식은 문학작품을 심미적이며 비판적인 시각에서 폭 넓게 보고 철저하게 읽을 때 얻어진다. 위에서 언급된 이론들을 체계화하고 공식화하는 문학 연구자들은 문학에 대한 높은 관심과 반응 그리고 치밀한 분석과 문학적 감성을 가지고 있다. 문학이론은 문학 감상처럼 문학작품의 등장을 환영하고 친절하게 안내하는 역할을 한다.

문학이론가(문학 전문가)는 상대적으로 접하기 쉬운 최근의 문학작품을 탐구할 뿐만 아니라 한 세대에서 다음 세대로 이어지는 문학작품의 발전과 성장에 주목하고 널리 퍼진 문학의 자료를 추적하여 탐독하기도 한다. 그래서 문학이론가들은 문학 역사가와 상호 협력 관계를 유지한다. 그래서 가끔 문학이론가들은 문학사의 연구자가 되기도 한다.

역사라는 관점에서 문학사는 한 민족의 언어가 가진 문학 지도처럼 넓고 긴 여정 속에서 문학의 탄생, 발전 그리고 성장을 꼼꼼히 살펴보며, 이를 통해 역사 문제를 인식하게 된다. 예컨대, 문학작품의 관점에서 문학사는 처음에 발레이 뿌스따까 출판사의 설립 유래와 므라리 시레가르(Merari Siregar)(1920)의 '고통과 불행(Azab dan Sengsara)'으로부터 현재까지의 창작된 문학작품의 기록을 말한다. 작가의 관점에서 문학사는 무하맛 야민(Mr. Muhammad Yamin)으로부터 무하맛 아이눈 나집(Muhammad Ainun Najib)까지, 누르 수딴 이스깐다르(Nur Sutan Iskandar)부터 에디 데 이스깐다르(Eddy D. Iskadar)까지, 심지어 유명한 다나르또(Danarto), 뿌뚜 위자야(Putu Wijaya), 아프리잘 말나(Afrizal Malna) 이외에 함디 살랏(Hamdy Salad), 한디 떼 엠(Handy T. M.), 오미 인딴 나오미(Omi Intan Naomi), 레일라 에스 추도리(Leila S. Chudori), 세노 구미라 아지다르마(Seno Gumira Ajidarma), 아비다 알 칼리키(Abidah al Khaliqi), 도로테아 로사 하를리아니(Dorothea Rosa Herliani), 제나르 마헤사 아유(Jenar Mahesa Ayu), 피라 바수끼(Fira Basuki), 위지 뚜쿨 위자야(Wiji Thukul Wijaya), 조꼬 삐누르보(Joko Pinurbo), 헬피 띠아나 로사(Helvy Tiana Rosa), 아구스 에르 사르조노(Agus R. Sarjono), 린다 크리스띠안띠(Linda Christianti)와 같은 작가와 시인들이라고 할 수 있다.

문학사는 문학의 세대별 분류, 문학 세대의 이름, 그 세대를 대표하거나 그 세대에 속하는 문학가와 그들의 작품을 말한다. 그러나 그 문학 세대별 분류와 문학 세대의 이름에 대해서는 문학 전문가들 사이에서도 의견 차이가 있다. 예컨대, 인도네시아 문학사에서는 야신(Dr. H. B. Jassin), 누그로호 노또수산또(Prof. Dr. Nugroho Notosusanto), 아집 로시디(Prof. Ajip Rosidi), 바끄리 시레가르(Bakri Siregar), 라흐맛 조꼬 쁘라도뽀(Prof. Dr. Rahmat Joko Pradopo), 따우픽 다르마완(Taufiq Darmawan) 등이 문학작품의 창작시기를 구분하여 문학 세대를 체계화 내지 공식화했지만 그들 사이에서도 여전히 이견이 존재하고 있다.

이처럼 문학사에 대한 이견은 인도네시아 문학에 바탕을 두고 있든 혹은 외국 문학에 바탕을 두고 있든지 간에 문학사조에 대한 다양한 논쟁을 불러일으킨다. 문학사조에 대한 논쟁은 작가의 인생관, 신념, 문화, 심지어 사회적, 정치적 태도와도 밀접한 관련성이 있다. 문학에서 한 시대 또는 세대의 일반적인 사상의 흐름은 문학작품의 창조성 이외에도 문학과 사회와의 관계 그리고 문학과 학문의 관련성을 보여준다. 따라서 문학은 심리학, 교육학, 사회학, 철학, 역사, 종교, 자연과학, 도덕성 그리고 정치와 밀접한 관계를 가진다.

우리는 문학에 실존주의, 자연주의, 현실주의, 초현실주의, 상징주의, 이상주의, 로맨티시즘, 이미지즘, 휴머니즘(보편주의), 표현주의, 인상주의, 부조리주의, 신비주의, 수피즘, 결정론, 허무주의, 아이러니즘, 영웅주의 등이 있음을 알고 있다. 위에서 언급된 사조와 관련된 문학작품과 작가를 구체적인 사례를 통하여 다른 사조와 서로 비교할 수도 있다. 예컨대, 프랑스의 알베르 카뮈(Albert Camus)와 사르트르(J. P. Sartre)의 실존주의를 인도네시아의 이완 시마뚜빵(Iwan Simatupang), 뿌뚜 위자야(Putu Wijaya), 하이릴 안와르(Chairil Anwar) 등의 실존주의와 비교할 수 있다. 또한 마울라나 잘랄루딘 루미(Maulana Jalaluddin Rumi)와 파리두딘 아따르(Fariduddin Attar) 시에 담긴 수피즘을 함자 판수리(Hamzah Fansuri), 라자 알리 하지(Raja Ali Haji), 야사디뿌라 I과 II(Yasadipura I과 II), 아미르 함자(Amir Hamzah), 압둘 하디(Abdul Hadi W. M.), 수따르지 칼초움 바흐리(Sutardji Calzoum Bachri), 엠하 아이눈 나집(Emha Ainun Najib)의 시에 담긴 수피즘과도 비교할 수 있다.

한편, 문학 평론은 가장 늦게 출현한 문예학의 일부로서 기존의 문학작품의 질적인 측면을 연구하는 학문이라고 할 수 있다. 그렇기 때문에 이 학문의 존재는 작가들이 문학작품을 많이 쓰는지 안 쓰는지에 달려 있다. 문학작품의 창의력이 높아지고 문학작품의 수가 증가한다면 문학 평론은 문학작품에 대한 다양한 평가를 하게되고 문학작품의 수준을 향상시키는데 기여를 하게 된다. 문학창작이 활성화되지 않는다면 문학 평론의 기회도 감소하거나 사라지게 된다.

문학 평론이 문학작품의 미적 가치를 드러내고 문학작품의 질에 대한 과학적인 평가, 의견, 연구를 수행하지만 연구대상인 문학작품이 제공될 경우에만 가능하다. 그렇지만, 문학 평론은 오직 문학작품의 유무에만 달려 있는 것이 아니라 문학의 창작과정에도 많은 도움을 줄 수 있다. 가치 있는 문학 평론은 문학가들에게 더 창조적이고 더 좋은 문학작품을 창작할 수 있도록 끊임없이 자극하기도 한다.

문학이론, 문학사 그리고 문학 평론은 상호보완적인 관계로서 시너지 효과를 거둘 수 있다. 이 세 분야는 문학작품으로부터 결코 분리될 수 없다. 작가들이 문학작품을 많이 창작하게 되면 문학의 발전을 촉진할 수 있고 또한 문학의 발전이 작가들에게 창작에 대한 자극과 동기를 불러 일으킬 수 있기 때문에 결국, 그들이 적극적으로 문학작품을 창작할 수 있는 에너지를 공급받게 된다.

문학가와 문학 전문가(비평가)는 문학작품의 품질을 향상시키기 위해 여러 가지 방법으로 협력할 수 있는 특수 관계이다. 문학가와 문학 전문가 사이에는 상호 연관성과 유사점이 많기 때문에 가끔은 특정 작가나 시인의 작품에 대한 토론자로서 문학 전문가가 역할을 수행하기도 한다.

문학이론과 문학사, 문학이론과 문학 평론 그리고 문학사와 문학 평론 사이에서도 상호 밀접한 관계가 있기 때문에 서로 도움을 주고 받기도 한다. 문학이론은 문학의 시대별 분류를 바탕으로 한 문학사의 스타일과 그에 따른 많은 문학 세대의 용어를 제공해 준다. 문학을 연구하기 위해서는 문학작품의 가치와 질을 이해하고 분석하는 것이 필요하며 이를 위해 문학이론이 문학 평론을 도와줄 수 있다. 예컨대, 다나르또와 야누사 누그로호의 단편소설, 쁘라무디아 아난따 뚜르(Pramudya Ananta Toer), 뿌뚜 위자야, 부디 다르마와 망운위자야(Y.B. Mangunwijaya) 등의 소설과 수따르지 칼초움 바흐리, 렌드라(Rendra)와 엠하 아이눈 나집, 조꼬 삐누르보 그리고 아프리잘 말나의 시에 대한 개념과 의미에 대해 깊이 있는 이해와 해석없이는 그들의 소설과 시 작품에 대한 연구가 불가능하기 때문이다.

문학사도 문학이론에 많은 문학적 지식을 제공해 준다. 문학사에서 한 문학 세대로부터 다른 문학 세대로의 연대순에 따라 수십명의 작가와 시인의 작품을 토대로 여러 문학 장르의 발전과 성장을 연구할 수 있다. 그 문학사 연구에서, 20년대 세대, 30년대 세대, 일본 식민시기의 문학 세대와 45년 세대, 60년대 세대, 70년대 세대, 80년대 세대, 90년대 세대, 2000년 세대 그리고 21세기 세대 등의 시에 반영된 시 형식의 행과 연 그리고 말의 표현 장치들이 어떻게 사용되고 있는지를 구분하거나 분석할 수 있다.

문학 세대의 기준이나 표현도 시간의 흐름에 따라 항상 변화한다. 그 사례로서 90년대 문학 세대에 속하는 작가들이 누르 수딴 이스깐다르의 로망(roman), 무하맛 까심(Muhammad Kasim)의 단편소설, 무하맛 야민과 루스땀 에펜디의 시를 현대 문학의 탄생 기준으로 삼는다면, 발레이 뿌스따까와 뿌장가 바루의 소설, 단편소설, 시 작품들을 현대 문학작품이라고 말할 수는 없을 것이다. 최근에 라 로제(La Rose), 이끄 수뽀모(Ike Supomo), 마리아 사르요노(Maria A. Sarjono), 야띠 마르야띠 위하르자(Yati Maryati Wiharja), 마르가 떼(Marga T.), 미라 웨(Mira W.), 리스 쁘라세터(Ris Prasetyo), 아그네스 야니 사르요노(Agnes Yani Sarjono), 나집 끄르따빠띠 주흐리(Najib Kertapati Zuhri), 골라 공(Gola Gong), 헬피 띠아나 로사(Helvy Tiana Rosa), 아스마 나디아(Asma Nadia), 아피파 아프라(Afifah Affra), 이자뚤 잔나(Izzatul Jannah), 삭띠 위보워(Sakti Wibowo) 등의 소설과 단편소설은 민중문학의 범주 속에 포함된다고 볼 수 있는데, 사실 이들의 작품도 소재나 표현법 측면에서는 독립투쟁 시대에 왕성한 작품활동을 한 므라리 시레가르, 마라 루슬리, 수딴 딱디르 알리샤바나, 슬라시(Selasih), 하미다(Hamidah), 누르삼수(Nursyamsu) 등의 문학작품의 수준에 결코 뒤지지 않는다. 다만 심미적 통찰력에는 차이가 있다. 그렇지만 사회적, 정치적 상황의 차이와 교육과 문학적 배경의 차이 그리고 시대적 차이에서 발생하는 다양한 문학적 개념과 이념적 사고나 판단의 차이는 어쩌면 당연한 결과이다. 그렇기 때문에 이 21세기 초의 우리가 문학 창작품인 로망, 소설, 시, 희곡 등의 문학적 개념과 이념 대한 이론을 만들면 당연히 옛 문학 전문가가 만든 이론과는 똑같지 않을 수도 있다.

문학 평론도 문학적 접근과 방식에 관련된 문학이론을 풍부하게 만들었다. '거울과 램프(The Mirror and The Lamp)'을 통해 에이브람스(M.H. Abrams)가 정립한 객관적 접근법, 표현적 접근법, 실용적 접근법, 모방적 접근법을 알고 있다. 이외에 반응적 접근법/문학적 수용, 해석적 방법, '간츠하이트' 방법, 기호학적 방법, 힐다 타바 방법 등도 알고 있다. 우리는 그 다양한 문학적 방법을 서로 비교해 볼 수도 있다.

문학사와 문학 평론의 관계는 어떤 것이며 또한 문예학의 일부로서 문학 평론, 문학사, 문학이론 등이 상호 어떤 보완관계에 있을까? 문학사는 시, 소설, 단편소설, 희곡 등의 작품들을 연대순으로 상세하고 논리적인 설명과 아울러 작가와 시인들의 역사적, 문화적, 사회적 배경과 양상에 대한 자료를 제공해 줄 것이다. 문학 평론은 그 문학자료들을 정확하게 이해하고 분석하고 가치를 부여하기 때문에 독자들이 한 시대에서 다음 시대로 이어지는 문학작품의 양과 질의 발전을 쉽게 파악할 수 있게 도와준다.

문학 평론은 각 세대의 최고 우수작품을 선정하고, 사회-문화적 배경, 형태, 장르, 주제를 바탕으로 문학작품을 분류하고, 생산적이고 창조적이며 혁신적인 작가와 시인을 제시한다. 또한 순수문학과 대중문학 작가들의 창작과정과 동기의 변화를 파악하는 동시에 상이한 문학적 경향을 띠고 있는 문학가들에 대한 정보와 어느 출판사에서 어느 문학작품이 출판되는지에 대한 정보를 문학 연구자에게 제공한다. 무엇보다도 중요한 것은 문학 평론은 문예학의 일부로서 문학의 제반 학문을 통합하는 기능을 담당한다. 문학 평론은 문학 구성 요소들 간의 대립 관계가 아니라 서로 조화로운 보완 관계를 유지하도록 도와 준다.

4. 문학 교육과 문학 감상의 관계

문학 교육과 문학 감상은 둘 모두 문학작품과 문예학으로부터 분리할 수 없다. 문학을 배우고 가르친다는 것은 문학작품을 배우고 가르친다는 것을 의미하며, 문학 감상은 문학작품을 읽고 문학작품을 인지하는 능력과 문학작품의 아름다움을 느끼는 것을 의미한다. 문학 교육과 문학 감상에 들어가기 위해 우리는 문학이론, 문학사, 문학 평론 등의 문학세계에 대한 깊은 이해가 필요하다. 이들은 서로 분리될 수 없기 때문이다.

문학 교육의 본질은 문학 감상이다. 따라서 이상적인 의미에서 문학 감상은 문학 교육 없이 실현되기가 쉽지 않다. 특히, 초중고나 대학에서 문학 감상을 구체적으로 향상시키기 위해서는 문학 교육이 전제되어야 한다. 왜냐하면 문학 교육을 통해 문학 감상을 구현 할 수 있기 때문이다. 문학 교육의 궁극적인 목표와 본질은 학생이 문학작품에 대한 감상의 태도, 긍정적인 내면의 태도, 더 나아가 문학작품을 읽고 아름다움을 느끼고 의미를 이해할 수 있는 능력을 배양시키는 것이기 때문에 결과적으로 문학 교육에서도 문학 감상을 따로 분리시킬 수 없다.

자연과학, 사회과학, 수학, 인도네시아어 문법, 사회학, 생태학 등과 같은 일반 교육과는 달리 문학교육은 단지 과학적인 또는 인지적인 측면의 문제만을 공부하는 것은 아니다. 문학 교육은 인간의 정서적인 측면과 정신적 측면을 이해하고 있어야 한다. 이것은 문학 교육이 문학이론과 문학사를 깊이 있게 이해하는 차원에 머무르지 않고 문학작품의 미학적 가치에 대한 감상, 감정 그리고 상상의 세계에 대한 이해이기 때문에 특히 학생들이 문학작품의 창작 과정에 관심을 기울이도록 하는 게 중요하다.

문학 교육에서는 문학이론, 문학사, 문학사조, 다양한 문학 평론에 대한 지식을 가르치는 것이 필요하지만 그것만으로는 부족하다. 문학 교육이 학생들에게 문학작품을 소개하는 것은 물론, 학생들이 그 문학작품의 의미를 올바르고 깊이 있게 이해하고, 그 문학작품의 아름다움을 느낄 수 있게 하고, 그 문학작품을 통해 교훈을 얻을 수 있도록 이끌어야 한다. 위에서 언급된 것처럼 문학 교육은 학생들이 문학작품에 대한 깊은 사랑과 이해 그리고 존중의 마음을 지닐 수 있도록 가르칠 뿐만 아니라 시, 단편소설, 소설, 희곡 등의 문학 장르에 대한 태도, 관심, 성향을 가질 수 있도록 분위기를 만들어 주어야한다.

따라서, 문학 교육은 구체적으로 문학 감상을 구현하기 위해 노력해야 하

며 다음 사항들을 가르쳐야한다:

(1) 학생들에게 단편소설, 시, 소설, 로망, 희곡 등 특정 문학작품을 소개해 준다. 문학작품을 소개할 때 반드시 문학이론도 충분히 가르쳐야한다.

(2) 문학작품 소개는 다음 형태로 실행한다: 학생들에게 특정 문학작품을 소개해 주고, 학생이 직접 그 작품을 읽게 하거나 교사가 학생에게 읽어 주어야한다. 교사가 문학작품을 읽어줄 때에는 학생이 교사가 읽어 주는 문학작품을 들으면서 직접 문학작품을 따라 읽게 해야한다.

(3) 교사는 학생들이 문학작품에 몰입하도록 유도한다. 문학작품에 몰입하는 것은 문학작품의 내용과 의미 그리고 문학작품의 언어와 양식을 이해하기 위한 한 방법이다. 문학작품의 의미와 깊이를 이해하고 문학작품의 아름다움을 느끼는 것이 초보자에게 결코 쉬운 일은 아니다. 그렇기 때문에 교사가 구체적인 몰입 방법을 제시해야 한다.

(4) 문학작품의 아름다움을 보여주고 의미를 설명해 주기 위해 교사는 사전에 가르칠 문학작품을 이해해야 하고, 그 문학작품의 아름다움을 느껴야 하며, 그 문학작품에 몰입해야 한다.

(5) 문학작품의 아름다움을 잘 보여주고 그 문학작품의 의미를 잘 설명해 주기 위해서는 창의적인 분석과 평론의 수준으로 발전해야한다. 교사는 이야기의 줄거리를 설명하거나 시의 의미를 찾아낼 수 있으며 문학작품에 사용된 표현의 의미, 시적 용어, 언어 스타일을 설명할 수 있어야한다. 또한 객관적 의미, 비유적 의미, 부분적 의미, 전체적 의미도 설명할 수 있어야한다. 문학 창작물에 대한 미적 논의는 미적인 단어의 선택, 호소력 있는 언어 스타일, 함축적인 표현, 외연적이고 연상적인 시적 표현, 시행, 댓구, 독특하고 예술적인 인쇄 활자(타이포그라피)와 같은 측면에서도 고찰할 수 있어야한다. 한편, 문학작품의 내재적 의미는 특정 문학작품의 특성 이외에도 윤리, 정화, 열정 등의 측면에서도 바라 볼 수 있어야한다.

(6) 문학 감상을 향상시키는 요인은 인지적, 정보적, 학문적인 것이 아니라

직관적, 정서적, 심미적, 창조적인 것이라고 볼 수 있다. 문학작품을 학생들에게 직접 소개하는 문학 교육은 학생들이 어느 세대의 문학가 A가 주제 X, 경향 Y, 사조 Z 등으로 쓴 문학작품을 알려주기 위한 것일 뿐만 아니라 학생들이 그 문학작품을 읽고 인지할 수 있도록 하는 것이다. 학생들이 문학작품을 읽고 인지하는 과정 속에서 스스로 교훈을 얻게 되기를 바라는 것이다. 이런 문학 교육을 통해 학생들이 그 문학작품의 의미를 깊이 있게 이해할 수 있고, 그 문학작품의 아름다움을 느낄 수 있게 되는 것이다.

(7) 문학작품을 통해 얻는 교훈은 문학작품의 이미지를 통해 얻는 것뿐만 아니라 도덕, 교훈, 태도 등에 대한 감상과 전달에서도 얻을 수 있다. 학생들이 깊이 인지한 문학작품을 통해 시적인 어휘, 표현, 철학적 사고, 삶의 경험, 인간과 종교 그리고 사회에 대한 관심 등이 축적되는 것이다. 이런 축적과정을 통해 학생들은 더 현명해지고 다정다감해지고 인간적인 사람이 될 수 있다.

위 방법들을 제대로 실천할 수 있다면 우리가 학생들의 문학 감상의 능력을 향상시킬 수 있다는 의미가 아닐까? 그런 문학 교육을 통해 우리는 학생들이 문학작품에 대한 더 깊은 관심과 태도 그리고 인식을 갖도록 유도하는 것이 옳지 않을까? 그 결과 학생들이 문학을 사랑하고 존경하게 되지 않을까?

5. 문학 감상의 넓이와 깊이 그리고 의미

문학 감상은 문학작품의 존재에 대한 존경심이다. 그 존경심에는 문학작품에 대한 긍정적인 태도와 깊은 사랑이 담겨 있다. 그것은 문학작품에 대한 높은 관심과 문학세계로 깊이 들어가기 위한 구체적인 의식을 말한다.

그들은 문학작품을 읽고 토론하는 것을 즐기게 될 뿐만 아니라 문학의 창조적 분위기를 조성하고 발전시키며, 더 나아가 문학 활동의 확산을 전개하기도 한다.

따라서 문학 감상은 다음과 같은 사항을 포함한다:

(1) 문학 감상에 대한 깊은 동정심, 존경심 그리고 긍정적인 태도.

(2) 문학 감상과 관련된 활동들은 다음과 같다:

a. 문학작품 낭독

b. 문학강의와 문학에 대한 토론

c. 문학작품과 그의 창조적 과정에 대한 토론

d. 문학작품 낭독에 대한 토론

(3) 문학작품과 문학서평에 대한 창의적 평론을 쓰는 것.

(4) 문학 에세이를 쓰는 것.

(5) 다음과 같은 문학 활동을 위해 창조적이고 활동적인 분위기를 조성할 문학 스튜디오의 설립:

a. 문학작품의 공연 및 연습

b. 시, 단편소설, 삽화, 장편소설 등의 문학작품을 쓰는 것

(6) 문학세계에 공감하고 공헌할 책임감 공유.

(7) 학교와 사회에서 개최되는 각종 행사, 기념일, 교육 및 종교활동 등에서 문학 토론을 포함하여 문학작품을 사회로 확산하기 위한 활동.

(8) 문학에 대한 인식과 지식을 향상시키는 활동.

(9) 가치있는 문학작품의 예시, 삶에 대한 의지, 문학에 대한 올바른 이해, 문학세계의 좋은 이미지 등을 유지시키기 위한 노력.

위에서 언급된 것들은 문학에 종사하는 사람들이 지녀야할 문학 감상을 위한 문학 활동들이다. 이러한 활동들은 문학작품의 창조자(작가와 시인)들뿐만 아니라 문학작품의 독자, 연구자, 문학 교사, 문학을 동경하는 자, 예술

과 문학 관련 매스 미디어 편집자, 문학작품 출판사 등이 사명감을 갖고 해야할 문학 활동의 세부 사항들이다. 문학 감상이 단순히 작가와 독자들의 전유물이 아님을 보여준다. 그렇기 때문에 문학 감상은 문학작품에서 표출된 인간의 문제를 이해하고, 분석하고, 연구하는 모든 사람에게 해당된다.

우리는 시, 소설, 단편소설, 레퍼토리와 같은 문학작품을 창조하는 시인, 소설가, 단편소설가 이외에도 에세이스트와 문학 평론가를 알고 있다. 그러나 현실에서는 문학 에세이와 문학 평론 그리고 문학 에세이스트와 문학 평론가의 개념과 정의가 무엇인지를 정확히 모르는 사람이 적지 않다는 것도 알고 있다. 그들은 문학 에세이와 평론이 문학작품과 문학세계에 대한 학문적인 연구로서, 그 둘은 동일하다고 생각한다.

그러나 문학 평론과 문학 에세이는 동일한 것이 아니다. 우리는 야신(Dr. H. B. Jassin)이 저술한 '작가와 그의 세계(Pengarang dan Dunianya)'를 학문적인 문학 평론이라고 간주하는 반면, '세계 문학의 일부로서 인도네시아 문학(Sastra Indonesia sebagai Bagian Sastra Dunia)'은 그의 문학적인 글을 모은 문학 에세이라고 생각한다. 그리고 제목에서도 알 수 있듯이 '평론과 에세이에서의 인도네시아 현대 문학(I, II, III, IV권)(Kesusastraan Indonesia Modern dalam Kritik dan Essay(jilid I, II, III, IV))'은 문학 에세이와 문학 평론이라는 두 가지 형태를 띠고 있다.

떼우(A. Teeuw)의 '말에 달려 있다(Tergantung pada Kata)'는 문학 평론집이고, '기본과 인물 I과 II(Pokok dan Tokoh I dan II)' 그리고 '문학을 읽고 평가하기(Membaca dan Menilai Sastra)'는 문학 에세이 모음집에 더 가깝다고 볼 수 있다. 꼬리 라윤 람빤(Korrie Layun Rampan)의 '문학의 분포(Pencaran Sastra)'와 우마르 유누스(Umar Yanus)의 '사건에서 상상으로(Dari peristiwa ke Imajinasi)', '신화와 소통(Mitos dan Komunikasi)'은 문학 에세이라고 할 수 있다. 그리고, 다미 엔 또다(Dami N. Toda)의 '문화의 종복(Hamba-hamba Kebudayaan)', 구나완 무하맛(Goenawan Mohamad)의 '섹스, 문학, 우리(Seks, Sastra, Kita)', 위랏모 수끼또(Wiratmo Sukito)의 '문학과 권력(Sastra dan

Kekuasaan)', 딕 하르또꼬(Dick Hartoko)의 '문화의 목격자(Saksi Budaya)', 망운위자야(Y.B Mangunwijaya)의 '문학과 광적인 신앙(Sastra dan Religiositas)', 엠하 아이눈 나집(Emha Ainun Najib)의 '자유롭게 만든 문학(Sastra yang Membebaskan)' 등은 문학 에세이의 좋은 사례들이라고 할 수 있다.

문학 평론의 사례는 위에서 언급한 것 외에도 라흐맛 조꼬 쁘라도뽀(Rachmat Joko Pradopo)의 '시의 분석(Pengkajian Puisi)', 라하유 쁘리핫미(Th. Rahayu Prihatmi)의 '다나르또의 두 단편소설집의 환상: 현실 세계와 비현실 세계의 대화(Fantasi dalam Kedua Kumpulan Cerpen Danarto: Dialog antara Dunia Nyata dan Tidak Nyata)', 헤르만(Herman K. S.)의 '시인의 세계(Alam Penyair)', 후따갈룽(M. S. Hutagalung)의 '신 세대 시인의 시 분석(Telaah Puisi Penyair Angkatan Baru)', 꼬리 라윤 람빤(Korrie Layun Rampan)의 '현대 인도네시아의 시: 서언(Puisi Indonesia Hari Ini : Sebuah Pengantar)' 등이 있다.

문화 예술 신문이나 잡지에 실린 문학 평론가와 문학 에세이스트가 그 대표적인 예라고 할 수있다. 우마르 유누스(Umar Yunus), 빠무숙 에네스떼(Pamusuk Eneste), 야꼽 수마르조(Jacob Sumardjo), 압둘 하디(Abdul Hadi W.M.), 사빠르디 조꼬 다모노(Sapardi Joko Damono), 라흐맛 조꼬 쁘라도뽀(Rachmat Joko Pradopo), 파룩(Faruk H.T.), 아흐마둔 요시 헤르판다(Achmadun Y. Herfanda), 꼬리 라윤 람빤(Korrie Layun Rampan), 다미 엔 또다(Dami N. Toda), 우마르 까얌(Umar Kayam) 등은 학자이면서 문학 평론가들이라고 할 수 있다. 그리고 수바기오 사스뜨로와르도요(Subagio Sastrowardoyo)가 '시또르 상징주의 뒤에 고립된 사람(Manusia Terasing di Balik Simbolisme Sitor)'과 '시 속의 개인적인 모습(Sosok Pribadi dalam Sajak)'을 저술했을 때는 문학 평론가였지만, 그가 '천분과 주지주의(Bakat Alam dan Intelektualisme)'를 썼을 때는 훌륭한 에세이스트라고 할 수 있다.

그러면 문학 평론과 에세이의 차이점과 공통점은 무엇일까? 문학적 삶에서 둘의 위치는 어떤 것인가? 이 문학 평론과 에세이가 상호 보완적인 활동이 가능할 수 있을까?

문학 에세이든 문학 평론이든 둘 다 문학적 삶을 표현하는 학문적인 작품이다. 그렇기 때문에 우리는 문학 평론과 에세이가 문학의 이해, 분석, 가치에 대한 탐구이며 이를 위해 비판적인 태도를 견지한다는 것을 알 수 있다. 문학 평론과 에세이는 가공된 창작품이 아닐지라도 문학의 범주에 포함된다. 그리고 그 문학세계에 대한 이해와 해석 그리고 반응을 드러내기 때문에 문학세계를 목격한 증인이라고 볼 수 있다.

그럼에도 불구하고 그 둘의 분명한 차이점은 문학 평론이 특정 문학작품을 대상으로 연구한다는 것이다. 따라서 문학활동으로서 특정 문학작품을 심미적, 객관적, 비판적, 분석적, 학문적인 측면에서 토론하며 논쟁한다. 문학 평론은 학문(문학)적인 관점에서 문학작품에 대한 다양한 평가를 통해 문학적 가치를 매길 수도 있고, 문학적 감상을 위해서도 유용할 수 있다. 아래에 예시된 작품은 책이 아닌 글(원고)의 형태를 띠고 있다:

(1) 사빠르디 조꼬 다모노의 '종이배(Perahu Kertas)'

(2) 띠눅 로살리아(Tinuk Rosalia S.W.)의 '시집(시선): 호수의 바람: 시또르 시뚜모랑의 실존주의 역사(Angin Danau Sebuah Kumpulan Sajak: Kesejarahan Eksistensial Seorang Sitor Situmorang)'

(3) 라하뉴 쁘리핫미(Th. Rahayu Prihatmi)와 또하 목타르(Toha Mochtar)의 '부정직성으로 정직성을 증명한다(Membuktikan Kejujuran dengan Ketidakjujuran)'

(4) 엠하 아이눈 나집(Emha Ainun Najib)의 '나의 신을 위한 99가지 사랑의 기도(99 Untuk Tuhanku: Sembahyang Cinta)'

(5) 아흐맛 또하리(Ahmad Tohari)의 '둥근 지붕(Kubah)'과 복수의 역사

(6) 수따르즈지 칼초움 바흐리의 '이둘 피뜨리까지의 시인들(Para Penyair Sampai Idul Fitri)'

(7) '까르야민의 미소: 보통 사람과 마을의 모습(Senyum Karyamin: Potret Lugu Orang Dan Wajah Desa)'

문학 에세이는 특정 문학작품에 대한 견해와 연구에 국한되지 않고 작가의 문학적 삶까지 연구의 대상으로 삼는 학문적인 글이다. 그렇기 때문에 문학 에세이는 작가의 문학적 이념과 다양한 삶 그리고 작가와 관련된 문학의 존재를 다룬다. 에세이스트는 학문적인 글에서 자신의 견해와 설명을 뒷받침하기 위해 자주 문학작품을 인용하기도 한다.

문학에 대한 개념을 설명하기 위해 에세이스트는 문학작품의 존재에 대한 연구를 하고 반응을 하기 때문에 문학 에세이는 문학 평론과 밀접한 관계를 가질 수밖에 없다. 문학 에세이는 작가와 시인의 삶과 모습을 이야기할 수도 있고, 특정 문학작품에 대해 연구할 수도 있고, 그 반대일 수도 있다. 다음과 같은 작품들이 그 예시이다:

(1) 압둘 와히드(Abdul Wahid B.S.)의 '예언적인 문학: 서양화된 문학에 대한 반대(Sastra Profetik: Oposisi Bagi Sastra Yang Membarat)'
(2) 살림 사잇(A. Salim Said)의 '문학의 형제(Abang Besar Dan Adik Kecil Dalam Sastra)'
(3) 에디 에펜디(Edy A. Efendi)의 '렌드라(코란에 대한 주제 접근법)(Rendra(satu pendekatan tematik Qurani))'
(4) '문학 교육: 실제적 측면과 인지적 측면 사이의 긴장 상태(Pengajaran sastra: ketegangan antara aspek efektif dan kognitif)'
(5) '문학: 양심과 상식에 대한 약속(Sastra: Komitmen pada Hati Nurani dan Akal Sehat)'
(6) '수피 문학: 토착화되고 널리 알려진 문학(Sastra Sufi: Sastra Melangit Membumi)'
(7) '시적인 표현을 가르치는 문학(Sastra Mengajarkan Ungkapan-Ungkapan Puitis)'

6. 문학사를 배우는 목적

인도네시아 문학사를 배우는 목적은 문학을 올바르게 감상하기 위해 다양한 문학작품을 문학이론 및 문학 평론과 통합/연계하여 읽고, 이해하고, 분석하는 것을 말한다. 이외에도 문학기록, 문학가의 창작품, 문학가의 다양한 경험, 문학가의 창조적인 창작 과정 등을 배우고, 이해하고, 고찰하고, 분석하는 것을 의미하기도 한다.

인도네시아 문학사를 배우는 목적은 다음과 같다:

(1) 한 시대(세대)에서 다른 시대(세대)로 이어지는 인도네시아 문학세계의 탄생, 성장, 발전을 잘 인지하는 것.
(2) 20년대부터 21세기 초기까지 인도네시아 문학세계를 가꾸어온 문학작품의 부침을 인지하는 것.
(3) 작가: 압둘 무이스(Abdul Muis), 목타르 루비스(Mochtar Lubis), 라마단(Ramadhan K.H.), 아흐맛 또하리(Ahmad Tohari), 망운위자야(Y.B. Mangunwijaya), 엔하 디니(N.H. Dini); 시인: 아미르 함자(Amir Hamzah), 하이릴 안와르(Chairil Anwar), 렌드라(Rendra), 엠하 아이눈 나집(Emha Ainun Najib), 아프리잘 말나(Afrizal Malna)); 희곡 작가: 아리핀 체 누르(Arifin C. Noer), 뿌뚜 위자야, 리안띠아르노(N. Riantiarno), 뜨구흐 까르야(Teguh Karya); 문학 전문가: 야신(H.B.Jassin), 떼우(A.Teeuw), 유누스(Umar Yunus) 등으로 구성된 인도네시아 문학 인물에 대해 충분히 인지하는 것.
(4) 20년대부터 21세기 초기까지의 문학 창작품에 대한 출판 연대를 인지하는 것.
(5) 다양한 문학 세대의 작품을 통해 특정 사조의 고유한 개성과 캐릭터뿐만 아니라 다양한 문학세계에 대한 폭넓은 지식을 축적하는 것.

문학사에 대한 연구는 스스로 창작할 수 있는 것이 아니라 문학이론, 문학 평론, 문학 에세이 등과 다양한 문학작품을 직접 접하므로써 이루어지는 것이다. 다시 말해서 문학사에 대한 연구는 문학이론, 평론, 에세이 등의 뒷받침이 필수적이라고 할 수 있다. 우리는 문학사를 통해 작가의 문학적 삶의 모습과 사회 내부의 반응 그리고 소설이나 단편소설에 반영된 사회적 이미지와 주인공의 도덕적 메시지도 알 수 있게 된다.

II

발레이 뿌스따까와 뿌장가 바루

II

발레이 뿌스따까와 뿌장가 바루

1. 초기시대

현대 인도네시아 문학의 탄생과 초기 문학 발전은 독립 국가 건설의 역사와 국가 정체성의 확립과도 밀접한 연관성이 있기 때문에 그 두가지 요소 가운데 어느 하나만을 기준으로 말할 수는 없다. 그러나 국가의 중요한 역사적 요소들이 이미 인도네시아 정규 문학 교육의 중요한 부분을 차지하고 있기 때문에 여기에서는 아직 대중에게 널리 알려지지 않은 문학분야의 주요 요소를 다루고자 한다. 더불어 유명 작가와 주요 문학작품도 제시하고자 한다.

일반적으로 문학 전문가들은 현대 인도네시아의 문학이 1920년 즈음에 태동했다는 점에 동의한다. 그 시기의 사람들은 전통문학에서 다루지 않았던 주제로 글들을 쓰기 시작했고, 이전에 알려지지 않은 문학 형식들을 사용하기 시작했다. 우리가 고대 멀라유 문학의 제목과 현대 인도네시아 문학의 제목을 비교해 본다면 이를 쉽게 알 수 있다. 하지만, 문학의 제목을 비교할 수는 있어도 두 문학의 경계를 칼로 두부 자르듯이 구분할 수는 없다. 전통시대 훨씬 이후에 쓰여진 시에서도 전통 형식의 시가 존재하기도 한다. 그러나 이 전통 형식의 시가 이전의 전통 형식의 시와 다른 점은 1908년 부디 우또모(Budi Utomo)의 설립 등에서도 알 수 있듯이 민족의식의 태동을 포함한 그 시대의 인도네시아인들이 경험했던 문제의식들이 반영된 새로운 문학의 호흡이라고 할 수 있다.

이 시기에 멀라유어를 문학의 표현 도구로 사용한 최초의 시인이 바로 무하맛 야민(Muhammad Yamin)이었다. 그가 쓴 시는 자신의 고향인 수마트라에 대한 사색, 회상 그리고 애가의 형태를 띠고 있었다. 당시는 인도네시아의 정신에 대한 뚜렷한 개념이 정립되거나 대두되지 않은 시기였다. 그가 쓴 '나의 조국 인도네시아(Indonesia Tumpah Darahku)'라는 시에서 최초로 인도네시아의 정신을 언급했을 정도였다.

여기에서 눈에 띄는 것은 옛 운율과 리듬을 여전히 사용하고 있지만 4행시(정형시)와 운문같은 옛 시 형식을 사용하지 않았다는 점이다. 야민의 시의 특징은 현대시에서 흔하게 사용하지 않는 아름다우면서도 경쾌한 리듬의 단어들을 많이 사용하고 있다는 것이다. 이 시기는 여전히 네덜란드 식민 정부의 검열과 억압의 기간이었다. 이 시기의 또 다른 문학가로는 사누시 빠네(Sanusi Pane)와 루스땀 에펜디(Rustam Effendi)가 있다.

시 이외에도 민족주의 경향을 띠고 있던 공산주의자인 스마운(Semaun)과 마스 마르코 까르또디끄로모(Mas Marco Kartodikromo)가 최초로 신문에 게재한 실제 현실 이야기 형식의 산문이 있다. 반면, 그 당시의 발레이 뿌스따까 소설은 아직 민족과 관련된 내용을 다루지 못했다고 해도 틀린 말이 아니다. 이 시기에 민족이나 정치에 관련된 내용의 소설은 식민지 정부의 엄격한 검열 때문에 발전하기 어려웠다.

위의 두 소설은 언어에 있어서 큰 차이를 보이고 있음을 알 수 있다. 발레이 뿌스따까에서 출판된 책의 편집인이 대부분 그 지역 출신이며, 언어의 사용도 매끄럽고 정교하게 다듬어져 있었던 반면, 발레이 뿌스따까 외부의 소설은 다듬어지지 않은 일상어를 주로 사용하였으며 현지어와 네덜란드어를 혼합하여 사용하고 있었다. 그러나 1928년 청년의 맹세(Sumpah Pemuda) 이후에 비로소 시의 지향성이 특정 지역의 정신에서 인도네시아의 정신으로 점차 바뀌었다. 우리는 이를 무하맛 야민의 시 작품들에서 확인할 수 있다.

한편, 인도네시아어에 대한 인정이 곧 인도네시아 문학의 탄생을 의미하는 것은 아니었다. 현실에서 인도네시아어를 사용할 줄 알고, 더 나아가 이 언어로 창작활동을 할 수 있는 인도네시아인은 극소수에 지나지 않았다. 그 시대에는 수마트라 출신의 작가들이 많다라는 사실이 전혀 놀라운 일이 아니었다.

글을 읽을 수 있는 독자가 소수라는 것뿐만 아니라 언어에도 익숙치 않았기 때문에 인도네시아 문학을 즐길 수 있는 독자들은 매우 제한되어 있었다. 또한, 1928년 이후의 정치 상황은 작가의 자유로운 창작활동을 어렵게 만들었다. 그러나, 발레이 뿌스따까 측에서 창작 열기를 불러일으킴으로써 발레이 뿌스따까 출판사에서도 책을 창작하고 출판하기 위해 많은 관심을 보였다.

창작 활동을 발전시키기 위한 '뿌장가 바루(Poejangga Baroe)' 잡지의 출현은 수딴 딱디르 알리샤바나(Sutan Takdir Alisyahbana)와 아르민 빠네(Armijn Pane)의 역할과 밀접한 관계가 있다. 그 잡지는 제목에 언급된 바와 같이 "문학과 예술 그리고 문화의 새로운 정신"이라는 글에서 언어와 문학의 문제뿐만 아니라 문화 그리고 사회 문제에 대한 논평의 내용이 많이 포함되어 있기 때문에 '뿌장가 바루' 잡지를 순수 문예지라고 할 수는 없다. 그 당시에 인도네시아 문학과 관련된 출판물이 매우 적었기 때문에 그나마 뿌장가 바루 문학 잡지가 초기 인도네시아 문학 발전에 영향을 끼쳤다는 것은 틀린 말이 아니다.

30년대에 인도네시아어 문제는 보수적인 의견과 진보적인 의견이 대립되어 감정의 소모적 논쟁으로 빛이 바랬다. 수딴 딱디르 알리샤바나는 인도네시아어의 문제에 대한 의견 대립을 극복하고자 수 많은 에세이를 뿌장가 바루를 통해 기고하였다. 사회와 문화 문제를 관찰하고 조망하는 미디어로서 '뿌장가 바루'는 언어, 문학, 문화, 사회 등의 본질을 설명하였고 새로운 아이디어를 제공하기도 하였다.

민족주의자 집단의 일부를 형성하고 있었던 무하맛 야민과 사누시 빠네는 미래의 번영을 설계하기 위해 과거의 영광을 반추하고 거기에서 영감을 얻기를 좋아하였다. 사누시 빠네는 동양 세계에 대한 강한 믿음을 가지고 있었다. 그의 작품에서는 인도와 페르시아 같은 서남아시아 문학의 영혼이 무엇인지를 찾고자 노력하였다. 이를 바탕으로 무하맛 야민과 사누시 빠네는 인도네시아 역사의 골격을 만드는 작업도 수행하였다.

반면, 수딴 딱디르는 수백만 명의 국민들이 열망한 국가발전을 이룩하기 위해 인도네시아는 서구의 가치와 발전을 수용해야 한다고 주장했다. 과거의 영광은 이미 죽었기 때문에 이를 부활시킬 필요성이 없다고 밝혔다. 그는 과거의 영광이 미래를 위한 토대가 될 수 없다고 말했다. 인도네시아 국가 형태의 문제는 처음부터 인도네시아의 지식인들에게 첨예한 논쟁거리였다. 문화에 대한 몇몇 에세이 작품들이 이후에 '문화 논쟁(Polemik Kebudayaan)'이라는 한 권의 모음집 형태로 출간되었다. 현대 문화의 관점에서 보면, '뿌장가 바루' 문학의 특성은 편협되고 제한적이고 지역성을 띠고 있었지만, '뿌장가 바루' 잡지의 출현은 인도네시아 현대 문학에서 최고의 문학작품들을 출판할 수 있는 기회를 제공해 주기도 하였다.

2. 발레이 뿌스따까 세대

인도네시아 문학세계에 오랜 기간 몸담아 온 사람뿐만 아니라 이제 막 관심을 갖기 시작한 사람도 인도네시아 문학의 역사와 발전에 대해 숙지하고 있을 필요성이 있다. 그래야만 나중에 우리가 문학을 비교 연구할 수 있으며, 문학작품의 창작의 토대가 되는 정치, 사회, 문화, 삶 등의 배경을 인지할 수 있다. 우리가 인도네시아 문학사를 이해함으로써 삶에 대한 통찰력을 넓힐 수도 있고, 작가와 시인들이 성취한 문학적 진전이 무엇인지 그리고 그것이 빠른 것인지 아니면 느린 것인지를 판단할 수도 있다.

실제로 우리는 인도네시아 문학의 토대가 언제 마련되었는지를 정확하게 확정할 수 없다. 단지 우리가 알고 있는 것은 사람들이 언어로 무언가를 창작하고자 하는 욕망이 충만했을 때에 비로소 언어를 매개로 한 예술적 표현이 이루어진다는 것이다. 이것에 문어체로 표현된 것은 적용되지 않으며 구어체로 표현된 것이라 할지라도 그 표현들은 문학의 기준에 부합되어야 한다. 만약 인도네시아 문학작품들이 책이나 간행물의 형태로 출판된 창작품을 의미한다면, 우리는 출판 연도를 명확히 밝혀야 한다.

므라리 시레가르(Merari Siregar)의 '고통과 불행(Azab dan Sengsara)'은 발레이 뿌스따까 출판사가 1920년에 출판한 소설작품이다. 이 소설을 발레이 뿌스따까 세대의 효시로 볼 수 있다. 그렇기 때문에 발레이 뿌스따까를 일명 20년대 세대(Angkatan 20-an)라고 부르기도 한다.

멀라유어, 아름다운 언어, 빤뚠(4행시), 속담 등을 많이 사용한 소설 '고통과 불행'이 인도네시아의 최초의 소설작품일까? 이에 대한 논쟁이 벌어진 적도 있었다. 당시에 사용하고 있던 언어가 과연 멀라유어일까? 아니면 인도네시아어일까? 1928년 10월 28일 '청년의 맹세(Sumpah Pemuda)'를 인도네시아어의 탄생 시점으로 본다면, 그 이전의 20년대에 사용했던 언어는 멀라유어가 아닐까? 그런데 돌이켜 생각해 보면 인도네시아어 발전은 꽤 오랜 기간에 걸쳐 이루어졌다. 멀라유어에서 유래된 인도네시아어는 지속적으로 지방어와 외래어를 차용하며 발전되었다. 이것은 학문과 기술의 발전 그리고 삶의 활동에 기인하고 있다. 그렇다면 20년대에도 인도네시아어가 발전하고 있지 않았을까?

아집 로시디(Ajip Rosidi)는 '인도네시아 문학사 개요(Ikhtisar Sejarah Sastra

Indonesia)'에서 인도네시아 문학작품은 인도네시아어로 쓰여진 모든 작품이라고 밝힌 바 있다. 그리고 인도네시아어와 멀라유어의 차이는 인도네시아의 민족주의 정신, 인도네시아의 독립, 인도네시아의 국가통합에 대한 인식에 바탕을 두고 있다고 할 수 있다. 인도네시아 국민이 통일된 언어를 매우 중요시했다는 사실은 네덜란드 식민 지배 시기뿐만 아니라 독립투쟁시기에서도 인도네시아어를 민족어와 소통어로서 계속 사용왔다는 점을 통해 알 수 있다. 인도네시아인의 민족의식을 불러일으키기 이전에는 인도네시아어의 기원이 된 언어는 바로 멀라유어였다. 아집 로시디에 따르면, 인도네시아어는 인도네시아 민족주의 정신이 내포된 멀라유어라고 한다. 만약 그러한 민족주의 정신과 인식이 없다면 그 언어는 여전히 멀라유어에 불과하다고 말한다.

따라서, 인도네시아 문학도 민족주의 정신을 담고 있다고 봐야한다. 특히, 멀라유어에서 인도네시아어로 전환되던 시기에 멀라유 문학과 인도네시아 문학을 구별하는 기준이 되기도 한다. 우리는 무하맛 야민과 루스땀 에펜디의 작품들이 멀라유어를 여전히 사용하고 있고 멀라유어적 느낌을 표현하고 있지만 그의 작품들이 인도네시아 민족주의 정신을 내포하고 있기 때문에 그들의 작품을 인도네시아 문학이라고 말할 수 있는 것이다. 이외에도, 인도네시아 문학과 멀라유 문학을 구별하는 것은 말, 표현, 다양한 어휘, 새로운 요소들이 가미된 표현들을 예로 들 수 있다. 아미르 함자(Amir Hamzah)가 그의 시에 사용한 시어(말과 표현)에도 여전히 멀라유어의 숨결이 남아 남아있기는 하지만 그의 시어에는 인도네시아 민족주의 정신을 담고 있어서 인도네시아 문학작품이라고 할 수 있다.

사실 발레이 뿌스따까와 민족주의 정신, 인도네시아 독립의 열망, 진리와 정의를 고취하는 것, 적극적으로 불의와 싸우는 것, 식민 지배자를 물리치려는 혁명 정신 등은 직접적인 연관성이 없다. 발레이 뿌스따까는 국립출판사였기 때문에 출판하는 책들이 국가의 정체성을 훼손하지 않기를 바랐다. 발레이 뿌스따까가 출판한 므라리 시레가르(Merari Siregar)의 '고통과 불행(Azab dan Sengsara)', 마라 루슬리(Marah Rusli)의 '시띠 누르바야(Siti Nurbaya)' 그리고 누르 수딴 이스깐다르(Nur Sutan Iskandar)의 '개구리가 소가 되고 싶어한다면(Katak Hendak Jadi Lembu)', '잘못된 선택(Salah Pilih)', '장모님 때문에(Karena Mertua)', '여자인 내게 무슨 힘이 있을까(Apa Dayaku Karena Aku Perempuan)'와 같은 작품들은 다양한 가정 문제, 전통적인 강제 결혼, 그 시대 청소년의 사랑 이야기 그리고 욕심 대 선심에 대한 것을 이야기하고 있지만 억압, 속임, 빈곤, 식민 등에 관한 것은 다루지 않고 있다.

우리는 소설 '시띠 누르바야'를 읽을 때 인도네시아 민족주의 측면에서 보면 매우 어색하다는 것을 알게 된다. 샴술 바흐리(Syamsul Bachri) 성격 묘사에서 찾을 수 있는 교훈이 무엇일까? 시띠 누르바야에 대한 샴술 바흐리의 사랑은 매우 신성하지만 힘이 없어 자신의 애인이 다뚝 마링기와 결혼하는 것을 지켜 볼 수밖에 없었고, 시띠 누르바야는 어쩔 수 없이 다뚝 마링기(Datuk Maringgih)와 강제로 결혼해야만 했다. 그 결혼 소식을 들은 후, 샴술 바흐리는 네덜란드의 장교(중위: Letnan Mas)가 되어 동족의 반란자인 다뚝 마링기와 싸우기 위해 고향인 수마트라로 자원하게 되며, 그 곳에서 샴술 바흐리는 '죽음'을 맞이하려고 했다. 작가인 마라 루슬리는 샴술 바흐리가 한 맺힌 원한을 갚을 수 있도록 다뚝 마링기와의 전투 장면을 만들어 결국 그 둘의 죽음이 서로 연관되도록 만들었다. 장교인 샴술 바흐리는 자신의 애인을 빼앗아 간 다뚝 마링기에 대한 분노를 느낀 나머지 식민 정부에 세금 내는 것을 반대한 다뚝 마링기와 그의 반란 집단을 용맹스럽게 전멸시켰다. 인도네시아인의 입장에서 보면 네덜란드에 대항한 다뚝 마링기와 그의 집단을 진압한 샴술 바흐리의 행동이 옳았다고 볼 수는 없다. 그러나 이 장면은 식민정부의 '링꺼스 규정(Nota Rinkes)'을 준수하고자 하는 작가의 타협적인 태도를 보여주고 있다. 샴술 바흐리는 시띠 누르바야와의 사랑과 결혼이 좌절되자 실의에 빠진 나머지 죽고 싶어서 군에 입대했다. 입대한 이후 샴술 바흐리는 중위로 승진하였으며, 자기의 주적이 된 다뚝 마링기가 주도한 반란을 제압할 군대를 지휘할 수 있는 기회까지 잡게 되었다.

다뚝 마링기 캐릭터 자체가 네덜란드 식민 정부를 적극적으로 반대하는 투사로 그려지진 않지만 사실 다뚝 마링기 캐릭터가 샴술 바흐리에 비해서 더 인도네시아적인 것은 사실이다. 왜냐하면 다뚝 마링기는 자기 조국을 식민지배하는 네덜란드에 대해 저항하는 태도를 견지했기 때문이다. 식민 정부에 세금 내는 것을 반대한 다뚝 마링기는 자기 재물을 줄이지 않을 목적으로 반역을 한 것이 중요한 것이 아니라 다뚝 마링기의 태도에서 엿 볼 수 있듯이 그는 식민지배자의 명령에 반대하는 용감한 태도를 보여줬다는 점이다. 네덜란드 군대에 자원 입대하여 네덜란드의 편을 든 샴술 바흐리보다 다뚝 마링기가 더 민족주의적이라고 할 수 있다. 불행하게도 다뚝 마링기의 성격은 추악하고, 음흉하고, 비열하고, 탐욕스럽고, 무정하게 자기 친구를 속이는 나쁜 성격이지만 말이다.

식민정부에 순응하는 듯한 태도와 타협적인 태도를 보인 것 이외에도 발레이 뿌스따까의 로망/소설들에 나타난 강제 결혼, 전통 및 관습 그리고 자녀의 배우자를 정하는 데 있어서 부모의 절대적인 권한과 구세대가 신세대의 우위를 차지하는 것 등과 같은 주제는 신구세대의 갈등을 불러일으킨다. 그 당시의 소설속의 극중 인물들은 대부분 이분법적으로 그려졌다. 좋은 극중 인물의 외모, 인생관, 성격, 도덕성 등을 이상적이고 완벽하게 묘사된 반면, 나쁜 극중 인물은 외모이든 성격이든 심지어 극중 인물이 걸리는 병도 '고통과 불행(Azab dan Sengsara)'의 극중 인물인 까시분(Kasibun)처럼 역겹고 더럽게 그려졌다. 작가는 식민정부의 비전이나 요구를 수용하면서도 당시에 벌어지는 사회적 현실을 있는 그대로 그렸다. 대부분의 작가들은 식민지배라는 흐름을 거역하고 식민정부의 반대편에 설 용기가 없었다. 그러한 작가들은 강제 결혼, 부모의 지배, 교육 시스템, 인도네시아를 지배하는 유럽 국가들의 문화와 생활 방식에 대해 일상적이고 긍정적이고 비판적이지 않은 태도를 취했다

그와같은 작가들의 태도야말로 극중 인물에 대한 매우 상투적인 묘사와 고정관념을 지닌 이야기를 통해 창작된 로망/소설들이 지배적인 형태를 띠

고 있었다. 하지만 그러한 소설 이외에도 작가의 폭 넓은 지식, 개방적이고, 온건하고, 비판적이고, 논리적인 사고방식과 태도를 보여주는 소설들도 여전히 존재하고 있었다. 자말루딘 아디네고로(Jamaluddin Adinegoro)의 '젊은 피(Darah Muda)'와 '사랑의 성공(Asmara Jaya)' 그리고 수만 하시부안(Suman Hs.)의 '처녀를 납치한 도둑을 찾는다(Mencari Pencuri Anak Perawan)' 등은 새로운 논리와 태도 그리고 이미지를 보여준 발레이 뿌스따까 출판 소설/로망의 사례들이며 또한 동 세대 작품들의 상투적인 이야기에서 벗어난 예이기도 하다.

준 씨가 한 축구경기로 인해 다리 부상을 당해 치료받고 있었다. 이것은 인도네시아 문학의 첫 탐정 로망/소설이었다. 이 로망에서 탐정 로망을 상징하는 긴장감, 범죄성, 여러 가지 논리적 사고 방식이 발견된다. 여기에 아디네고로 작가가 사건보다 활력에 주안점을 두고 있음을 보여준 '젊은 피(Darah Muda)'는 누르딘(Nurdin) 의사와 룩미니(Rukmini) 선생님의 순수한 사랑에 기초한 결혼을 이야기하면서도 미낭카바우-순다(Minangkabau-Sunda)종족 간의 결혼관습에 따른 갈등을 과감히 그려내고 있다. 또한 '서쪽 지역을 방문하다(Melawat ke Barat)'와 '세계 여왕의 철학(Filsafat Ratu Dunia)'이라는 소설작품을 발표한 아디네고로는 인도네시아 언론인의 아버지로 유명했다. 그는 최고의 저널 작품을 선정하기 위해서 '아디네고로(Pemenang Adinegoro)상'을 만들기도 했다. 아디네고로는 '젊은 피(Darah Muda)'에서 누르딘과 룩미니가 예식장에서 조우하도록 이야기를 구성한다. 그는 이종족 간의 결혼관습의 차이로 인해 누르딘과 룩미니가 겪어야 하는 어려움을 보여주고 있다. 예컨대, 누르딘과 룩미니에게 헤어지라고 끊임없이 요구하는 하룬(Harun)과 누르딘 어머니 측의 비열한 이간책이 결국에는 물거품이 되고 만다. 이 로망은 인생의 황금기인 결혼 문제를 그려 냈으며 사랑에 기초한 젊은이의 승리로 로망 이야기가 마무리된다.

선생님이 창작한 '처녀를 납치한 도둑을 찾는다(Mencari Pencuri Anak Perawan)'-1991년 3월 16일에 출판된 뗌포(Tempo) 잡지가 수만 하시부안

(Suman Hasibuan)을 그렇게 표현했다-라는 로망은 이전에 인도네시아 로망 전통에서 한번도 등장한 적이 없는 탐정 사건과 스타일을 보여줬다. '젊은 피'보다 4년 늦은 1931년에 출판된 이 로망도 서로 사랑하는 젊은 극중 인물인 준 씨(Sir Joon)와 노나(Nona)에게 승리를 안겨주었다. 그렇지만 우리는 노나의 아버지인 가디 씨(Pak Gadi)와 청년 타이루(Tairoo-노나를 탐내는 청년으로 가디 씨의 인정을 받고 있음)가 이미 약혼한(처음에는 가디 씨도 준 씨를 인정함) 그들을 갈라놓기 위해 얼마나 많은 노력했는지를 알고 있다.

돈을 몹시 밝히는 가디 씨와 재물로 노나를 차지하려는 타이루는 그들의 속셈이 엿보이는 간사하고 교묘한 계략 때문에 준 씨에게 웃음거리가 된 적도 있다. 노나의 불가사의한 행방불명은 사윗감에게 더 많은 지참금을 얻고 싶어하는 가디 씨의 간계(준 씨가 타이루에게 그렇게 말한다)나 타이루와의 결혼을 원치 않는 노나에게 아첨하는 타이루의 교활한 행동(준 씨가 가디 씨에게 그렇게 말한다)으로 인해 벌어지는 사건으로 구성되었다. 결과적으로 장인인 가디 씨와 사윗감인 타이루는 서로 의심하게 된다. 사실 그 납치 사건은 모두 준 씨가 꾸민 것으로 아무도 예상할 수 없었다(노나를 마을의 변두리에 있는 착하고 늙은 미망인의 집에 숨겨 놓았다). 결국 준 씨와 노나는 결혼하였고 객지인 싱가포르에서 번듯하게 새로운 삶을 시작하는 것으로 결말을 맺는다.

압둘 무이스(Abdul Muis)의 '잘못된 교육(Salah Asuhan)'은 이전의 작품인 '시티 누르바야(Siti Nurbaya)'와 '고통과 불행(Azab dan Sengsara)'에 비해 새로운 심미적 통찰력과 이야기 주제를 영특하게 그려냈다. 소설 '잘못된 교육'은 양육이 잘못된 인도네시아 젊은이 하나피(Hanafi)를 이야기하고 있다. 하나피는 서양의 매력에 넋이 빠져 전통의 본질을 보지 못하게 되었고, 서양의 문화에 심취하여 서양의 외모와 취미 그리고 옷차림까지도 서구식(네덜란드)으로 흉내 내는 인물이 되어버렸다. 이것은 서양의 지성과 정신을 더 탐색하려는 뿌장가 바루(Pujangga Baru) 선구자인 수딴 딱디르 알리샤바나가 창의적으로 변모시킨 서양 가치와는 큰 차이가 있다.

동양인으로서 하나피는 서양 가치를 자신의 열등감을 감추기 위한 방편으로 이용하며 위신과 자부심 그리고 외면을 중요시한 것처럼 보였다. 하나피는 '서양인처럼' 보이기 위해 프랑스계 인도네시아인 코리와 사귀었고 곧이어 부모의 동의없이 결혼했다. 그의 친구들도 서양인이고 그는 서양인의 생활 방식과 습관에 적응하려고 노력했다. 그의 이런 모든 행위가 근본적으로 더 복잡한 삶을 만들었다. 하나피는 미낭까바우의 전통관습에 의해 결혼한 라피아(Rapiah)와 아들인 샤피이(Syafii)를 방치했고, 전통을 배척하고 경멸하였으며 자신의 어머니에게 반항하고 보살피지도 않았다.

'시띠 누르바야(Siti Nurbaya)'와 '고통과 불행(Azab dan Sengsara)' 소설/로망과는 달리 영특한 압둘 무이스의 작품은 더 이상 멀라유적인 특성과 색채에 기반을 두지 않았다. 압둘 무이스가 제시한 '잘못된 교육'이라는 주제는 민족주의자의 관점에서 본다면 사회-정치적 문제를 다룬 것이었다.

자기 민족의 입장에서 사회 정치적인 태도를 견지한 압둘 무이스는 관대하고 자유로운 신앙과 심성 그리고 전통을 충실히 지키는 동양과 서양 사이의 갈등과 문화 충돌에 불을 지폈다. 네덜란드인 사회, 코리(Corrie) 가족의 생활, 서양인보다 더 서양인다운 하나피의 생활 방식과 행동 양식이 서양적인 것으로 간주되었다면 하나피의 어머니, 하나피의 아내 라피아, 하나피의 할머니와 어머니의 남자형제(mamak) 그리고 회교의 규율(syarak)과 코란(kitabullah)'에 의존하는 전통을 굳게 고수하는 마을 사람들이 동양적인 것으로 그려지고 있다. 한편, 압둘 무이스는 하나피의 어머니와 라피아의 생활을 매우 검소하고 촌스럽고 전근대적이고 시대에 뒤떨어진 이미지로 묘사했는데, 그 이미지의 이면에는 하나피 생활에 깊이 뿌리 박혀 있는 향락주의적 생활 방식과 자유주의에 대한 풍자가 담겨 있다.

시니시즘(냉소주의)은 압둘 무이스가 하나피 삶의 파멸을 어떻게 그리고 있는지를 통해 확인할 수 있다. 부모의 축복을 받지 못하고 미낭까바우의 전통도 따르지 않은 하나피와 코리의 결혼이 결국 불행으로 점철된 그 예이다. 하나피를 잘못 양육한 것이 결국 하나피에게 부메랑이 되어 폐해로 되돌아온 것이다.

하나피는 지병으로 고생하는 코리의 죽음과 자기 고향으로 돌아왔을 때 받은 비난의 압박에 못이겨 결국 자살한다. 이 비극적인 이야기의 결말을 통해서 서양을 반대하는 작가의 태도를 엿볼 수 잇다. 여기서 작가는 하나피의 비극을 자기의 전통을 경멸하고 어머니에게 반항하고 아내와 아들을 방치한 사람의 결말이 어떠한지에 대한 본보기로 사용하고 있다. 그리고 이 작품은 서양의 교육과 문화가 항상 좋은 것만은 아니며 마을 사람들과 연륜이 있는 노인의 태도에는 지혜와 고귀함이 담겨 있다는 메시지를 함축하고 있다.

'잘못된 교육'에서 사용한 언어, 사건, 배경 등의 묘사는 새로운 것이었다. 이 작품은 마라 루슬리의 '시띠 누르바야'나 뚤리스 수딴 사띠(Tulis Sutan Sati)의 '불행은 축복을 부른다(Sengsara Membawa Nikmat)'처럼 속담으로 가득 찬 멀라유 분위기를 담고 있지 않다. 그는 대중의 취향과 통치자가 원하는 대로 창작하지 않고 시류를 거슬러 개성 있는 작품으로 자신을 보여주었다. '잘못된 교육'이라는 소설은 마음의 거울과 같은 소설이었다. 왜냐하면 인도네시아 독립 투쟁가인 작가가 발레이 뿌스따까 출판사를 통해 출판하기를 원했을뿐만 아니라 이 소설을 통해 전통의 참모습을 성공적으로 보여주었고, 자신이 열망하는 진실을 털어놓았기 때문이다.

그런 혁명적 태도는 1927년 발레이 뿌스따까 기준으로는 새로운 것이었다. 이전의 작품보다 더 간결하고 긴밀한 이야기 구성 방식, 생동감 넘치는 작중 인물의 특성, 현대적 사고에 함몰된 하나피, 자유분방하지만 하나피와 결혼했을 때의 충실했던 코리, 동양문화를 대표하고 종교와 전통을 충실하게 추종하는 하나피의 어머니와 라피아, 그 모든 것은 이 소설이 간직한 큰 힘이었다. 압둘 무이스는 하나피와 그의 어머니 사이에 벌어지는 갈등, 하나피와 코리의 갈등 그리고 하나피와 전통 관습과의 갈등을 함축적으로 그렸다.

시 분야에서는 초기에 두각을 나타낸 사람이 2명 있는데 그들은 인도네시아 14행시의 아버지로서 유명한 루스땀 에펜디와 무하맛 야민이다. 루스땀은 극시 분야의 개척자로 유명하고, 좌익(사회주의자)의 상원의원으로서 정치분야에서도 적극적으로 활동했다. 무하맛 야민은 인도네시아 문학에서 14행시 창작과 번역문학을 개척했고, 빤짜실라(Panca Sila)를 만든 사람들 중 한 명이며, 인도네시아공화국의 통합국가 설립 위원회 9인(Panitia Sembilan Pendiri Negara Kesatuan Republik Indonesia) 의원으로도 활동했다.

루스땀 에펜디는 '묵상의 방울(Percikan Permenungan)' 시집과 '브바싸리(Bebassari)' 극시 그리고 14행 시들로 인도네시아 문학세계에 새로운 숨결을 불어 넣었고, 모반과 불평불만의 이야기로 잔인한 통치자를 비난했다. 루스땀 에펜디의 시에서는 국가주의와 공정하고 문명화된 인본주의를 위해 독립된 삶을 간절히 원하는 마음을 느낄 수 있다. '묵상의 방울'과 '브바싸리'는 사회-정치적 양상을 보여주었고 또한 식민지배의 올무에서 자유롭고 독립된 영혼에 대한 열망을 용감하게 표출했다. 루스땀의 작품은 상징적인 표현을 사용해서 인도네시아 고국에 대한 깊은 애정과 애국심을 고취시켰다.

한편, 무하맛 야민은 14행시, 소설/로망, 희곡 등에서 국적에 대한 열망과 고국의 위대함과 아름다움에 대한 깨달음 그리고 독립을 성취하기 위한 소망을 이야기했다. 그는 고국에 대한 절절한 사랑의 표현으로, 해변과 산들의 아름다움과 광활함에 대한 감탄으로, 자연에 대한 셈세한 묘사로 '반디 마따람(Bandi Mataram)', '목자(Gembala)', '나의 조국 인도네시아(Indonesia Tumpah Darahku)' 등의 시를 썼고, 이 시들을 모아 '조국(Tanah Air)'이라는 시집을 발간했다. '가자 마다(Gadjah Mada)'와 '디뽀네고로 왕자(Pangeran Diponegoro)'라는 소설로 야민은 과거의 인도네시아의 명성을 되찾으려고 노력했다. 그는 네덜란드 식민 이전 시대를 역사적 배경으로 하는 희곡 작품 '껜 아록과 껜 데데스(Ken Arok dan Ken Dedes)'와 '데위 따라가 즉위했다면(Kalau Dewi Tara Sudah Bertahta)'도 썼다. 그는 '왕의 편지를 기다린다(Menantikan Surat dari Raja)'와 '가정의 안팎에서(Di Dalam dan di Luar

Lingkungan Rumah Tangga)'라는 제목의 라빈드라나드 타고르(Rabindranath Tagore)의 작품을 번역하기도 했다.

무하맛 야민과 같은 시대의 시인들은 2행 연구처럼 새로운 형식의 시 이외에 대부분 14행시의 작품을 썼다. 그 시들은 식물와 동물의 특성과 연관될 뿐만 아니라 듣기 좋은 운율을 지닌 멀라유적인 형식을 강하게 표현했다. 또한 인간과 종교의 가치를 지닌 내적 경험을 표현하기도 했다.

3. 발레이 뿌스따까와 문화 충돌

본질적으로 인도네시아인들은 이야기하는 사람의 입장에서든 이야기를 듣는 사람의 입장에서든, 구두이든 서면이든, 다양한 방식의 이야기를 좋아하는 경향이 있다. 발레이 뿌스따까가 서양의 소설, 시, 전기 등을 적극적으로 소개할 당시에 발레이 뿌스따까의 편집자는 문학 자료의 부족함을 느끼지 못했다. 그 이유는 서양의 번역작품 이외에도 인도네시아의 첫 소설작품이 등장하였고 뒤이어 수십 편의 소설작품이 쏟아져 나왔기 때문이다.

그 당시의 소설들은 대부분 미낭까바우 사회를 배경으로 다루고 있다. 위에서 언급한 것처럼 그 당시 대부분의 작가가 미낭까바우의 출신이기 때문에 미낭까바우 사회에서 발생한 문제들을 반영하고 있다. 그 소설들은 과거와 현재, 구세대와 신세대, 전통의 굴레와 인생의 동반자를 선택할 자유 사이에서 발생하는 갈등과 충돌을 다루었다. '고통과 불행(Azab dan Sengsara)', '시띠 누르바야(Siti Nurbaya)', '장모님 때문에(Karena Mertua)' 등과 같은 소설들이 대표적이다. 예컨대, 일부의 소설은 협의와 합의를 통해 전통문제가 시대적 요구를 수용하고 통합하는 방안을 제시한 반면, 대부분의 소설들은 전통문제로 인해 주인공들의 운명이 불행하게 막을 내리고 있다. 이는 구세대들이 신세대의 열망에 동참하기를 원치 않았고, 시대가 이미 변했다는 점을 인식하지 못했기 때문이다.

인도네시아 현대문학의 초기라고 불리는 발레이 뿌스따까 소설들 이외에도 인도네시아 현대소설을 탄생시킨 문화 표현과 문화 통용의 역할을 담당한 책들이 많았다. 특히, 이 책들은 메단(Medan)과 빠당(Padang)에서 잘 팔렸고 사회의 필요에 부응했다. 일반적으로 그 책들은 미적가치가 우수하거나 수준 높은 작품이 아니었지만 내용은 탐정 이야기, 전기 이야기, 모험 이야기, 로맨틱한 가족 드라마 이야기처럼 대중의 삶과 매우 밀접한 것들이었다. 함까(HAMKA)의 몇몇 작품은 발레이 뿌스따까에서 출판하기 전에 먼저 삼류 소설 형태로 나왔다. 이 흥미로운 소설 형태에 대한 심층 분석은 시띠 파이살 리파이(Sitti Faisal Rivai), 아미르 함자(Amir Hamzah), 아르민 빠네(Armijn Pane) 등에 의해 이루어졌고 그 분석 결과들은 1941년 1월호와 1949년 12월호의 '뿌장가 바루' 잡지에 실렸다.

특히 소설 '속박(Belenggu)'은 대중들 속에서 행해지고 있던 관습들에 대해 인간의 동기, 사고, 상태 등의 이야기로 가감없이 노골적으로 드러내어 그 당시의 사람들을 놀라게 했다. 새로운 발상으로 인간의 내면을 다룬 이 소설이 당시 인도네시아 문학분야에서는 일대 혁신이었다. 이 소설은 현대인의 정서적 방황과 무력감을 토로하고 있다.

발레이 뿌스따까 세대의 특징은 문학가 집단의 명칭과 언어에서 느끼는 멀라유적인 특성, 강제 결혼과 전통에 대한 반박, 전통을 존중하는 사회적 가치, 교훈적인 경향, 종교적이고 정치적인 경향에서 벗어나고자 하는 주제들을 다룬다는 것이다. 이 주제들은 발레이 뿌스따까 출판사에서 내세운 출판 규정인 링꺼스 규정(Nota Rinkes) 내용과 일치했다. 링꺼스 규정(Nota Rinkes) 내용은 다음과 같다:

(1) 종교적인 가르침과 미션에서 중립적이다.

(2) 정치적인 선전에서 중립적이다.

(3) 교육적이고 교훈적이다.

발레이 뿌스따까 세대란 명칭은 그들의 작품들이 발레이 뿌스따까에 의해 출간되었기 때문에 붙여진 것이다. 그렇다고 해도 발레이 뿌스따까에서 출판된 작품의 모든 작가를 발레이 뿌스따까 문학가라고 볼 수는 없다. 뿌스따까 자야(Pustaka Jaya), 그라메디아 뿌스따까 우따마(Gramedia Pustaka Utama), 뿌스따까 피르다우스(Pustaka Firdaus), 뿌스따까 미잔(Pustaka Mizan) 등의 출판사처럼 발레이 뿌스따까 출판사도 지금까지 문학작품을 출간하고 있기 때문에 작품의 내용과 시대를 먼저 살펴봐야 된다. 발레이 뿌스따까 세대는 1920년부터 1933년까지의 문학 세대이다.

인도네시아 현대 문학의 발전사에서 전쟁 이전의 역사적인 사건을 다룬 작품 '그리움(Buah Rindu)'과 '고요한 노래(Nyanyian Sunyi)'라는 시를 창작한 아미르 함자와 '속박(Belunggu)'이라는 소설을 창작한 아르민 빠네를 소개하고자 한다.

인도네시아 문학 평론가인 야신(H.B. Jassin)은 그의 저서에서 아미르 함자를 인도네시아의 '뿌장가 바루 시인의 왕(Raja Penyair Pujangga Baru; 1962)'이라고 언급했다. 젊고 재능 있었던 시인 아미르 함자는 북부 수마트라의 랑깟 왕국 귀족이라는 이유로 1946년 혁명시대에 반자이 지역의 한 청년 그룹에 의해서 목숨을 잃었다. 국가의 이상을 불어넣었던 국가주의 시인이 오해와 무지로 살해당한 일은 비극적이고 아이러니한 사건이었다. 그래서 떼우(A. Teeuw)는 아미르 함자의 죽음이 개인의 자유와 전통 그리고 전통적 의무 사이의 충돌에서 빚어진 희생양이라고 밝힌바 있다.

아미르 함자의 시 작품은 페르시아 수피즘 시인의 작품에서 영향을 받았고 매우 깊은 신성이 내포되어 있다. 자기 지역의 문학, 언어, 문화에 대한 폭넓은 지식은 그의 시의 독특한 특징이 되었다. 아미르 함자의 가장 큰 능력 중 하나는 자신의 시를 무하맛 야민이나 수딴 딱디르 알리샤바나의 수준으로 끌어 올리고 이전의 다른 시인이 창작한 적이 없는 밀도 있는 표현과 선명함을 새로운 문체로 녹여내어 색다른 시 창작에 성공한 것이다. 하이릴 안와르(Chairil Anwar)가 야신과의 대화에서 아미르 함자의 시 창작의 성공을 언급하고 있다(1962:7). 아미르 함자는 인도네시아어가 현대문학의 표현 도구로 발전할 가능성이 충분하다는 것을 증명해 보였다.

아르민 빠네의 소설 작품인 '속박'은 처음에 발레이 뿌스따까 편집자에 의해 전통적인 도덕성과는 맞지 않는다는 이유로 발레이 뿌스따까에서 출판을 거절당했다. '뿌장가 바루'에 실렸을 때에도 이 소설은 인도네시아의 윤리규범과 맞지 않는다는 이유로 비판을 받았다.

4. 발레이 뿌스따까 세대의 문학가들

발레이 뿌스따까 세대에 속하는 문학가들은 다음과 같다:

(1) 므라리 시레가르(Merari Siregar)는 1896년 6월 13일 북부 수마트라 시뽀록에서 태어났으며, 1940년 4월 23일 마두라 깔리 앙읏에서 사망했다. 그의 대표 작품은 다음과 같다:

a. 고통과 불행(Azab dan Sengsara; 소설/로망)

b. 자민과 조한(Si Jamin dan Si Johan), 주스투스 반 마우릭(Justus van Maurik); Uit het Volk의 번안 이야기, 1918)

(2) 마라 루슬리(Marah Rusli)는 1889년 8월 7일 수마트라의 빠당에서 태어났으며, 1968년 1월 17일 반둥에서 세상을 떠났다. 그는 유명한 작곡가 해리 루슬리(Harry Rusli)의 할아버지이며, '시띠 누르바야(Siti Nurbaya; 로망, 1922)' 작품으로 1969년에 인도네시아 정부로부터 상을 받았다. 이외에도 그의 다른 작품으로는 '라 하미(La Hami; 로망, 1952)', '아들과 조카 딸(Anak dan Kemenakan; 소설, 1956)', '내 반려자인 건 분명했다(Memang Jodoh)' 그리고 번역서 '불쌍한 소녀(Gadis yang Malang; 찰스 디킨스(Charles Dickens)의 소설, 1922)' 등이 있다.

(3) 루스땀 에펜디(Rustam Efendi)는 1903년 5월 13일 수마트라의 빠당에서

태어났고, 1979년 10월 17일 자카르타에서 죽었다. 그의 작품은 다음과 같다:

a. 묵상의 방울(Percikan Permenungan; 시집, 1926)

b. 브바싸리(Bebassari; 극시, 1926)는 인도네시아 현대 문학의 첫 드라마

(4) 무하맛 야민(Muhammad Yamin)은 1903년 8월 23일 서부 수마트라 사와 흘룬또에서 태어났고, 1968년 10월 17일 자카르타에서 사망했다. 그의 작품은 다음과 같다:

a. 조국(Tanah Air; 시집, 1822)

b. 가자마다(Gadjah Mada; 역사 소설/로망)

c. 600년 인도네시아 국기(Enam Ratus Tahun Sang Merah Putih; 학술서),

d. 왕의 편지를 기다린다(Menantikan Surat dari Raja; 라빈드라나드 타고르(Rabindranath Tagore) 작품을 번역한 희곡, 1828)

e. 나의 조국 인도네시아(Indonesia Tumpah Darahku; 시집, 1928)

f. 데위 따라가 즉위했다면(Kalau Dewi Tara sudah Bertahta; 희곡, 1934)

g. 켄 아록과 켄 데데스(Ken Arok dan Ken Dedes; 희곡, 1934)

h. 가정의 안팎에서(Di dalam dan di luar Lingkungan Rumah Tangga; 라빈드라나드 타고르(Rabindranath Tagore)작품을 번역한 희곡, 1933)

i. 율리우스 카이사르(Julius Caesar; 윌리엄 셰익스피어(William Shakespeare)의 희곡을 번역한 작품, 1951)

무하맛 야민은 인도네시아의 국부 9명 중에 한명이며 1945년 6월 1일에 붕 까르노(Bung Karno)의 빤짜실라 탄생일(Hari Lahirnya Pancasila) 연설에 앞서, 빤짜실라(Pancasila)의 원칙 하나 하나의 개념과 의미를 분석한 사람이었다. 그는 루스땀 에펜디와 함께 인도네시아 14행시의 아버지라고 불리기도 한다.

(5) 압둘 무이스(Abdul Muis)는 1886년 서부 수마트라 솔록에서 태어났으

며, 1959년 7월 17일 반둥에서 세상을 떠났다. 그는 아스룰 사니(Asrul Sani)에 의해 1952년 영화로 제작된 '잘못된 교육(Salah Asuhan; 1928)'으로 유명하다. 그의 다른 작품은 '수로빠띠(Suropati, 1950)'와 '수로빠띠의 아들, 로버트(Robert Anak Suropati; 1953)'라는 역사 소설/로망과 '반려자의 만남(Pertemuan Jodoh; 1953)'이 있다. 국가의 영웅이자 인도네시아 협회 위원이었던 압둘 무이스는 번역가이기도 했다. 그가 번역한 작품들은 '돈키호테(Don Kisot; 세르반테스(Cervantes)의 작품, 1923)', '혈혈단신(Sebatang Kara; 헥터 멜롯(Hector Melot)의 작품, 1932)', '톰 소여의 모험(Tom Sawyer Anak Amerika; 마크 트웨인(Mark Twain)의 작품, 1928)', '내 조국(Tanah Airku; 스완 코르만(C. Swaan Korman)의 작품, 1950)' 등이 있다.

(6) 무하드 까심은 1886년 북부 수마트라 무아라 시뽕이에서 태어났다. 그는 '옆 사람(Teman Duduk, 1936)'이라는 단편소설집과 1924년 발레이 뿌스따까 어린이 도서 상을 받은 '사민(Si Samin)'으로 유명하다. 이 책은 1928년에 '아이들 세상의 풍경(Pemandangan dalam Dunia Kanak-kanak)'이라는 제목으로 재출판되었다.
무하드 까심은 인도네시아 단편소설의 선구자로 알려졌다. 그는 '몰래 다투다(Bertengkar Berbisik)'라는 단편소설집, '젊은이(Muda Teruna, 1922)'라는 소설을 썼으며 '니키의 방주(Niki Bahtera; 1920)'와 '인도 왕자(Pangeran Hindi, 1931)' 라는 책도 번역하였다.

(7) 아만 다뚝 마조인도(Aman Datuk Madjoindo)는 1896년 서부 수마트라 솔록에서 태어났으며, 1969년 9월 16일 자카르타에서 세상을 떠났다. 아만은 수만자야(Sumanjaya)에 의해 1972년에 영화로 제작된 '버따위 아들, 둘씨(Si Doel Anak Betawi, 1956)'와 '달을 사모하는 난장이(Si Cebol Rindukan Bulan, 1934)'라는 소설을 썼다. 그의 다른 소설작품은 '속죄하

다(Menebus Dosa, 1932)', '안부를 전해다오(Sampaikan Salamku Padanya, 1935)', '빈자의 이야기(Hikayat Si Miskin, 1958)', '연인(Cindur Mata, 1951)', '멀라유의 역사(Sejarah Melayu, 1959)' 등이 있다.

(8) 자말루딘 아디네고로(Jamaluddin Adinegoro)는 1904년 8월 14일 서부 수마트라 따왈리에서 태어났으며, 1967년 1월 8일 자카르타에서 죽었다. 인도네시아 신문분야의 공적에 관한 상을 '아디네고르 상(Pemenang Adinegoro)'이라고 부를 정도로 기자의 아버지로 알려져 있고, '서역을 방문하다(Melawat ke Barat; 1930)'라는 작품을 썼다. 그는 '혁명과 문화(Revolusi dan Kebudayaan, 1954)', '인도네시아어로 쓴 일반 백과사전(Ensiklopedi Umum dalam Bahasa Indonesia, 1954)', '작품의 창작 기법(Ilmu Karang-Mengarang)', '세계 여왕의 철학(Falsafah Ratu Dunia)'이라는 학술서를 썼다.

(9) 뚤리스 수딴 사띠(Tulis Sutan Sati)는 1989년 서부 수마트라의 부낏 띵기에서 태어났으며, 1942년 자카르타에서 죽었다. 그는 '사베이 난 알루이(Sabai nan Aluih, 1929)'이라는 책을 번안했으며, '쾌락이 부른 불행(Sengsara Membawa Nikmat, 1928)'과 '고리를 자르다(Memutuskan Pertalian, 1932)'라는 소설을 썼다. 그의 다른 작품들은 '예상치 못하다(Tak Disangka, 1929)', '은혜를 갚지 않는다(Tidak Membalas Guna, 1933)', '신실한 시띠 무르후마의 시(Syair Siti Murhumah yang Saleh, 1930)' 등이 있다.

(10) 누르 수딴 이스깐다르(Nur Sutan Iskandar)는 1893년 11월 3일 서부 수마트라의 숭아이 바땅 마닌자우에서 태어났으며, 1975년 11월 28일 자카르타에서 죽었다. 그는 작가이며, 발레이 뿌스따까 편집자이자 번역가였다. 그가 쓴 작품은 다음과 같다:

a. 장모님 때문에(Karena Mentua; 전통 소설, 1932)
b. 개구리가 소가 되고 싶어하다(Katak Hendak Jadi Lembu; 상징 소설, 1934)
c. 호위대장(Hulubalang Raja; 역사 소설, 1934)
d. 여자인 내게 무슨 힘이 있을까(Apa Dayaku Karena Aku Perempuan; 사회 소설, 1922)
e. 생지옥(Neraka Dunia; 사회 소설, 1937)
f. 잘못된 선택(Salah Pilih; 전통 소설, 1928)
g. 진주(Mutiara; 소설, 1946)
h. 발리의 무용수(Jangir Bali; 소설, 1946)
i. 시대의 시험(Ujian Masa; 1932)

누르 수딴 이스깐다르는 다음과 같은 로망을 썼다:

a. 은혜를 원수로 갚는다(Tuba Dibalas dengan Air Susu; 아스마라데위(Asmaradewi)와 함께, 1933)
b. 정글의 여신(Dewi Rimba; 다흘란(M. Dahlan)과 함께, 1935)
c. 사랑과 의무(Cinta dan Kewajiban; 와이라따(L. Wairata)와 함께, 1944)

그가 번역한 작품은 다음과 같다:

a. 아부 나와스(Abu Nawas)
b. 장어가 부비트랩에 당하다/ 교활한 사람도 속을 수 있다(Belut Kena Ranjau; Baronese Orczy의 작품, 1928)
c. 삼총사(Tiga Panglima Perang; 알렉산더 뒤마(Alexander Dumas)의 작품, 1925)
d. 솔로몬 왕의 보물창고(Gudang Intan Nabi Sulaiman; 라이더 해거드(Rider Haggord)의 작품)

그 당시 창작 기준에 의하면, 누르 수딴 이스깐다르는 왕성한 창작력 때문에 발레이 뿌스따까 시대의 창작 왕이라는 별명을 얻었다.

5. 뿌장가 바루 세대

문학에서 새로운 문학 세대의 탄생은 언제나 일정한 특징을 보인다. 기존의 문학 세대와 다른 특징을 지닌 한 문학집단이 등장하게 되면, 이를 새로운 문학 세대로 인식할 수 있다. 인도네시아 문학의 여정 또한 그렇다. 발레이 뿌스따까의 설립과 발전이 새로운 뿌장가 바루의 설립과 발전으로 이어졌다.

발레이 뿌스따까가 그의 세대 문학 속에 담겨 있는 구세대와 신세대의 전통과 강제결혼의 전통에 대한 갈등과 분쟁이라는 특징이 있고 국가의 흥망성쇠의 부침 속에서 4행시의 형식이 지배적이었다면, 뿌장가 바루의 문학은 그렇지 않았다. 뿌장가 바루에서는 새로운 정신, 전의, 그리움, 이상 등의 조짐이 일어나고 있었다.

뿌장가 바루의 선구자들은 인도네시아 언어와 문학을 발전시키기 위해 독립적이고 활동적이고 지적인 인도네시아 문학의 특징이 있어야 한다는 강한 의지를 보여주었다. 수딴 딱디르 알리샤바나(Sutan Takdir Alisyahbana), 아미르 함자(Amir Hamzah), 아르민 빠네(Armijn Pane) 등이 이 뿌장가 바루 세대를 이끌었고, 사누시 빠네(Sanusi Pane), 얀 엥을버트 따뗑껭(Y.E. Tatengkeng), 아스마라 하디(Asmara Hadi) 그리고 두 여류 작가인 슬라시(Selasih)와 파띠마 하산 델라이스(Fatimah H. Delais) 등이 전폭적인 지지를 보냈다. 위에서 언급한 수딴 딱디르 알리샤바나, 아미르 함자 그리고 아르민 빠네는 인도네시아 언어와 문학을 발전시킬 수 있다는 신념과 이상을 가지고 있었다.

'뿌장가 바루' 잡지를 통해 문학가들은 새로움의 숨결(영혼)과 독립에 대한 전의를 대중들에게 전달했다. 특히, 잡지의 설립을 도모한 문학가들은 잡지를 통해 적극적으로 창작활동을 펼쳤다. 그들의 신념과 이상의 일부는 그들이 창작한 소설 작품 속에 혹은 그들의 학술서 속에 더 분명하게 담겨 있었다.

수딴 딱디르는 '뿌장가 바루' 잡지에서 열심히 활동한 인물이다. 그의 창작 열정은 삶이 끝날 때까지 강하게 타올랐다. 그는 인도네시아가 발전하고 현대화하려면 서양의 숨결을 느끼고 힘을 길러야 하며, 서양의 지식을 배우고자 노력해야 한다고 생각했다. 그는 미래의 다양한 도전에 대응하기 위해서는 서양의 주지주의, 물질주의 그리고 현대화 등 서양의 학문과 기술을 배울 필요성이 있다고 자신의 견해를 밝힌 바 있다. 활동적이고 창조적인 서양의 창작 작업은 속세의 행복을 달성하기 위한 노력에 항상 관대하면서도 열정적인 파우스트(Faust)를 모델로 삼고 있다.

반면, 아미르 함자와 아르민 빠네는 동양의 영향을 더 많이 받았다. 그들에 의하면 '인도네시아적'이라는 것은 정신적인 가치와 잠재력에 기초한 우리의 고유문화에 뿌리를 깊이 박고 있어야 한다는 것이다. 인도네시아인들이 물질을 추구하거나 물질주의로 흐를 필요가 없으며 더 중요한 것은 마음의 평화와 행복이라고 말했다. 이 정신적인 가치를 잊어버리면 안되며 내세의 생애도 중요하기 때문에 내세 역시 반드시 고려되어야 한다고 밝힌 바 있다.

사누시 빠네는 서양과 동양 사이의 균형을 추구했다. 사누시 빠네에 의하면, 인도네시아인의 사고방식은 아르주나(Arjuna)의 정신 세계와 파우스트의 현실 세계가 결합된 것이 가장 이상적이다. 만약 그 두 작중 인물(아르주나와 파우스트)이 결합된다면 균형적이고 이상적인 인생이 될 것이며 더 나아가 영혼과 육체, 물질과 정신이 균형적으로 완성될 수 있다는 것이다.

동서양의 개념들에 대해 논쟁을 벌인 사람들은 다름 아닌 창작활동을 하던 문학가들이었다. 바로 뿌장가 바루의 4명의 선구자가 이런 문학가의 범주에 속했다. 수딴 딱디르는 '꺼진 적이 없는 등불(Dian yang Tak Kunjung Padam)', '범죄 소굴에 있는 처녀(Anak Perawan Di Sarang Penyamun)' 등의 소설과 그의 최고의 소설작품인 '돛이 펼쳐지다(Layar Terkembang)'를 창작했다. 이 소설에 이상주의적 낭만주의가 반영되었다. 그리고 그의 소설 작품인 '펼쳐진 구름(Tebaran Mega)'과 '돛이 펼쳐지다'에서 주인공인 여성이 인권과 의무를 잘 이행하는 시민 의식을 지녔다. 수딴 딱디르는 문학작품이 사회의 변화를 일으킬 수 있는 교훈적인 기능을 가지고 있다고 확신했다.

아미르 함자는 '그리움(Buah Rindu)'과 '고요한 노래(Nyanyian Sunyi)'라는 두 시집을 출판했다. 그는 시적인 잠재력뿐만 아니라 섬세하고 깔끔하고 아름다운 시를 창작할 수 있는 능력을 증명해 보였다. 아미르 함자는 고대 멀라유어와 고대 자바어로 쓰여진 시를 구입하여 인도네시아어로 번안하였다. 아미르 함자가 로맨틱한 경향을 띠었지만 실은 인간에 대한 사랑을 노래한 시인이었다. 그의 시들은 인간에 대한 사랑, 그리움 그리고 신의 애정에 목마른 사람들의 노래였으며, 심지어 아미르 함자는 자기 시들을 통해 기도하기도 울기도 노래하기도 했다.

아르민 빠네의 작품인 '속박'은 현실생활을 그렸다. 그 작품에서는 가정의 불화, 불륜, 삼각관계, 심리적 갈등 등의 문제를 독자들이 인식하고 결말을 도출하도록 만들었다. 한편, 아르민 빠네와 친형제인 사누시 빠네는 14행시를 많이 창작하였고, '꽃 구름(Puspa Mega)'이라는 시집을 출판하였다. 사누시 빠네는 인도를 배경으로 자신의 이상주의 사고를 캐릭터로 삼은 희곡 '새로운 인간(Manusia Baru)'을 썼다.

뿌장가 바루 세대는 네덜란드의 80세대(1880)의 영향을 많이 받았다. 낭만적 이상주의로 볼 때 뿌장가 바루 세대가 네덜란드의 80세대에게 영향을 받았다는 견해가 과히 틀린 말은 아니다. 분명한 사실은 뿌장가 바루 문학가들은 국내외 서적을 많이 사람들이었다는 것이다. 그들이 읽은 책들은 세계문학의 발전에 관한 것이었다. 뿌장가 바루의 작가와 시인들은 발레이 뿌스따까 세대처럼 수마트라 출신의 문학가가 주류는 아니었다. 문학적인 삶을 존경하고 문학이 발전하는 것에 대해 사람들의 인식은 만족스러운 편이었다. 뿌장가 바루라는 이름은 다음과 같은 뜻을 가지고 있다:

(1) 1933년에서 1942년까지 출현한 잡지.

(2) 위 기간에 창작한 문학가들.

(3) 인도네시아 문화를 발전시키고 인도네시아어의 존재와 사용을 확고하게

견지하며 새로운 정신으로 충만한 인도네시아 문학 세대 중에 하나였음.

뿌장가 바루 세대는 로맨틱한 이상주의적 특징을 가지고 있어 문학이 이상주의와 아름다움으로 충만한 창조의 성과로 구현된다고 본다. 뿌장가 바루 세대에 속하는 몇몇 문학가들은 네덜란드 1880세대 로맨티시즘의 영향을 받았다. 예컨대, 수딴 딱띠르의 견해에 따르면 나라가 발전하기 위해서는 우리가 서양의 영혼을 느껴야 되고 개인주의, 주지주의, 물질주의를 중요시해야 된다고 생각했다. 그러나 동양철학에 의존한 사누시 빠네도 있다. 고대 멀라유어를 사용한 서적에서 희귀한 어휘를 찾아내어 이를 시 작품에 반영한 인물인 아미르 함자도 있다. 그는 자신의 조국에서 인도네시아어의 힘을 발굴하고자 노력하였다.

6. 뿌장가 바루 세대의 문학가들

아래 4명의 작가는 뿌장가 바루의 선구자로 알려져 있다:

(1) 수딴 딱디르 알리샤바나는 1908년 2월 11일 북부 수마트라의 나딸에서 태어났고 1986년 7월 17일 자카르타에서 세상을 떠났다. 그는 법학사 학위를 취득한 철학자이자 학자이며, 박사학위(명예 학위)를 취득한 교수였다. 그는 '돛이 펼쳐지다(Layar Terkembang; 1936)'라는 제목의 'roman bertenden(작가가 달성하고 싶은 꿈이나 목적이 담겨 있는 로망)'으로 유명하다. 그의 다른 로망은 '꺼진 적이 없는 등불(Dian yang Tak Kunjung Padam, 1932)', '범죄자 소굴에 있는 처녀(Anak Perawan Di Sarang Penyamun, 1940)' 등이 있다. '펼쳐진 구름(Tebaran Mega, 1935)'이라는 시집은 그의 잠재력과 경력을 증명하기에 손색이 없었다. 수딴 딱띠르는 자신의 시대에서만 뛰어난 작가가 아니었다. 인도네시아가 독립 이후부터

인도네시아공산당(PKI)의 국민문화동맹(Lekra)이 사라진 신질서(Orde Baru)시대까지도 그의 두 작품('돛이 펼쳐지다'와 '펼쳐진 구름')은 인도네시아 문학의 별이 되었다. 그 두 작품은 각각 500페이지를 넘어 '그로따 아주라(Grota Azura, 전3권, 1970~1971)'와 '패배와 승리(Kalah dan Menang, 1978)' 그리고 '파도를 일으키는 노래(Lagu Pemacu Ombak, 1978)'라는 시집으로 재출판되었다. 학자로서 수딴 딱디르 알리샤바나는 다음과 같은 저서를 썼다:

a. 인도네시아어의 새로운 문법(Tata Bahasa Baru Bahasa Indonesia, 1936)
b. 고전 시; 명시집(Puisi Lama, 1941)
c. 현대시; 명시집(Puisi Baru, 1946)

(2) 아미르 함자는 1911년 2월 28일 북부 수마트라의 랑깟, 딴중뿌라에서 태어났고 1946년 3월 북부 수마트라에서 일어난 사회 혁명으로 인해 전사했다. 야신(H.B. Jassin)이 뿌장가 바루 시인의 왕이라고 부른 반면, 엔하 디니(N.H. Dini)는 스브랑(Seberang)에서 온 왕자라고 했다. 귀족 태생의 이 시인은 '그리움(Buah Rindu)', '고요한 노래(Nyanyian Sunyi)', '동양의 향나무(Setanggi Timur; 예전 아시아 시인들의 번역 시)' 그리고 '멀라유 문학과 그의 대가들(Sastra Melayu dan Raja-rajanya)'이라는 시집을 남겼다. 아미르 함자는 1969년에 그의 시 '고요한 노래(Nyanyian Sunyi)'로 문화상(Satya Lencana Kebudayaan)을 받았다. 아미르 함자는 그의 사후인 1975년 10월 10일 인도네시아 젊은이 협회(Perhimpunan Pemuda Indonesia)가 주최한 회의에서 네덜란드의 식민지배를 반대한 공적을 인정받아 인도네시아 국가의 영웅으로 선정되기도 하였다.

(3) 사누시 빠네는 1905년 11월 14일 북부 수마트라의 무아라 시뽕이에서 태어났고 1968년 1월 2일 자카르타에서 사망했다. 그는 '마자빠힛의 와해(Sandyakalaning Majapahit)', '끄르따자야(Kertadjaya)' 희곡과 라빈드

라나드 타고르(Rabindranath Tagore)의 나라인 인도를 배경으로 '새로운 인간(Manusia Baru)'을 썼다. 시인으로서 사누시 빠네는 '방랑자의 찬사(Madah Kelana)'와 '꽃 구름(Puspa Mega)'이라는 시를 썼다. 그의 다른 작품들로는 '사랑의 분출(Pancaran Cinta, 1926)', '아이르랑가(Airlangga; 네덜란드어로 씀, 1928)', '인도네시아의 역사(Sejarah Indonesia, 1942)', '영원한 인도네시아(Indonesia Sepanjang Masa, 1952)', '옛 이야기의 명시집(Bunga Rampai dari Hikayat Lama, 1946)' 등이 있다.

(4) 아르민 빠네는 사누시 빠네의 친동생이며 1908년 8월 18일 무아라 시뽕이에서 태어났고 1970년 2월 11일 자카르타에서 사망했다. 그는 도덕적인 사회를 추구한 적이 있었지만, 그의 소설 '속박(Belunggu)'이 불륜과 자유분방한 성적인 묘사로 인해 미풍양속을 해쳤다는 이유와 발레이 뿌스따까 출판 규정인 'Nota Rinkes' 을 위배했다는 이유로 발레이 뿌스따까에서 출판이 거부되었다. '속박'은 심리소설로 유명하다. 아르민 빠네는 '유순한 비둘기(Jinak-jinak Merpati; 단편소설집)', '자와 가믈란(Gamelan Jawa; 시집)'과 '살아 있는 영혼(Jiwa Berjiwa; 둘다 시집)'을 썼고, 까르띠니(R.A. Kartini)가 아벤다논(Ny. Abendanon)과 다른 친구들에게 보낸 편지들을 '어둠에서 빛으로(Habis Gelap Terbitlah Terang, 1968)'라는 제목으로 번역했고, '두 번째 날을 일으켜 세우다(Membangun Hari Kedua; 일리야 에렌부르크(Ilya Ehrenburg)의 작품, 1956)'도 번역했다.

위에서 언급한 문학가와 동 세대의 문학가들은 다음과 같다:

(1) 얀 엥을버트 따뗑겡(Yan Engelbert Tatengkeng)은 1907년 10월 19일 술라웨시의 상이헤에서 태어났고 1968년 3월 6일 마까사르에서 세상을 떠났다. 그는 '그리움과 복수(Rindu Dendam)'라는 시집으로 유명하다. 그 시집에는 동일한 제목의 시도 포함되어 있다. 그의 시는 대부분 기독교의

영감을 받았다.

(2) 슬라시/사리아민(Selasih/Sariamin)은 1909년 7월 31일 서부 수마트라에서 태어났다. 그녀는 '상황의 영향(Pengaruh Keadaan)'과 '운이 없다면(Kalau Tak Untung)'이라는 사회 소설로 유명하다. 이외에도 '문학의 연결고리(Rangkaian Sastra, 1952)', '5인의 승리자(Panca Juara, 1981)', '무라이 형의 이야기(Cerita Kak Murai, 1984)', 어린이를 위한 '건방진 선장(Nahkoda Lancang, 1982)' 그리고 '아버지의 무릎으로 돌아갔다(Kembali ke Pangkuan Ayah, 1986)'라는 소설도 썼다.

(3) 이 구스띠 뇨만(I Gusti Nyoman)은 아궁 빤지 띠스나(Agung Panji Tisna)의 아들이며 발리 왕가의 자손으로 1908년 2월 8일 싱아라자에서 태어났고 1976년 같은 도시에서 사망했다. 그는 '발리의 아가씨, 수끄레니(Sukreni Gadis Bali)', '베다훌루에 일년 동안 산 이 스와스따(I Swasta Setahun Di Bedahulu)'라는 소설로 유명하다. 그의 다른 작품은 '사람을 파는 니 라윗(Ni Rawit Ceti Penjual Orang; 1935)', '까루나 여신(Dewi Karuna; 1938)', '신에게 돌아가다(I Made Widiadi/Kembali kepada Tuhan; 1954)' 등이 있다.

(4) 하니다/파띠마 하산 델라이스(Hanidah/Fatimah Hasan Delais)는 1914년 6월 8일 방까에서 태어났고 1953년 5월 같은 도시에서 사망했다. 그녀는 '보석을 잃다(Kehilangan Mestika)'라는 사회 소설로 유명하다.

(5) 수만 하시부안(Suman Hasibuan)은 1905년 붕깔리스에서 태어났고 1999년 5월 8일 빼깐바루에서 세상을 떠났다. 그는 '충성의 시도(Percobaan Setia)', '분리되지 않는 애정(Kasih Tak Terlerai)', '처녀를 납치한 도둑을 찾는다(Mencari Pencuri Anak Perawan)'라는 소설로 유명하

다. 지역의 교육자로도 유명했던 수만 하시부안은 '길 잃은 연정(Kasih Tersesat; 1932)', '피의 몸값(Tebusan Darah; 1939)' 등의 소설과 '싸우는 친구(Kawan Bergelut)'라는 단편소설도 썼다.

(6) 마리우스 라미스 다요흐(Marius Ramis Dayoh)는 1909년 미나하사의 아이르마디디에서 태어났고 1975년 5월 15일 반둥에서 사망했다. 그는 '미나하사 영웅(Pahlawan Minahasa)', '미나하사인과 스페인인의 전쟁(Peperangan Orang Minahasa dengan Orang Spanyol; 1931)'이라는 역사 소설, '가난한 원주민을 지원한 재단에 대한 시(Syair untuk ASIB; ASIB(Algemen Steunfonds voor Inheemse Behoeftigen/ Yayasan Sokongan Umum untuk Fakir Bumiputera), 1935)', '현명한 남자(Putera Budiman; 1941)', '국민의 보석(Ratna Rakyat; 1951)', '코방안(Koobangan; 1953)', '마마누아(Mamanua; 1969)' 등의 시를 썼다.

(7) 사아다 알림(Saadah Alim)은 1897년 6월 9일 수마트라의 빠당에서 태어났고 1968년 8월 18일 자카르타에서 세상을 떠났다. 그는 네덜란드 식민시대에 빠당에 있는 여교사를 위한 학교(Sekolah Guru Wanita)와 원주민을 위한 네덜란드 학교(HIS: Hollandsch-Inlandsche School)에서 교사로 근무한 적이 있었다. 1924년에서 1940년까지 그는 '빈땅 힌디아(Bintang Hindia)', '빤지 뿌스따까(Panji Pustaka)', 'Het Dagblad', 'Volks Courant' 등의 문예지에서 작가로서 활동했다. 그의 작품은 '복수(Pembalasannya; 1940)' 희곡, '동풍 서풍(Angin Timur dan Angin Barat; 펄 벅(Pearl S. Buck)의 작품, 1941)', '마르가는 자신의 길을 간다(Marga Tidak Tegak Sendiri; Freddy Vagers의 작품, 1949)', '줄레이까가 소매를 걷다(Zuleika Menyingsingkan Lengan Bajunya; Reisco의 작품)' 등의 번역 작품이 있다.

다음 문학가들은 뿌장가 바루 시기에 창작활동을 했음에도 불구하고 뿌장가 바루가 추구하는 개념과 이상이 다르다는 이유로 뿌장가 바루 문학가라고 불리지 않는다. 그들은 회교 시인과 작가로 유명한 인물들로 다음과 같다:

(1) 하지 압둘 말릭 까림 암룰라(Haji Abdul Malik Karim Amrullah, 함까(HAMKA))는 1908년 2월 16일 서부 수마트라의 마닌자우에서 태어났고 1981년 7월 24일 자카르타에서 세상을 떠났다. 그는 로맨틱하고 아름다운 언어를 사용하여 사람의 심금을 울리는 작품으로 유명하다. 기자이자 작가인 함까는 수피즘의 학자, 무함마디아의 인물, 1세대의 인도네시아 할랄 인증기관(Majelis Ulama Indonesia, MUI) 회장, '빤지 마샤라깟(Panji Masyarakat)' 잡지의 설립자인데, 죽을 때까지 '빤지 마샤라깟' 잡지의 편집장으로 더 유명했다. 함까는 독학으로 성공한 인물이었다. 초중고를 졸업하지 못한 그는 수마트라의 따왈립 부낏띵기에서 친아버지인 까림 암룰라(Dr. Karim Amrullah)와 수라바야에서 붕 까르노(Bung Karno)의 스승이었던 인도네시아 국민 운동(Pergerakan Nasional Indonesia)의 초끄로아미노또(H.O.S. Tjokroaminoto)로부터 직접 아랍어와 종교학을 배웠다. 뛰어난 학업 성취도를 보여준 함까는 박사학위(명예 학위)를 취득하고 교수가 되었다. 그의 작품에는 '반 데르 윅 호의 침몰(Tenggelamnya Kapal Van Der Wijk; 전통 소설)', '생명의 계곡에서(Di dalam Lembah Kehidupan; 단편소설)', '카바의 보호 속에(Di Bawah Lindungan Ka'Bah; 사회 소설)' 등이 있다. 그는 또한 '삶의 회상들(Kenang-kenangan Hidup; 자서전)', '델리로 간다(Merantau ke Deli; 소설)', '북 소리를 기다린다(Menunggu Beduk Berbunyi; 소설)', '비방 때문에(Karena Fitnah; 1938)', '이사님(Tuan Direktur; 1939)', '하느님의 정의(Keadilan Ilahi; 1941)', '외삼촌이 마중나오다(Dijemput Mamaknya; 1949)', '쾌락의 계곡(Lembah Nikmat; 1959)', '질투(Cemburu; 1961)', '생계의 거울(Cermin Penghidupan; 1967, 단편소설)' 등을 창작했다.

함까는 문학가 이외에 대학자, 철학자, 신비주의자로서 다음과 같은 학술 서적을 저술하였다: '인생의 철학(Falsafah Hidup)', '심성의 제도(Lembaga Budi)', '현대 신비주의(Tasauf Modern)', '신비주의와 그의 발전(Tasauf dan Perkembangannya)', '알 아즈하르(코란 1장-30장) 해석(Tafsir Al Azhar(Juz 1-30 Alquran)' 등이 있다.

함까는 종교단체 출신의 문학가가 작품의 수준을 높일 수 있다면, 이슬람 기숙학교 출신자가 문학에 투신하는 것도 가치있는 일이라고 생각한 문학가이기도 했다. 하지만 이슬람 기숙학교를 다닌 사람들의 작품은 종교적인 인식과 실천이 일치해야 한다고 생각했다. 함까가 활동하기 이전의 이슬람 기숙학교 집단에서는 작가, 시인, 예술가들을 할일 없이 넋을 놓은 채 공상의 계곡을 방황하고 있는 사람들이라 간주하였고, 절제없이 자유분방하게 제멋대로 사는 사람들이라는 인식이 팽배해 있었다.

(2) 무하맛 알리 하시미(Muhammad Ali Hasymi)는 1914년 3월 28일 북부 수마트라 아쩨의 슬레미움에서 태어났고 1998년 1월 18일 반다 아쩨에서 사망했다. 그는 '후회했다(Menyesal)'라는 제목의 시로 유명하다. 노년에 박사학위를 취득하고 교수가 된 알리 하시미는 샤 쿠알라 국립이슬람 대학교(IAIN Syah Kuala)의 총장과 아쩨 특별구의 인도네시아 할랄 인증기관(MUI Daerah Istimewa Aceh, 낭로 아쩨 다루살람(Nangro Aceh Darusalam으로 개명됨)의 회장을 역임했다. 그는 '방랑자의 이야기(Kisah Seorang Pengembara)'와 '시(詩) 위원회(Dewan Sajak)'라는 시를 썼을뿐 아니라: '달빛으로 가득찬(Bermandi Cahaya Bulan; 1937, 중편소설)', '세계의 대로를 통해(Melalui Jalan Raya Dunia; 1939)', '아잔 소리(기도를 알리는 소리)와 교회의 종 소리(Suara Azan dan Lonceng Gereja; 1940)', '칠리향나무 그늘 아래(Di Bawah Naungan Pohon Kemuning; 1940)', '새벽의 여신(Dewi Fajar; 1940)', '붉은 땅(Tanah Merah)', '인도네시아 독립 영웅의 땅, 디굴(Digul Bumi Pahlawan Kemerdekaan Indonesia; 1980)' 등과 같은 작

품을 남겼다.

그 외에도 '인도네시아 회교의 시(Puisi Islam Indonesia; 1940)', '시대별 인도네시아의 문학; 1951(Kesusastraan Indonesia dari Zaman ke Zaman)', '그리움과 행복(Rindu Bahagia; 시집과 단편소설, 1960)', '무지개 속의 연정(Asmara dalam Pelukan Pelangi; 시집, 1963)', '인도네시아 시 속의 독립정신(Semangat Kemerdekaan dalam Sanjak Indonesia; 1963)', '함자 판수리(Rubai Hamzah Fansuri; 1976)', '인도네시아 문학발전에서 아쩨 문학의 공헌(Sumbangan Kesusastraan Aceh dalam Pembinaan Kesusastraan Indonesia)', '독립 정신(Semangat Merdeka; 자서전, 1985)' 등이 있다.

(3) 사마디(Samadi)는 1918년 11월 18일 서부 수마트라의 마닌자우에서 태어났고 1957년~1958년의 인도네시아 혁명정부(Pemerintahan Revolusioner Republik Indonesia, PPRI)의 정치적 사건(교도 민주주의)과 그에 따른 소요사태에 연루되어 실종되었다. 그는 '인생의 콧노래(Senandung Hidup)'라는 시집으로 유명하다.

(4) 리파이 알리(Rifai Ali)는 1909년 4월 24일 서부 수마트라의 빠당빤장에서 태어났고 '마음의 고백(Kata Hati; 1941)'과 '신은 존재한다(Tuhan Ada; 1968)'라는 시집으로 유명하다.

(5) 마뚜모나(하스불라 빠린두리)(Matumona(Hasbullah Parinduri))는 1910년 6월 21일 북부 수마트라의 메단에서 태어났고 1987년 7월 8일 자카르타에서 세상을 떠났다. 그는 '빼와르따 델리(Pewarta Deli)', '빤지 뿌스따까(Panji Pustaka)', '셀렉타(Selecta)' 등에서 기자로 활동한 적이 있었고, '빼르주앙안 락깟(Perjuangan Rakyat)' 신문의 설립자였다.

마뚜모나는 연극 '동양의 여왕(Ratu Timur; 네덜란드 식민시대)', '동쪽 빛과 어린 여신(Cahaya Timur dan Dewi Muda; 일본 점령기)'을 감독한 적이 있다. 그의 다른 작품들로는 '숨겨진 보물(Harta Terpendam; 1931)', '조국의 부름(Panggilan Tanah Air; 1934)', '인도네시아의 붉은 연인과 인도네시아 붉은 연인의 역할(Pacar Merah Indonesia dan Rol Pacar Merah Indonesia; 1934)', '전성기(Zaman Gemilang; 1936)', '엠, 후스니 땀린(M. Husni Tamrin; 1940)'의 전기, '전쟁 때문에(Akibat Perang; 1950)' 등이 있다.

III

일본 식민 시기의 문학 세대와 45' 세대

III

일본 식민 시기의 문학 세대와 45' 세대

1. 1942년 이후의 문학 발전

명칭으로 보면 일본 식민 시기의 문학 세대는 인도네시아가 일본의 식민 지배를 당했던 시기에 나온 문학 세대임이 분명하다. 그 문학의 유효기간도 일본의 식민 시기(1942~1945)와 동일하다.

이 당시에는 네덜란드어 사용이 금지되었기 때문에 인도네시아어 사용이 급속히 증가하였다. 인도네시아 문학작품도 마찬가지였다. 일본 식민 초기에는 인도네시아 문학가들이 일본의 대동아공영권이라는 슬로건에 속아 동정했지만, 점차 이전 식민지배자와 별반 차이가 없다는 것을 깨닫게 됨에 따라 그 파시스트(일본) 나라를 증오하기 시작했으며, 이러한 증오심이 문학작품 속에서 반영되었다. 그러나 '국민문화지도소(Keimin Bunka Shidoso)'를 통한 일본의 검열이 너무 가혹하고 무자비해서 많은 문학가들은 자신의 문학작품들을 어쩔 수 없이 출판하지 않고 보관만 하고 있거나 상징적인 표현으로 썼다. 이런 상황 때문에 상징주의 작품들이 대거 출현하게 되었다.

대부분의 문학 평론가들은 네덜란드 식민정부의 붕괴로 인해 새로운 문학 세대가 도래했다고 생각했다. 네덜란드어가 인도네시아에서 사라졌고, 서구의 지배가 일본의 지배로 넘어갔다. 이 모든 환경의 변화가 인도네시아 문학을 성숙하게 만들었으며 발레이 뿌스따까와 뿌장가 바루가 지금껏 추구해 온 방향에서 벗어나게 되었다.

뿌장가 바루 문학이 위축되었기 때문에 더 이상 뿌장가 바루 문학의 출판이 활발하지 않았을 뿐만 아니라 뿌장가 바루 문학 잡지의 영향력까지도 점차 소멸되었다. '아름답고 멋진 단어'에서 벗어나 과장되고 선동적인 어조와 간결한 문체를 사용하게 되었다.

작가들이 제일 먼저 접한 냉엄한 현실은 일본의 검열이었다. 그러나 당시 일본이 요구했던 선전분위기에 동조하는 작가는 그리 많지 않았다. 그럼에도 불구하고, 문학 분야에서 새로운 감성을 지닌 작품의 창작과 성장은 계속되었다. 그리하여 일본 식민 시기를 거쳐 1945년 이후에 하이릴 안와르(Chairil Anwar)와 같은 새로운 문학가들이 등장하게 되었다. 하이릴 안와르의 문학작품에서는 혼란, 불안 그리고 가치의 해체로 인한 새로운 문학 세대를 엿볼 수 있으며, 그 새로운 문학 세대가 바로 45년 세대의 일부가 되었다.

저서 '기본과 인물 1권, 2권(Pokok dan Tokoh I, II)'로 유명한 네덜란드인이자 인도네시아의 문학 전문가 테우(A. Teeuw)에 따르면, 하이릴 안와르는 새로운 시의 작법으로는 이미 독보적이었다고 한다. 하이릴은 일상어를 현대시 작법에 반영하여 인도네시아어가 매우 품격이 있으며 예술로 승화시키는데 전혀 손색이 없다는 것을 입증해 보였다.

인도네시아의 국내외 문학 평론가들은 하이릴의 문학작품에서 선보인 다양한 외국문학의 영향에 대해 토론을 벌였는데, 실은 그 영향이 그의 문학작품의 가치를 평가하는 요소들과는 아무런 관련이 없다는 평가를 내렸다. 가장 중요한 것은 그가 외국문학의 영향을 어떻게 이해하고 소화했는지 그리고 어떻게 자신의 것으로 완전하게 만들었는지의 문제라고 할 수 있다.

하이릴 안와르는 27살에 세상을 떠났기 때문에 시 작품이 72편에 불과하지만 그의 시 작품은 매우 뛰어난 문학작품의 반열에 올라 여전히 현대시에 큰 영향을 끼치고 있다.

본질적으로 인도네시아의 문학 활동은 일반적인 예술 활동과 분리될 수 없다. 특히, 45년 세대와 그 이후의 세대의 작가들 역시 다른 예술분야처럼 독자들과 소통의 길을 찾고 있었다. 예컨대, 아스룰 사니(Asrul Sani)와 우스마르 이스마일(Usmar Ismail)의 문학작품들은 영화로 제작되어 독자들과 소통하고 있었음을 우리는 익히 알고 있다. 또한, 뜨리스노 수마르조(Trisno Sumardjo)와 리바이 아삔(Rivai Apin)은 화가이면서 예술 평론가로 활동했다. 렌드라(Rendra)는 시인, 프로듀서, 드라마 감독 등으로 유명했다. 모든 인도네시아인들이 문학작품을 접할 수는 없다하더라도 문학작품이 소통의 수단이 된다는 점은 매우 놀라운 사실이 아니다. 어쩌면 문학작품보다는 다른 미디어가 소통에 더 적합하다고 느낄 수 있으며, 소통의 대상도 더 광범위할지 모른다.

45년 세대를 대표할만한 특징이 뚜렷하지 않은 작가들뿐만 아니라 45년 세대에 포함된 작가들 조차도 자신을 45년 세대 작가라고 언급하지 않지만 어쨌거나 문학계에서도 정치계처럼 45년 세대가 분명히 존재하고 있다. 야신(H.B. Jassin)에 따르면, 45년 세대라는 명칭은 로시한 안와르가 1949년 1월 9일 '시아삿(Siasat)' 잡지에 처음으로 사용했다고 한다. 이는 사실 45년 세대가 처음 시작되었을 때보다 훨씬 뒤였다. 분명한 사실은 1946년 11월 19일 하이릴 안와르, 아스룰 사니, 바하루딘(Baharudin), 헤니 응안뚱(Heni Ngantung) 등이 '문학·예술인 모임(Gelanggang)'을 '45년 세대의 문학·예술인 모임(Generasi Gelanggang)'의 수단으로 설립하였다는 점이다. 그들의 목적은 새로운 나라를 세우는데 진정으로 책임을 다하는 모습을 보여주는 것이었다. 이 목표는 1950년 "독립은 우리가 새로운 이데올로기를 실천하는 것이며, 낡은 이데올로기를 지우는 것이다"라는 '글랑강에 가담한 예술인의 결의서(Surat Kepertjajaan Gelanggang Seniman Merdeka)'로 확인되었다.

뼈에 사무치도록 고통스러운 그 시절의 삶에 대한 글들을 담고 있는 새로운 문학작품은 '빤짜 라자(Pantja Raja), 뻠방운안(Pembangunan), 그마(Gema)'와 같은 문예잡지들을 통해서 출판되었다.

새로운 문학의 주요 목적이었던 인간성과 인류애는 1945년 독립 이후 인도네시아에서 접할 수 있었던 독일, 러시아, 프랑스, 영국, 미국 등 서구의 문학작품들과의 만남과 무관치 않다. 뿌장가 바루에게 영향을 끼친 독립 이전의 네덜란드 문학은 인도네시아 독자들의 마음을 사로 잡지 못했다.

1942년~1948년의 문학작품을 소개하는 야신의 평론집 '조국의 메아리(Gema Tanah Air)'는 인도네시아 문학작품의 전반에 대한 식견을 넓혀 주고 있다. 여기서 이 45년 세대의 문학을 개척하고 선도했던 하이릴 안와르에 대해 언급하였다.

하이릴 안와르의 시들은 영어와 불어로 번역 출판되었고, 그에 대한 책도 몇 권 출판되었다. 그가 세상을 떠난 지 30년이라는 세월이 흘렀음에도 불구하고, 그는 여전히 기억해야 할 시인으로 평가받고 있다.

야신은 인간적인 측면에서 다른 어느 작가들보다도 삶의 굴곡이 심했던 하이릴 안와르를 "45년 세대의 선구자"로 부른다. 그의 문학작품은 여러 면에서 보편적인 인류애를 담고 있다. 독립 투쟁기의 인간의 심리 문제와 사회 변화는 하이릴의 작품에서뿐만 아니라 동시대 작가들의 문학작품에서도 자주 등장하고 있는 주제였다. 이 인간과 사회의 문제는 쁘라무디아 아난따 뚜르(Pramudya Ananta Toer), 이드루스(Idrus) 등의 작품에 영감을 주었다.

45년대 문학 세대들이 외국문학을 배우고 경험하게 됨으로써 인도네시아 문학에 대한 자부심이 완전히 사라졌다. 왜냐하면 그들은 다른 나라가 성취한 문학의 발전을 너무나 동경한 나머지 자신들의 문학은 뒤떨어졌다고 느꼈기 때문이다. 45년 세대들은 인도네시아 문학이 세계적인 수준의 문학을 따라 잡으려면 부단한 노력이 필요하다고 생각했다.

2. 일본 식민 시기의 문학가들

(1) 우스마르 이스마일(Usmar Ismail)은 1921년 3월 20일 서부 수마트라의 부낏 띵기에서 태어났고 1971년 1월 2일 자카르타에서 세상을 떠났다. 문학가이자 희곡작가인 그는 '이미지(Citra)', '불(Api)', '예술가의 휴가(Liburan Seniman)', '누사 바다에서 온 진주(Mutiara dari Nusa Laut)', '재스민 꽃(Mekar Melati)' 등의 희곡과 '이슬람 기도 소리를 듣는다(Kudengar Adzan)', '진주 목걸이(Kalung Mutiara)', '독립의 성취(Jaya Merdeka)', '감정을 상하다(Diserang Rasa)' 등의 시 그리고 '연기나는 꽁초(Puntung Berasap, 1950)'라는 시집으로 유명하다.

우스마르 이스마일은 인도네시아 영화의 아버지로 잘 알려져 있다. 인도네시아 영화 축제(FFI)의 상패 명은 그의 작품 제목 중에 하나인 '이미지(Citra)'을 사용한다. 뛰어난 희곡작가이자 영화 제작자로서의 우스마르 이스마일은 다음과 같은 영화들을 감독했다: '보물(Harta Karun; 1949)', '이미지(Citra; 1950)', '화성(The Long Mars, 1950)', '욕야카르타에서의 6시간(Enam Jam di Yogya; 1950)', '3명의 소녀(Tiga Dara; 1956년)', '투사(Pejuang; 1959, 모스크바 국제 영화 축제에서 1등을 차지함)', '또하, 남부 반둥의 영웅(Toha Pahlawan Bandung Selatan; 1962)', '범죄자 소굴에 있는 처녀(Anak Perawan di Sarang Penyamun, 1962)', '수딴 딱디르 알리샤바나(Sutan Takdir Alisyahbana)'의 소설을 토대로 제작된 영화인 '큰 마을(The Big Village, 1970)', 레니 마를리나(Lenny Marlina)를 유명하게 만든 '아난다(Ananda; 1960)' 등이 있다.

(2) 아부 하니파/엘 하낌(Dr. Abu Hanifah/El Hakim)은 1906년 12월 6일 빤당빤장에서 출생했고 1979년 자카르타에서 세상을 떠났다. 그는 '아시아 위의 태풍(Taufan di Atas Asia)', '특별한 지성(Intelek Istimewa)', '완벽한 인간(Insan Kamil)', '여신 레니(Dewi Reni)' 등의 희곡과 '닥터 림부(Dokter Rimbu)' 소설로 유명하다. 그는 '철학의 길 1(Rintisan Filsafat I; 1947)'과 '우리는 투쟁한다(Kita Berjuang; 1947)'라는 학술서도 저술하였다.

(3) 마리아 아민(Maria Amin)은 1920년 6월 15일 븡꿀루에서 태어났다. 이 여류 작가는 '망고 나무의 불평을 듣는다(Dengar Keluhan Pohon Mangga)', '그 세계를 주목하라(Tinjaulah Dunia Sana)', '비밀로 가득차다(Penuh Rahasia)', '미스터(Tuan)', '공감합시다(Turutlah Merasakan)' 등의 소설을 통해 알려졌다.

(4) 누르샴수(Nursyamsu)는 1921년 10월 6일 서부 수마트라 린따우에서 태어났다. '남기지 않는다(Takkan Ketinggalan)'와 '대장공(Pandai Besi)' 그리고 '이별 노래(Lagu Perpisahan)'라는 시를 썼다. 초기에 그는 '우스모노가 엄마를 돌보다(Usmono Membela Ibu; 1951)', '동물 애호가(Si Penyayang Binatang; 1951)', '불행한 아이가 행운을 가진다(Si Malang Untung; 1952)', '푸른 계곡(Lembah Hijau; 1974)', '동물원의 소란(Kebun Binatang Hiruk-pikuk; 1978)', '로슬리나(Roslina; 1981)' 등의 어린이들을 위한 동화책을 많이 썼다. 외국어에 능통했던 누르샴수(Nursyamsu)는 '세 명의 바다 난장이(Tiga Kurcaci Laut; Yan Bongaarts의 작품)'와 '다섯 범죄자와 그들의 소굴(Lima Orang Penyamun dan Sarangnya; Diet Kraner의 작품)'을 번역하기도 했다.

(5) 아나스 마아루프(Anas Ma'aruf)는 1922년 10월 27일 서부 수마트라의 부낏띵기에서 태어났고, 1980년 자타르타에서 세상을 떠났다. 그는

'계속 타오르다(Nyalakan Terus)', '불굴의 성전(Tabah Berjihad)', '신시대(Zaman Baru)', '저 곳 너머...행복의 시대(Di Balik Sana...Zaman Bahagia)' 등의 시들을 썼다. 전문 번역가로서 그는 다음과 같은 번역서를 출판했다. 즉, '이미지(Citra); 타고르(Tagore)의 작품, 1943)', '인간의 희극(Komedi Manusia); 윌리암 소로얀(William Soroyan)의 작품, 1952)', '인간의 운명(Nasib Manusia); 미카일 숄로코프(Mikhail sholokhov)의 작품, 1966)', '설국(Negeri Salju); 야스나리 까와바따(Yasunari Kawabata)의 작품, 1972년)' 등이 있다.

(6) 아말 함자(Amal Hamzah)는 1922년 8월 31일 북부 수마트라 빈자이에서 태어났고 1987년 7월 30일 서부 독일 두이스도프에서 사망했다. 뿌장가 바루의 왕인 아미르 함자(Amir Hamzah) 시인의 친동생인 아말 함자(Amal Hamzah)는 시인이자 희곡작가이며 번역가였다. 그의 문학작품은 '배신자인 예술가(Seniman Pengkhianat; 희곡)', '깨진 액자(Bingkai Retak; 단편소설)', '책과 작가(Buku dan Penulis; 에세이집)', '호세 리잘(Jose Rizal; 번역 전기)' 그리고 '불안(Bimbang; 시)' 등이 있다.

3. 45' 세대의 문학

45' 세대라는 명칭은 애국심의 가치와 문학의 가치가 상호 불가분의 관계임을 인식하게 됨으로써 문학이 독립투쟁에 기여해야 한다는 믿음에서 유래하였다. 이 세대의 문학은 독립을 쟁취하고 수호하며 영속화하기 위한 투쟁의 여정과 맥을 같이 하고 있다.

긴박했던 독립투쟁의 상황을 고려한다면 그 당시의 문학작품은 당연히 혁명을 표현할 수밖에 없었다. 이 시기의 문학작품에는 격조가 떨어지는 문장, 아주 과장되고 비유적인 단어 그리고 상상 속에 담긴 아름다운 감정을 드러내는 표현이 없다. 단지 언어의 혁명이 있었다. 말은 짧고 긴밀하며, 정확하고 다양하며, 내용을 중시하고 사실적이었지만 미적 감각을 벗어나지 않았다. 이 세대에 속한 많은 문학가들은 다음 세대에서도 적극적으로 문학작품을 창작했다. 더욱이, 일본 식민 시기부터 활동했던 문학가도 있었다.

45' 세대의 첫 번째 그룹은 이드루스(Idrus), 아스룰 사니(Asrul Sani), 쁘라무디아 아난따 뚜르(Pramudya Ananta Toer), 아흐디앗 까르따미하르자(Achdiat Kartamiharja), 아오흐 하디마자(Aoh. K. Hadimadja), 로시한 안와르(Rosihan Anwar) 등이었고, 두 번째 그룹은 하이릴 안와르(Chairil Anwar)와 리바이 아삔(Rivai Apin)이었다.

45' 세대라는 명칭은 처음으로 1949년에 '시아삿(Siasat)'이라는 잡지에서 로시한 안와르(Rosihan Anwar)에 의해 사용되었다. 45' 세대는 '전쟁 이후의 세대', '하이릴 안와르(Chairil Anwar)의 세대', '글랑강 세대' 등의 이름으로도 알려졌다.

위의 다양한 용어를 붙인데는 그럴만한 이유가 있었다. 그 당시에는 인도네시아가 이미 독립을 했으니 '전쟁 이후의 세대' 또는 '독립 세대'라고 불렀고, '하이릴 안와르(Chairil Anwar)의 세대'는 하이릴 안와르(Chairil Anwar)가 그 당시 제일 독보적인 문학가였기 때문이었고, '글랑강 세대'는 글랑강 예술·문학가(Gelanggang Seniman Merdeka) 그룹에 속해 있던 작가와 시인들, 기자들 그리고 화가들을 지칭하는 용어로 사용되었다. 세계 보편적인 휴머니즘에 초점을 맞춘 그들의 예술에 대한 신념이 선언서에 포함 되었는데, 그것이 바로 '글랑강 문학·예술가의 결의서(Surat Kepercayaan Gelanggang)'이다. 이 결의서는 1950년 10월 23일 '시아삿' 문학 잡지 칼럼에 최초로 발표되었다. 그 결의서의 내용은 다음과 같다:

1. 세계문화의 상속자들로서의 선언 그리고 그들만의 방식으로 우리의 문화를 유지 발전시키려는 의지;

2. 우리는 일반 계층에서 태어났으며, 대중은 건강한 새로운 세계를 탄생시킬 수 있는 다양한 집단이라는 고백;
3. 우리의 인도네시아적 특성은 신체적 특징뿐만 아니라 우리의 마음과 생각에 대한 표현 그리고 창작물에 의해서도 표현된다는 고백;
4. 우리에게 있어서 인도네시아의 문화는 옛 문화를 갈고 닦은 결과물이 아니다. 건강한 새로운 문화의 실현을 추구한다. 인도네시아의 문화는 다양한 목소리에 의해 형성되고, 전 세계의 목소리에서 영감을 받으며, 자신의 목소리로 표현됨;
5. 우리에게 있어서 혁명은 사라져야할 옛 가치들 위에 새로운 가치를 세우는 것이다. 우리는 인도네시아 혁명이 아직 끝나지 않았다고 생각함;
6. 우리는 창작의 독창성에 한계가 있음을 인식했지만 변함없이 독창성을 보여주고 싶었고, 인간의 존엄을 제고함;
7. 대중과 예술가의 예술적 감상은 상호관계에 있다는 것을 인정함.

위에서 언급한 작가와 시인 이외에 문학분야에서 중요한 역할을 한 비문학가도 있다. 그는 바로 인도네시아 최초의 문학 비평가이자 인도네시아 문학사의 권위자인 야신(H.B. Jassin)이다.

작가인 가유스 시아기안(Gayus Siagian)은 야신(H.B. Jassin)을 '인도네시아 문학의 아버지' 라고 불렀다. 에세이스트이자 단편소설 작가인 파무숙 에네스떼(Pamusuk Eneste)는 야신을 '인도네시아 문학의 보호자'로 부르기도 했다. 또 그는 '인도네시아 문학의 평론가', '인도네시아 문학의 다큐멘터리 작가'와 '번역가'로도 알려졌다.

1917년 고론딸로에서 태어난 문학전문가인 야신은 '평론과 에세이에서 현대 인도네시아 문학 1, 2, 3, 4(Kesusastraan Indonesia Modern dalam Kritik dan Essay I, II, III, IV)', '조국의 메아리 1, 2(Gema Tanah Air I, II)', '아미르 함자, 인도네시아 뿌장가 바루 시인의 왕(Amir Hamzah Raja Penyair Pujangga Baru)', '하이릴 안와르, 45년 세대의 선구자(Chairil Anwar Pelopor Angkatan

45)', '일본 식민시기의 인도네시아 문학(Kesusastraan Indonesia Masa Jepang)', '띠파, 시인과 그의 지역(Tifa Penyair dan Daerahnya)', '66 세대(Angkatan 66)', '산문 시(Prosa Puisi)', '작가와 그의 세계(Pengarang dan Dunianya)', '세계문학의 일부로서 인도네시아의 문학(Sastra Indonesia sebagai Warga Sastra Dunia)', '막스 하벨라르(Max Havelaar; 번역문)', '고귀한 책(Bacaan Mulia; 코란의 시적 번역문)' 등의 책을 썼다.

야신은 하이릴(Chairil)이 시를 쓰기 시작했을 때부터 문학 평론을 썼다. 그는 죽음을 맞이 할 때까지 문학 잡지인 '호리손(Horison)'의 편집자와 인도네시아대학교 문학부의 교수를 역임했다. 임종 직전까지 작품활동을 한 또 다른 작가로는 1908년 띠파눌리 나딸에서 태어난 뿌장가 바루 세대의 선구자인 수딴 딱딜 알리샤바나(Sutan Takdir Alisyahbana), 아스룰 사니(Asrul Sani), 목타르 루비스(Muchtar Lubis), 쁘라무디아 아난따 뚜르(Pramudya Ananta Toer) 등이 있다.

수딴 딱띨 알리샤바나(Sutan Takdir Alisyahbana)는 뿌장가 바루 세대를 이끌었으며 아스룰 사니(Asrul Sani), 이드루스(Idrus), 라시한 안와르(Rasihan Anwar)와 쁘라무디아(Pramudya) 등은 45년 세대의 문학가였다. 목타르 루비스(Muchtar Lubis), 아집 로시디(Ajip Rosidi), 렌드라(Rendra), 모띵고 부세(Motinggo Boesye), 엔하 디니(N.H. Dini)는 끼사 세대의 작가와 시인이었고 띠띠에 사잇(Titie Said), 따우픽 이스마일(Taufiq Ismail), 구나완 모하맛(Goenawan Mohammad), 사빠르디 조꼬 다모노(Sapardi Joko Damono) 등은 66 세대/문화성명의 문학가로 유명하였다. 그러나 그들의 책들은 특정 세대들에 한정된 것이 아니었다. 왜냐하면 그들이 저술한 많은 책들이 그들의 세대에서뿐만 아니라 그 이후 세대에서도 출판되었기 때문이다.

문학 교사는 학생들이 비교적 완전하게 자국의 문학가들을 이해할 수 있도록 위에 언급한 작가와 작품들의 내용을 알아둘 필요가 있다. 중고등학생은 '사랑하는 사람들의 발라드(Balada Orang-orang Tercinta)', '낡은 구두의 시들(Sajak-Sajak Sepatu Tua)', '애정으로(Dengan Kasih Sayang)' 등의 시집으로 유명한 렌드라(Rendra)를 아는 것뿐만 아니라 '아버지를 찾는다(Mencari Bapa)', '백조의 노래(Nyanyian Angsa)', '기둥들 사이에(Di Antara Pilar-pilar)', '더위 먹은 사람의 시(Sajak Orang Kepanasan)' 등의 시를 낭독한 적이 있는 렌드라(Rendra)를 깊이 있게 이해하려는 노력도 필요하다. 문학 교사들은 모띵고 부세(Motinggo Boesye)가 '저주받은 밤(Malam Jahanam)', '원숭이 언덕에서의 첫날 밤(Malam Penganten di Bukit Kera)', '오늘은 사랑이란 없다(Hari Ini Tidak Ada Cinta)', '오후까지 폭풍(Badai Sampai Sore)'과 '바라바(Barabah)'와 같은 희곡을 만들었다고 가르치는 것보다 더 중요한 것은 '엄마의 그리움은 나의 그리움(Rindu Ibu adalah Rinduku)', '꿈결 같은 여자들(Perempuan-perempuan Impian)', '마음의 먼지들(Debu-debu Kalbu)', '내 사랑은 항상 너에게(Cintaku Selalu Padamu)', '폭풍 속 평화(Damai dalam Badai)', '어머니의 모든 슬픔(Sejuta Duka Ibu)', '사누, 인피니따 끔바르(Sanu Infinita Kembar)', '성인들의 오로라(Aurora Para Aulia)' 등의 책과 그 세대 말에 모띵고 부세가 쓰고 출판했던 책들을 학생들이 직접 읽어보라고 권유하는 것이다. 따우픽 이스마일(Taufik Ismail), 엠하 아이눈 나집(Emha Ainun Najib), 리안띠아르노(N. Riantiarno), 호세 리잘 마누아(Jose Rizal Manua), 아구스 사르요노(Agus R. Sarjono), 헬피 띠아나 로사(Helvy Tiana Rosa) 등에 대해서도 마찬가지이다.

따라서 문학 교사는 디니(Dini)가 '맞은 편의 왕자님(Pangeran dari Seberang)', '스까유(Sekayu)', '하늘과 땅은 우리 친구다(Langit dan Bumi Sahabat Kami)', '각과 선(Segi dan Garis)' 등을 출간했다는 사실을 이해할 필요가 있다. 수딴 딱딜(Sutan Takdir)이 '그로따 아주라(Grota Azura)'와 '패배와 승리(Kalah dan Menang)'를 출간했으며, 목타르 루비스(Muchtar Lubis)는 '정글에서 방랑하다(Berkelana dalam Rimba)', '브로모쪼라(Bromocorah)', '계약 노동자(Kuli Kontrak), '전복 기록(Catatan Subversif)' 등의 논픽션을 출판하였다는 사실도 주목할 필요가 있다. 아집 로시디(Ajip Rosidi)는 '태양의 아이의 시(Sajak Anak Matahari)', '조국의 아이(Anak Tanah Air)', '순다 사람과 일본 사람(Manusia Sunda dan Manusia Jepang)' 등의 논픽션을 출판했으

며, 띠띠에 사잇(Titie Said)은 '슬픔의 계곡(Lembah Duka)', '암바라와 위에 검은 구름(Langit Hitam di Atas Ambarawa)', '내 목숨을 빼앗지 마(Jangan Ambil Nyawaku)', '환생(Reinkarnasi)' 등을 출판하였다는 사실도 상기할 필요가 있다. 파띠마(Fatimah)와 따우픽 이스마일(Taufik Ismail)은 '또니(Si Toni)', '판자 침대(Balai-balai)', '예언자들의 발라드(Balada Nabi-Nabi)', '잠든이의 예절(Rasa Santun Yang Tidur)', '표식을 읽는다(Membaca Tanda-tanda)' 등과 같은 시를 썼고, '인도네시아 사람이 되기가 부끄럽다(Malu Aku Jadi Orang Indonesia, MAJOI)'라는 시선을 통해 사회개혁에 착수했다는 점도 빼놓을 수 없다. 하지만, 문학 교사는 무엇보다도 학생들이 최소한 그들의 문학작품들을 읽고 이해해야 한다는 점을 주지시킬 필요가 있다.

4. 45년 세대의 문학가들

(1) 하이릴 안와르(Chairil Anwar)는 1922년 7월 26일 북부 수마트라의 메단에서 태어났고 1949년 4월 28일 자카르타에서 세상을 떠났다. 전설적인 시인인 그는 '절규가 먼지와 뒤섞였다(Deru Campur Debu), '날카로운 조약돌(Kerikil Tajam)', '팽개친 것과 끊긴 것(Yang Terempas dan Yang Putus)' 등의 시로 유명하다. 그 시선에는 학생들이 주로 암송하는 '나(Aku)', '디뽀네고로(Diponegoro)', '내 사랑은 저 멀리 있는 섬에(Cintaku Jauh di Pulau)', '작은 항구의 황혼(Senja di Pelabuhan Kecil)', '1946년의 기록(Catatan 1946)', '기도(Doa)', '친구에게(Kepada Kawan)', '1943', '디안 따마엘라를 위한 이야기(Cerita Buat Dien Tamaela)', '끄라왕-브까시(Krawang-Bekasi)', '예수(Isa)' 등이 수록되어 있다. 파무숙 에네스떼(Pamusuk Eneste)가 하이릴 안와르의 모든 시를 모아 '나는 바로 한 마리의 야수(Aku Ini Binatang Jalang)'라는 제목의 시 모음집을 출판하였다. 문학 평론가인 야신(H.B. Jassin)은 '하이릴 안와르, 45년 세대의 선구자

(Chairil Anwar Pelopor Angkatan '45)'라는 제목의 평론집에서 하이릴 안와르(Chairil Anwar)를 그 시대의 가장 중요한 문학가로 선정하였다. 하이릴(Chairil)은 그의 친구인 아스룰 사니(Asrul Sani)와 리바이 아삔(Rivai Apin)과 함께 '세 명이 운명을 열다(Tiga menguak Takdir)'라는 책을 출판했다. 그 책은 수딴 딱딜 알리샤바나(Sutan Takdir Alisyahbana)가 주도한 뿌장가 바루 세대의 우월성에 대해 반박하는 모습을 보여주고 있다. 하이릴 안와르의 학력은 중학교(MULO) 2학년에 불과했지만, 외국어 실력이 뛰어나 국내외 문학서를 많이 읽었고, 번역가로도 유명했다. 그가 번역한 작품으로 '탕자, 돌아오다(Pulanglah Dia Si Anak Hilang; 앙드레 지드(Andre Gide)의 작품, 1948)', '공격을 당했다(Kena Gempur; 존 스타인벡(John Steinbeck)의 작품)', '깨끗하고 밝은 곳(Tempat yang Bersih dan Lampunya Terang; 어니스트 헤밍웨이(Ernest Hemingway)의 작품)', '돌아온 소녀, 떠나간 소녀(Datang Dara Hilang Dara; 중국 시인의 작품)' 등이 있다.

(2) 이드루스(Idrus)는 1921년 9월 21일 서부 수마트라의 빠당에서 태어났고 1979년 5월 10일 같은 도시에서 사망했다. 그는 단편소설 '아베 마리아에서 로마까지의 다른 길(Dari Ave Maria ke Jalan Lain ke Roma, 1948)'과 중편소설 '아끼(Aki, 1949)' 그리고 단편소설 '반바지의 이야기(Kisah Sebuah Celana Pendek)'가 있다. 이외에도 '죄의 복수(Kejahatan Membalas Dendam; 1945)', '극한의 아쩨(Jibaku Aceh; 1945)', '닥터 비스마(Dokter Bisma; 1945)', '수로노의 가족(Keluarga Surono, 1948)' 등의 희곡이 유명하다.

호주의 모나쉬대학교에서 문학박사과정을 수료한 이드루스는 단순하고 간결한 새로운 시 형식으로 45년 세대의 시의 선구자로 유명하다. 위에서 언급한 작품 이외에도 그는 '여자와 국가(Perempuan dan Kebangsaan; 소설, 1949)', '가장 고귀한 여자 이야기(Kisah Wanita Termulia; 동화, 1952)',

'어린 시절의 두 이야기(Dua Episode Masa Kecil; 단편소설집, 1952)', '사람의 양심(Hati Nurani Manusia; 소설, 1972)', '뻬넬로뻬 공주의 이야기(Hikayat Puteri Penelope; 소설, 1976)' 등도 썼다. 그는 또한 '강철 기차 1469(Kereta Api Baja 1469; 이사노프(Iwanow)의 소설, 1948)', '치즈(Keju; 윌리엄 엘스호트(William Elschot)의 소설, 1948)', '아소카(Asoka; G. Ganggrijp의 희곡, 1948)' 등을 번역하기도 했다.

(3) 아스룰 사니(Asrul Sani)는 1926년 1월 10일 서부 수마트라 라오에서 태어났고 2004년 자카르타에서 사망했다. 문학 분야에서 처음 일할 때는 '내게 집을 줘(Beri Aku Rumah)', '전구(Bola Lampu)', '내 친구인 코르디아즈(Sahabat Saya Cordiaz)', '박물관(Musium)' 등과 같은 단편소설과 '어머니에게서 온 편지(Surat Dari Ibu)', '고백(Pengakuan)', '뱃 사람(Orang Dalam Perahu)', '바다의 기둥(Tiang Laut)' 등과 같은 시도 썼다. '세 명이 운명을 열다(Tiga Menguak Takdir)'라는 시집을 하이릴 안와르(Chairil Anwar)와 리팔 아핀(Rival Apin)과 함께 쓰기도 했다.
수의사이자 문학가인 그는 마라 루슬리(Marah Rusli)와 따우픽 이스마일(Taufiq Ismail)과 함께 인도네시아의 독립 초기인 1946년에 글랑강 결의서(Gelanggang Seniman Merdeka)를 만들었다. 그는 '뿌장가 바루(Pujangga Baru)', '그마 수아사나(Gema Suasana)', '글랑강(Gelanggang)' 등의 잡지 편집자로 활동하였고, 인도네시아 국립 연극 아카데미(Akademi Teater Nasional Indonesia) 이사, 인도네시아 무슬림 문화 예술가 단체(Lembaga Seniman Budayawan Muslim Indonesia) 회장, 영화 검열국(Badan Sensor Film) 의원, 자카르타 예술 위원회(Dewan Kesenian Jakarta) 회장, 자카르타 아카데미(Akademi Jakarta) 회원이 되었다. 그의 작품은 '어떤 시대에서, 어떤 장소에서(Dari Suatu Masa Dari Suatu Tempat; 단편소설집, 1972)', '마법(Mantera; 시선, 1975)', '신임장(Surat-surat Kepercayaan; 단편소설집, 1997)' 등이 있다.

아스룰 사니는 문학작품을 창작하는 것뿐만 아니라 번역가, 영화 감독 그리고 시나리오 작가로도 활동을 하였다. 그가 번역한 작품은 '바다의 침묵(Laut Membisu; 베르코르(Vercors)의 작품, 1949)', '배우 지망생을 위한 6가지 교훈(Enam Pelajaran Bagi Calon Aktor; 리차드 블레슬라브스키(Richard Boleslavsky)의 작품, 1960)', '회상(Buah Renungan; 물따뚤리(Multatuli)의 작품)', '처녀의 집(Rumah Perawan; 야스나리 까와바따(Yasunari Kawabata)의 소설, 1977)', '섬의 공주(Putri Pulau; 나리아드르모운티)의 소설, 1977)', '금각사(Kuil Kencana; 유키오 미시마(Yukio Mishima)의 소설, 1978)', '닫힌 방(Pintu Tertutup; 사르트르(J.P Sartre)의 희곡, 1979)', '아이(Sang Anak; 타고르(Rabindranath Tagore)의 작품, 1979)', '지하에서 온 메모(Catatan Dari Bawah Tanah; 도스토예프스키(Dostoyevsky)의 소설, 1979)' 등이 있다. 그의 감동적인 영화는 '가시 철조망(Pagar Kawat Berduri; 트리스나 유워노(Trisna Yuwono)의 소설을 각색, 1963)', '뭘 찾니, 빨루삐?(Apa yang Kau Cari, Palupi?; 1970)', '잘못된 교육(Salah Asuhan; 압둘 무이스(Abdul Muis)의 소설, 1974)', '무덤 위에 떠있는 달(Bulan di atas Kuburan; 시또르 시또모랑(Sitor Sitomorang)을 일본의 하이쿠 시 형식으로 각색, 1978)', '카바의 보호 속에(Di Bawah Lindungan Ka'bah; 함까의 소설, 1978)' 등이 있다. 유명한 시나리오 작가로서 아스룰 사니(Asrul Sani)는 '나를 쫒아봐 너를 잡아 줄게(Kejarlah Daku Kau Ku Tangkap)', '나가보나르 장군(Jenderal Nagabonar)', '머리카락 하나가 일곱 개로 나눈다(Titian Serambut Dibelah Tujuh)' 그리고 '나를 데려가 줘(Bawalah Aku pergi)' 등의 시나리오를 쓰기도 했다. 아스룰 사니는 2000년에 인도네시아 정부로부터 민간인 신분으로 받을 수 있는 최고의 상을 수상했다.

(4) 로시한 안와르(Rosihan Anwar)는 1922년 5월 10일 서부 수마트라 꾸방 난 두아에서 출생했다. 기자이면서 문학가인 그는 '아시아 라야(Asia

Raya)', '머르데까(Merdeka)', '시아삿(Siasat)' 등과 같은 신문사의 기자, '빼도만(Pedoman)' 신문의 설립자, 뉴델리 '힌두스탄 타임(Hindustan Time)', 런던의 '월드 포럼 피처스(World Forum Features)', 멜버른의 '디 에이지(The Age)', 싱가포르의 '스트레이츠 타임(Straits Time)' 등의 통신원을 역임했다. 로시한은 인도네시아 기자 협회(Persatuan Wartawan Indonesia) 회장, 국민협의회 의원, 국립 영화관(Dewan Film Nasional) 의원 그리고 유네스코 고문을 역임했다. 그의 작품은 '대중의 라디오(Radio Masyarakat)'라는 단편소설과 '말라까 해협의 작은 해적의 왕(Raja Kecil Bajak Laut di Selat Malaka; 1967)'이라는 소설 그리고 '혁명 이야기들(Kisah-kisah Revolusi; 메모리, 1973)', '저널리즘 문제(Ihwal Jurnalistik; 1974)', '인도네시아 기자의 프로필(Profil Wartawan Indonesia; 1977)', '저널리즘의 언어와 작문(Bahasa Jurnalistik dan Komposisi; 1979)', '샤흐릴을 떠올리다(Mengenang Syahrir; 1980)', '폭풍 전: 1961~1965년 정치 불안감(Sebelum Prahara: Pergolakan Politik 1962~1965; 1981)'이라는 논 픽션과 에세이가 있다. 그는 임종을 맞이할 때까지 적극적으로 글을 썼다. 특히, 외국에 대한 연구와 정치 사회적인 문제 그리고 국가를 위해 희생된 영웅들을 기억하기 위한 추모 기사를 많이 썼다. 그의 자서전으로는 '물 속에서 쓴다(Menulis Dalam Air; 1983)'가 있다.

(5) 야신(H.B Jassin)은 1917년 7월 31일 북부 술라웨시 고론딸로에서 태어났고, 2000년 3월 11일 자카르타에서 사망했다. 그는 인도네시아 문학의 성장과 발전에 큰 공헌을 했다. 평론가이자 문학의 후원자였던 야신은 향후 인도네시아 문학발전과 연구를 위해 따만 이스마일 마르주끼(Taman Ismail Marzuki)에 자카르타 문화예술 센터인 야신 문학 자료 도서관을 세웠다. 그는 인도네시아 대학교와 미국의 예일대학교에서 문학을 공부했다. 인도네시아 대학교에서 명예 박사 학위를 받았고, 한 평생을 인도네시아 문학의 발전에 바쳤다. 그는 젊은 시절부터 죽을 때까지, 자카르

타에서 출판된 거의 모든 문학 잡지의 편집자로 활동했다. 그가 편집자로 활동한 문학 잡지들은 다음과 같다: '뿌장가 바루(Pujangga Baru)', '빤지 뿌스따까(Panji Pustaka)', '빤짜 라야(Panca Raya)', '밈바르 인도네시아(Mimbar Indonesia)', '제니스(Zenith)', '바하사 단 부다야Bahasa dan Budaya)', '끼사(Kisah)', '스니(Seni)', '사스뜨라(Sastra)', '바하사 단 사스뜨라(Bahasa dan Sastra)' 등이다. '하늘이 어두어지다(Langit Makin Mendung; 끼 빤지 꾸스민(Ki Panji Kusmin)의 작품)'이라는 단편소설은 이슬람과 신을 모독한 것으로 인식되었기 때문에 문화성명에 서명했던 그는 재판소에서 재판을 받기도 하였다. 그 단편소설이 야신이 운영하는 '문학(Sastra)'이라는 잡지에 실렸기 때문이었다. 저명한 문학 전문가였던 그는 1969년에 인도네시아 정부로부터 '삿야 른짜나 끄부다야얀(Satya Lencana Kebudayaan)'이라는 문화 훈장을, 1973년에 네덜란드 베르나드 폰(Bernard Fond) 왕자로부터 '마르띠누스 니즈호프(Martinus Nijhoff)'라는 상을, 1987년에 인도네시아 정부로부터 예술상을, 1987년에 필리핀 정부로부터 '라몬 막사이사이(Ramon Magsaysay)' 상을, 1974년에 인도네시아 정부로부터 민간인으로서는 최고의 훈장인 '빈땅 마하뿌뜨라 나랏야(Bintang Mahaputra Naratya)' 상을 수상했다. 1970년부터 2000년까지 자카르타 아카데미 회원이자 문학기록문서 재단의 원장이었던 야신은 인도네시아 문학 평론가로 유명했다. 인도네시아 대학교 문학부 교수인 파무숙 에네스떼(Pamusuk Eneste)는 그를 인도네시아 문학의 후원자로 또한 66 세대 문학가인 가유스 시아기안(Gayus Siagian)은 그를 인도네시아 문학의 아버지라고 칭했다. 야신은 여러 문학 명시집 편집자, 문학의 후원자, 세계의 문학작품의 번역가, '고귀한 독본이 된 쿠란(Alquran Menjadi Bacaan Mulia)'과 '시의 얼굴인 쿠란(Alquran Berwajah Puisi)'의 번역가이기도 하였다.

야신의 작품들은 '작은 북을 두드리는 시인과 그의 세계(Tifa Penyair dan Daerahnya; 1952)' 연구서, '조국의 메아리 1, 2(Gema Tanah Air 1, 2;

1948)' 명시집, '일본 식민시기의 인도네시아 문학(Kesusastraan Indonesia Masa Jepang; 1948)', '뿌장가 바루: 산문과 시(Pujangga Baru: Prosa dan Puisi; 1963)', '66 세대: 산문과 시(Angkatan '66 : Prosa dan Puisi; 1968)', '하이릴 안와르, 45년 세대 선구자(Chairil Anwar Pelopor Angkatan '45; 1956)' 평론, '뿌장가 바루 시인의 왕인 아미르 함자(Amir Hamzah Raja Penyair Pujangga Baru; 1962)', '평론과 에세이 속의 인도네시아 현대 문학 전4권(Kesusastraan Indonesia Modern Dalam Kritik dan Essay 전4권; 1954~1967)', '분석: 단편소설에 대한 반응(Analisa: Sorotan Atas Cerpen; 1961)', '68 문학의 혼란(Heboh Sastra 68; 1970)', '세계 문학의 일원으로서 인도네시아 문학(Sastra Indonesia Sebagai Warga Sastra Dunia; 1983)', '인도네시아 작가와 그들의 세계(Pengarang Indonesia dan Dunianya)', '1943부터 1983까지의 야신의 서신들(Surat-surat H.B. Jassin 1943~1983; 1984)', '인도네시아 신문과 문학(Koran dan Sastra Indonesia; 1994)', '바다의 피(Darah Laut)'의 단편소설과 시집(1997년), '야신의 대화(Omong-omong H.B Jassin)' 그리고 '13편의 단편소설(Kisah Tiga Belas Cerpen; 1955)' 등이 있다.

그의 번역작품은 '인도네시아의 명상(Renungan Indonesia; 샤흐라잣(Syahrazad)의 작품, 1947)', '야간비행(Terbang Malam; 생떽쥐페리(A. de St. Exupery)의 작품, 1949)', '이슬람의 불(Api Islam; 세드 아미르 알리(Syed Ameer Ali)의 작품, 1966)', '막스 하벨라르(Max Havelaar; 물따뚤리(Multatuli)의 작품, 1985)', '치스와 축(Cis dan Cuk; 빈센트 마히우(Vincent Mahiu)의 작품, 1976)', '고귀한 책(Bacaan Mulia; 1978)', '에라스무스의 대화(Percakapan Erasmus; 1985)', '암소와 임론의 가족(Sapi Betina dan Keluarga Imron; 1985)', '수수께끼로 가득한 물따뚤리(Multatuli yang Penuh Teka-teki; 헤르만스(W. F. Hermans)의 작품, 1988)' 등이 있다.

(6) 쁘라무디아 아난따 뚜르(Pramudya Ananta Toer)는 1925년 2월 6일 블로

라에서 태어났고 2006년 4월 29일 자카르타에서 사망했다. 몇 번에 걸쳐 노벨 문학상 후보에 올랐던 유일한 인도네시아의 문학가였다. 그는 사후에도 인도네시아의 대문호로 추앙받고 있다. 그의 작품들은 대부분 식민 통치자에 대한 저항과 투쟁의 의미를 예리한 필치로 묘사했다. 그가 조국의 독립을 위해 무기를 든 적이 있었기 때문에 식민정부는 그를 눈엣가시처럼 여겨 수개월 동안 감금한 적도 있었다.

감옥은 그의 인생의 일부가 되었다. 1966년부터 1980년까지 인도네시아 공산당(PKI)의 문화기관인 레끄라(Lekra)에 큰 영향을 미쳤던 그는 재판 절차도 없이 부루섬에 정치범으로 구금되었다. 수하르또(Suharto; 인도네시아 두 번째 대통령) 신질서 정권에 의해 14년 동안 부루섬에 구금된 적이 있었다. 이외에도 그는 인도네시아에서 있었던 호아 끼아우(Hoakiau di Indonesia) 사건 때문에 수까르노(Soekarno; 인도네시아 첫 번째 대통령) 정권에 의해 몇 달 동안 구금된 적도 있었고, 네덜란드 식민정부에 의해서도 자카르타 부킷두리 교도소에 구속된 적이 있었다

45년 세대 문학가로서 쁘람의 주요 역할을 증명해 준 작품은 '혁명의 점화(Percikan Revolusi; 중편 소설집과 단편소설, 1950)', '새벽(Subuh; 1950)', '마비된 그들(Mereka yang Dilumpuhkan; 소설, 1951)', '포기한 자(Dia yang Menyerah; 소설, 1951)', '블로라에서 온 이야기들(Cerita-cerita dari Blora)', '야시장이 아니다(Bukan Pasar Malam; 1951)' 등의 소설이 있다. 신질서 정권에 의한 14년 간의 구금생활이 끝나자 쁘람(Pram)은 부루섬의 로망 4부작(Tetralogi Roman Pulau Buru)으로 불리는 '인간의 대지(Bumi Manusia; 1980)', '모든 민족의 아이(Anak Semua Bangsa; 1980)', '발자국(Jejak Langkah; 1985)' 그리고 '유리 집(Rumah Kaca; 1985)'이라는 역사 소설을 썼다. 이들 작품들은 모두 인도네시아 검찰에 의해 금서로 지정되었다.

쁘람은 20세기 초 네덜란드 식민지배를 반대했던 정치가이자 기자인 띠르또 아디수르(R.M. Tirto Adisuryo)의 투쟁을 이야기한 '초보자(Sang Pemula; 1985)'라는 전기를 썼다. 이 책도 마찬가지로 금서로 지정되었

다. 그럼에도 불구하고 쁘람은 창작을 멈추지 않고 '해변의 아가씨(Gadis Pantai; 1987)', '벙어리의 고요한 노래(Nyanyi Sunyi Seorang Bisu)', '역류(Arus Balik; 1995)'라는 소설을 출간했다. 쁘람은 여러 번 노벨 문학상의 후보로 선정되었고, 1995년에 필리핀 정부로부터 라몬 막사이사이 상을, 2000년에 일본으로부터 푸쿠오다 상을, 칠레와 노르웨이로부터 상을 그리고 미국으로부터 세 번씩이나 인권과 문학 관련 상을 받았다. 국내에서 그가 받은 유일한 상은 부디만 수잣미꼬(Budiman Sujatmiko)의 정당으로부터 민주 국민당 상(Partai Rakyat Demokratik Awards; 그 당시의 이름)를 수상하였다.

쁘람의 다른 작품으로는 '사냥감(Perburuan; 1950)', '끄란지-버까시가 무너지다(Kranji-Bekasi Jatuh; 1947)', '금니인 사랑스러운 미다(Midah Si Manis Bergigi Emas; 1954)', '부패(Korupsi; 1954)', '짤론 아랑(Calon Arang; 1957)', '까르띠니라고 나를 불러줘(Panggil Aku Kartini Saja; 1962)', '라라사띠(Larasati; 2000)', '가루(Mangir; 2000)' 등의 소설이 있다. 번역가로서 쁘람은 '생쥐와 인간(Tikus dan Manusia; 존 스타인벡(John Steinbeck)의 소설, 1950)', '그대의 사랑으로 다시 돌아가(Kembali kepada Cinta Kasihmu; 레오 톨스토이(Leo Tolstoy)의 소설, 1950)', '어머니(Ibu; 막심 고르키(Maxim Gorki)의 작품, 1956)', '진정한 인간(Manusia Sejati; 보리스 폴레보이(Boris Polevoi)의 소설, 1959)' 등을 번역했다.

(7) 아흐디앗 까르따미하르자(Achdiat Kartamihardja)는 1911년 3월 6일 서부 자바 가룻에서 태어났고 2010년 7월 8일 호주 캔버라에서 사망했다. 신비주의 종교를 공부한 문학가이자 지식인인 아흐디앗은 네덜란드 식민지 시절 솔로에서 인도네시아인을 위한 중학교(AMS)를 졸업한 후 국립 인도네시아 대학교(UI), 시드니 대학교, 캔버라 국립 호주 대학교에서도 수학했다. 그는 자카르타 따만 시스와(Taman Siswa Jakarta)에서 교사, 인도네시아 팬-클럽(Pen-club Indonesia) 회장, 인도네시아 작

가협회(Organisasi Pengarang Indonesia) 부회장, 국립문화협의회(Badan Musyawarah Kebudayaan Nasional, BMKN) 총무, 순다 끼와리 문학 문화 동호회(Paguyuban Sastra Budaya Sunda Kiwari) 공동 설립자, 유네스코의 국립 집행위원회 위원 등을 역임했다. 그는 국립 인도네시아 대학교, 국립 호주 대학교, 파푸아 뉴기니 대학교의 초빙 교수 그리고 미국 오하이오대학교에 설립된 인도네시아 학생 여름 캠프(Indonesian Student Summer Institute)의 교수로 일했으며 신질서 시대부터 2006년까지 수십년간 멜버른에서 살았다.

아흐디앗은 '무신론자(Atheis; 1949)'라는 소설로 유명하다. 그는 '기숙사에서의 분쟁(Bentrokan dalam Asrama; 1952)', '문화논쟁(Polemik Kebudayaan; 1948)', '균열과 긴장(Keretakan dan Ketegangan; 단편소설집, 1956)' 등의 작품 이외에도 아동을 위한 희곡도 썼다. 수딴 딱떨 알리샤바나의 70주기를 기념하기 위해 그는 '가을 밤의 판타지(Fantasi Malam di Musim Gugur)'에서 인간성을 적나라하게 표현한 단편소설을 썼으며 여러 작가, 학자, 예술가가 쓴 시들을 모아 '뿔랑(Pulang)'이라는 명시집을 발간하였다.

깨끗한 마음과 올바른 양심을 간직했던 그는 92세의 병자의 몸으로 '하나님의 대리인 성명(Manifesto Khalifatullah)'이라는 중편소설(그는 장편소설로 부른다)을 썼다. 그 중편소설 이전에 그는 '라덴 사스뜨로의 가족(Keluarga Raden Sastro; 희곡, 1954)', '극단적인 상황의 둘라 씨(Pak Dullah in Extremis; 단막극, 1957)', '감명과 추억(Kesan dan Kenangan; 여행 이야기 모음집, 1960)', '사랑의 먼지가 흩날려(Debu Cinta Beterbangan; 만화경 소설, 1973)', '운명의 굴곡(Belitan Nasib; 단편소설집, 1975)', '살인자와 검은 개(Pembunuh dan Anjing Hitam; 단편소설집, 1975)', '의복과 거짓(Pakaian dan Kepalsuan; 아베르첸코(Averchenko)의 번안 희곡)', '외로움의 꼭대기(Puncak Kesepian)' 등의 희곡도 썼다. 그는 1956년에 국가문화협회(Badan Musyawarah Kebudayaan Nasional)의 문학상을, 1970년에 인도네

시아 정부의 예술상을 받았다.

(8) 아오 하디마자(Aoh K. Hadimadja)는 1911년 9월 15일 서부 자바의 반둥에서 태어났고 1973년 3월 17일 자카르타에서 사망했다. 런던의 BBC 인도네시아와 뿌스따까 자야(Pustaka Jaya) 출판사에서 활동한 적이 있다. 그는 1972년에 인도네시아 정부 예술상을 수상했고 '보석의 조각(Pecahan Ratna)' (1952), '하나님의 보호 밑에서(Di Bawah Kaki Kebesaran-Mu)'의 종교 시, '락복(Lakbok)', '자흐라(Zahra; 1950)' 등의 희곡, '인간과 그의 땅(Manusia dan Tanahnya; 1952)', '45년 세대의 몇 가지 이해(Beberapa Paham Angkatan 45'; 1952)' 등의 단편소설을 썼다. 그의 다른 작품으로는 '고립된 외로움(Sepi Terasing; 소설, 1977)', '그리고 푸른 바다와 노란 땅이 펼쳐져 있다(Dan Terhamparlah Laut yang Biru Darat yang Kuning; 소설, 1975)', '고전의 사조(Aliran-aliran Klasik)', '낭만주의와 현실주의(Romantik dan Realisme; 1972)', '일부다처제(Poligami; 1972)', '쓰기의 예술(Seni Mengarang; 1971)' 등의 에세이가 있다.

(9) 뜨리스노 수마르조(Trisno Sumardjo)는 1916년 12월 6일 동부자바의 수라바야에서 태어났고 1969년 4월 21일 자카르타에서 사망했다. 소설작가이자 시인인 그는 윌리엄 셰익스피어(William Shakespeare) 작품의 번역가로 유명하다. 그는 <스니만>, <인도네시아>, <스니> 등의 예술 잡지 편집자로 그리고 인도네시아 문화협의회(BMKN)의 사무총장으로 활동한 적이 있었다. 1952년에 미국과 유럽을 여행하였으며 1957년 중국정부의 초청으로 방문단 회장을 맡은 적이 있다. 그는 문화성명에 서명한 사람들 중 한 명이었고, 자카르타 예술위원회의 초대회장(1968~1969)을 역임했다. 그의 작품은 '마음과 행동(Kata Hati dan Perbutan, 1952)', '마른 잎(Daun Kering, 1962)', '달라진 얼굴들(Wajah-Wajah yang Berubah; 1968, 단편소설집)', '실루엣(Silhuet; 시집, 1965)' 등이 있다. 그가 번역한 작품으로

는 윌리엄 셰익스피어의 '햄릿(Hamlet; 1950)', '맥버드(Machbeth; 1962)', '로미오와 줄리엣(Romeo dan Yulia; 1950)', '베니스의 상인(Saudagar Venesia; 1950)', '템페스트(Prahara; 1952)', '안토니우스와 클레오파트라(Antonius dan Cleopatra; 1963)' 등이 있다. 그는 노벨 문학상 수상자인 소비에트 작가 보리스 파스테르나크(Boris Pasternak)의 명작 '닥터 지바고(Dokter Zhivago; 1960)'도 번역 출판했다.

(10) 루스만 수띠아수마르가(Rusman Sutiasumarga)는 1917년 7월 5일 서부 자바의 수방에서 태어났다. 그는 '뿌스따까 단 부다야(Pustaka dan Budaya)' 잡지의 편집자와 인도네시아 대학교 문학부 순다어문학과의 교수로 활동한 적이 있었다. 그의 작품은 '버까시 소녀(Gadis Bekasi)', '빼앗긴 것과 실패한 것(Yang Terampas Dan Yang Terkandas; 1951)', '낭만주의 희생(Kurban Romantik; 1964)', '목걸이(Kalung; 1964)', '숨겨진 감정(Rasa Terpendam; 1964)', '도쿄의 가을(Musim Rontok di Tokyo; 1986)' 등의 단편소설과 '다양한 인도네시아 문헌(Aneka Pustaka Indonesia; 1974)'이라는 에세이 모음집이 있다. 루스만이 번역한 작품으로는 '로빈슨 크루소(Robinson Crusoe; 다니엘 디포(Daniel Defoe), 1963)', '첫 사랑(Cinta Pertama; 이반 투르게네프(Ivan Turgenev)의 작품, 1971)' 등이 있다. 순다어로 쓴 그의 작품은 '애인 사이(Papacangan; 1960)'이며, 아집 로시디(Ajip Rosidi)와 함께 쓴 작품으로 '돈주머니(Kanjutkundang, 1963)'가 있다.

(11) 루스딴디 까르따꾸수마(MH. Rustandi Kartakusuma)는 1921년 7월 21일 찌아미스에서 태어났고 2008년 4월 11일 찌부부르에서 사망했다. 그는 파리에 있는 인도네시아 대사관에서 근무한 적이 있고, 미국의 예일 대학교, 하버드대학교, 매사추세츠 공과대학 등에서 교수로 활동한 적도 있었다. 그는 '왕과 공주(Prabu dan Putri; 1950)', '모든 것이 빨갛고

하얗다(Merah Semua Putih Semua; 1958)', '멀어져 간 노래(Lagu Kian Menjauh; 1961)' 등의 가극을 집필했고, '일곱 지역에서의 녹음(Rekaman dari Tujuh Daerah; 1951)'이라는 시집도 썼다. 그가 번역한 작품은 '게이샤(Geisha; 야마무토 유조(Yamamuto Yuzo)의 작품)와 '무덤 없는 주검(Yang Mati Tak Bermakam; 사르트르(J.P. Satre))'이 있다.

(12) 수와르시 조조뿌스삐또(Suwarsih Djojopuspito)는 1912년 4월 20일 서부 자바의 보고르에서 태어났고 1977년 8월 24일 욕야카르타에서 세상을 떠났다. 그녀는 '원주민을 위한 네덜란드 학교(Hollandsch-Inlandsche School, HIS)', '따만 시스와(Taman Siswa)', '대중 교육기관(Perguruan Rakyat)' 등에서 교사로 활동한 적이 있으며, '마구 외부에(Buiten het Gareel; 1940)'라는 소설을 썼고, 인도네시아어로 '자유인(Manusia Bebas; 1975)'을 번역했다. 그녀의 또 다른 소설은 '아를리나(Arlina; 1975)'와 '마르야띠와 그녀의 친구들(Maryati dan Kawan-kawannya; 1976)'이 있다. 그녀의 단편소설집은 '일곱 개의 짧은 이야기(Tujuh Cerita Pendek; 1951)', '4인조(Empat Serangkai; 1954)', '여자의 마음(Hati Wanita; 1964)' 등이 있다. 그녀가 순다어로 쓴 작품은 '마르야나(Maryanah; 1959)', '까랑 꼬바레의 유령(Siluman Karang Kobare; 1963)' 등이 있다.

(13) 바흐룸 랑꾸띠(Bahrum Rangkuti)는 1919년 8월 7일 동부 수마트라의 따고르 갈랑섬에서 태어났고 1977년 8월 13일 자카르타에서 사망했다. 이 문학가는 동부 수마트라 이슬람 대학교(1963)와 샤리프 히다야툴라 국립 이슬람 대학교(IAIN Syarif Hidayatullah, 1976)에서 교수를 역임하였다. 그의 작품은 '라일라와 마즈눈(Laila dan Majnun; 1949)', '잡 엔누르에서 분사된 빛(Sinar Memancar dari Jabl Ennur; 1949)' 등의 희곡과 '적도의 트럼펫(Nafiri Khatulistiwa)'이라는 시선이 있다. 학술서로

는 '쁘라무디아 아난따 뚜르와 그의 작품(Pramudya Ananta Toer dan Karya Seninya; 1963)', '아스라리 쿠디(개인 비밀들, Asrari Khudi(Rahasia-rahasia Pribadi))', '무하맛 익발(Muhammad Iqbal; 1953)' 등이 있다.

IV

끼사 시대, 문학성명 시대, 50' 세대, 66' 세대

IV

끼사 시대, 문학성명 시대, 50' 세대, 66' 세대

1. 끼사 시대

이 시기를 끼사 시대라고 부르는 이유는 이 시대에 단편소설이 많이 창작되었기 때문이다. 그 당시에 단편소설 창작의 기회를 많이 제공한 곳은 바로 야신(H.B Jassin)이 운영했던 '끼사(Kisah)'라는 잡지였다. 뿌장가 바루 세대를 수딴 딱디르(Sutan Takdir)가 주도했다면, 45 세대는 하이릴 안와르(Chairil Anwar)가 주도한 것으로 널리 알려져 있다. 이 끼사 세대에서 가장 유명한 작가는, 가장 왕성한 창작활동을 했고 잠재력을 지닌 아집 로시디(Ajip Rosidi)였다. 아집 로시디도 이 끼사 세대를 '가장 새로운 문학 세대(Angkatan Sastra Terbaru)'라고 불렀다.

정치사건과 문화혁명으로 점철된 전후 세대들과는 달리, 이 끼사 세대는 특정한 문학혁명을 보여 주려고 노력한 것이 아니라 혼란과 격변으로 가득 찬 새로운 공화국 시대의 모습을 문학작품에 반영하고자 노력했다. 무하맛 알리(Muhammad Ali)와 나비스(A.A. Navis) 작품처럼 강력한 정치 사회 상황도 이 시대의 몇몇 작품에 반영되었다. 뜨리스노 유워노(Trisno Yuwono)와 누그로호 노또수산또(Nugroho Notosusanto)같은 작가는 전쟁시대의 향수를 작품에 담았지만 이것이 새로운 시대의 특징이 되지는 못했다. 이 세대의 단편소설과 시가 소설과 로망보다 그 출판 수가 더 많았을 뿐만 아니라 반응 또한 더 좋았다.

그들은 대부분 지속적으로 창작활동을 하였는데, 그들의 창작력이 최고조에 도달았던 50년대 초반부터 15년 이후 또는 그 이상까지도 창작활동을 계속하였다. 이로 인해 그들의 이름을 80세대 문학가에도 포함시킨 야신의 '66 세대 산문과 시(Angkatan 66' Prosa dan Puisi)' 명시집과 아집 로시디의 '푸른 바다 푸른 하늘(Laut Biru Langit Biru)'에서도 찾아 볼 수 있다는 게 결코 놀랄만한 일은 아니다. 더욱이 그들 중에는 현대 문학가들과 비교해도 손색이 없을 정도의 작품으로 지금까지 활발히 창작활동을 하고 있는 작가들도 있다.

인도네시아 국민의 삶과 정치가 발전함에 따라 45년 세대 작가들은 처음에 50년대 세대들과 결합하는 것이 이상적임을 깨달았다. 그러나 그 작가들 중에는 공산주의에 빠진 사람이 있었고 갑자기 문학세계에서 사라진 사람도 있었고 또 다른 작가들은 문학가 아닌 다른 직업에 관심을 가진 사람도 있었다. 1953년에 새로운 작가 세대가 출범한다고 판단한 아집 로시디는 그 세대를 가장 새로운 문학 세대라고 불렀다.

문화 전문가로서 렌드라(Rendra)는 '전통을 고려하다(Mempertimbangkan Tradisi)'라는 제목의 책을 썼다. '벵껠 테아터르(Bengkel Teater)'를 이끌며 미국에서 연극을 공부한 경험과 지식을 축적한 렌드라는 '연극의 연기에 대한 것(Tentang Bermain Drama)'이라는 제목의 책을 집필하기도 했다.

고등학교 시절인 50년대부터 '4권의 시 모음집(Empat Kumpulan Sajak)'과 '사랑하는 사람들의 발라드(Balada Orang-orang Tercinta)'를 쓰며 시작 활동한 렌드라는 90년대에도 희곡을 쓰고 '바람 때문에(Disebabkan oleh Angin)',

'랑까스비뚱의 사람들(Orang-orang Rangkasbitung)', '아미나 부인의 여행의 발라드(Balada Perjalanan Bu Aminah)' 시집, '레소 왕(Panembahan Reso)', '술라이만 손자의 제사(Selamatan Anak Cucu Sulaiman)'라는 사극을 출판하였고, 실러(Schiller)의 '강도들(Gerombolan Perampok)' ('Die Rauber')이라는 작품을 번안하였다.

이 시기에는 문학계에 영향을 끼칠만한 정치적 사건이 많이 없었고, 45년의 혁명을 경험하지 않은 인물들이 이 세대를 대표했다. 이 세대의 긍정적인 점은 그들이 자신의 문화에서 중요한 가치를 다시 찾기 시작했고, 그 이후의 발전 과정 속에서 그들은 보편적 가치들과의 통합을 위해 노력하였다는 것이다.

소설과 단편소설에 있어서 1966년 이전의 세대는 새로운 문학발전을 대표하지 못했고 작품의 줄거리(주제)도 일상 생활에서 벗어나지 못한 것이 대부분이었으며, 작품의 질도 그리 좋지 못했다. 이런 문학의 수준에 대해 테우(A. Teeuw)는 문학을 사회와 격리시킨 정치적 상황 때문인 것으로 보았으며 외부의 자극이 전혀 없었기 때문이라고 판단하였다. 이런 상태는 1945년과 1966년의 (1967: 15) 상황과는 매우 다르다. 그러나 이러한 상태라고 해서 흥미로운 문학이 출판되지 않은 것은 아니다. 그 시기에 엔하 디니(N.H. Dini)와 아집 로시디(Ajip Rosidi)는 몇 편의 소설과 단편소설을 썼다. 45년 세대 문학가라고 불릴 수 있고, 그 세대 이후에도 놀라운 발전을 보여주며 1966년 이전 세대에 자신의 최고의 걸작을 낸 시인 시또르 시뚜모랑(Sitor Situmorang), 그의 역할로 인해 1950년에 인도네시아 공산당(Partai Komunis Indonesia, PKI) 산하 문화 조직인 레끄라(Lembaga Kebudayaan Masyarakat, Lekra)가 설립되었다. 처음에는 공산당의 연결 고리인 레끄라의 역할이 크지 않았다. 그러나 1959년 1월 레끄라 1차 회의 이후에 레끄라는 자신들과 다른 방향으로 향하는 예술가를 공격하고, 그들의 문학활동을 방해하는 조직이 되었다. 이런 레끄라의 성향은 정치계에서 인도네시아 공산당 성장 및 영향력과도 일치한다.

레끄라에 대한 글이 인도네시아에서는 없어졌다고 해도 과언이 아니지만, 해외에서는 레끄라의 의도와 목적에 대한 연구가 여전히 활발하다. 처음부터 마르크스주의 이념이 레끄라의 토대가 되었음이 분명하다. 그래서 개인주의, 보편주의, 휴머니즘 등의 기타 이념은 적대시 되었다. 국내외 평론가들에 따르면, 레끄라의 주요 인물인 프라무디아는 레끄라의 이념 지배가 과해서 과거에는 높은 창작력을 발휘했던 작가들 조차 창조성이 마비되는 결과를 초래했다고 지적했다.

1959년 이후 문학적 삶의 자유에 대한 레끄라의 억압은 더 심해졌다. 마침내 1963년 3월 19일자 '브리따 레뿌블릭(Berita Republik)' 신문과 '사스트라(Sastra)' 잡지(제3권 9호, 10호)에 레끄라에 속하지 않은 작가들이 문화성명(Manifestasi Kebudayaan)을 발표하게 된다.

성명을 발표한 사람들은 빤짜실라를 문화의 기본 철학으로 삼고 있으며, 성명서의 주요 내용은 특정 이념을 바탕으로 하지도 않았으며 고귀한 목적으로 예술을 창작한다는 것이다. 문화성명에 서명한 12명의 작가는 위랏모 수끼또(Wiratmo Sukito), 야신(H.B. Jassin), 뜨리스노 수마르조(Trisno Sumarjo), 자이니(Zaini), 보꼬르 후따수훗(Bokor Hutasuhut), 구나완 모하맛(Goenawan Mohamad), 부르 라수안또(Bur Rasuanto), 수혹진(Soe Hok Jin), 아립 부디만(Arief Budiman), 물얀또(D.S. Mulyanto), 라스 시레가르(Ras Siregar), 주프리 따니산(Jufri Tanisan), 바스따리 아스닌(A. Bastari Asnin) 등이다.

사실 문화성명은 레끄라 문화조직의 외부에서 매우 좋은 반응을 얻었다. 그러나 그들은 당시에 강력한 힘과 영향력을 지니고 있던 PKI의 상대가 되지 못했다. 1964년 5월 8일에 문화성명은 수까르노 대통령에 의해 금지되었으며 1965년까지 문화성명에 서명한 사람들은 체제 전복자로 간주되어 더 이상 인도네시아에서 문화활동을 할 수 없었다. 이후 야흐자 이스마일(Yahja Ismail, 1972), 마이에르(HMJ Maier, 1974), 포울체르(Foulcher, 1969)가 레끄라의 정치와 문학 사건에 대해 매우 흥미로운 분석을 발표하였다.

2. 끼사 시대/ 50' 세대의 문학가들

끼사 시대의 몇몇 중요 활동가 이름과 그들의 작품은 다음과 같다:

(1) 아집 로시디(Ajip Rosidi)는 1938년 1월 31일 찌르본 자띠왕이에서 태어났다. 그는 인도네시아어와 문학을 가르치기 위해 일본 오사카 외국어 대학교에 초빙되었다. 그는 13살 때부터 교지 제작을 주도했고 16살 때는 책도 출판했다. 그는 '학생의 횃불(Suluh Pelajar)', '쁘로사(Prosa)', '순다인의 잡지(Majalah Sunda)', '부다야 자야(Budaya Jaya)'라는 잡지의 편집자, '쭈뿌마닉(Cupumanik)'과 '두따 락얏(Duta Rakyat)' 출판사의 이사, 반둥 빠자자란(Padjajaran) 대학교 문학부의 명예 교수, 뿌스따까 자야(Pustaka Jaya) 출판사의 이사, 인도네시아 출판인 협회(Ikatan Penerbit Indonesia, IKAPI)의 회장, 자카르타 예술위원회(Dewan Kesenian Jakarta, DKJ)의 회장을 역임하고 BKMN 문학상을 수상하였다. 그는 '파티(Pesta; 1956)', '적재물을 찾다(Cari Muatan; 1959)', '엔다이 라시딘의 연서(Surat Cinta Enday Rasidin; 1960)', '급류(Jeram; 1970)' 등의 시집, '죽음의 시기(Tahun-Tahun Kematian; 1955)', '가족 속에(Di Tengah Keluarga; 1956)', '노년기를 위한 집(Sebuah Rumah buat Hari Tua; 1957)', '재회(Pertemuan Kembali)' 등의 중편소설과 단편소설, '뿌르바 사리 아유 왕이(Purba Sari Ayu Wangi; 1962)', '루뚱 까사룽(Lutung Kasarung; 1958)', '짠드라 끼라나(Candra Kirana; 1962)', '라라 믄둣(Rara Mendut; 1961)' 등의 민담, '신혼여행(Perjalanan Penganten; 끼사/이야기, 1958)' 그리고 '마시토(Masyitoh; 희곡/소설, 1969)'를 썼다.

1965년 9월 30일 인도네시아 공산당 쿠데타(G-30 S/PKI) 이후에 아집 로시디는 '뱀과 안개(Ular dan Kabut; 시집, 1973)', '태양의 아이에 대한 시들(Sajak-sajak Anak Matahari; 시집, 1979)', '조국의 아이(Anak Tanah Air; 로망, 1979)'라는 작품을 썼다. 90년대 초기에 아집 로시디는 'Rancage' 문

학상을 수상했다. 이 문학상은 90년부터 현재까지 지역 문학에 뛰어난 업적을 남긴 문학가에게 수여하는 특별한 상이다. 아집 로시디는 2000년에 일본정부로부터 서보중수장(瑞宝中綬章) 공로 훈장을 받았다.

이와 같이 능력이 출중한 아집 로시디의 작품은 다음과 같다: '푸른 바다 푸른 하늘(Laut Biru Langit Biru; 명시집, 1977)', '인도네시아 단편소설(Cerita Pendek Indonesia; 1959)', '인도네시아 문학은 언제 탄생했는가(Kapankah Kesusastraan Indonesia Lahir; 1964)', '인도네시아 문학사 개요(Ikhtisar Sejarah Sastra Indonesia; 1969)'라는 문학개론서, '태양의 아이의 시들(Sajak-sajak Anak Matahari; 1979)', '뱀과 안개(Ular dan Kabut; 1973)' 등의 시선, '조국의 아이(Anak Tanah Air; 1979)'라는 소설, '일본에 대해서(Mengenai Jepang; 1981)', '순다 사람(Manusia Sunda; 1984)', '1982년 저작권 법률: 초보자의 견해(Undang-Undang Hak Cipta 1982: Pandangan Orang Awam; 1984)'라는 책, 마추오카 쿠니오(Matsuoka Kunio)와 함께 번역한 야스나리 까와바따(Yasunari Kawabata)의 '무희(Penari Jepang; 1985)'와 '설국(Daerah Salju; 1987)'이라는 단편소설집과 소설이 있다.

(2) 목타르 루비스(Muchtar Lubis)는 1922년 3월 7일 서부 수마트라의 빠당에서 태어났고 2004년 7월 2일 자카르타에서 사망했다. 그의 작품으로는 '내일은 없다(Tak Ada Esok; 1951)', '끝 없는 길(Jalan Tak Ada Ujung; 1952)', '척박한 땅(Tanah Gersang; 1966)', '자카르타의 황혼(Senja di Jakarta; 1970)', '호랑이! 호랑이!(Harimau! Harimau!; 1975)', 단편소설집 '자말과 다른 이야기들(Si Jamal dan Cerita-cerita lain; 1951)', '여자(Perempuan; 1956)', '계약 노동자(Kuli Kontrak; 1982)', '브로모쪼라흐(Bromocorah; 1983)', 로망 '죽음과 사랑(Maut dan Cinta; 1977)', 동화 '정글에서 방랑한다(Berkelana dalam Rimba; 1980)', '신바드 선원(Sinbad Sang Pelaut)'이 있다. 작가로 유명한 것 이외에 목타르 루비스는 '인도네시아 라야(Indonesia Raya)' 신문을 만든 기자로도 유명하다. 그는 한국전쟁

을 상세히 보도한 공로를 인정받아 라몬 막사이사이(Ramon Magsaysay) 상을 수상했다. '꼼파스(Kompas)'의 야콥 우따마(Yacob Utama)는 인권을 위해 불굴의 정신으로 투쟁한 그를 "성전 기자(Wartawan Jihad)"로 불렀다. 1993년에 그는 하이릴 안와르 문학상을 받았다.

그는 문학작품만을 쓴것이 아니라 '인도네시아 사람(Manusia Indonesia; 1977)'과 '미래를 위한 문화의 변화(Transformasi Budaya untuk Masa Depan; 1985)'라는 학술서도 썼다. 구질서(Orde Lama) 시대에 구금 당했던 그는 그 경험을 바탕으로 '전복의 기록(Catatan Subversif)'이라는 책을 집필하였다.

목타르 루비스는 '한국 전쟁 수첩(Catatan Perang Korea; 1951)', '창작 기법(Teknik Mengarang; 1951)', '영화 대본 쓰기 기법(Teknik Mengarang Sekenario Film; 1952)', '세계의 눈으로 본 인도네시아(Indonesia di Mata Dunia; 1955)', '보물(Harta Karun; 어린이 책, 1964)', '정글에서의 범죄자(Penyamun dalam Rimba; 1972)' 등을 썼다.

작가, 기자, 문화 전문가로 유명한 것뿐만 아니라 목타르 루비스는 편집자로 활동하며 여러 권의 책을 번역하기도 하였다. 그가 편집한 책과 번역한 책은 '수딴 딱디르 알리샤바나 70주기 무지개(Pelangi 70 tahun S.T.A)', '부패 명시집(Bunga Rampai Korupsi)', '잔인함에 항거하는 양심: 수까르노 대통령께 보내는 핫따의 서신(Hati Nurani Melawan Kezaliman: Surat-surat Bung Hatta kepada Presiden Soekarno)', '미국에서온 세 가지 이야기(Tiga Cerita dari Negeri Dolar; 존 스타인벡(John Steinbeck)과 친구의 단편소설집, 1950)', '유럽에서 온 이야기들(Kisah-kisah dari Eropa; 1950)', '중국에서 온 이야기(Cerita dari Tiongkok; 1953)' 등이 있다.

(3) 또또 수다르또 바흐띠아르(Toto Sudarto Bachtiar)는 1929년 10월 12일 찌르본에서 태어났다. 이 시인은 '소리(Suara; 1956)', '엣사(Etsa; 1958)' 등의 시집을 썼다. 이 두권의 시집에서는 '무명의 영웅(Pahlawan Tak

Dikenal)', '황혼의 수도(Ibukota Senja)', '걸인 소녀(Gadis Peminta-minta)', '독립에 대해서(Tentang Kemerdekaan)' 등의 시를 담고 있다. 또또 수다르또는 '기쁜 마음(Hati yang Bahagia)'; 톨스토이(Leo Tolstoy)의 작품, '희곡 산야시(Sanyasi)' 희곡(타고르(Tagore)의 작품, 1979), '창녀(Pelacur; 사르트르의 작품, 1954)', '위대한 솔로몬(Sulaiman Yang Angung; 해롤드 램(Harold Lamb)의 작품, 1958)', '마지막 밤(Malam Terakhir; 유키오 미시마(Yukio Misima)의 작품, 1979)', '희미해진 그림자(Bayangan Memudar; Breton de Nijs의 작품, 1974)' 소설, '마지막 전투(Pertempuran Penghabisan; 어니스트 헤밍웨이(Ernest Hemningway)의 작품, 1974)'도 번역했다.

(4) 또하 목타르(Toha Mochtar) 1926년 9월 17일 끄디리에서 태어났고 1992년 5월 19일 자카르타에서 사망했다. 화가이면서 작가였던 그는 '귀가(Pulang; 1958)'라는 소설로 쓰기 대회에서 우승하였다. 그는 1968년에 출판된 '주인 없는 지역(Daerah Tidak Bertuan; 1963)', '낮은 안개(Kabut Rendah)'와 '너 때문이 아니다(Bukan Karena Kau dan)' 등의 소설, '자야마다(Jayamada; 수깐또(Sukanto S.A)와 같이 씀, 1971)'라는 제목의 책, '윌리스와 끌루드 산 사이에(Antara Wilis dan Gunung Kelud; 1989)'라는 단편소설집과 소설 '변두리에서 온 소식(Berita dari Pinggiran; 1999)'을 썼다.

(5) 우뚜이 따땅 손따니(Utuy Tatang Sontani)는 1920년 5월 31일 찌안주르에서 태어났고 1979년 9월 17일 모스크바에서 사망했다. 일본 식민시기부터 활동한 그는 '동판(Tambera; 로망, 1949)', '피리(Suling; 1948)' 희곡, '식당의 꽃(Bunga Rumah Makan; 1948)', '아왈과 미라(Awal dan Mira; 1952)', '장난꾸러기(Manusia Iseng; 1953)', '미안해요. 다른 연인이 있어요(Sayang Ada Orang Lain; 1954)' 그리고 '까바얀(Si Kabayan)'이라는 작품을 썼다. 그 외에도, 그는 '깜펭(Si Kampeng; 1964)'이라는 레끄라의 정치

선전 희곡과 '불신자여 안녕(Selamat Jalan Anak Kufur; 1956)'이라는 희곡에서 날카롭게 사회를 비판했다.

우뚜이의 다른 작품은 '위기(Saat yang Genting; 1958)', '거울 앞에서(Di Muka Kaca; 1957)' 등의 희곡, '불행한 사람들(Orang-orang Sial; 1951)', '도시민(Manusia Kota; 1961)', '생명이 있는 고기덩어리(Segumpal Daging Bernyawa; 1961)', '늙지 않아(Tak Pernah Menjadi Tua; 1963)' 등의 단편소설이 있다. 우뚜이는 장 드 라 퐁텐(Jean de la Fontaine)의 작품을 '12개 동화(Selusin Dongeng; 1958)'로 번역했다.

(6) 시뚜르 시뚜모랑(Situr Situmorang)은 1924년 10월 2일 따빠눌리에서 태어났다. 이 시인은 '녹색 편지(Surat Kertas Hijau; 1953)', '시 속에(Dalam Sajak; 1955)', '이름 없는 얼굴(Wajah Tak Bernama; 1956)', '신시대(Zaman Baru; 1961)' 라는 시집을 썼다. 그는 '진주의 길(Jalan Mutiara; 1954)' 희곡, '파리에서의 전쟁과 눈(Pertempuran dan Salju di Paris; 1956)' 그리고 '왕자(Pangeran)'라는 단편소설집을 썼다. 인도네시아 공산당(PKI)의 레끄라와 가까운 마하레니 전선 국민당(Partai Nasional Indoensia/Marhaenis Partai Nasional Indonesia, PNI)의 국립문화기관(Lembaga Kebudayaan Nasional, LKN) 회장이 되었기 때문에 6년 동안 신질서 체제에서 구금된 적이 있었다. 시뚜르는 구금에서 벗어 나자 마자 '시간의 벽(Dinding Waktu; 1976)', '여행의 지도(Peta Perjalanan; 1977)', '또바 호(Danau Toba; 1981)' 등의 시집을 썼다.

자연에 대한 시 이외에 시뚜르 시뚜모랑은 '민족의 목소리(Suara Nasional)', '경계(Waspada)', '민족의 소식(Berita Nasional)', '세계의 소식(Warta Dunia)' 등의 신문 편집자, 인도네시아 국립연극 아카데미(Akademi Teater Nasional Indonesia, ATNI) 교수, 국가계획위원회 위원 그리고 임시국민협의회 위원을 역임했고 암스테르담, 파리, 헤이그, 이슬라마바드에서 머물기도 했다.

그의 다른 작품은 '돌 위에 꽃(Bunga di Atas Batu; 1989)', '방랑의 그리움(Rindu Kelana; 1994)' 등의 시와 '혁명의 문학(Sastra Revolusioner; 1965)'이라는 제목의 학술서들이 있다.

그가 번역한 작품은 '승리의 날(Hari Kemenangan)' (M. Nijhoff의 작품, 1955), '베들레헴(Bethlehem)' (M. Nijhoff의 작품, 1955) 그리고 '졸주따로 가는 길(Jalan ke Joljuta)' (D.I. Sayersm의 작품, 1956) 등이 있다.

(7) 끼르요물요(Kirjomulyo)는 1930년 족자에서 태어났고 2000년 1월 19일 같은 도시에서 생을 마쳤다. 그는 '여행의 로맨스(Romance Perjalanan; 1955)'라는 작품으로 유명하며, '에미의 눈빛(Cahaya di Mata Emi; 1968)', '그녀의 머리를 풀 때(Di Saat Rambutnya Terurai; 1968)', '대리석 계곡(Dari Lembah Pualam)', '마르얌 아가씨(Nona Maryam; 1955)', '백묵 파는 사람(Penggali Kapur; 1957)' 등의 소설과 '대나무 집의 시(Puisi Rumah Bambu)', '붉은 하늘의 시(Puisi di Langit Merah)' 등의 시 그리고 '달콤한 거짓(Dusta yang Manis)'이라는 연극 대본을 썼다.

(8) 알리 악바르 나비스(A.A Navis)는 1924년 11월 17일 서부 수마트라 빠당 빤장에서 태어났다. 인도네시아 네덜란드 까유따남 대학교(Perguruan Indonesisch Nederlansche School Kayutanam, Perguruan INS Kayutanam) 졸업생인 작가는 '스망앗 아당(Semangat Adang)' 신문의 편집국장, 서부 수마트라 지방의회 위원, 까유따남 대학교(INS Kayutanam) 재단의 이사장을 역임했다 그는 '우리 회교사원의 붕괴(Robohnya Surau Kami; 1956)'라는 단편소설집으로 유명하다. 이 외의 다른 단편소설집으로는 '관람차(Bianglala; 1963)'와 '뜨거운 비(Hujan Panas; 1964)' 등이 있다. 그의 소설은 '건기와 일식(日蝕)(Kemarau dan Gerhana; 1967)', '드넓은 자연이 스승이 되다(Alam Terkembang Jadi Guru; 1984)'라는 논픽션 책도 썼다. '반려자(Jodoh)'라는 그의 단편소설은 네덜란드 라디오가 진행한 '금 바퀴 백

일장(Sayembara Kincir Emas)'에서 대상을 차지했다.

나비스는 1980년에 교육 문화성(Departemen Pendidikan dan Kebudayaan, Dedikbud) 예술상을, 1972년에 ASEAN(SEA Awards) 문학상을, 2000년에 인도네시아정부로부터 문화공로상(Satya Lencana Kebudayaan)을 수상했다.

(9) 무하맛 알리(Muhammad Ali)는 1927년 4월 23일 동부자바 수라바야에서 태어났고 1998년 6월 2일 같은 도시에서 생을 마쳤다. 그는 '불쌍한 아버지'라는 주제로 연극 대본이나 단편소설을 많이 썼다. 그는 희곡 '기아(Lapar)', '흑백(Hitam atas putih; 1959)'으로 유명하다. 그의 중편소설은 '5개의 비극(Lima Tragedi; 1952)', '표시 없는 무덤(Kubur Tak Bertanda; 1953)', '실업자의 일기(Buku Harian Seorang Pengangguran; 1972)', '우리 어머니 라민튼(Ibu Kita Raminten; 1982)' 등과, '코란 번역의 시화(Puitisasi Terjemahan Al-Qur'an)', '무하맛(Muhammad)' 등의 시가 있다. 민주주의 주제로 창작활동을 많이 한 무하맛 알리는 '죽음(Ajal)', '브조(Bejo)', '노점상(Manusia Kaki Lima)' 등의 단편소설과 '문학, 인간, 사고에 대해 말하다(Biarkan Kami Bicara dan Sastra dan Manusia; 1986)'라는 제목의 리포트 모음집도 썼다.

수라바야 예술위원회(Dewan Kesenian Surabaya, DKS) 회장, 즘브르(Jember) 대학교 문학부 초빙교수를 역임한 작가의 다른 작품으로는 '악마와의 동의(Persetujuan dengan Iblis; 1956)', '철의 장막(Tirai Besi; 1955)', '코란 그늘막 아래(Di Bawah Naungan Al-Qur'an; 1957)', '멸망의 날(Qiamat; 1971)' 등의 소설, '광인(Si Gila; 1969)', '천성으로 돌아와(Kembali kepada Fitrah; 1969)' 등의 희곡 그리고 '새벽 별(Bintang Dini; 1975)' 시선, '남배우와 여배우(Aktor dan Aktris; 1981)', '시의 인식 기법(Teknik Penghayatan Puisi; 1983)', '주즈 암마(코란 전 3장의 한 장)(Puitisasi Juz Amma, 시화; 1983)', '인도네시아 속담(Peribahasa Indonesia; 1984)', '일식

(日蝕)(Gerhana; 1996)' 등의 단편소설이 있다.

(10) 나샤 자민(Nasyah Jamin)은 1924년 12월 24일 북부 수마트라 쁘르바웅안에서 태어났고 1994년 12월 4일 욕야카르타에서 사망했다. 나샤 자민은 '한 편의 순다 노래(Sekelumit Nyanyian Sunda; 1962)', '검은 점들(Titik-titik Hitam; 1956)', '곤돌라유 다리(Jembatan Gondolayu)' 등의 희곡, '미아가 사라졌어(Hilanglah Si Anak Hilang; 1963)', '삶과 죽음에 대한 열정(Gairah Untuk Hidup dan Untuk Mati; 1969)' 등의 소설, '작가의 마지막 날들(Hari-hari Terakhir Sang Pengair; 1962)'이라는 45년 세대 선구자의 전기를 썼다.
도교의 예술과 배경을 깊이 있게 공부하였고 '부다야(Budaya)' 잡지의 편집자를 역임하였으며 인도네시아 조형예술 세대(Angkatan Seni Rupa Indonesia)와 인도네시아 화가 협회(Gabungan Pelukis Indonesia)를 설립한 나샤 자민은 동화책 '장난꾸러기 아이(Anak Si Pai Bengal; 1952)'와 '항 뚜아(Hang Tuah; 1952)' 등의 어린이책, '떨어진 벚꽃 잎(Helai-helai Sakura Gugur; 1964)', '쿠알라 룸푸르의 밤(Malam 쿠알라 룸푸르; 1968)' 그리고 '노을이 내린다(Senja pun Turun; 1982)', '희망의 언덕(Bukit Harapan; 1984)', '담배꽁초 세 개피(Tiga Puntung Rokok; 1985)', '파도와 모래(Ombak dan Pasir; 1988)', '어머니(Ibu; 1988)' 등의 소설, '디르만씨의 발 아래서(Di Bawah Kaki Pak Dirman; 1967)', '결혼(Sebuah Perkawinan; 1974)' 등의 단편소설을 썼다.

(11) 리요노 쁘라띡또(Riyono Pratikto)는 1932년 8월 27일 암바라와에서 태어났고 2005년 10월 30일에 사망했다. 그는 단편소설 '불과 다른 이야기(Api dan Cerpen Lain; 1951)', '랑까와 다른 이야기(Si Rangka dan Cerpen Lain; 1958)' 등을 썼다. 1986년 '호리손(Horison)' 잡지에 그의 단편소설 '인생 행로의 기차 안에서(Dalam Kereta Api Perjalanan Hidup)'

가 실렸다. 1954년 '끼사(Kisah)' 잡지는 그의 단편소설 '바이올린 통해서(Melalui Biola)'를 최고의 단편소설로 선정했다. 그는 '41번 째(Keempat Puluh Satunya; Boris lavrenyov의 작품, 1983)'도 번역했다.

(12) 알리 아우다(Ali Audah)는 1924년 7월 14일 본도워소에서 태어났다. 그는 아랍 문학번역가로서 널리 알려져 있다. 그의 단편소설집으로는 '망설이는 밤(Malam Bimbang; 1961)'이 있다. 그가 번역한 작품은 '메아리치는 분위기(Suasana Bergema; 1959)', '총탄과 연기(Peluru dan Asap; 1963)', '현수교 아래(Di Bawah Jembatan Gantung; 1983)', '무함마드의 삶(Sejarah Hidup Muhammad; Haekal의 작품)', '하심 아줌마의 석유 등불(Lampu Minyak Ibu Hasyim; Yahya Hakki의 소설, 1976)', '이집트의 이야기들(Kisah-kisah Mesir; 1977)', '위험에 빠진 악마(Setan Dalam Bahaya; 1978)', '종이 울릴 때(Saat Lonceng Berbunyi; 1982)', '지난 날들(Hari-hari sudah Berlalu; Toha Husein의 작품, 1985)' 등이 있다.

(13) 누그로호 노또수산또(Nugroho Notosusanto)는 1931년 7월 15일 름방에서 태어났고 1985년 6월 3일 자카르타에서 사망했다. 그는 인도네시아대학교 총장과 교육문화성 장관을 역임했으며 '세 도시(Tiga Kota; 1959)', '사랑의 감정(Rasa Sayange; 1961)', '새벽 비(Hujan Kepagian; 1958)'라는 단편소설집과 '인도네시아 독립의 역사(Sejarah-sejarah Kemerdekaan Indonesia)', '인도네시아 독립 30주년(30 Tahun Indonesia Merdeka)', '대학의 이해(Wawasan Almamater)'라는 논픽션 책을 썼다.

(14) 뜨리스노 유워노(Trisno Yuwono)는 욕야카르타에서 태어났고 1996년 10월 24일 반둥에서 사망했다. 마따람 시민군(Tentara Rakyat Mataram)과 마글랑과 좀방 대학생 단체(Korps Mahasiswa Magelang dan Jombang) 위원 그리고 '삐끼란 락얏(Pikiran Rakyat)' 신문 편집인

을 역임했으며 '남자와 화약(Laki-laki dan Mesiu; 1957)', '전쟁터에서(Di Medan Perang; 1962)', '철조망 아래에서(Di Bawah Kawat Berduri; 1961)' 등의 소설, '바닷 바람(Angin Laut; 1958)', '혁명 이야기(Kisah-kisah Revolusi; 1963)' 등의 단편소설집 그리고 '허니문(Bulan Madu; 1962)', '햇빛이 먼저 나를 정결하게 만들도록(Biarkan Cahaya Matahari Membersihkanku Dulu; 1966)', '모험(Petualangan; 1981)' 등의 로망을 썼다.

(15) 모띵고 부세(Motenggo Boesye)는 1937년 11월 21일 남부 수마트라 람뿡의 꾸빵꼬따에서 태어났고 1999년 6월 18일 자카르타에서 생을 마쳤다. 드라마 작가이자 화가인 작가는 죽는 날까지 활발하게 작품을 창작했다. 그의 드라마 작품은 '저주받은 밤(Malam Jahanam; 1958)', '오후까지의 폭풍(Badai Sampai Sore; 1962)', '마님과 마님(Nyonya dan Nyonya; 1963)', '원숭이 언덕에서의 첫날 밤(Malam Penganten di Bukit Kera; 1963)', '어둠 속의 태양(Matahari dalam Kelam; 1963)', '인간의 용기(Keberanian Manusia; 1962)', '그녀의 이름은 바라바(Perempuan Itu Bernama Barabah; 1962)' 등이 있다. 그의 소설은 '그는 가족의 적이다(Dia Musuh Keluarga; 1968)', '그 위에 죄(Titisan Dosa di Atasnya; 1964)', '수 많은 태양(Sejuta Matahari; 1963)' 등이 있다. 80년대에 출판된 그의 작품으로는 '어머니의 그리움은 나의 그리움이다(Rindu Ibu adalah Rinduku)', '꿈의 여자들(Perempuan-perempuan Impian)', '마음의 먼지들(Debu-debu Kalbu)', '내 사랑은 늘 너에게로(Cintaku Selalu Padamu)', '그 반란자는 나야(Akulah Pemberontak Itu)', '엄마!(Ibu!)', '부드러움 속에(Dalam Kelembutan)' 등이 있다. 그는 '내 사랑은 저 멀리 있는 섬에(Cintaku Jauh di Pulau)', '어머니의 백 가지의 슬픔(Sejuta Duka Ibu)', '장군의 딸(Putri Seorang Jenderal)', '죄악의 문 뒤에(Di balik Pintu Dosa)'라는 제목의 영화를 감독했다. 1985년에 '사누, 인피니따 끔바르(Sanu

Infinita Kembar)'라는 신비주의적인 소설을 쓰기도 했다. 모띵고 부셰는 화가와 작가일뿐만 아니라 시인이기도 했다. 그의 시집에는 강한 수피즘을 느낄 수 있는 '성인들의 오로라(Aurora Para Aulia)'라는 제목의 작품이 있다.

그의 다른 작품은 '해골 두 개(Dua Tengkorak Kepala; 1999)', '우리 아이를 위한 충고(Nasihat Untuk Anakku; 1963)' 등의 단편소설집과 '우리 모두의 죄악(Dosa Kita Semua; 1963)', '오늘 사랑은 없다(Hari Ini Tidak Ada Cinta)', '크로스 마마(Cross mama)'라는 소설 그리고 '말야띠 아주머니(Tante Maryati; 1967)', '스리 아야띠(Sri Ayati; 1968)', '릇노 레스따리(Retno Lestari; 1968)'라는 3부작 소설이 있다. 1963년에는 '똔잠을 버리다(Buang Tonjam)', '아힘 하(Ahim Ha)', '강도의 돌(Batu Serampok)' 등의 소설을 출판했다.

(16) 이완 시마뚜빵(Iwan Simatupang)은 1928년 6월 18일 북부 수마트라 시볼가에서 태어났고 1970년 8월 4일 자카르타에서 사망했다. 그는 부조리하고 비전통적이면서 기존의 논리에서 벗어나 이치에 맞지 않는 작품을 즐겨 쓴 작가로 유명하다. 그의 작품은 수따르지 칼초움 바흐리, 뿌뚜 위자야, 부디 다르마, 다나르또, 유디스띠라 아르디 누그라하, 이끄라느가라 등의 불합리한 작품들보다 먼저 출판되었다. 이완 시마뚜빵의 작품은 '정사각형의 달(Bulan Bujur Sangkar; 1960)', '공원에서 오후(Petang di Taman; 1966)', '0 반 0 통(RT 0 RW 0; 1960)' 등의 희곡과 '검은 색보다 더 검은(Lebih Hitam dari Hitam)'이라는 단편소설 그리고 '하늘에 수직(Tegak Lurus dengan Langit; 1982)'이라는 단편소설집이 있다. 그의 아주 유명한 작품인 '메마른(Kering; 1972)', '짙은 적색(Merahnya Merah; 1968)', '성지순례(Ziarah; 1969)', '쿠우웅(Kooong; 1975)' 등은 인도네시아 부조리 문학의 기준이 되었다. 그는 '성지순례(Ziarah)' 소설로 아세안 문학상(SEA AWARD)을 받았다.

(17) 루끼아(S. Rukiah)는 1927년 4월 25일 뿌르와까르따에서 태어났으며 '몰락과 마음(Kejatuhan dan Hati; 1950)', '황무지(Tandus; 시집, 1952)', '아핀의 여행기(Kisah Perjalanan si Apin)', '자까 띵끼르(Jaka Tingkir; 1962)', '영웅 뜨꾸 하산 조한(Teuku Hasan Johan Pahlawan; 1957)', '직박구리 이야기(Dongeng-dongeng Kutilang, 1962)', '꼬맹이의 시 정원(Taman Sajak Si Kecil; 1959)' 등의 작품을 썼다.

(18) 엔하 디니(N.H. Dini)는 1936년 9월 29일 중부 자바의 스마랑에서 출생하여 지금까지도 작품활동을 하고 있는 작가이다. 작품으로는 '두 세계(Dua Dunia; 단편소설집, 1956)', '평화로운 마음(Hati yang Damai; 1961, 로망)' 그리고 '내 이름은 히로코(Namaku Hiroko; 1977, 소설)'를 썼다. 그녀의 작품활동은 70년대 이후에 두드러졌다. 그녀의 로망은 '선상에서(Pada Sebuah Kapal; 1973)', '라 바르까(La Barka; 1975)', '출발(Keberangkatan)' 등이며, 소설로는 '스까유(Sekayu; 1981)', '나의 도시의 골목 하나(Sebuah Lorong di Kotaku; 1978)', '하늘과 땅은 우리 친구다(Langit dan Bumi Sahabat Kami; 1979)' 등이 있다. 그녀는 '아미르 함자: 맞은 편의 왕자님(Amir Hamzah: Pangeran Dari Seberang; 1981)'이라는 제목으로 아미르 함자에 대한 전기를 썼다. 그녀의 다른 단편소설집으로는 '면과 선(Segi dan Garis)'이 있고, '반둥안 길(Jalan Bandungan; 1989)', '막이 내리다(Tirai Menurun; 1993)' 그리고 '뜨란 사람들(Orang-orang Tran; 1985)'이라는 소설도 썼다.
그녀의 '두 마음의 만남(Pertemuan Dua Hati)'이라는 소설은 모난 성격을 가진 한 학생을 가르치기 위한 초등학교 교사 수치 부인(Bu suci)의 고군분투를 그렸으며 이 소설은 드라마로도 만들어졌다. 엔하 디니는 파리의 외교관과 결혼하여 몇 년 동안 그 곳에서 살았고 그 경험을 바탕으로 실존주의 작가 알베르 까뮈(Albert Camus)의 '페스트(Sampar; La Pest, 번역한 제목, 1985)'를 번역하게 되었다.

엔하 디니의 다른 작품은 1963년 '사스뜨라(Sastra)' 잡지의 입선작이 된 '백설 오두막집에서(Di Pondok Salju)'라는 단편소설과 '승려의 성소(Panggilan Dharma Seorang Bhikku; 1997)', '새로운 땅, 두 번째 조국(Tanah Baru Tanah Air Kedua; 1997)', '끄마요란(Kemayoran; 2000)', '히로코의 나라, 일본(Jepun Negerinya Hiroko; 2000)' 등이 있다.

(19) 렌드라(Renda)는 1935년 11월 7일 중부자바의 솔로에서 태어났고 2009년 8월 6일 데뽁에서 사망했다. 그의 작품은 '결혼(Kakawin-Kawin)', '스딴자의 밤(Malam Stanza)', '거리의 노래(Nyanyian dari Jalanan)', '12 루피의 시들(Sajak-sajak Duabelas Perak)'로 구성된 4권의 시집과 '사랑하는 사람들의 발라드(Balada Orang-orang Tercinta; 1956)', '낡은 구두의 시들(Sajak-sajak Sepatu Tua; 1971)', '보니를 위한 블루스(Blues Untuk Bonnie; 1975)', '시 속의 개발 사진(Potret Pembangunan dalam Puisi; 1980)' 등의 시집이 있다. '보니를 위한 블라우스(Blues Untuk Bonnie; 1975)'와 '시 속의 개발 사진(Potret Pembangunan dalam Puisi; 1980)'은 1968년 미국에서 돌아와 쓴 작품이다.

렌드라는 단편소설 '그는 방랑했다(Ia Sudah Bertualang; 1963)'를 썼고, '길모퉁이의 사람들(Orang-orang di Tikungan Jalan)', '마스토돈과 콘도르(Mastodon dan Burung Kondor)', '까시다는 약속한다(Kasidah Berjanji)', '용의 투쟁 이야기(Kisah Perjuangan Suku Naga)', '섹다(Sekda)' 등의 희곡을 써서 무대에 올렸다. 그는 '오이디푸스 왕(Oedipus Sang Raja; 1976)', '콜로누스에 오이디푸스(Oedipus di Kolonus; 1976)', '돌아온 오이디푸스(Oedipus Berpulang)', '안티고네(Antigone; 1976)' 등의 드라마도 번역하였다. 그는 '강도(Perampok)'라는 번안소설과, '빠넴바한 레소(Panembahan Reso; 1988)', '술라이만 손자의 제사(Selamatan Anak Cucu Sulaiman)' 등의 사극도 썼다. 90년대에 렌드라는 '랑까스비뚱의 사람들(Orang-orang Rangkasbitung; 1993)', '바람 때문에(Disebabkan oleh

Angin; 1993)' 시집을 출판했다.

렌드라는 소극장인 벵껠 테아터르(Bengkel Teater)를 설립했고, '드라마의 연기에 대하여(Tentang Bermain Drama; 1976)'라는 책을 썼다. 그는 문화 전문가로서 '전통을 고려하다(Mempertimbangkan Tradisi; 1983)', '일시적인 것에 의미를 준다(Memberi Makna pada yang Fana)'라는 책도 썼다. 그는 '알 까우사르(Al Kautsar)', '사랑하는 젊은이(Yang Muda yang Bercinta)', '내 사랑은 저 멀리 있는 섬에(Cintaku Jauh di Pulau)' 등의 영화에 출연한 적도 있다.

3. 문화성명 시대 / 66' 세대의 문학

66 세대라는 명칭은 야신(H.B. Jassin)이 인도네시아 문학에서 새로운 세대가 탄생했다고 선언하며 붙인 이름이다. 66 세대란 용어는 사실 정치적 사건, 즉 G-30S/PKI 쿠데타 발발 몇 달 후 구질서(Orde Lama) 체제를 무너뜨리는 데 있어 큰 역할을 한 인도네시아 대학생 운동 연합-인도네시아 청년 학생 운동 연합(KAMI-KAPPI(Kesatuan Aksi Mahasiswa Indonesia-Kesatuan Aksi Pemuda Pelajar Indonesia)이 주도한 젊은 세대 궐기 운동에서 비롯된 것이다. 그들은 대부분 신질서(Orde Baru)체제의 유명한 활동가들이었다. 이 단체는 빤짜실라(Pancasila)와 1945 헌법(Undang-Undang Dasar 1945)을 바탕으로 정의와 정직성을 수호하고 공산주의에 경도된 정치의 악용과 독재정부체제를 무너뜨리기 위해 싸웠다.

66 세대는 정치 용어이다. 야신(H.B. Jassin)은 문학과 정치 간에 긴밀한 관계가 있음을 간파하고 66 세대란 용어를 문학세계로 가져왔고 이 때부터 66세대는 하나의 문학 용어가 되었다. 따우픽 이스마일(Taufik Ismail), 산디 티아스(Sandi Tyas), 슬라멧 수끼르만또(Slamet Sukirmanto), 부르 라수안또(Bur Rasuanto)처럼 66 세대 문학가라고 불리는 사람들은 직접 정치 투쟁에

참여하거나 신체제적인 문학작품을 통해 정치투쟁에 참여했다. 야신은 정의와 정직을 위해 그리고 그 당시의 피폐한 경기침체와 정치적 위기 상황을 타개하고자 66 세대 문학가들이 문학작품을 통해서 투쟁했다고 말했다.

빠라도뽀(Pradopo, 1968)는 66 세대의 이상은 강력하지 못했다고 주장했다. 그 이유는 1966년 문학 부활이 철학과 문화적 기반에 바탕을 둔 것이 아니라 오직 정치적 상황에만 바탕을 두었기 때문이다. 그는 문학 세대(Angkatan Sastra)라고 불릴 수 있는 것은 발레이 뿌스따까, 뿌장가 바루 그리고 45년 세대 밖에 없었다고 주장한다. 이런 까닭에 그는 1966년 세대의 문학과 그 이후에 등장한 문학을 66 시대(periode '66)라고 통칭한다.

문화성명에서 문학을 포함한 문화는 인간의 삶의 조건을 완성시키기 위한 투쟁이라고 역설했다. 그것은 정당정치 프로그램 진행과 정치 선전을 위해 적극적으로 창작 활동을 한 PKI의 레끄라처럼, 보편적인 인간의 고귀함을 드러내기 위해 창작하고, 창작의 자유를 존경하는 하나의 문학 그룹이 등장했다고 빠라도뽀가 밝힌 바 있다.

문화성명에 서명한 사람과 문화성명 지지자들은 빤짜실라를 문화와 인간의 철학으로 인식하여 세계 시민 사회 속에서 인도네시아 민족의 위신을 지키고 발전시키기 위해 가능한한 거짓이나 꾸밈이 없는 진실된 작품을 쓰려고 했다.

아리프 부디만(Arief Budiman)과 구나완 모하맛(Goenawan Mohamad)은 정치적 용어인 야신의 66 세대에 비해 문화 성명시대란 용어가 신질서 체제의 문학가 단체를 부르는데 더 적절하다고 보았다.

정치·문화계에서는 PKI와 레끄라가 사라졌고, 1964년에 사라졌던 작가들이 다시 적극적으로 창작활동을 시작하였다. 위에서 언급한 것처럼 아집 로시디는 1950년에 새로운 세대(Angkatan Terbaru)의 존재를 선언했지만, 야신을 비롯한 여러 문학 전문가는 66 세대라고 부르는 것이 더 정확하다며 이를 반박했다.

인도네시아 문학의 시대별 분류에는 다양한 견해가 존재한다. 왜냐하면 그 시대별 문학의 간격(기간)이 너무 짧고, 어느 문학작품이 역사에서 영원히 기억될 것인지, 어느 작가가 역사 속에서 사라질 것인지 아직 명확하지 않기 때문이다. 최근에는 눈에 띄는 작가들과 작품들 그리고 당시의 사건들을 함께 연결시켜 문학사를 설명하는 게 일반적이다.

1966년 이후에는 작가들의 문학활동 기회가 많아져서 그동안 성장해오던 작가들이 더 자유롭게 발전할 수 있었다. 신문들도 문학에 지면을 할애했고 '부다야 자야(Budaya Jaya)'와 '호리손(Horison)' 잡지처럼 문화와 문학의 잡지들이 등장하기 시작했다. 문학작품의 출판을 이야기 할 때 뿌스따까 자야(Pustaka Jaya) 출판사를 빼놓을 수가 없다. 이 출판사는 인도네시아 문학작품 출판에 좋은 기회를 제공해 주었기 때문이었다. 점차 양질의 문학작품과 번역작품 그리고 원작을 출판하려는 다양한 출판사들이 등장하였다

1968년에 끼 빤지 꾸스민(Ki Panji Kusmin)의 단편소설 '하늘이 어두어지다(Langit Makin Mendung)'는 하느님과 무함마드에 대한 신성모독 죄로 재판되는 사건이 발생하였다. 작가가 인도네시아 무슬림의 모습을 삽화를 통해 조롱했다는 의혹을 받았다. 이 작품은 하느님 무함마드와의 대화에서 하느님을 인도네시아인들을 지켜보고 있는 부모로 비유하였다. 이 재판은 메단에서 진행되었고 '호리손' 잡지의 책임자였던 야신은 이 작품이 그가 책임자로 있던 문학 잡지에 게재되었기 때문에 법정으로 끌려 갔다. 꾸스민은 그의 단편소설에서 하느님과 예언자 역할을 표현하기 위해 엉뚱한 상황을 묘사해 불명예스러운 오점을 남기게 되었다.

4. 66' 세대의 시인과 작가들

(1) 따우픽 이스마일(Taufik Ismail)은 1937년 6월 25일 서부 수마트라의 부낏 띵기에서 태어났고 인도네시아 대학교 수의학과를 졸업했으며 '호리

손' 잡지의 편집인을 역임했다. 1970년 인도네시아 정부 예술상과 1994년 아세안(ASEAN) 문학상을 수상한 작가는 2000~2004년 학생이 묻고 문학가가 대답하다(Sastrawan Bicara Siswa Bertanya, SBSB) 프로그램을 통해 수따르지 칼초움 바흐리, 아구스 에르 사르조노(Agus R. Sardjono), 자말 데 라흐만(Jamal D. Rahman), 압둘 하밋 자바르(Abdul Hamid Jabbar-고인) 등과 함께 인도네시아 문학을 발전시키고, 확산시키는데 지대한 기여를 하게 된다. 그 기여를 인정받아 욕야카르타 국립대학교(Universitas Negeri Yogyakarta, UNY)에서 명예 문학박사 학위를 받았다.

이 시인은 1966년에 출판된 시집 '압제(Tirani)'와 '요새(Benteng)'로 유명하다. '람부딴 판매인이 그의 아내에게(Seorang Tukang Rambutan pada Istrinya)', '화환(Karangan Bunga)', '피로 얼룩진 한 자켓(Sebuah Jaket Berlumur Darah)', '우리는 이 공화국의 적법한 소유자이다(Kami adalah Pemilik Sah Republik Ini)', '우리가 바라는 것은 오직 …(Yang Kami Minta Hanyalah...)' 등의 시를 썼다. 그의 다른 시집 '옥수수 밭의 시(Sanjak Ladang Jagung; 1973)'는 그가 미국에서 돌아왔을 때 출판되었다. 그 시집에는 '인도네시아를 나에게 돌려줘(Kembalikan Indonesia Padaku)', '숨바를 내게 주세요(Beri Daku Sumba)', '… 하면 어떨까(Bagaimana Kalau...)' 등의 시가 수록되어 있다. 십수년 전부터(1974) 따우픽은 빔보(Bimbo) 그룹과 같이 작사 작업을 했다. 우리는 '아이샤 우리 동생(Aisyah Adinda Kita)', '긴 사자다(Sajadah Panjang-기도할 때 쓰는 양탄자)', '예언자들의 발라드(Balada Nabi-nabi)', '눈이 있어도 보지 못한다(Bermata tapi Tak Melihat)', '우리 천국의 어머니(Ibunda Swarga Kita)' 등의 노래와 가사가 있다. 따우픽 이스마일은 '또니씨(Si Toni)', '대나무 간이 침대(Balai-balai)', '표식을 읽는다(Membaca Tanda-tanda)', '히즈리아 15세기(Abad ke-15 Hijriah)', '잠든 예의(Rasa Santun yang Tidur)', '하늘의 시들(Puisi-puisi Langit)' 등의 시도 썼다.

1994년 초기에 그의 유명한 시집 '압제(Tirani)'와 '요새(Benteng)'는 '압제와 요새(Tirani dan Benteng)'라는 통합 제목으로 출판되었다. 따우픽은 그 책에 심오한 장문의 머리말을 써 놓았다. 그 책에는 '압제와 요새를 맞이하여(Menjelang Tirani dan Benteng)'라는 시가 수록되었다. 개혁시기에는 '98이 기겁하다(Takut 98)'라는 제목의 시를 썼고, 1998년에는 '인도네시아인이라는 것이 창피하다(Malu Aku Jadi Orang Indonesia, MAJOI)'라는 시선을 출판하였다. 66 세대 문학 동료인 물얀또(DS Mulyanto)와 같이 '문화 폭풍(Prahara Budaya; 에세이 명문 집, 1995)'이라는 책을 편집했고, 아라(LK Ara)와 하심(Hasyim Ks)과 공동으로 '슬라웨 아체 문학 명문집(Seulaweh Antologi Sastra Aceh; 1995)'이라는 책을 편찬하기도 했다.

(2) 부르 라수안또(Bur Rasuanto)는 1937년 4월 6일 빨렘방에서 태어났고 작가이며, 시인이자 기자였다. 그는 '땀을 흘리는 지구(Bumi yang Berpeluh; 1963)'와 '그들은 일어설 것이다(Mereka Akan Bangkit; 1963)'라는 단편소설집을 썼다. 그 외에도 부르 라수안또는 '아버지(Sang Ayah; 1969)', '고국의 사람(Manusia Tanah Air; 1969)' 등의 로망과 '뚜옛(Tuyet; 1978)'이라는 소설을 썼다.

(3) 구나완 무하맛(Goenawan Mohammad, GM)은 1941년 6월 29일 바땅에서 태어났다. 현재까지 '뗌포(Tempo)' 잡지의 사장이자 시인이며, 사스뜨라 기자로 활동하고 있는 구나완 무하맛은 문화성명에 서명한 사람 중에 한 명이다. 구나완 무하맛은 1992년에 예술상, 1992년에는 테우(A. Teeuw), 1981년에는 아세안(ASEAN) 문학상을 수상했다. 위에서 언급한 경력 이외에도 구나완은 'KAMMI' 신문 기자, '자카르타 예술 위원회(DKJ)' 위원, '익스프레스Express)' 편집국장, '자만(Zaman)' 편집국장, '호리손' 편집인, 영화 검열 위원회 위원을 역임한 적이 있었다.
그는 '뗌포' 잡지에 '간주, 파리크싯(Interlude, Parikesit; 1971)', '말린꾼당으로서 한 젊은 시인(Seorang Penyair Muda Sebagai Si Malinkundang;

1972)', '가장자리 노트 1(Catatan Pinggir I; 1982)', '가장자리 노트 2(Catatan Pinggir II; 1989)', '세 번째 주변의 기록(Catatan Pinggir 3)' 등의 시집을 썼다. 그의 다른 작품으로는 '아스마라다하나(Asmaradahana; 시집, 1992)', '섹스, 문학, 우리(Seks, Sastra, Kita; 에세이 모음집)', '혁명은 끝나지 않았다(Revolusi Belum Selesai; 에세이 모음집)', '만약 우리가 스라예워에 있다면(Misalkan Kita di Serayewo; 시선, 1998)' 등이 있다.

(4) 수바기오 사스뜨라와르도요(Subagio Sastrawardoyo)는 1924년 2월 1일 마디운에서 태어났고 1995년 7월 18일 자카르타에서 사망했다. 시인이며 작가이자 수필가인 그는 발레이 뿌스따까 편집인, 애델레이드(Adelaide), 가자마다대학교, 반둥 육군 지휘 참모학교, 남부 호주 플린더스대학교 등의 교수를 역임했다. 그는 '심포니(Simphoni; 1957)', '접경지(Daerah Perbatasan)', '모텡고의 끄론쫑(인도네시아 전통음악의 일종)(Keroncong Motenggo; 1975)' 등의 시집을 썼다. 그의 다른 작품으로는 '타고난 재능과 주지주의(Bakat Alam dan Intelektualisme; 1972)', '시또르의 상징주의 뒤에 격리된 사람(Manusia Terasing di Balik Simbolisme Sitor)', '시 속의 자기 모습(Sosok Pribadi dalam Sajak; 1980)' 등의 에세이 모음집, 시선 '하리와 하라(Hari dan Hara)' 그리고 단편소설집 '숨빙에 남성다움(Kejantanan di Sumbing; 1965)'이 있다. 그의 단편소설 '숨빙에 남성다움(Kejantanan di Sumbing)'과 '그리고 죽음은 더 친해진다(Dan Kematian Makin Akrab)'는 '끼사(Kisah)'와 '호리손(Horison)' 잡지 상을 받았다.

(5) 사빠르디 조꼬 다모노(Sapardi Joko Damono)는 1940년 3월 20일 솔로에서 태어났다. 그는 시인이자 수필가이며 인도네시아 대학교 문학부의 교수이기도 하다. 그는 '신의 슬픔은 영원히(Duka-Mu Abadi; 1969)', '수족관(Akwarium; 1974)', '칼날(Mata Pisau; 1974)', '종이 배(Perahu Kertas; 1983)',

'갑자기 밤이 된다(Suddenly the Night; 1988)', '7월의 비(Hujan Bulan Juni; 1994)' 등의 시집을 썼다. 그는 어니스트 헤밍웨이(Ernest Hemingway) 작품인 'The Old Man and The Sea'를 '노인과 바다(Lelaki Tua dan Laut)'로 번역한 번역가이기도 했다. 그가 번역한 다른 작품으로는 '페르시아 고전 가사(Lirik Persi Klasik; 1977)', '중국 고전 시(Puisi Klasik Cina; 1976)', '브라질 현대시(Puisi Brasilia Modern)' 등이 있다. 그의 수필집으로는 '전쟁 전의 인도네시아(Indonesia Sebelum Perang; 1979)'가 있으며, 그 외에도 '문학 사회학: 한 짧은 통론(Sosiologi Sastra: Sebuah Pengantar Ringkas; 1978)', '인도네시아 현대 문학(Kesusastraan Indonesia Modern)', '몇 가지의 기록(Beberapa Catatan; 1983)', '렌드라의 마법: 의미 놀이(Sihir Renda: Permainan Makna; 1999)', '정치 이데올로기와 하이브리드 문학(Politik Ideologi dan Sastra Hibrida; 1999)' 등의 학문서가 있다. 사빠르디의 시선 가운데 혼란, 약탈, 파괴, 불에 타 죽은 수백 명의 영혼이 있을 정도로 비참한 혁명기의 참상을 반영한 '화염의 구절(Ayat-ayat Api; 2000)'이 많은 사람들의 주목을 받았다. 그는 '미친 사람을 죽인다(Membunuh Orang Gila)'라는 단편소설집도 썼다.

(6) 띠띠 사잇 사디꾼(Titie Said Sadikun)은 1935년 7월 11일 보조느고로에서 태어났고 2011년 10월 24일에 사망했다. '여성(Wanita)', '삶(Hidup)', '까르띠니(Kartini)', '가족(Famili)' 등의 잡지 편집인을 역임한 기자이자 작가였다. 그녀는 '투쟁과 여자의 마음(Perjuangan dan Hati Perempuan; 1962)'이라는 단편소설집, '내 목숨을 가져가지 마(Jangan Ambil Nyawaku; 1977)'라는 소설을 썼고, '슬픔의 계곡(Lembah Duka)', '욕망의 노예(Budak Nafsu)' 등의 제목으로 영화를 만든 '파띠마(Fatimah)', '재생(Reinkarnasi)', '암바라와 위에 검은 구름(Langit Hitam di Atas Ambarawa)' 등의 소설을 썼다.

(7) 아리핀 누르(Arifin C.Noer)는 1941년 3월 10일 찌르본에서 태어났고 1995년 5월 28일 자카르타에서 생을 마쳤다. 영화감독이자 시나리오 작가인 시인은 '사원에서(Dalam Langgar)', '뿌르와디나딴 사원에서(Dalam Langgar Purwadinatan)' 등의 시와 '그가 왔다(Telah Datang Ia)', '그가 떠났다(Telah Pergi Ia)', ' 작은 길에서의 태양(Matahari di Sebuah Jalan Kecil)', '우리 아내 그리고 출납원 쁘리따의 독백(Monolog Prita Istri Kita dan Kasir Kita; 1972)', '뜽울(Tengul; 1973)', '배들(Kapal-kapal; 1970)', '구름들(Mega-mega; 1966)', '소라게(Umang-umang; 1976)', '무한한 우물(Sumur Tanpa Dasar; 1975)', '마둔 밴드(Orkes Madun)', '아아 이이 우우(Aa Ii Uu)', '신의 그림자 또는 심문 안에서(Dalam Bayangan Tuhan atawa Interogasi)', '오존(Ozon)' 등의 각본을 썼다. 그의 다른 작품은 '누룰 아이니(Nurul Aini; 1963)', '시띠 아이사(Siti Aisah; 1964)', '시를 상실한 시들(Puisi-puisi yang Kehilangan Puisi-puisi; 1967)', '안녕, 자장(Selamat pagi, Jajang; 1979)', '외로움의 노래(Nyayian Sepi; 1995)', '네온 불빛(Lampu Neon; 1963)', '한 쌍의 신혼부부(Sepasang Penganten; 1968)', '산덱, 젊은 근로자(Sandek, Pemuda Pekerja; 1979)' 등의 희곡이 있다. 작은 극장을 운영한 시나리오 작가와 시인이었던 아리핀 누르는 훌륭한 영화감독이기도 했다. 그의 시나리오 작품으로는 'G 30S/PKI', '새벽 공격(Serangan Fajar)', '택시(Taksi)', '또 택시(Taksi Juga)', '메르의 입술(Bibir Mer)' 등이 있다.

그가 감독한 영화는 '화를 잘 내는 사람(Pemberang; 1972)', '리오 내 아들(Rio Anakku; 1973)', '폭풍에 맞서다(Melawan Badai; 1974)', '모험들(Petualang-petualang; 1978)', '프리마돈나의 순결(Suci Sang Primadona; 1978)', '나의 하모니카(Harmonikaku; 1979)' 등이 있다. 1972년에 아리핀은 인도네시아 예술상을, 1990년에는 아세안(ASEAN) 문학상을 수상했다.

(8) 하르또요 안당자야(Hartoyo Andangjaya)는 1930년 7월 4일 중부자바의 솔로에서 태어났고 1990년 8월 30일 같은 도시에서 사망했다. 서부 수마

트라와 솔로의 고등학교와 중학교에서 교편을 잡았다. 이 시인은 '대담한 여자들(Perempuan-perempuan Perkasa)', '국민(Rakyat)', '검은 기관차(Sebuah Lok Hitam)', '친형제를 위하여(Buat Saudara Kandung)' 등의 유명한 시를 썼다. 이 시들은 '시집(Buku Puisi; 1973)'에 수록되어 있다. '새들의 합의(Musyawarah Burung; 1983)'는 신비주의 인물인 '파리두딘 앗따르(Fariduddin Attar)'의 서정시를 번역한 것이다. 역대 최고의 신비주의 시인인 마울라나 잘랄루딘 루미(Maulana Jalaluddin Rumi)의 시 수백편을 번역해서 '사랑의 까시다-(아랍의 종교적인 성가, Kasidah Cinta)'라는 제목으로 편찬했다.

하르또요는 '시의 심포니(Simponi Puisi; 물얀또(DS Mulyanto)공저, 1954)', '성명(Manifestasi; 구나완 무하맛, 따우픽 이스마일 공저, 1963)' 등의 시선과 '고요에서 소리로(Dari Sunyi ke Bunyi; 1991)'라는 시집도 썼다. 그가 번역한 작품은 '정원사(Tukang Kebun; 타고르(Rabindranath Tagore)의 작품, 1976)', 선원을 위한 존경의 무덤(Kubur Terhormat bagi Pelaut; J. Slauerhoff의 시선, 1977)', '마음의 비밀(Rahasia Hati; 나츠메 소세키(Natsume Suseki)의 소설, 1978)', '아랍 현대시(Puisi Arab Modern; 1984)' 등이 있다. 하르또요 안당자야도 문화성명에 서명한 사람들 중에 한 명이었다.

(9) 슬라멧 스끼르난또(Slamet Sukirnanto)는 1941년 3월 3일 중부자바의 솔로에서 태어났으며 '하얀 시가(Kidung Putih; 1967)', '뇌성이 울리다(Gema Otak Terbanting)', '노란 재킷(Jaket Kuning; 1967)', '돌 꽃(Bunga Batu; 1979)', '분위기의 기록(Catatan Suasana; 1982)', '꽃의 상처(Luka Bunga; 1991)' 등의 시집을 썼다. 하밋 자바르(A. Hamid Jabbar)와 함께 슬라멧은 '인도네시아 시 퍼레이드(Parade Puisi Indonesia; 1993)'를 편집했다. 그 책에는 그의 '집(Rumah)', '거리 아이들의 집(Rumah Anak-anak Jalanan)', '내 묵주의 발판(Kayuh Tasbihku)', '톱(Gergaji)', '원치 않는 나

(Aku Tak Mau)' 등의 시가 포함되어 있다. 수따르지 칼초움 바흐리, 따우픽 이스마일 등과 함께 슬라멧은 '21세기 시인의 연단(Mimbar Penyair Abad 21)'이라는 책을 편집하였다.

(10) 모하맛 디뽀네고로(Mohammad Diponegoro)는 1928년 6월 28일 중부 자바의 족자에서 태어났고 1982년 5월 9일 같은 도시에서 사망했다. 작가·시나리오 작가, 무슬림 소극장의 설립자이자 호주 라디오 진행자였던 모하맛 디뽀네고로는 '한 군인의 이야기(Kisah Seorang Prajurit; 단편소설)', '사이클(Siklus; 로망)', '주즈 암마(코란의 30번째 장(코란은 114 수라) 위가티 소식(JuzAmma Pekabaran/Kabar Wigati; 1977; 번역)', '무하마디야의 소리(Suara Muhammadiyah)'의 편집인 일 때 창작한 수필집 '단편소설을 써 봅시다(Yuk, Nulis Cerpen, Yuk; 1985)'를 썼다. 다른 시인과 공동으로 모하맛 디뽀네고로는 시선 '성명(Manifestasi; 1963)', 에세이 '익발 생각의 방울방울(Percik-percik Pemikiran Iqbal; 1984)', 단편소설집 '오다와 다른 이야기(Odah dan Cerita Lainnya; 1986)'를 썼다.

(11) 하르야디 술라이만 하르또와르도요(Haryadi Sulaiman Hartowardoyo)는 1930년 3월 18일 쁘람바난에서 태어났고 1984년 4월 9일 자카르타에서 사망했다. 그는 '유배자(Orang Buangan; 1971)', '죽음과의 약속(Perjanjian dengan Maut; 1975)' 등의 로망과 '투영 상처(Luka Bayang; 1964)'라는 시집을 썼으며 서사시 '마하바라타(Mahabharata)'를 번역했다. 그 외에도 그는 '사랑의 쌍안경(Teropong Cinta; 1984)'이라는 점성학 책도 썼다.

(12) 삿야그라하 후립(Satyagraha Hoerip)은 1934년 4월 7일 라몽안에서 태어났고 1998년 10월 14일 자카르타에서 사망했다. 그는 '정점에서(Pada Titik Kulminasi)'라는 단편소설, '여덟 명에 대하여(Tentang Delapan

Orang)'라는 단편소설집, '한 쌍의 부부(Sepasang Suami Istri; 1964)', '비스마 도사(Resi Bisma; 1960)' 등의 소설을 썼으며, '문학의 문제들(Sejumlah Masalah Sastra; 1982)'이라는 에세이집을 편찬했다. 그의 다른 작품은 '불새(Burung Api; 동화, 1970)', '찌끔방의 꽃 사리나(Sarinah Kembang Cikembang; 단편소설집, 1993)' 등이 있다. 삿야그라하는 '인도네시아 단편소설 1-4(Cerita Pendek Indonesia I-IV; 1979)'의 편집자이고, '인간은 무엇으로 사는가(Keperluan Hidup Manusia; 톨스토이(Lao Tolstoy)의 소설, 1963)'를 번역했다. '꼼파스(Kompas)', '레뿌블리까(Republika)', '마르따(Marta)' 등의 신문에 실린 그의 단편소설은 '도지사에게 쓴 편지(Surat Kepada Gubernur)', '작가(Sang Pengarang)' 등이 있다. 그는 '그도노-그디니(Gedono-Gedini; 1990)'와 '마을을 청소한 후에(Sesudah Bersih Desa; 1989)'라는 단편소설집도 썼다.

(13) 띠띠스 바시노(Titis Basino PI)는 1939년 1월 17일 중부자바의 마글랑에서 태어났다. 그는 '소녀의 집(Rumah Dara)'이라는 단편소설, '마음의 항구(Pelabuhan Hati; 1978)', '땅에서 다가가 하늘에서 조우하다(Di Bumi Aku Bersua di Langit Aku Bertemu; 1983)', '내 집이 아니다(Bukan Rumahku; 1983)', '동정으로 따잘리를 끌어 당기다(Welas Asih Merengkuh Tajali; 1997)', '간통의 죄를 씻다(Menyucikan Perselingkuhan; 1998)', '계곡에서 쿨리바로(Dari Lembah ke Coolibah; 1997)', '더 이상 나를 위해 웃지 않는다(Tersenyum pun Tidak untukku Lagi; 1998)', '나는 하르디안의 아내 수피야(Aku Supiyah Istri Hardian; 1998)', '맹수가 서식지를 옮긴다면(Bila Binatang Buas Pindah Habitat; 1999)', '라라스의 검은 장미(Mawar Hitam Milik Laras; 2000)', '좋은 날(Hari yang Baik; 2000)' 등의 소설을 썼다. 1999년에 마스뜨라(Mastera) 문학상을 받았다.

(14) 밤방 술라르또(Bambang Sularto)는 1934년 9월 11일 뿌르워르조에서 태어났고 1992년 욕야카르타에서 생을 마쳤다. 그는 '혁명의 양들(Domba-domba Revolusi; 1962)'이라는 드라마로 유명하다. 그는 '무명(Tanpa Nama; 1963)', '욕야에서 6 시간(Enam Jam di Yogya)' 등의 소설, '깨지지 않다(Tak Terpatahkan; 1967)'라는 드라마와 '희곡작법(Teknik Menulis Lakon; 1971)'을 썼다.

(15) 자밀 수헤르만(Jamil Suherman)은 1924년 4월 24일 동부자바의 수라바야에서 태어났고 1985년 11월 30일 반둥에서 사망했다. 그는 '내세로의 여행(Perjalanan ke Akhirat; 로망)', '움미 꿀숨(Ummi Kulsum; 1963; 단편소설집)', '트럼펫(Nafiri; 1983; 시집)', '뻬뻬 강의 투사들(Pejuang-pejuang Kali Pepe; 1984)', '사립 땀박 오소(Sarip Tambak Oso; 1985)' 등의 소설을 썼다. 그는 '죽음 건너 편의 재판소(Mahkamah di Seberang Maut)'라는 매우 유명한 드라마도 썼다.

(16) 우마르 까얌(Umar Kayam)은 1932년 3월 30일 중부자바의 응아위에서 태어났고 2002년 3월 16일 자카르타에서 사망했다. 가자마자대(UGM) 교수, 시나리오 작가이자 붕 까르노를 연기했던 우마르 까얌은 '맨하튼의 천 마리 개똥벌레(Seribu Kunang-kunang di Manhattan; 1972)'와 '스리 수마라와 바욱(Sri Sumarah dan Bawuk; 1975)'이라는 단편소설집을 창작했다.

그 밖의 작품으로는 '귀족들(Para Priyayi; 1992)'과 '길 모퉁이(Jalan Menikung; 2000)' 등의 소설, '솔로로 자티로(ke Solo ke Jati)', '이자흐 아줌마(Bi Ijah)' 등의 단편소설, '빠르따 끄라마(Parta Krama; 1997)'라는 단편소설집, '예술, 전통, 사회(Seni, Tradisi, Masyarakat; 1981)'라는 에세이 모음집, '먹든지 말든지 만나자(Mangan Ora Mangan Kumpul)', '물건 없이도 유복하다(Sugih Tanpa Bandha)', '북쪽과 남쪽으로 향한다(Madhep

Ngalor Madhep Ngidul)' 등의 컬럼 모음집이 있다. 그는 1987년에 아세안(ASEAN) 문학상을 수상했다.

(17) 부디 하르또요(Budiman S. Hartoyo)는 1938년 12월 5일 중부자바의 솔로에서 태어났고 2010년 3월 11일에 생을 마쳤다. 그는 '15 편의 시(Lima Belas Puisi; 1972)', '잠자기 전에(Sebelum Tidur; 1977)' 등의 시선을 썼다. 그는 종교적인 시를 많이 썼는데 그 중 성지순례를 갔을 때의 경험에 대한 시가 있다. 아집 로시디가 제작한 '푸른 바다 푸른 하늘(Laut Biru Langit Biru)'이라는 명시집에서 '그 거리는 더 가까워진다(Jarak Itu pun Makin Menghampiri)', '그 문을 열어줘(Bukalah Pintu Itu)', '신 앞에서 나는 사라진 먼지(Di Depan-Mu Aku Sirna Debu)' 등 그의 신비주의 적인 시를 읽을 수 있다.

(18) 게르손 뽀익(Gerson Poyk)은 1931년 6월 16일 띠모르 로테섬에서 태어났다. 그는 '선생님(Sang Guru; 1971)'이라는 소설과 '마띠아스 아난까리(Matias Anankari; 1975)'라는 단편소설집 그리고 '라자국의 연서(Surat Cinta Rajagukguk)', '첫 사랑(Cinta Pertama)', '작은 것이 아름답다, 작은 것이 사랑이다(Kecil Itu Indah Kecil Itu Cinta)' 등의 중편소설을 썼다. 그는 '봄베이(Bombay)', '회오리 바람(Puting Beliung)', '마음의 철학자 베고와리 씨(Pak Begowari' Filsuf Hati Nurani)'라는 단편소설도 썼다.

(19) 라마단(Ramadhan K.H.)은 1927년 3월 15일 서부자바의 반둥에서 태어났고 2006년 3월 15일 남부 아프리카 케이프타운에서 사망했다. 그는 시인이며, 소설가이자 번역가였다. 그는 반둥 공과대학교(Institut Teknologi Bandung, ITB)에서 공부하다가 국립 외교 아카데미(Akademi Dinas Luar Negeri)로 전학했으며, 네덜란드 암스테르담에서 근무한 적이 있었다. 그는 '끼사(Kisah)', '시아삿(Siasat)', '부다야 자야(Budaya

Jaya)' 등의 잡지 편집인, 자카르타 예술위원회(Dewan Kesenian Jakarta) 위원 및 이사를 역임했다. 1992년 암스테르담에서 열린 국제 시인 문학제(Festival Penyair Internasional)와 1993년 타이페이에서 열린 국제시인 대의원회의(Kongres Penyair Sedunia)에 인도네시아 대표로 참석했으며 본, 제네바, 로스앤젤레스, 파리, 발렌시아(스페인)에서 거주한 적이 있었다.

라마단은 '예쁜이의 쁘리앙안(Priangan Si Jelita)'이라는 시집을 썼다. 그는 '혁명의 후유증(Royan Revolusi)'이라는 로망으로 유명하다. 그의 소설 '삶의 위기(Kemelut Hidup)'의 주제는 인생사이고, 그의 다른 소설은 '뻐르마나 가족(Keluarga Permana)'이 있다. 그의 전기소설 '대문으로 데려가 줄게(Kuantar ke Gerbang)'는 '잉깃 가나르시(Inggit Ganarsih)'와 '수까르노(Soekarno)'의 사랑 이야기에서 영감을 받았다. 그리고 그는 스페인 문학가 페데리코 가르시아 로르카(Federico Garsia Lorca)의 작품을 '집시의 로맨스(Romansa Kaum Gitana)'로 번역했다.

라마단은 인도네시아 가스석유공사(Perusahaan Pertambangan Minyak dan Gas Bumi Nasional, Pertamina)에서 발생한 부정부패를 모티브로 '뻐르미누스 유전(Ladang Perminus)'이라는 제목의 소설을 쓰기도 했다. 라마단은 드위빠야나(G. Dwipayana)와 함께 수하르또의 전기로 '나의 생각, 말 그리고 행동(Pikiran, Ucapan, dan Tindakan Saya)'을 썼다.

(20) 무하맛 사리비 아프(Muhammad Saribi Afn)는 1936년 12월 15일 중부자바의 끌라뗀에서 태어났고 '빛 계곡의 메아리(Gema Lembah Cahaya)'라는 시집을 썼다. 그는 다른 이슬람 시인들과 공동으로 '성명(Manifestasi)'이라는 시집을 출간했으며 '빤지 마샤라깟(Panji Masyarakat)' 잡지에 '가장 달콤한 것은 말이다(Yang Paling Manis ialah Kata)'라는 장 시를 게재하기도 했다.

부야 함까(Buya Hamka)의 새벽 강연을 들은 후, 그는 '함까가 예언자와

사도를 이야기하다(Hamka Berkisah Tentang Nabi dan Rasul)'라는 책을 썼다.

(21) 만수르 사민(Mansur Samin)은 1930년 4월 29일 북부 수마트라 바땅또루에서 태어나 교사, 기자, 동화 작가, 시인 등으로 활동했다. 그의 '투쟁(Perlawanan; 1966)'과 '조국(Tanah Air; 1969)'이라는 시집은 따우픽 이스마일의 '압제와 요새(Tirani dan Benteng)'와 부르 라수안또의 '그들은 일어났다(Mereka Telah Bangkit)'처럼 투쟁에 관한 시(詩) 이지만, 신질서 체제의 부활을 기록해 둔 시이기도 하다. 그는 시선 '황혼 안개의 콧노래(Dendang Kabut Senja; 1969)', '하얀 시들(Sanjak-sanjak Putih; 1996)', 드라마 '황혼 나라의 파괴(Kebinasaan Negeri Senja; 1968)', 동화 '바왕(Si Bawang)', '산 기슭의 호수(Telaga di Kaki Bukit)', '조용한 아가씨(Gadis Sunyi)', '네 형제(Empat Saudara)', '황혼과 경주하다(Berlomba dengan Senja)'를 썼다.

(22) 라흐맛 조꼬 쁘라도뽀(Rahmat Joko Pradopo)는 1939년 11월 3일 중부 자바의 끌라뗀에서 태어났다. 그는 UGM 문학과의 교수이자 시인이었다. 그는 '조국의 아침 태양(Matahari Pagi di Tanah Air; 1967)', '꽃 숲(Hutan Bunga; 1990)', '열려 있는 창문(Jendela Terbuka; 1993)' 등의 시를 썼다. 문학 전문가로서 라흐맛은 '시의 분석(Pengkajian Puisi; 1987)', '시의 언어로 조용히 노래한다(Bahasa Puisi Nyanyi Sunyi)'와 '먼지에 휩싸인 절규(Deru Campur Debu; 1982)', '몇 가지 문학이론(Beberapa Teori Sastra)', '평론 방법과 적용(Metode Kritik dan Penerapannya; 1995)'이라는 책을 썼다.

V

1970년대와 1980년대 문학

V

1970년대와 1980년대 문학

1. 80년대의 문학

1980년대의 문학 또는 1980년 세대의 문학이라는 명칭은 1980년 이전의 문학 세대와 문학적 경향이나 양상을 비교했을 때, 1980년대의 문학이 다양한 문학적 삶과 가치를 혁신했다는 판단을 근거로 해서 붙여진 것이다. 이 80년 세대는 끼사 세대(1953년~1961년)나 야신(H.B Jassin)이 '66 세대'라고 부른 '문화 성명 세대(1962년~1969년)'와 비교해 보았을 때 이전 세대들과 완전히 다른 문학적 경향과 모습을 보여주었다. 게다가 발레이 뿌스따까, 뿌장가 바루 그리고 일본 식민 시기의 글랑강 세대와 비교한다면 더욱 더 다른 문학적 경향과 모습을 띠고 있다고 할 수 있다.

우리가 1970년~1979년까지의 문학을 1980년대 문학의 범주로 통합했는데, 그 이유는 그들의 문학적 이념과 경향이 매우 유사했기 때문이었다. 다른 점이 있다면 그것은 문학적 경향이나 이념의 부분이 아니라 문학가의 나이, 매스 미디어, 출판사의 수 등의 차이였다. 실제로는 70년대에 활동했던 문학가들이 다음 세대에서도 변함없이 활발하게 작품활동을 하고 있었다. 또한, 1980년대 초부터 현재까지 적극적으로 문학활동을 펼쳐온 문학가들도 1970년대에서뿐만 아니라 그 이전 세대에서도 문학활동을 지속해 왔음을 확인할 수 있다.

'예쁜이의 쁘리앙안(Priangan si Jelita)'이라는 시집, 그로시아 로르카(Gorsia Lorca)의 '집시의 로맨스(Romansa Kaum Gitana)'라는 번역작품, '혁명의 후유증(Royan Revolusi)'이라는 소설 그리고 '삶의 위기(Kemelut Hidup)'와 '대문으로 인도하다(Kuantar ke Gerbang)'라는 소설을 쓴 라마단(Ramadhan K.H.)은 60년대부터 2000년대 초까지 지속적으로 창작활동을 해온 문학가였다. 라마단 이외에도 렌드라(Rendra), 모뗑고 부세(Motenggo Boesye), 아집 로시디(Ajip Rosidi), 구나완 모하맛(Goenawan Mohammad), 사빠르디 조꼬 다모노(Sapardi Joko Damono) 등도 마찬가지이다. 반면, 1970년 초기에 문학 활동을 시작했으나 1980년 문학 세대에 포함된 문학가로는 압둘 하디 웨엠(Abdul Hadi W.M.), 아르스웬도 앗모윌로또(Arswendo Atmowiloto), 다르만또 잣만(Darmanto Jatman) 등이 있다.

1980년대의 문학은 어휘선택, 견해, 어법, 표현 방법 등의 부분에서 언어적 측면의 뉘앙스에 더 초점을 맞추었다. 이런 문학적 특징 때문에 1980년대 문학을 종종 현대 문학 세대 또는 최근 문학 세대라고도 불린다.

이 현대 문학 세대는 다음과 같은 특징을 가지고 있다. (1) 다양한 사고의 혁신을 보여주었고, (2) 다양한 표현기법의 혁신을 제안하였고, (3) 종교, 철학, 사회 등의 문제에 더욱 강렬한 인상을 주었다.

2. 70~80년대의 시들

예로부터 시(詩)는 인도네시아 문학가의 중요한 표현 수단이었다. 이와 같은 사실은 현대 문학에서도 쉽게 찾아 볼 수 있다. 특히, 시는 1966년부터 현재까지 급속한 발전을 보여 주었다. 신질서 체제(Orde Baru) 이전에는 투쟁/저항 시로 볼 수 있는 시들이 대거 등장했다. 이 투쟁 시로 유명한 시인들이 바로 따우픽 이스마일(Taufiq Ismail), 만수르 사민(Mansur Samin), 부르 라수안또(Bur Rasuanto) 등이었다. '압제(Tirani)', '그들은 일어섰다(Mereka Telah Bangkit)', '자유(Pembebasan)' 등의 제목들은 이 시들의 내용이 무엇인지를 분명히 짐작할 수 있게 하지만 단순히 투쟁의욕만 드러냈기 때문에 시의 생명이 짧았다. 이런 정치, 사회 상황의 억압 속에서 시인들은 오랫 동안 탄압의 압박감에 시달려야 했고, 그 압박감을 경험한 이후에야 비로소 자유를 갈망하게 되었다는 것이 가치라면 가치라고 할 수 있다.

구질서 체제에서 신질서 체제로 정권이 교체되었을 때 시적 표현이 멈춘 것이 아니라 오히려 질적인 발전을 이룩하였다. 또한 창작 시의 편수도 많아졌다. 오늘날 인도네시아의 현대시는 국제적 관심을 끌 정도의 질적인 성장을 이루어 내었다. 이 시기의 뛰어난 문학가(시인)들 중에는 수바기오 사스뜨라와르도요(Subagio Sastrawardoyo), 아집 로시디(Ajip Rosidi), 구나완 모하맛(Goenawan Mohammad), 사빠르디 조꼬 다모노(Sapardi Djoko Damono), 수따르지 깔초움 바흐리(Sutardji Calzoum Bachri), 다르만또(Darmanto Jt), 압둘 하디(Abdul Hadi W.M) 등이 있었다.

이런 제한된 지면에서는 모든 문학가를 일일이 한 명씩 설명할 수가 없다. 그들에게 가장 흥미로운 작품 주제는 영적/정신적인 문제들이었다. 신과 관련된 것, 신과 인간의 관계, 인간의 죽음, 인간의 가치, 애국심 그리고 구체적인 삶의 문제, 즉 도농간의 긴장이나 소외된 시민을 위한 투쟁 등은 시의 주제로 현대 문학가의 관심을 끌기에 충분했다. 시의 주제와 관련하여 작품에서 현대인의 개인주의와 지역주의가 혼재된 모습을 보여주고 있기 때문에 시의 사회적 기능을 설명해야 할 필요성이 있다.

위에서 시가 독자들의 마음을 어떻게 사로 잡았는지에 대해 언급했다. 인도네시아대학교 문학과 교수인 우마르야띠(Boen S. Umaryati)는 문학이 독자들과 함께 즐길 수 있는 방법으로 전통 문학과 연극의 관련성을 제시하였다. 그 예로, 그는 현재까지 성공적으로 수행되고 있는 발리의 문학과 연극을 언급하였다. 우마르야띠는 문학과 연극의 결합을 강조하고, 문학과 와양 공연을 비교하기도 하였다. 더불어 문학과 연극의 결합 형태을 띤 전통 공연들이 지속되고 있는 것과 시 낭송에 지대한 관심을 가졌다. 70~80년대에는 신문과 잡지에 인도네시아 현대시들이 많이 게재되었다.

3. 70~80년대, 인도네시아 시의 주제 및 색깔

여기에서는 인도네시아 문학계에 생기를 불어넣고 활기찬 모습을 보여준 70~80년대 인도네시아 시를 살펴보고자 한다. 이 세대는 66년 세대와 그 이전 세대의 시 세계보다 양과 질적인 측면에 있어서 급속한 발전을 이룩했기 때문에 우리는 행복하고 뿌듯한 마음을 가질 수 밖에 없다. 이 시기의 시 작품을 일별해 보면 새로운 가능성, 새로운 의미, 새로운 미 등을 중요시 하는 창의적인 시 형태를 꼽을 수 있다.

위에 언급했듯이 우리는 시의 내적 및 외적 구조와 그 시 작품들 속에 내포된 교훈적 가치을 확인할 수 있다. 그 세대의 시인들이 쓴 시 작품들과 시대 정신은 많은 부분에서 일치한다고 볼 수 있다.

산문분야에서 우리는 문학적 가치와 인기를 지닌 단편소설과 장편소설의 편수가 거의 일치한다는 사실을 알 수 있고 시(詩) 분야에서 문학적 가치를 지닌 시가 인기를 끌었던 시보다 더 많음을 알 수 있다. 심지어 타블로이드로 전환되기 전 '노바(Nova)', '가디스(Gadis)', '에스따펫(Estafet)', '이돌라(Idola)', '인도네시아꾸(Indonesiaku)' 등의 청소년 잡지에 실린 시들도 문학적 가치를 지닌 시가 더 많았다. '브리따 부아나(Berita Buana)', '뻴리따(Pelita)', '수아라 뻼바루안(Suara Pembaruan)', '수아라 까르야(Suara Karya, 일요일에만 발간하는 신문)', '끄다울라딴 락꺗(Kedaulatan Rakyat, 일요 신문)', '삐끼란 락깟(Pikiran Rakyat)', '와와산(Wawasan, 일요 신문)', '수아라 머르데까(Suara Merdeka)', '수라바야 빠스(Surabaya Pas, 일요 신문)', 타블로이드판 신문인 '무띠아라(Mutiara)'와 '살람(Salam)' 그리고 '빤지 마샤라깟(Panji Masyarakat)', '아마나(Amanah)' 등의 신문과 잡지에 실린 시들도 대부분 문학적 가치를 지니고 있었다. 그리고 인도네시아의 대학교 어문학과에서 출판했던 잡지들인 '부다야 자야(Budaya Jaya)', '바시스(Basis)', '호리손(Horison)' 등에서도 문학적 가치를 지닌 시를 계속 실었다. 이외에도 문학적 가치를 지닌 수준 높은 시들은 뿌스따까 자야 출판사(PT. Pustaka Jaya)와 발레이 뿌스따까 출판사(PN. Balai Pustaka)에서 출간된 책에서도 찾아 볼 수 있다.

위에서 언급한 신문들은 정기적으로 많은 시를 게재했기 때문에 70~80년대에 시 쓰기는 계속되었다. 시가 신문에 게재될 때마다 한 명 또는 여러 명의 시인이 쓴 3편~6편의 시를 읽을 수 있다. '호리손(Horison)' 잡지는 시 부문에 2페이지의 지면을 할애해 주었고, '노나(Nona)', '에스따펫(Estafet)', '바시스(Basis)' 등의 잡지는 1페이지의 지면을 할애했다.

수십 명의 시인이 쓴 수백 편의 시를 수록하고 있는 시집도 이 시기에 출판되었다. 다작으로 유명한 욕야카르타의 시인인 리누스 수르야디 아게(Linus Suryadi Ag)는 '기념비(Tugu)'와 '기둥 1, 2, 3, 4(Tonggak I, II, III, IV)'이라는 시집을 출판했다. 이 5권의 시집 이전에는 수십 명의 시인이 쓴 수백 편의 시뿐만 아니라 단편소설, 소설 그리고 아집 로시디(Ajip Rosidi)의 '푸른 바다 푸른 하늘(Laut Biru Langit Biru)'도 찾아 볼 수 있다.

70~80년대의 문학 황금기는 1만 여편의 시를 쓴 수백 명의 새로운 시인의 탄생으로 시작되었다. 이전 시기의 시인들도 계속해서 창작활동을 했다. 각 시인은 자신의 생계수단이 있었기 때문에 세대교체라는 말은 창작의 세계와 같은 문학 분야에서는 어울리지 않았다. 젊은 시인들은 시를 쓸 수 있는 기회를 부여 받았고, 옛 시인들도 창작하지 않을 이유가 전혀 없었다. 그들의 창조성은 새로운 일자리와 표제(시의 제목이나 시집의 제목)의 확장을 창출하는 결과를 가져오기도 했다.

상상하는 것 밖에는 할 일이 없는 정신 나간 사람, 어리석은 사람, 나태한 사람이라고 간주되었던 시인과 작가의 이미지는 사라졌다. 현실에서 작가들은 예술의 미적 감각을 지녔다는 것 이외에도 다양한 분야에서 수준 높은 지식을 가졌다는 것을 우리에게 보여주기에 충분했다.

70년대부터 80년대까지 인도네시아 시인이자 지식인이라고 불릴 수 있는 사람들은 뚜띠 헤라띠(Dr. Toety Herati), 아리엘 헤르얀또(Dr. Ariel Heryanto), 꾼또위조요(Dr. Kuntowijoyo), 다르만또 잣만(Darmanto Jatman, S.U.), 안드레 하르자나(Dr. Andre Hardjana), 물야 루비스(T. Mulya Lubis, M. A.), 헨드라완 나드술(Dr. Hendrawan Nadesul), 파이살 바라아스(dr. Faisal Baraas), 니르완 데완또(Ir. Nirwan Dewanto), 다르위스 꾸도리(Ir. Darwis Khudori), 라야니 스리위도도(Dra. Rayani Sriwidodo), 다미 엠 또다(Dr. Dami M. Toda), 라흐맛 조꼬 쁘라도뽀(Dr. Rahmat Joko Pradopo), 조꼬 삐누르보(Drs. Joko Pinurbo), 아흐마둔 요스시 헤르판다(Drs. Ahmadun Yossi Herfanda), 수민또 아 사유띠(Dr. Suminto A. Sayuti), 도로테야아 로사 헤르리안니(Dra. Dorothea Rosa Herliani), 끄리아뿌르(Drs. Kriapur, 고인), 안드릭 뿌르와르시또(Dr. Andrik Purwarsito), 와흐유 위보워(Drs. Wahyu Wibowo), 수따르지(Sutardji C.B.), 압둘 하디 웨 엠(Dr. Abdul Hadi W.M.), 아프리잘 말나(Afrizal Malna), 엠하 아이눈 나집(Emha Ainun Najib), 꼬리에 라윤 람빤(Korrie Layun Rampan), 리누스 수르야디 아게(Linus Suryadi Ag.), 레온 아구스따(Leon Agusta), 유디스띠라 아르디 누그라하(Yudhistira Ardi Nugraha), 누르짜 마렌드라(Noorca Marendra), 아그네스 아르스웬도(Agnes Arswendo), 소니 파리드 마울라나(Soni Farid Maulana), 아구스 다르마완(Agus Darmawan T.), 아쩹 잠잠 누르(Acep Zamzam Noer, K.H.A.), 무스따파 비스리(Mustafa Bisri), 하자흐 뚜띠 알라위야흐(Hajah Tutty Alawiyah A.S.), 아드리 다르마지 워꼬(Adri Darmaji Woko), 함디 살랏(Hamdy Salad), 하밋 자바르(Hamid Jabbar) 등이라고 할 수 있다. 이 세대를 생기 있고 활기차게 만든 다른 시인과 작가의 이름은 사빠르디 조꼬 다모노(Dr. Sapardi Joko Damono), 렌드라(Rendra), 수바기오 로

와르도요(Subagio Rowardoyo), 구나완 모하맛(Goenawan Mohamad), 슬라멧 수끼르난또(Slamet Sukirnanto), 따우픽 이스마일(Taufiq Ismail), 윌손 나데악(Wilson Nadeak), 디눌라흐 라예스(Dinullah Rayes), 모띵고 부세(Motinggo Boesye), 삐엑 아르디안또 수빠르디(Piek Ardianto Supardi), 무흐따르 쁘라보띵기(Muchtar Prabottinggi), 이끄라느가라(Ikranegara) 등이 있다. 이들은 모두 문학가이자 지식인들이었다.

위에 언급된 문학가(시인)이자 지식인들 이외에도 수준 높은 지식과 질적 수준을 겸비한 1백명 이상의 시인들이 있다. 그들은 아흐맛 누룰라흐(Ahmad Nurullah), 자와위 임론(D. Zawawi Imron), 아자무딘 띠파니(Ajamuddin Tifani), 후스니 자말루딘(Husni Jamaluddin), 이브라힘 삿따흐(Ibrahim Sattah), 아브라르 유스라(Abrar Yusra), 이스베디 스띠아완 마토리 아 엘와(Isbedy Setiawan Mathori A. Elwa), 아흐맛 슙바누딘 알위(Ahmad Syubbanuddin Alwi), 라길 이마 쁘라골라빠띠(Ragil ima Pragolapati), 슈바흐 아사(Syubah Asa), 디아흐 하다닝(Diah Hadaning), 뿌지 산또사(Puji Santosa), 헤르만(Herman K.S.), 베니 스띠아(Beni Setia), 딴드(B.Y. Tand), 이맘 부디 산또사(Imam Budi Santosa), 아르야 무스따파 무니프(Arya Mustafa Munif), 미키 히다얏(Micky Hidayat), 운뚱 수렌드라(Untung Surendra), 라주아르디 아디 사게(Lazuardi Adi Sage), 나낭 수쁘리하띤(Nanang R. Suprihatin), 하지즈 자마니(Hajiz Zamani), 이 마데 수안따(I Made Suantha), 뇨만 위라따(Nyoman Wirata), 주하르디 바스리(Juhardi Basri), 파우지 롭바니(Fauzi Robbani), 람란드 라파엘(Ramland Rafael), 자이누딘 따미르 꼿또(Zainuddin Tamir Kotto), 슬라멧 라하르조 라이스(Slamet Raharjo Rais), 헤루 엠까(Heru Emka), 수꼬소(Sukoso D.M.), 라하르디(F. Rahardi), 이다 라까 꾸수마(Ida Raka Kusuma), 이다 바구스 그데 빠르와따(Ida Bagus Gde Parwata), 우이 신 티완(Oei Sein Tjwan), 쁘리오노(B. Priono), 뻬수 아프따루딘(Pesu Aftaruddin), 세프리알 아리핀(Sefrial Arifin), 샤리푸딘(Syarifuddin A. Ch.), 이라완 산댜 위라앗마자(Irawan Sandya Wiraatmaja), 아흐맛 파흐라위(Ahmad Fachrawi), 존 다미

무께세(John Damimukese), 이스멧 낫시르(Ismet Natsir), 움부 란두 파랑기(Umbu Landu Paranggi), 프란스 나지라(Frans Najira), 밤방 사르워노(Bambang Sarwono), 우삐따 아구스띤(Upita Agustin), 파이살 이스마일(Faisal Ismail), 까르노 까르따디브라따(Karno Kartadibrata), 뇨만 뚜스디 에디(Nyoman Tusdi Eddy), 응우라 빠르수아(Ngurah Parsua), 파우지 압살(Fauzi Absal), 헨드로 시왕고노(Hendro Siwanggono), 다르만 무니르(Darman Munir), 나스루딘 안샤리(M. Nasrudin Anshari G.N.), 이드루스 띤띤(Idrus Tintin), 주르따땁(H.S. Jurtatap), 스와라스와띠 수닌됴(Swaraswati Sunindyo), 다미리 마흐뭇(Damiri Mahmud), 자에날 뭇따킨(Zaenal Muttaqin), 리따 우또로(Rita Utoro), 구노또 사빠리(Gunoto Sapari), 와루요 부디(Waluyo Budi), 와휴 쁘라셋요(Wahyu Prasetyo), 앙 떽 쿤(Ang Tekn Khun), 욱 누그로호(Ook Nugroho), 헨드리 방군(Hendry Ch. Banggun), 압둘 와히드(Abdul Wachid B.S.) 등 이라고 할 수 있다.

70~80년대에 100권 이상의 시집과 매스 미디어에 10,000편 이상의 시가 실린 것은 대부분의 시인이 수 백편의 시와 한 권 이상의 시집을 창작했다는 것을 증명하는 것이다. 예컨대, 자와위 임론(D. Zawawi Imron)은 약 4,000 여편의 시를 썼고, 그 시들 가운데 몇 편을 '마두라여, 나는 너의 바다(Madura, Akulah Lautmu)', '갈대에 찔린 달(Bulan Tertusuk Lalang)', '나의 선조는 눈물(Nenek Moyangku Air Mata)', '금낫(Clurit Emas)' 등의 시집에 담았다. 1969년 이후에 태어난 도로테아(Dorothea), 아쩹 잠잠 누르(Acep Zamzam Noor)와 소니 파리다 마우라나(Soni Farid Maulana)도 500 여편의 시를 창작했다. 그들은 혼자 시를 썼든, 아니면 다른 시인들과 함께 시를 썼든 여러 권의 시집을 발간한 시인이기도 했다.

그들의 고향과 종족은 대부분 자바이지만, 위에서 언급한 몇몇 시인의 이름은 자바 외부에서 온 이름이라는 사실을 숨길 수 없다. 자바 외부 출신의 문학가는 다음과 같다:

수마트라: 수따르지 칼초움 바흐리(Sutardji Calzoum Bachri), 이브라힘 삿따(Ibrahim Sattah), 다스리 알 무바리(Dasri Al Mubarri), 레온 아구스따(Leon Agusta), 아 하미드 자바르(A. Hamid Jabbar), 떼 물야 루비스(T. Mulya Lubis), 모띵고 부세(Motinggo Boesye), 헤르만 까 에스(Herman K.S.), 자이누딘 따미르 꼿또(Zainuddin Tamir Kotto), 다미리 마흐무드(Damiri Mahmud).

마두라: 압둘 하디 웨 엠(Abdul Hadi W.M.), 하흐맛 누룰라(Ahmad Nurullah), 아르야 무스따빠 삽빤 묵띠(Arya Mustapa Sappan Mukti), 데 자와위 임론(D. Zawawi Imron).

발리: 이끄라느가라(Ikranegara), 이 마데 수안타(I Made Suantha), 이데까 라까 꾸스마(IDK Raka Kusuma), 뇨만 투스띠 에디(Nyoman Thusti Eddy), 뇨만 위라따(Nyoman Wirata), 이다 바구스 그데 빠르위따((Ida Bagus Gde Parwita), 응우라 빠르수아(Ngurah Parsua).

깔리만딴: 꼬리에 라윤 람빤(Korrie Layun Rampan), 아흐맛 파흐라위(Ahmad Fahrawi), 아자무딘 띠파니(Ajamuddin Tifani), 따르만 에펜디 마르샤드(Tarman Efendi Marsyad), 미키 히다얏(Micky Hidayat), 히자즈 자마니(Hijaz Zamani).

누사 뜽가라: 디눌라 라에스(Dinullah Rayes), 움부 란두 빠랑기(Umbu Landu Paranggi).

술라웨시: 후스니 자말루딘(Husni Jamaluddin), 뻬수 아프따루딘(Pesu Aftaruddin), 아스빠르 자말루딘 라떱(Aspar, Jamaluddin Latif), 라흐만 아르게(Rahman Arge).

암본: 다미 엔 또다(Dami N. Toda), 존 마미무끄세(John Mamimukese).

이 시기 1백명 이상의 시인이 쓴 수 천편의 시는 다양한 내적구조와 외적 구조를 지니고 있으며, 이 수 천편의 시에서 얻을 수 있는 교훈도 매우 다양하다. 전통적인 내용과 형식을 보여주는 것뿐만 아니라 70~80년대 문학은 흥미롭고, 진실하고, 아름답고, 창의적이고, 혁신적인 내용과 형식을 보여준다.

70년대부터 80년대까지의 시는 이전 시대(세대)의 시보다 눈에 띄일 정도로 급속한 발전을 이룩하였다. 여기서 우리는 복잡한 사회 문제, 다차원적인 삶, 새로운 삶의 가치, 심미적인 지식의 출현 그리고 시인이 인식하고 해석한 다양한 창작의 가능성을 엿볼 수 있다.

우리는 창조성이 뛰어난 무하맛 야민(Muhammad Yamin), 사누시 빠네(Sanusi Pane), 아미르 함자(Amir Hamzah), 하이릴 안와르(Chairil Anwar), 아스룰 사니(Asrul Sani) 등의 시인을 알고 있으며, 끼사 세대에 출현했던 또또 수다르또 바흐띠아르(Toto Sudarto Bachtiar), 아집 로시디(Ajip Rosidi), 끼르조물요(Kirjomulyo) 등도 알고 있다. 그리고 인상적인 창작으로 현재까지도 활발히 작품활동을 하고 있는 렌드라(Rendra)를 비롯하여 문화성명 시대와 66' 세대에 출현했던 따우픽 이스마일(Taufik Ismail), 구나완 모하맛(Goenawan Mohamad), 사빠르디 조꼬 다모노(Sapardi Joko Damono), 부르 라수안또(Bur Rasuanto), 하르또요 안당자야(Hartoyo Andangjaya), 산디 티아스(Sandi Tyas), 슬라멧 수끼르난또(Slamet Sukirnanto) 등도 잘 알려져 있다. 그리고 70~80년대에 강렬한 인상과 매력을 지닌 시인으로 평가받고 있는 수따르지 칼초움 바흐리(Sutardji Calzoum Bachri), 압둘 하디 웨 엠(Abdul Hadi W.M.), 레온 아구스따(Leon Agusta) 등도 있다. 이 세대에서 중요한 위치를 차지하고 있는 위 시인들보다 더 젊은 시인들로는 엠하 아이눈 나집(Emha Ainun Najib), 리누스 수르야디 아게(Linus Suryadi Ag.), 데 자와위 임론(D. Zawawi Imron), 아프리잘 말나(Afrizal Malna), 꼬리에 라윤 람빤(Korrie Layun Rampan), 끄리아뿌르(Kriapur), 헤루 엠까(Heru Emka), 니르완 데완또(Nirwan Dewanto) 등이 있다. 이 젊은 시인들은 그들의 선배들에게서 시 작법을 보고 배웠음에도 불구하고 자신들만의 독특한 문체를 보여 주었다.

4. 70~80년대, 인도네시아 시의 외적 구조

66' 세대의 시와 그 이전 세대의 시에 비해 70년대부터 80년대까지의 인도네시아 시는 매우 다양한 외적 구조를 가지고 있다. 기존의 시 쓰기와 아주 밀접한 관련이 있는 시 형태 이외에도 우리는 반전통적이고, 비전통적인 시 형태도 볼 수 있다. 모든 타이포그래피(인쇄의 문자 배열, 조판술) 형태와 새로운 심미적 지식의 습득은 이 세대에서 시도된 것이다. 70년대 시인이 개척한 시의 형태가 80년대에 들어서면서 조형예술의 영향을 받기도 하였다. 이것은 현대의 시 구조의 힘이 오직 시어뿐만이 아니라는 것을 보여주는 것이다.

전통적인 시의 형태 이외에 다른 차이는 거의 없다고 할 수 있다. 그러나 엄밀히 말하면 전통적인 시 형태의 차이뿐만 아니라 시 경향의 차이가 물론 존재한다. 문학작품의 창작이 단지 타이포그래피의 문제만이 아니다. 그것은 기존의 시 형태를 부정한다기보다는 오히려 새로운 심미적 가치를 중시하는 경향이라고 할 수 있다. 그렇기 때문에 이 세대의 시인들은 여전히 전통적인 외적 구조를 수용하고 있음을 엿볼 수 있다.

우리는 70~80년대까지의 인도네시아 시의 외적 구조를 3가지 형태로 구분할 수 있다. 즉, 전통적인 외적 구조를 지닌 시, 반전통적인 외적 구조를 지닌 시, 비전통적인 외적 구조를 지닌 시이다. 사실, 이 세가지 시의 외적 구조를 자세히 설명할 수는 있지만 제한된 지면으로 인해 여기서는 3번째 외적 구조에 초점을 맞추고자 한다.

따라서, 현대 인도네시아 시의 외적 구조를 다음과 같이 설명할 수 있다.

(1) 전통적인 시

전통적인 외적 구조를 사용하고 있는 시는 몇 연으로 구성될 수도 있고 수십 행으로 구성될 수도 있다. 각 연의 행은 항상 같은 줄에서 시작하고 조화롭게 배열된 여러 단어로 구성된다. 우리는 그 연과 행에서 조화, 댓구,

듣기 좋은 운율의 각운을 볼 수 있다. 시인이 선택한 단어는 대부분 전통적인 의미를 지니고 있다.

이 전통적인 시의 구조는 헤루 엠까(Heru Emka)의 '표시(Tanda)', 슬라멧 수끼르난또(Slamet Sukirnanto)의 '분위기 기록(Catatan Suasana)', 자와위 임론(D. Zawawi Imron)의 '갈대에 찔린 달(Bulan Tertusuk Lalang)', 소니 화디드 마우라나(Soni Farid Maulana)의 '성묘객들(Para Penziarah)' 시집과 니르완 데완또(Nirwan Dewanto), 도로테아 로사 헤르리아니(Dorothea Rosa Herliani), 아쩹 잠잠 누르(Acep Zamzam Noor), 레온 아구스따(Leon Agusta) 등의 '새(Burung)', '귀양지에서의 속삭임(Bisikan di Pengasingan)', '빈자들을 존경하자(Kita Muliakan Para Fakir)', '생일(Ulang Tahun)', '백설의 노래(Nyanyian Buat Salju)' 등에서 볼 수 있다.

(2) 반전통적인 시

이 시의 구조에서도 제목, 댓구, 행, 연 등을 볼 수 있다. 그렇지만, 각 행이 항상 같은 줄에서 시작되지는 않는다. 특정 행은 더 오른쪽에서부터 쓰거나 한 행으로 정렬해야 할 단어들은 대각선을 이루어 여러 행으로 쓰기도 한다. 하이릴의 '1943' 이라는 시에서는 한 행에 한 단어만을 쓰는 경우도 있는 가하면, '작은 항구의 황혼(Senja di Pelabuhan Kecil)'이라는 시에서는 가끔 행 중간에서 끊어지고 다음 단어가 대문자로 시작해서 다음 행과 댓구를 이루는 경우도 있다. 이것은 그 이전의 행을 다 쓰지 않고 다음 행에서 다시 쓰는 것이다.

간혹, 그 시의 모든 단어는 작은 문자로 쓰고 오직 한 개의 연이 시의 전부인 경우도 있다. 원칙적으로 이 같은 시의 구조는 큰 틀에서 여전히 전통적이라고 할 수 있지만 일부의 구조는 전통에서 벗어나 있다. 예컨대, 누르디엔 하까(Nurdien Haka)의 '인도네시아를 위한 아줌마의 이상(Cita-cita Simbok bagi Indonesia)', 하밋 자바르(Hamid Jabbar)의 '우리의 얼굴(Wajah Kita)' 그리고 아브라르 유스라(Abrar Yusra), 주스따땁(H.S. Justatap), 아니스 살레 바아신(Anis Saleh Baashin), 함디 살랏(Hamdy Salad), 리누스 수르야디(Linus Suryadi), 엠하 아이눈 나집(Emha Ainun Najib) 등의 시가 이에 속한다.

(3) 문단시 또는 산문시

이런 종류의 시는 연을 이루는 행으로 구성되지 않고 문단을 이루는 긴 문장으로 구성된다. 그리고 산문의 문장에 비해 단어가 훨씬 더 긴밀하면서도 더 시적인 표현으로 그 의미는 대부분 상징적이다. 이에 대한 구체적 사례로 사빠르디 조꼬 다모노(Sapardi Joko Damono)의 '종이 배(Perahu Kertas)'와 아프리잘 말나(Afrizal Malna)의 '아시아(Asia)', '사랑을 간직한 세계(Dunia yang Bercintaan)', '길가의 갈대(Alang-alang di Pinggir Jalan)', '아침의 비(Hujan Pagi Hari)' 등이 있다.

(4) 상징적인 시

이런 종류의 시는 행이 같은 지점부터 시작하지 않고, 그 행의 길이에 따라 각 행의 다른 지점부터 시작한다. 각 행을 중앙 정렬식으로 만들고 수직으로 나누어 왼쪽 부분과 오른쪽 부분이 균형을 이룬다는 느낌을 갖게 만든다. 엠하 아이눈 나집(Emha Ainun Najib)의 '나의 신을 위한 99(99 untuk Tuhanku)'라는 시집과 이브라힘 삿따(Ibrahim Sattah)의 '흔적(Jejak)', '고통(Sembilu)', '와 와(Wa Wa)', '당신(Kau)', '안녕 띠(Hai Ti)', '원인(Sebab)', '산사우나(Sansauna)', '발(Kaki)', '배(Perahu)' 등이 상징적인 시에 해당한다.

(5) 그림을 만드는 단어 조합의 시

그림을 나타내는 특정 단어의 조합이 어떤 대화인지를 또는 어떤 메세지인지를 우리는 해석을 해야한다. 그 조합에서 의미를 찾고 해석하기 위해늘 노력해야 한다. 물음표, 원, 피라미드, 나무, 반얀나무, 꽃 등의 형태를 가진 시도 있다. 간혹 너무 구체적으로 의미가 드러나는 시도 있다. 그래서 대화 형식의 시라고 부르는 것도 틀린 말이 아니다. 제이한 숙스만또로(Jeihan

Suksmantoro)의 '빤짜실라 만세(Viva Pancasila)'와 이끄라느가라(Ikranegara)의 '76~77년 자카르타 예술 위원회(DKJ) 시 상의 가족(Keluarga Hadiah Puisi DKJ Tahun 76~77)' 그리고 수따르지 쩨 베(Sutardji C.B.)의 '윈까와 시흐까의 비극(Tragedi Winka dan Sihka)', '큐(Q)' 등의 작품이 이에 해당된다.

(6) 긴 제목의 시

시의 제목은 길지만 오히려 내용은 그리 길지 않다. 불균형의 인상을 주지만 균형적인지 혹은 불균형적인지의 문제가 본질은 아니다. 왜냐하면 우리가 이 시의 제목에서 새로운 이미지들을 찾을 수 있기 때문이다. 예컨대, 아드리 다르마지 보꼬(Adri Darmaji Woko)의 '시인이 되고 싶다는 친구가 전한 오늘 아침에 돌아가신 노인에 대한 이야기(Cerita tentang Bapak Tua yang Meninggal Dunia di Pagi Tadi Disampaikan oleh Seorang Teman yang Katanya Mau Jadi Penyair)', '우와, 우와, 연못에서 헤엄치는 고니 한 마리가 머리를 맞아서 조용히 물속으로 머리를 쳐박는다(Uah, Uah, Seekor Angsa Berenang dalam Kolam, Sunyi Telah Menaboki Batok Kepalanya, Makanya Angsa itu Perlu Mencelupkan Kepalanya ke dalam Air)', '나는 빗을 가지고 노는 소리를 들으며 그때야말로 네가 확실히 잠들고 있다고 믿는다(Aku Mendengar Suara Sisir Dimainkan Pelan-pelan, Justru di Saat itu Aku Percaya dengan Pasti Engkau Sedang Tidur)' 등과 헨드라완 나드술(Hendrawan Nadesul)의 '내가 오늘 아침에 먹는 것처럼 나중에 내 아이에게도 옥수수죽 한 그릇만 있으면 내 아이의 운명이 어떻게 될 것인가(Akan Jadi Bagaimana Nasib anakku Kalau Nanti Juga Hanya Ada Semangkok Bubur Jagung untuknya, seperti Pagi ini Aku Tengah Mengunyahnya)', '내 앞에 친절한 사람이 서 있을 때 마치 누나의 옛날 인형을 보는 것과 같다(Seperti lihat Boneka Kakakku Dahulu Ketika Seorang Ramah di Hadapanku)' 등이 있다.

(7) 다국어로 쓰여진 시

공식적으로 인도네시아의 시라고 인식하고 있지만 시에 사용된 단어는 다양한 언어로 구성된다. 다르만또 잣만(Darmanto Jatman)의 '광 웅의 사랑 놀이(Main Cinta Model Kwang Wung)', '레이든에서 출발한 끌룽수 지하철(Metro Klungsu dari Leiden)', '아이(Anak)', '끼 발라까수따 블라 블라(Ki Blakasuta Bla Bla)' 등의 시가 다국적어로 쓰여진 시이다.

(8) 신중치 못한 단어로 쓰여진 시

이 같은 시는 시인들이 즉흥적이고 마음 내키는 대로 단어를 사용하기 때문에 거칠고, 추잡스럽고, 웃기고, 낯설은 시어들이 눈에 띤다. 이런 시를 쓰는 시인들은 윤리적인 언어의 존재를 인정하지 않는다. 유디스띠라 아르디 누그라하(Yudhistira Ardi Noegraha)의 '냅둬(Biarin)', 수따르지(Sutardji C.B.)의 '변기(Pot)', '상하이(Sang Hai)', 리누스 수르야디(Linus Suryadi A.G.)의 '빠리음의 고백(Pengakuan Pariyem)'의 일부분, 라하르디(F. Rahardi)의 '창녀의 맹세(Sumpah WTS)'와 '부패자의 일기(Catatan Harian Sang Koruptor)' 등을 예로 들 수 있다.

(9) 정사각형과 팔각형의 시

아프리잘 말나(Afrizal Malna)와 수따르지(Sutardji C.B.)의 시 몇 편이 이런 형태를 띠고 있다. 그리고 다스리 알 무바리(Dasri Al Mubarri)와 이브라힘 삿따(Ibrahim Sattah)의 시도 역시 이와 같은 형태의 시라고 할 수 있다.

(10) 하이쿠처럼 짧은 시

단어를 극도로 절약하여 사용한 시를 하이쿠 시라고 불린다. 예컨대, 레온 아구스따(Leon Agusta)의 '희망과 만남(Harapan dan Pertemuan)'이 있고, 유디스띠라(Yudhistira), 헨드라완 나드술(Hendrawan Nadesul), 자와히르 무하맛(Jawahir Muhammad) 시인들의 몇몇 시 작품들이 이 같은 형태를 띠고 있다.

(11) 음절 자름의 시

단어나 음절을 일부러 자르고 남은 단어나 음절을 다음 행에 위치시킨 형태의 시이다.

(12) 자유롭게 단어를 배열한 시

제목도 없고 연과 행도 없이 마치 단어들을 자유롭게 배열한 시이다. 수따르지(Sutardji C.B.) 시인이 이런 시를 쓴 적이 있다.

(13) 고대어를 사용한 시

인도네시아어 사전에서도 찾을 수 없는 고대어를 사용한다. 다른 언어에 있는 것도 아니다. 해당 단어나 형태도 시인 자신이 만드는 것이고 정확한 의미도 해당 시인만이 알고 있을 뿐이다. 예컨대, 시드스 수다르또(Sides Sudarto Ds)의 '바하리 기리사 시대의 시(Puisi Zaman Bahari Girisa)'와 '오 아묵 까빡(O Amuk Kapak)' 그리고 이 책의 314쪽에 특별히 실린 수따르지(Sutardji C.B.)의 '아묵(Amuk)' 등이 이에 해당된다.

(14) 주문(呪文) 형태의 시

주문 형태의 시에는 매우 진한 마법의 정신과 스타일이 담겨 있다. 수따르지(Sutardji C.B.)와 이브라힘 삿따(Ibrahim Sattah)의 작품 대부분이 이 주문 시 형태에 속한다고 볼 수 있다.

(15) 개인 상징주의 시

개인의 상징을 과도하게 사용하는 것은 단어 선택이 개인의 상상이나 직관에 의해 영향을 받는다는 것을 의미한다. 그렇기 때문에 다른 사람은 그 시에 사용된 단어의 뜻을 해석하기가 어렵다. '달리는 세기(Abad yang Berlari)', '친구에게 받은 목걸이(Kalung dari Teman)' 등의 시집에 수록된 아프리잘 말나(Afrizal Malna)의 시와 자와위 임론(D. Zawawi Imron), 레온 아구스따(Leon Agusta), 끄리아뿌르(Kriapur), 도로테아 로사 헤르리아니(Dorothea Rosa Herliany), 아자무딘 띠파니(Ajamuddin Tifani), 아흐맛 나룰라흐(Ahmad Narullah), 마토리 아 엘와(Mathori A. Elwa), 아쩹 잠잠 누르(Acep Zamzam Noor), 소니 파리드 마울라나(Soni Farid Maulana) 등의 시가 여기에 해당한다.

(16) 발라드 형태의 시

담시 또는 발라드 형태의 시는 이야기, 성격 묘사, 배경, 플롯 등이 담겨 있기 때문에 길다. 인도네시아 문학에서 발라드 시인으로 렌드라(Rendra), 만수르 사민(Mansur Samin), 아집 로시디(Ajip Rosidi)만 있는 것은 아니다. 이끄라느가라(Ikranegara)는 45페이지의 '까시다 아담 칼리파(Kasidah Adam Khalifah)'라는 시를, 리누스 수르야디(Linus Suryadi)는 200 페이지 이상의 '빠리음의 고백(Pengakuan Pariyem)'이라는 시를 썼다. 그 밖에도 샤프리알 아리핀(Syafrial Arifin)의 '불쌍한 남자(Lelaki yang Sangsai)', 안드릭 뿌르와시따(Andrik Purwasita)의 '껜 아록(Ken Arok)' 그리고 엠하 아이눈 나집(Emha Ainun Najib)의 '히잡의 바다(Lautan Jilbab)' (연극을 위한 작품으로 각색) 등이 있다.

이런 다양한 시의 외적 구조는 독자들을 흥미롭게 만든다. 이런 시는 우리에게 신선하고 재미있고 창의적인 상상력을 제공해 주기도 하지만 타이포그래피, 관용어 선택, 풍부한 소리의 분위기, 심미적 지식뿐만 아니라 해석과 의미도 더 다양하고 흥미롭게 만든다.

5. 70~80년대, 인도네시아 시의 내적 구조

시의 내적 구조는 형식적인 측면을 강조하는 외적 구조와는 달리 시의 내용적인 측면을 강조한다. 시의 내적 구조에는 작품에 반영된 주제, 창작 목적, 메세지, 음조, 감정, 시의 뉘앙스와 아이디어-상상 그리고 정신적인 경험, 지적인 모습, 인간성 등이 포함된다. 시의 내적 구조를 인지하게 된다면 그 시의 효용, 지혜, 의미 등을 이해할 수 있게 된다.

70년대부터 80년대까지 인도네시아 시의 내적 구조는 외적 구조와 마찬가지로 다양하다. 시인은 풍부한 경험, 지적, 철학적, 종교적 가치를 인식하고 있어서 다차원적인 시를 창작할 수 있다. 이 세대의 시들은 전통적인 것만을 주제로 삼지 않았다. 그들은 전통에서 벗어나 새로운 시 세계의 탐험을 즐기고 이를 시 세계에 반영하기도 했다.

시의 내적 구조는 다음과 같이 구분할 수 있다.

(1) 사건의 기록

70~80년대의 시 작품 중에 사회현실을 소재로 삼은 것이 꽤 많은 편이다. 이 시기의 시인들은 일상생활에서 경험한 다양한 사건을 자기 작품의 모티브로 사용했다. 그들은 일상생활 속에서 감동, 비극, 마음의 상처, 슬픔, 즐거움, 기쁨 등의 경험을 하게된다. 시인들은 자기들이 목격하거나 경험한 모든 사건들을 아름다운 언어로 시에 기록한다. 물론, 그 기록들은 사건에 대한 치열한 인식과 창의적인 묘사를 통해 시로 창작된다. 예컨대, 사라스와띠 수닌요(Saraswati Sunindyo)의 '3등 기차(Kereta Kelas Kambing)', 아프리잘 말나(Afrizal Malna)의 '새벽 비(Hujan Pagi Hari)' 그리고 누르딘 하까(Nurdin Haka)의 '아줌마의 이상(Cita-cita Simbok)' 등이 이에 속한다.

(2) 자연의 이미지

이 세대에서도 자연환경에 대한 관심과 자연에 대한 매력을 노래한 시인들이 꽤 많았다. 그들은 바다, 산, 마을, 해변, 계곡 등의 풍경에 감동을 받았다. 그들의 심상은 조국 내 특정 지역과 연결 고리를 갖게 되며, 그들의 상상력을 불러일으키는 고유한 아름다움을 간직하게 한다. 이로 인해 자와위 임론(D. Zawawi Imron), 움부 란두 빠랑기(Umbu Landu Paranggi), 마데 스완따(I Made Swantha), 묵띠 수따르만 에스뻬(Mukti Sutarman Espe) 등과 같은 지역(지방) 출신의 시인들은 자연의 아름다움에 대한 서정시를 많이 썼다. 간혹 하밋 자바르(Hamid Jabbar)가 '백만 소리의 파노라마(Sejuta Panorama Suara)'를 쓸 때처럼 시인의 심상과 자연이 연결되기도 한다. 또 다른 자연의 풍경에 대한 시로는 리누스 수르야디(Linus Suryadi)의 '마을의 하늘(Langit di Desa)', '또 다른 풍경(Lanskap Lagi)', 조스 사르하디(Joss Sarhadi)의 '뻐꾸기 한 마리가 황혼을 조용히 기다린다(Seekor Burung Kedasih Menunggu Sepi di Satu Senja)' 등이 있다.

(3) 종교적인 가치

신앙심이 깊은 시인은 그가 회교이든 기독교이든 아니면 다른 종교이든 상관없이 자기 신앙의 깊이를 아름답게 시 형태로 표현한다. 그들은 시어를 통해 신 또는 하느님에 대한 사랑과 순종의 표시로서 기도, 까시다(아랍의 종교적인 성가), 찬가 등을 시로 쓴다. 그들은 숭고하고 신성한 종교적 가치를 영감의 원천으로 삼고, 그 예술 활동을 종교 활동의 일부로 생각한다. 독자들이 인간의 심성과 신성 사이에서 더 좋은 신앙 의식을 가질 수 있도록 자신의 신앙과 사랑 또는 신의 은총을 시로 창작한다.

여기에 해당하는 작품으로는 아흐마둔 헤르판다(Ahmadun Y. Herfanda)의 '당신만으로도 나는 충분하다(Aku Cukup dengan Engkau Saja)', 압둘 하디(Abdul Hadi W.M.)의 '하느님, 눈먼 나를 안내해 주세요(Gusti, Bimbingalah Si Buta Ini)', 모뗑고 부세(Motenggo Boesye)의 '마치 광채를 바라보는 모세처럼

(Bagai Musa Melihat Cahaya)', 존 다미무끄세(John Damimukese)의 '사랑의 시편(Masmur Cinta)' 등이 있다.

(4) 신비주의적인 시

종교의 가치에 대한 인식과는 달리 신비주의는 외적 행동의 기준이 종교의식뿐만 아니라 신성한 가치를 깊이 있게 이해하기 위해 내면적 직관과 직접적 체험을 통해 접근한다. 그래서 신비주의는 신이 우리 안에 존재하고, 우리는 신의 품속에 존재하기 때문에 우리가 신과 하나되는 영적 의식을 말한다. 신비주의는 이미 우리가 신의 품속인 '신의 심장'에 있다고 믿기 때문에 신을 더 이상 찾지 않거나 신의 손을 잡지 않는다. 신비주의는 신에 대한 절대적인 믿음의 형태로 세상을 부정하기도 한다.

신비주의적인 사고가 담겨 있는 시들이 70~80년대 문학세계를 지배했다. 수따르지(Sutardji C.B.), 이브라힘 삿따(Ibrahim Sattah), 함디 살랏(Hamdi Salad), 아자무딘 띠파니(Ajamuddin Tifani), 아쩹 잠잠 누르(Acep Zamzam Noor), 하밋 자바르(Hamid Jabbar) 등과 같은 시인들은 신비주의적인 시를 많이 썼다. 이슬람 신비주의는 코란의 말씀뿐만 아니라 하느님을 매우 자애로운 대상(Al Latif)으로 인식하고, 이슬람 계율을 지키기 위해 노력하는 것을 종교적인 헌신으로 생각했다.

이러한 작품으로는 엠하 아이눈 나집(Emha Ainun Najib)의 '나의 신을 위해 99(99 untuk Tuhanku)', 수따르지(Sutardji C.B.)의 '도착하다(Sampai)', '이둘 피뜨리(Idul Fitri)', 함디 살랏(Hamdy Salad)의 '나는 천사가 경전을 읽는 소리를 듣는다(Aku Dengar Malaikat Mengaji)' 등이 있다.

(5) 삶의 문제

흔히 삶의 문제는 철학적 탐색과 함께 제기되었다. 시인은 한 인생의 계곡에서 다른 인생의 계곡으로 방랑하고, 인생의 하늘에 높이 날아 오르고, 인생의 바다에 깊이 들어가는 사상가라고 할 수 있다. 삶의 여정, 슬픔, 기쁨, 그리움, 외로움, 고립, 격동, 고난의 감정 등을 간과하지 않고 삶의 의미를 깊이 인식한다. 그들에게 있어서 삶과 관련된 모든 문제는 이미 지나가 버린 과거의 일이 아니다. 그들은 우리의 내면과 주변에서 발생한 것을 체험하고 인지한다. 레온 아구스따(Leon Agusta), 딴드(B.Y. Tand), 베니 스띠아(Beni Setia), 도로테아 로사 헤르리아니(Dorothea Rosa Herliany), 아쩹 잠잠 누르(Acep Zamzam Noor), 니르완 데완또(Nirwan Dewanto), 소니 파리드 마울라나(Soni Farid Maulana) 등의 작가가 인간의 섬세한 감정으로 삶의 문제를 표현하였다.

(6) 현대적 평론

시인은 대중의 안녕, 고귀함, 정직 등의 가치에 대한 책무와 사회적으로 민감한 문제에 대해 꽤 깊은 관심을 가진다. 그들은 객관적으로 현실을 기록하는 시대의 증인일뿐만 아니라 문화적 가치에 대한 보편적 태도를 드러내기 위한 도덕성과 용감성도 가지고 있다. 현 시대의 문제를 깊이 인지하고 있기 때문에 그들은 피동적이거나 과도한 주관적 감상에 빠지지도 않는다. 그들은 종교적인 가치와 부합하지 않는 현대의 삶에서 인간의 가치를 파괴하는 상황으로 이끌고 있다는 세속적인 비판의 이면에 존재하는 특정한 현실들을 끄집어 낼 수 있다. 현대의 기술이 인간의 마음에 내재되어 있는 신, 순정, 인간애, 평화 등로부터 더 멀어지게 만들 수도 있다. 그렇기 때문에 시인들은 이런 현실의 문제들을 깊이 인식하고 난 이후에 그것을 작품의 주제로 삼았다. 현실의 문제들을 예리하고 깊이 있게 다룬 시인으로는 아프리잘 말나(Afrizal Malna), 니르완 데완또(Nirwan Dewanto), 아쩹 잠잠 누르(Acep Zamzam Noor), 이끄라느가라(Ikranegara), 아니스 살레 바아신(Anis Saleh Baashin), 도로테아 로사 헤르리아니(Dorothea Rosa Herliany) 등이 있다.

(7) 사회적 유대감

사회에 대한 관심과 민감한 사회의식을 지닌 시인들은 다른 사람들의 고통과 부조리의 희생자들을 주제로 많은 시를 창작하였다. 우리는 그들의 시에서 소외 계층의 삶을 발견하게 된다. 그들은 작품에서 소외 계층인 사회적 약자뿐 아니라 더불어 사는 인간의 태도, 관계, 배려 등도 강조했다. 렌드라(Rendra)의 '가난한 자들(Orang-orang Miskin)', 레온 아구스따(Leon Agusta)의 '빈자들을 존경합시다(Kita Muliakan Para Fakir)', 디아 하다닝(Diah Hadaning)의 '끄둥 옴보의 시들(Sajak-sajak Kedung Ombo)', 아그네스 아르스웬도(Agnes Arswendo)의 '마을 건너편의 시들(Sajak-sajak di Seberang Kampung)', 오미 인딴 나오미(Omi Intan Naomi)의 '한 번 더(Sekali Lagi)', '수도는 꿈만 준다(Ibu Kota Cuma Menawarkan Mimpi)', 뚜띠 알라위야(H. Tutty Alawiyah AS)의 '어린 고아의 발라드(Balada si Kecil Yatim Piatu)', '조용한 판자집에서(Di Gubug Sunyi)' 등이 그 예이다.

(8) 유머 시

인도네시아 시인의 특정 작품에는 독자에게 즐거움을 주는 유머 시도 있다. 그들이 보여준 유머의 이면에는 사회·정치적인 풍자가 적지 않다. 이 유머 시를 쓴 시인으로는 다르만또 잣만(Darmanto Jatman), 유디스띠라 아르디 누그라하(Yudhistira Ardi Noegraha), 라하르디(F. Rahardi), 무스또파 비스릿(K.H.A. Mustofa Bisrid) 등이 있으며, 엠하 아이눈 나집(Emha Ainun Najib)도 유머 시를 많이 썼다.

(9) 지역과 격세유전의 시

특정 시인은 설화나 역사에 담겨 있는 전통 문화의 뿌리를 자신의 작품에 되살려 내려는 경향이 있었다. 렌드라(Rendra)의 '도블랑 삼촌(Paman Doblang)', 구나완 모하맛(Goenawan Mohamad)의 '파렉싯(Pareksit)'과 '숙라의 체포(Penangkapan Sukra)', 사빠르디(Sapardi)의 '와양(wayang)'과 '예언자 모하마드(Rasulullah)'가 대표적이다.

이외에도 우리는 다른 주제의 시들을 찾아볼 수 있다. 예를 들면, 환경 개선, 독립 영웅, 애국심 고취, 사랑의 고귀함, 억압 당하는 다른 민족에 대한 동정심, 인간의 삶, 죽음, 운명을 주제로 한 시이다. 전체적으로 살펴 보면 이 세대의 시에서 드러난 내적 구조는 인간의 가치, 태도, 특정한 생활방식에 대한 비판 의식 그리고 신의 존재를 인식하고자 하는 방법으로서 정신적인 측면을 강조하려고 노력한 흔적들이라고 할 수 있다.

위에서 언급된 시들의 주제와 내적 구조가 통합 형식으로 제시된 70~80년대 시들은 내면의 아름다운 가치를 잃지 않았다. 그 이유는 '시의 주제와 내적 구조'를 '시의 주제와 외적 구조'와 동등하게 중시했기 때문이다. 이 시대에는 옛 전통 문화와 관련된 주제가 많음을 볼 수 있다. 그런 전통과 관련된 주제들은 다양한 세대의 작가들이 늘 사용하는 일반적인 주제였기 때문일 것이다. 그 일반적인 주제들은 생존을 위한 투쟁, 독립에 대한 소망, 사회정의에 대한 갈구, 인권에 대한 열망 그리고 인간에 대한 사랑 등이었다. 70년대부터 80년대까지는 아직도 그런 일반적인 주제들을 많이 찾아 볼 수 있다.

좀더 자세히 평가하자면 수피즘의 주제가 가장 강렬한 테마였다. 이 주제는 아마도 현대 인간의 종교와 믿음을 약화시키게 만드는 산업화에 대한 반감이었다. 하지만 수피즘을 깊게 배우려는 젊은 무슬림 시인이 많고, 젊은이들이 수피즘에 대한 서적을 많이 읽는다는 사실에서 신비주의 영향이 커지고 있음을 알 수 있다.

6. 70~80년대 문학가들

(1) 뿌뚜 위자야(Putu Wijaya)는 1944년 4월 11일 발리의 따바난에서 출생했다. 그는 소극장인 '만디리(Mandiri)'의 설립자 겸 대표, 작가, 기자, 극

본작가였다. 그는 매우 왕성한 창작 활동을 하였으며 소설, 시나리오, 단편소설 등의 창작 대회에서 많은 상을 수상하였다. 그의 작품들은 대부분 부조리를 주제로 삼고 있다. 그의 작품들은 다음과 같다; '밤이 깊어지면(Bila Malam Bertambah Malam; 1971, 희곡/소설)', '전보(Telegram; 1972, 소설)', '역(Stasiun; 1977, 소설)', '그레스(Gress; 1982, 단편소설)' 그리고 '노래하는 바다(Lautan Bernyanyi; 1967)', '그..(Anu..; 1974)', '두근 두근 두근(Dug Dig Dug; 1976)', '에덴(Eden)', '물감(Zat; 1996)', '훔삠빠(Humpimpah)' 등 6권의 희곡이 있고, '어라(Lho; 1982)', '패배(Keok; 1978)', '친구(Sobat; 1981)' 등 3권의 소설이 있으며, '외로움(Sepi)', '사십(40)', '지갑(Dompet)', '아니다(Tidak)', '애인(Kekasih)', '인도네시아로의 귀국(Pulang Indonesia)', '독립(Merdeka)' 등 7권의 단편소설이 있다. 이 외에도 뿌뚜 위자야는 소설 '전쟁(Perang; 1990)'을 썼다. 소설 '전쟁'에는 '사진(Potret)', '스케치(Sketsa)', '기준(Dasar)' 등이 부수적인 이야기로 삽입되어 있다.

'꼼빠스(Kompas)', '마뜨라(Matra)', '우루물 꾸란(Ulumul Quran)', '수아라 뻼바루안(Suara Pembaruan)' 등과 같은 유명한 미디어에 글을 발표한 적이 있으며, 그의 단편소설들은 현재까지도 인기를 끌고 있다. 지금까지 인기 있는 그의 작품들은 '테러(Teror)', '스포츠(Sport)', '귀가(Pulang)', '인도네시아(Indonesia)', '고급 자바어(Kromo)', '빠에(Pae)', '개(Anjing)' 등이 있다. 그의 '뽈(Pol)'이라는 소설은 '그라피띠 쁘레스(Graffiti Press'; 1987)에서 출판되었고, '작은 달팽이(Kroco)'는 연재 형태로 '레뿌블리까(Republika)' 신문에 실렸다. 뿌뚜 위자야는 매우 수준 높은 시나리오를 썼다. 그의 시나리오 작품에는 '마을 처녀(Perawan Desa)', '지그-재그(Zig-zag)', '홀가분하거나 운이 좋다(Plong atawa Naik Daun)', '라마단과 라모나(Ramadhan dan Ramona)' 등이 있다.

뿌뚜 위자야(Putu Wijaya)는 '보르(BOR)'라는 에세이 모음집과 일간지인 '수아라 머르데까(Suara Merdeka)'에서 출판된 '당듯(Dangdut)'이라는 연재소설 그리고 '깜박거림(Byarpet; 1995)', '폭탄(Bom; 1978)', '얼음(Es; 1980)', '항의(Protes; 1994)', '지그 재그(Zig Zag; 1996)', '아니다(Tidak; 1999)' 등의 단편소설도 썼다. 그의 다른 소설로는 '공장(Pabrik; 1977)', '용감(Nyali; 1983)', '낡다(Aus; 1996)' 등이 있다.

뿌뚜 위자야는 '뗌뽀(Tempo)'와 '자만(Zaman)'이라는 잡지의 편집인을 역임했으며 프랑스와 베를린에서 열린 세계 연극제에도 참가했다. 그는 미국 위스콘신 대학교에서 초빙 교수로 활동하였으며 1980년에 아세안(ASEAN) 문학상을 받았다.

(2) 수따르지 칼초움 바흐리 알 하즈(Sutardji Calzoum Bachri Al Hajj)는 1944년 6월 24일 수마트라의 리아우에서 출생했다. 인도네시아 시인협회 회장을 역임했다. 그의 시 낭송은 청중들을 황홀경에 빠뜨리는 마력을 지니고 있었다. '오(O)', '아묵(Amuk)', '까빡(Kapak)' 등의 시를 썼고, 이 시들을 '오 아묵 까빡(O Amuk Kapak; 1981)이라는 한 권의 시 모음집에 담았다. 그의 다른 유명한 시들로는 '고양이(Kucing)', '아(Ah)', '상하이(Shang Hai)', '합시다(Mari)', '결혼 기계(Mesin Kawin)', '큐(Q)', '윈까와 시흐까의 비극(Tragedi Winka dan Sihka)', '만약(Walau)', '읽기 공부(Belajar Membaca)', '헤르만(Herman)' 등이 있다.

특히, 성지 순례를 다녀온 이후 쓴 그의 시에서 신의 사랑에 대한 생각과 신비주의적인 향기가 많이 묻어난다. 수따르지는 '오 아묵 까빡(O Amuk Kapak; 1981)'에 뒤이어 '까바를 마주본다(Berdepan-depan Kabah)', '이둘 피뜨르(Idul Fitri)', '거울(Cermin)', '재활용품 수집가(Pemulung)', '오께끼 아까꾸(Okeki Akaku)', '공예가(Pengrajin)' 등의 시를 썼다. 그의 '눈물의 땅(Tanah Airmata)'이라는 시가 '호리손(Horison)' 문학 잡지의 '문화 노트(Catatan Kebudayaan)' 란에 실리기도 했다.

수따르지는 '세상을 향해(Senyumlah Pada Bumi)', '닭(Ayam)', '비(Hujan)' 등의 단편소설도 썼다. 그는 단편소설들을 모아 '비가 닭을 묘사한다

(Hujan Menulis Ayam)'라는 단편소설집을 만들었다. '왕의 사자(使者)(Bentara)'가 '꼼빠스(Kompas)' 신문의 문학란에 실린 적이 있으며, 그의 에세이들은 '2001년 에세이의 웃음과 안노 시의 파도(Gelak Esai Ombak Sajak Anno; 2001)'라는 제목으로 출판되었다.

(3) 엠하 아이눈 나집-짝 눈(Emha Ainun Najib-Cak Nun)은 1953년 5월 27일 좀방에서 출생했다. 그는 이슬람교에 관한 시를 많이 쓴 시인, 문화 전문가, 시나리오 작가이자 설교자이기도 했다. 또한 그는 사회문제에 관심을 가지고 억압 당한 사람들의 편에 섰기 때문에 절대 권력자들로부터 오랫동안 가택연금을 당하기도 했다. 가택 연금 이전에 그는 파자르 수하르노(Fajar Suharno)의 지도 아래 왕립 극장(Teater Dinasti)에서 자주 가믈란의 연주와 시 낭송을 했다. 가택연금 이후에는 자신이 가르친 이슬람 지식인과 함께 시를 낭송한 적이 있으며, 끼아이 깐젱(Kiai Kanjeng) 연주와 함께 시를 낭독하기도 했다. 짝 눈(Cak Nun)이라는 예명으로 더 유명한 엠하 아이눈 나집은 단편소설 작가, 유명한 컬럼니스트 그리고 유능한 에세이스트이기도 했다. 엠하(Emha)는 '먼길의 시들(Sajak-sajak Sepanjang Jalan; 1978)', '엠. 좌절감(M. Frustasi)', '노숙자의 노래(Nyanyian Gelandangan)' 등의 시를 썼다. 이 세 편의 시와 다른 시들을 모아 '인도네시아 일기장의 찢어진 한 장(Sesobek Buku Harian Indonesia)'이라는 시 모음집에 실었다. 짝 눈(Cak Nun)은 '나의 신을 위해 99(99 untuk Tuhanku)'라는 시집, '나의 마을의 가장 중요한 부분(Bagian Sangat Penting dari Desa Saya; 1983)'이라는 에세이 모음집, '독립 문학(Sastra Independen)', '역사의 한 구석에서: 여정에 대한 반추(Dari Pojok Sejarah: Renungan Perjalanan; 1985)'라는 네덜란드와 독일을 여행할 때 쓴 여행 노트, '가장자리(Ambang)', '내 뒤에(Di Belakangku)', '내 침대위의 1,000번째 남자(Lelaki yang Keseribu di Ranjangku)' 등도 썼다. 이 시인은 매우 왕성한 창작활동을 한 사람으로 유명하다. 그의 작품은

소설, 시, 에세이, 논고, 희곡, 작사(노래 가사) 등의 다양한 장르를 포함하고 있다. 그의 작품은 다음과 같다:

a) 시:
'위대한 빛 중의 빛(Cahaya Maha Cahaya; 1988)', '천 개의 사원은 하나이다(Seribu Masjid Satu Jumlahnya; 1990)', '이스띠라흐의 시(Syair Istirah)', '즐거운 이스라미라즈(Isra'Mi'raj yang Asyik)', '아스마울 후스나의 시들(Syair-syair Asmaul Husna)', '베일 바다의 시(Syair Lautan Jilbab)', '해변의 신비주의(Suluk Pesisira ; 창작)'
b) 소설:
'광대의 동작 또는 암류(Gerakan Punokawan atawa Arus Bawah)'는 '브리따 부아나(Berita Buana)' 신문에 연재된 후 소설로 출판되었다. '존경하는 나의 이름(Yang Terhormat Nama Saya)'의 단편소설과 '깐젱 씨(Pak Kanjeng)'라는 소설, '베하(BH; 단편소설집, 2005)', '애인의 조상(Patung Kekasih)', '호랑이를 뒤쫓은 사람이 어수선하다(Geger Wong Ngoyak Macan)', '평화로운 가족(Keluarga Sakinah)', '베일 바다(Lautan Jilbab)', '쪼개진 배(Perahu Retak)', '깐젱 씨(Pak Kanjeng)', '주술사(Mas Dukun)', '악마들의 주간(Siang Para Setan)', '키디르의 수도승들(Santri-santri Khidir)', '릭 빠르의 기적(Keajaiban Lik Par)' 등의 드라마 시나리오를 썼다.
c) 칼럼:
'끼아이의 장애(Selilit Sang Kiai)', '마르크솟이 말한다(Markesot Bertutur)' 등은 '수라바야 신문(Surabaya Pos)'에, '존 파끼르의 커피 한 잔(Secangkir Kopi Jon Pakir)'은 '마사 끼니(Masa Kini)'에 게재된 칼럼이다. 이외에도 '그리고 신도 웃었다(Dan Tuhan pun Tersenyum)', '끼아이 씨의 율동적인 끄덕임(Anggukan Ritmis Pak Kiai)', '무력하지 않음을 따르라, 무력하게 만들지 않음을 따르라(Ikut Tidak Lemah, Ikut Tidak Melemahkan)', '옵플레스(Opples)' ('Opini Plesetan'; 말 장난), '끼아이가 당황하다(Kiai Kocar-

kacir)' 등이 있다. '저주를 푸는 기도(Doa Mencabut Kutukan)', '달의 춤(Tarian Rembulan)', '사랑의 제례(Kenduri Cinta)' 등의 시집이 2001년에 그라메디아(Gramedia) 출판사에서 출판되었다.

(4) 망운위자야(Y.B. Mangunwijaya)는 1929년 5월 6일 암바라와에서 출생했고 1999년 2월 10일 자카르타에서 사망했다. 그는 작가, 컬럼니스트, 수필가, 문화 전문가, 건축가, 성직자이기도 했다. 그는 '멧새들(Burung-burung Manyar; 1981)'이라는 소설작품으로 유명하고, 그의 다른 작품으로는 '라라 믄둣(Rara Mendut; 1983, 소설)', '라라 믄둣의 꽁초들(Puntung-puntung Rara Mendut; 1978, 에세이 모음집)', '근둑 두꾸(Genduk Duku; 연재소설)', 자카르타 예술위원회(DKJ)로부터 문학상을 받은 '문학과 종교(Sastra dan Religiositas; 1982, 에세이 모음집)', '상어, 이도, 호마(Ikan-ikan Hio, Ido, Homa; 1984, 소설)', '라하디 신부(Romo Rahadi; 1981, 소설)', '만(灣)의 새들(Burung-burung Rantau; 1992, 소설)' 등이 있다.
문학가이자 정신적 종교 지도자인 망운위자야 신부는 깔리 쪼데(Kali Code), 끄둥 옴보(Kedung Ombo) 등에서 인간성 회복을 위한 프로젝트를 수행한 적이 있다. 신부인 망운(Romo Mangun)의 다른 작품들은 '루시 린드리(Lusi Lindri; 1987, 소설)', '베짝의 연가(Balada Becak; 중편 소설)', '아이의 신앙심을 키우다(Menumbuhkan Religiositas pada Anak; 1985, 종교 서적)', '공화국 사람들의 불평(Gerundelan Orang-orang Republik; 에세이 집)', '두르가 움마이(Durga Umayi; 소설)', '겨자 나무들(Pohon-pohon Sesawi; 1999, 소설)', '대나무 집(Rumah Bambu; 2000, 단편소설집)', '기술과 문화의 충돌 1, 2(Teknologi dan Dampak Kebudayaannya I dan II; 1983, 1985)', '거대한 그림자 아래(Di Bawah Bayang-bayang Adikuasa; 1987)', '공화국 사람들(Orang-orang Republik; 1987)' 등이 있다.

(5) 압둘 하디 웨 엠(Abdul Hadi W.M.)은 1946년 6월 24일 수므늡에서 태어

났다. 이 수필가이자 시인은 '역사(Riwayat; 1967)', '밀물이 아직 들어오지 않았다(Laut Belum Pasang; 1971)', '거울(Cermin; 1975)', '사누르 해변 방문자의 오래된 사진(Potret Panjang Seorang Pengunjung Pantai Sanur; 1975)' 그리고 자카르타 예술위원회(DKJ)가 최고의 시로 평가한 '명상(Meditasi; 1976)', '바람에 달렸다(Tergantung Pada Angin; 1977)' 등의 시를 썼다. 압둘 하디(Abdul Hadi)는 번역가이기도 했다. 그의 번역 작품은 '수피 문학: 걸작선(Sastra Sufi: Sebuah Antologi; 1985)', '동양에서 온 메시지(Pesan dari Timur; 1985)', '무하맛 이크발(Muhammad Iqbal)' 등이 있다. 그는 말레이시아에서 문학을 연구하여 박사학위를 받았다. 그는 자카르타 빠라마디나 대학교(UPJ)의 교수를 역임했으며 수피 문학 연설가로도 유명했다. 그의 다른 작품은 '태양의 배달부(Pembawa Matahari; 시)', '바다의 아이, 바람의 아이(Anak Laut, Anak Angin; 1993, 시)', '로마: 수피와 시인(Rumi: Sufi dan Penyair; 1985, 번역서)', '뿌리로 돌아오다, 근원으로 돌아오다(Kembali ke Akar, Kembali ke Sumber; 1999, 에세이집)', '붕괴와 부활: 일본 시모음집(Kehancuran dan Kebangunan: Kumpulan Puisi Jepang; 1987, 번역서)' 등이 있다.

(6) 다나르또(Danarto)는 1940년 6월 27일 스라겐에서 출생했다. 그는 화가, 칼럼니스트, 시인, 신비주의 작가 등으로 유명하다. 매스 미디어에 자신이 그린 삽화를 넣은 단편소설을 많이 실었다. 이런 단편소설로는 '어머니의 벽(Dinding Ibu)', '아이의 벽(Dinding Anak)', '시간의 벽(Dinding Waktu)', '천 개의 조각상 광장(Alun-alun Seribu Patung)' 등이 있다. 그는 '고들롭(Godlob; 1975)'과 자카르타 예술위원회(DKJ)로부터 문학상을 받은 '아담 마리팟(Adam Ma'rifat; 1982)'이라는 단편소설 그리고 '자바인이 성지순례의 길에 오르다(Orang Jawa Naik Haji; 1984)'라는 기행문을 썼다.
다나르또(H. Danarto)는 뛰어난 신비주의 문학가로 유명하다. 부르똔 라펠(Burton Raffel)에 의하면, 다나르또의 단편소설들은 현대 미국이나 유럽 문학에 비교해도 손색이 없는 수준이라고 한다.

그의 다른 단편소설은 '우상(Berhala)'과 '거인(Gergasi)', '가브리엘 날개에 한 송이의 비둘기(Setangkai Merpati di Sayap Jibril; 2001)' 등이 있다. '울루물 쿠란(Ulumul Qur'an)'이라는 저널에서 '가라목과 왕위(Gaharu dan Tahta)'라는 단편소설을 볼 수 있고 '마뜨라(Matra)' 잡지에서 '간다스뚜리(Gandasturi)', '왕의 알현실(Balairung)', '수풀(Belukar)'이라는 그의 단편소설을 읽을 수 있다. '호리손(Horison)' 문학 잡지에서도 '빛의 조각들과 7마리의 마른 소가 7마리의 뚱뚱한 소를 먹는다(Lempengan-lempengan Cahaya dan 7 Sapi Kurus Memakan 7 Sapi Gemuk)'라는 그의 단편소설을 찾아 볼 수 있다.

그의 '애정의 세계(Asmaraloka)'라는 소설은 '레뿌블리까(Republika)' 신문의 '지혜와 독배(Hikmah dan Solilokui)'라는 지면에 자주 게재되었다. 다나르또는 '오브록 오웍-오웍 에브렉 에왝-에왝(Obrok Owok-owok Ebrek Ewek-ewek; 1976)'과 '벨 그두웰 베(Bel Geduwel Beh)'이라는 희곡도 썼다.

(7) 유디스띠라 아르디 누그라하(Yudhistira Ardi Noegraha)는 1954년 2월 28일 서부 자바의 수방에서 출생했다. 그는 시인, 문학가, 팝 작가, 시나리오 작가이자 기자라고 할 수 있다. 유디스(Yudhis)는 자카르타 예술위원회(DKJ)가 최고의 문학작품으로 선정한 '포기하지 않으려고(Mencoba Tidak Menyerah; 1979)'와 '아르주나가 사랑을 찾는다(Arjuna Mencari Cinta; 1980)', '딩 동(Ding Dong; 1978)', 오브라디 오브라다(Obladi Oblada; 1978)', '유디스띠라 두다(Yudisthira Duda; 1981)', '라흐와나와의 인터뷰(Wawancara dengan Rahwana; 1982)' 등의 소설과 '칫솔의 시(Sajak Sikat Gigi; 1983)', '허튼 소리(Omong Kosong)', '루디 잘락의 고소(Rudi Jalak Gugat)', '숙련가의 회상(Renungan Empu)', '웟 드라마 또는 교량(Drama Wot atawa Jembatan)' 등의 시를 썼다.

문학가이자 기자인 유디스는 '아르주나가 사랑을 찾는다(Arjuna Mencari

Cinta)'처럼 대중소설인 '아르주나 위와하하하하(Arjuna Wiwahahahaha; 1984)'와 '프랭키와 제인(Franky and Jane)'이라는 컨트리 음악 가수가 노래한 가사를 썼다. 유디스(Yudhis)는 '꼼빠스(Kompas)' 신문에 '주르까민(Jurkamin)'과 '전화(Telepon)'라는 단편소설을 썼고, '브리따 부아나(Berita Buana)' 신문에 "사담 아저씨(Paman Saddam)"라는 제목의 '도마뱀의 포럼(Forum Bengkarung; 1994)', '상상 속의 여자(Wanita dalam Imajinasi; 1994)', '너의 마음 속에 나를 가둬 줘(Penjarakan Aku dalam Hatimu; 1979)' 등의 단편소설을 쓰기도 했다.

(8) 누르카 마렌드라 마사르디(Noorca Marendra Massardi)는 1954년 2월 28일 수방에서 출생했다. 그는 유디스(Yudhis)의 쌍둥이 형제이며, 시인, 작가이자 시나리오 작가였다. 그는 '가시 한 송이(Sekuntum Duri; 1979)', '그들 둘이서(Mereka Berdua; 1982)' 등의 소설과 '상실의 여정(Perjalanan Kehilangan; 1974)'이라는 희곡을 썼다.

(9) 레온 아구스따(Leon Agusta)는 1938년 8월 5일 서부 수마트라의 마닌자우에서 출생했다. 그는 '순백의 기록(Catatan Putih; 1975)', '훅라(Hukla; 1979)' 등의 시집과 '애인의 그림자 밑에서(Di Bawah Bayangan Sang Kekasih; 1978')라는 소설을 썼으며, 다양한 문학의 사건에 대한 기사를 쓴 기자이다. 그는 붕 까르노(Bung Karno)에 대한 '선언자를 위한 송시(Ode buat Proklamator)'로 유명하다. 그는 '우리 빈자들을 존경하자(Kita Muliakan Para Miskin)', '우리는 애인이 필요하다(Kita Memerlukan Seorang Kekasih)' 등의 시도 썼다. 레온(Leon)의 다른 작품으로는 '헤도나와 마소치(Hedona dan Masochi; 1984)'와 '왜가리 공주와 함께 천막을 친다(Berkemah dengan Putri Bangau; 1981)'가 있다.

(10) 다르만또 잣만(Darmanto Jatman)은 1942년 8월 16일 서부 자바의 자

카르타에서 출생했다. 그는 시인, 심리학자, 컬럼니스트, 토론자, 디뽀네고로 대학교((Universitas Diponegoro; Undip) 사회 정치학부와 스마랑 수기오프라노또 대학교(Universitas Sugiopranoto Semarang) 심리학부의 교수을 역임하고 있다. 그는 시를 쓸 때 강한 지방 억양, 자바어, 영어, 다양한 지방어와 인도네시아어를 섞어 시를 쓰는 것으로 유명하다. 그의 시집은 '빈대(Bangsat; 1975)', '다르만또님(Sang Darmanto; 1975)', '끼 발라까수따 블라 블라(Ki Balakasuta Bla Bla; 1980)' 등이 있으며, 그의 시로는 '아이(Anak)', '아내(Istri)', '까르따 이야가 음보뗀에게 말하다(Karta Iya Bilang mBoten)', '레이덴에서 온 마르따 끌룽수(Marta Klungsu dari Leiden)', '광 웅의 사랑 놀이(Main Cinta Model Kwang Wung)', '소야, 안녕(Hai Sapi)', '여기가 시장인가? 무슨 세미나인가?(Ini Pasar Apa Seminar?)' 등이 있다.

1994년 5월에 '민중을 위한 골프(Golf untuk Rakyat)'라는 시집을 출간했다. 세 번째 밀레니엄 초기에 '나리, 죄송합니다요(Sori, Gusti)'라는 우스꽝스러운 제목의 시집을 쓰기도 했다. 그의 다른 작품으로는 '까르또의 형벌(Hukuman Karto)', '그가 내 아이이기에 만족한다(Sepenuhnya karena Ia Anakku)' 등의 단편소설과 '문학, 심리학, 사회(Sastra, Psikologi, Masyarakat; 1985)', '문화의 문제에 대하여(Sekitar Masalah Kebudayaan; 1986)', '인간의 소통(Komunikasi Manusia; 1994)', '인도네시아인의 잘못된 행동(Salah Tingkah Orang Indonesia; 1995)', '자바 심리학(Psikologi Jawa; 1997)' 등의 학술서와 에세이 모음집이 있다.

(11) 압둘 하밋 자바르(Abdul Hamid Jabbar)는 1949년 7월 27일 서부 수마트라의 꼬따가당에서 태어났고, 2004년 자카르타 샤리프 히다야뚤라 공립 이슬람 대학교(UIN Syarif Hidayatullah)에서 시를 낭독하다 사망했다. 그는 '빠쪼-빠쪼(Paco-paco; 1974)', '두 가지 색깔(Dua Warna; 1975, 빠당 출신의 우삐따 아구스띤(Upita Agustin)과 공저)', '우리의 얼굴

(Wajah Kita; 1981)’ 등의 시집을 썼다. 그는 솔로에서 금서로 낙인 찍힌 적이 있는 ‘선언 2(Proklamasi II)’라는 시로 유명하다. 그의 다른 시로는 ‘인도네시아(Indonesia)’, ‘자카르타(Jakarta)’, ‘노예 라일라 마즈눈(Laila Majenun Hamba)’, ‘오리와 거위를 토막내다(Potong Bebek Angsa)’, ‘갑자기 내 양탄자가 흔들린다(Tiba-tiba Sajadahku Bergoyang)’, ‘못된 사람들의 환경(Lingkungan Orang Rongsokan)’ 등이 있다. 그는 ‘책상(Meja)’과 ‘조화롭지 않다(Tak Harmonis)’라는 단편소설을 썼으며, 개혁시대에 ‘완전히 사라진다(Super Hilang; 1998)’와 ‘시 한 수레와 나의 인도네시아(Segerobak Sajak dan Indonesiaku)’라는 시를 쓰기도 했다. 그의 시들은 매우 율동적이고 또한 선율적이다. 압둘 하밋 자바르(Abdul Hamid Jabbar)도 렌드라(Rendra), 수따르지(Sutardji C.B.), 짝 눈(Cak Nun) 등과 마찬가지로 청중의 마음을 사로잡는 유명한 시 낭송자이기도 했다.

(12) 부디 다르마(Budi Darma)는 1937년 4월 25일 름방에서 출생했다. 교수이자 작가인 부디 다르마는 수라바야 사범대학교(IKIP Surabaya: 현 UNESA)의 총장을 역임했다. 1980년에 자카르타 예술위원회(DKJ)가 최고의 소설로 선정한 ‘올렌카(Olenka; 1983)’는 미국을 배경으로 한 소설로 유명하다. 그는 수라바야를 배경으로 한 ‘라필루스(Rafilus; 1988)’라는 소설과 ‘마뜨라(Matra)’잡지에 실린 ‘마들룬(Madelun)’이라는 단편소설도 썼다. 그의 최근 소설로는 ‘탈리스 여사(Ny. Talis; 1996)’가 있다. 그 이전에 ‘블루밍톤 사람들(Orang-orang Bloomington; 1980)’이라는 단편소설집, 살릴로쿠이(Salilokui; 1983)’라는 에세이 모음집, ‘비평가 아디난(Kritikus Adinan)’이라는 단편소설집, ‘만약 니르다와트가 문학 평론가라면(Andaikata Nirdawat Seorang Kritikus Sastra)’이라는 단편소설, ‘인도네시아 시의 발전(Perkembangan Puisi Indonesia)’이라는 에세이, ‘오르간(Harmonium; 1995)’이라는 에세이 모음집을 썼다. 그는 ‘호리손(Horison)’ 잡지에 실린 ‘죄 지은 남자(Laki-laki yang Berdosa)’라는 단편

소설과 '꼼빠스(Kompas)' 신문에 실린 '드라밧(Derabat)'과 '아름다운 눈(Mata yang Indah)'이라는 단편소설처럼 수준 높은 작품을 많이 썼다. 1983년에 자카르타 예술위원회(DKJ)로부터 문학상을, 1984년에 아세안(ASEAN)문학상을 받았다. 1993년에 인도네시아 정부 예술상, 2003년에 대통령으로부터 문화 공로상(Satyalencana Kebudayaan) 그리고 2005년에 '프리덤 인스티투드'로부터 '아흐맛 바끄리 상(Ahmad Bakri Award)'을 수상했다.

(13) 코리에 라윤 람빤(Korrie Layun Rampan)은 1953년 8월 17일 깔리만딴의 사마린다에서 출생했다. 그녀는 '간질(Sawan; 1978)', '애인의 노래(Nyanyian Kekasih; 1981)', '정수리에서 멈춘 태양(Matahari Pingsan di Ubun-ubun; 1974)', '시간의 거울(Cermin Sang Waktu; 1976)' 등의 시와 자카르타 예술위원회(DKJ)가 주최한 백일장에서 대상을 수상한 '의식(Upacara; 1978)'이라는 소설을 쓴 로맨틱한 소설가이다. 또한 '하얀 밤(Malam Putih; 1978)', '역사 선생의 여행(Perjalanan Guru Sejarah; 1983)' 등의 단편소설과 '문학의 외침(Suara Pancaran Sastra; 1984)', '현대 인도네시아의 시(Puisi Indonesia Kini)', '한 만남(Sebuah Perkenalan; 1980)', '오늘의 인도네시아 시: 비평(Puisi Indonesia Hari ini: Sebuah Kritik; 1985)', '문학 없는 문학(Sastra Tanpa Kehadiran Sastra)', '현대 인도네시아 단편소설: 논쟁(Cerita Pendek Indonesia Mutakhir: Sebuah Pembicaraan; 1982)' 등의 에세이 모음집을 쓰기도 했다.

'사리나 자카르타(Sarinah Jakarta)' 잡지의 편집인을 역임한 코리에는(Korrie)는 '세상의 액세서리(Perhiasan Bumi; 1986)'와 '간따르 춤(Tarian Gantar)'이라는 단편소설을 썼다. '코리에 라유 람빤 문학 문헌센터(Pusat Dokumentasi Sastra Korrie Layun Rampan)'의 대표로 매우 왕성한 창작활동을 한 작가는 2000년에 '인도네시아 문학의 2000년 세대(Angkatan 2000 dalam Sastra Indonesia, 782 + iv 페이지)'라는 제목의 문학서를 출판하였다.

그는 문학서의 편집인으로서 주도적인 역할을 수행했다. 이 문학서는 아집 로시디(Ajip Rosidi)가 1977년에 출판한 '푸른 바다 푸른 하늘(Laut Biru Langit Biru, 691페이지)'이라는 시 모음집에 이어 출판된 것이다.

(14) 아르스웬도 앗모윌로또(Arswendo Atmowiloto)는 1951년 11월 26일 중부 자바의 솔로에서 출생했다. 그는 수천 편의 작품을 창작한 작가, 기자, 편집자, 극작가이다. 아르스웬도는 '이뭉, 끼끼와 일당(Imung, Kiki dan Komplotannya; 1977)' 시리즈, '머라삐-머르바부처럼 친근하게(Semesra Merapi-Merbabu)', '두 어머니(Dua Ibu; 1981)', '짠띵(Canting; 1986)' 등의 소설을 썼으며, 인도네시아 교육부(Depdiknas RI)에서 상을 받은 '전나무 가족(Keluarga Cemara)'이라는 연재소설은 영화로도 제작되었다. 그는 '나는 인도네시아를 사랑한다(Aku Cinta Indonesia; ACI)' 시리즈, '축구부 주장, 하얀 봉투의 서신(Kapten Bola, Surat dengan Sampul Putih)'라는 중편소설, '예비 아빠를 위한 첫 번째 교훈(Pelajaran Pertama buat Calon Ayah', 1981)이라는 에세이를 썼다. 그는 독자들이 자신 있게 문학계로 진입할 수 있도록 창작의 동기를 부여하고자 '글을 쓰는 것은 쉽다(Mengarang itu Gampang; 1982)'와 '소설을 쓰는 것은 쉽다(Mengarang Novel itu Gampang; 1984)'라는 제목으로 책을 출간하기도 했다. 아르스웬도는 '조각가(Sang Pemahat)'라는 희곡, '아리 안가라(Arie Anggara)'라는 시나리오도 썼다.

솔로 태생인 이 문학가는 그라메디아 꼼빠스 그룹(KKG)에서 중요한 역할을 담당했다. 그는 50만부 이상의 판매 부수를 갖고 있는 '모니터(Monitor)' 잡지사를 운영하기도 했다. 그는 어린이 잡지인 '환타시(Fantasi)'를 맡으면서 동 잡지에 '비열한 펜싱선수(Pendekar Hina-dina)'라는 연재소설을 게재했다. '스노빠띠 빠뭉까스(Senopati Pamungkas)'라는 소설을 출판하였는데 이 소설은 젊은이들에게 큰 인기를 끌었다.

아르스웬도는 '모니터(Monitor)' 주간지 타블로이드판의 '오백명을 놀래

킨 설문(Angket Kaget Lima Juta)' 사건으로 인해 사회적으로 물의를 일으켜 자카르타 찌삐낭 교도소(LP Cipinang Jakarta)에 수감되어 있을 때 '날짜를 세다(Menghitung Hari)'라는 시나리오와 '괴수(Abal-abal)'라는 단편소설을 쓰기도 했다. 그가 쓴 '전나무 가족(Keluarga Cemara)'은 감동적이고 교훈적인 문학작품이라고 평가를 받아 학생들의 필독서가 되기도 했다. 그의 '어찌하여 이눌이어야 하는가(Mengapa Harus Inul)'라는 희곡은 이눌 다라스띠따(Inul Darastita)와 로마 이라마(Rhoma Irama)의 육감적인 춤으로 인해 격렬한 사회적 논쟁을 불러일으키기도 하였다. 그의 다른 작품으로는 자에날 작스(Zaenal Zakse) 상을 수상한 '창조적인 타협의 부융 혹(Buyung Hok dalam Kreativitas Kompromi)'이라는 언론에 관한 에세이; '조각가(Sang Pemahat)', '왕자님(Sang Pangeran)' 등의 희곡; '이또(Ito; 1973)', '적에서 친구로(Lawan Jadi Kawan; 1973)' 등의 어린이 이야기 모음집; '혼합된 그림자(Bayang-bayang Baur)', '써커스 쁘로조와 브로조(The Sircus, Projo dan Brojo; 1994)'라는 소설, '가장 매력적이지 않는 황혼(Senja yang Paling Tidak Menarik; 2001)'이라는 단편소설이 있다.

(15) 빠무숙 에네스떼(Pamusuk Eneste)는 1951년 9월 19일 북부 수마트라의 시삐록에서 출생했다. 그는 인도네시아 대학교 문학부를 졸업하고, 같은 대학교 문학부의 교수, 그라신도(Grasindo)출판사의 편집자를 역임했다. 단편소설가인 동시에 매우 활발한 문학 연구가이기도 했다. 그의 작품으로는 '렌드라 시를 이해하기(Memahami Sanjak-sanjak Rendra; 1978, 우쩬(Ucen Ds)과 함께 씀)', '인도네시아 현대 문학목록(Leksikon Kesusastraan Indonesia Modern; 1981)', '70년대 인도네시아 단편소설과 소설(Novel-novel dan Cerpen-cerpen Indonesia Tahun 70-an; 1982)', '창작의 과정 1-3(Proses Kreatif I-III; 1982과 1984)', '시의 공정성(Pengadilan Puisi; 1986)', '왜 그리고 어떻게 나는 글을 쓰는가?(Mengapa dan Bagaimana Saya Mengarang?; 1986)' 등의 학술서와 에세이 그리고 '이

사벨 블루멘꼴(Isabel Blumenkol; 1986)', '장군들(Jendral-jendral; 2001)' 등의 단편소설이 있다. 그의 다른 작품은 교육문화성의 우수 도서재단(Yayasan Buku Utama)에서 수상한 '인도네시아 문학의 황제, 야신(HB. Jassin Paus Sastra Indonesia; 1987)', '학생을 위한 문학 사전(Kamus Sastra untuk Pelajar; 1994)', '하이릴 안와르에 대하여(Mengenai Chairil Anwar; 1995)', '인도네시아 문학 서지(Bibliografi Sastra Indonsia; 2001)' 등이 있다.

(16) 함삿 랑꾸띠(Hamsad Rangkuti)는 1943년 5월 7일 북부 수마트라의 메단에서 출생했다. 그는 '끌라모노(Klamono)', '예언자의 부름(Panggilan Rasul)', '동전(Uang Logam)', '끄뚜빳 굴라이 빠꾸(Ketupat Gulai Paku)', '전나무(Cemara; 1982)', '결혼의 그림(Lukisan Perkawinan; 1982)' 등의 단편소설을 썼다. 그 이후에 함삿(Hamsad)은 '12월의 쓰레기(Sampah Bulan Desember; 2000)'라는 단편소설과 '붉은 등이 켜질 때(Ketika Lampu Merah Menyala)'라는 소설 그리고 '용변기 속 머리(Kepala dalam Pispot)'라는 단편소설도 썼다.

(17) 위스란 하디(Wisran Hadi)는 1945년 7월 서부 수마트라의 빠당에서 출생했다. 그는 욕야카르타의 STSRI(현 욕야카르타 인도네시아 예술 대학(Institut Seni Indonesia Yogyakarta, ISI Yogyakarta)를 졸업한 후 빠당의 인도네시아 회화 학교(Sekolah Seni Rupa Indonesia, SSRI)와 까유따남의 INS에서 교편을 잡았고 부미 소극장(Bumi Teater)에서 극작가이자 연출가로 몇 편의 연극을 감독했다. 그의 희곡 작품으로는 '앙군 난똥가(Anggun nan Tongga; 1978)', '막내 딸(Putri Bungsu; 1978)', '메아리(Gaung; 1975)', '링(Ring; 1976)', '찐두아 마또(Cindua Mato; 1978)', '말린꾼당(Malinkundang; 1985)', '건널목(Penyeberangan; 1985)', '반도의 콧노래(Senandung Semenanjung; 1986)', '상속자(Pewaris; 1981)' 등이 있다. 또

한 그는 '선악과(Simalakama; 시집)', '마호가니가 또 떨어진다(Mahoni Gugur Lagi; 단편소설집)', '방문자(Tamu; 소설, 1996)', '이맘(Imam; 연재소설, 1977)' 등도 썼다. 현재 그는 쿠알라룸푸르 민족예술학교(Akademi Seni Kebangsaan Kualalumpur)의 교수로 초빙되어 말레이시아에서 거주하고 있다.

(18) 아야뜨로하디(Ayatrohadi)는 1939년 12월 5일 찌르본의 자띠왕이에서 출생했고, 2006년 2월 18일에 사망했다. 아집 로시디(Ajip Rosidi)의 동생인 그는 인도네시아대학교(UI)에서 박사학위를 받고 UI 문학부에서 교수를 역임한 문학가이자 지식인이었다. 그는 '언제든지 어디든지(Pabila dan Di mana; 1947)'라는 시집, '모든 왕의 은신처(뿌르나와르만 왕의 호칭-Panji Segala Raja; 1974)', '고립된 사람(Yang Tersisih; 1965)' 등의 동화, 유시오 미시마(Yushio Misima)의 작품을 '파도의 콧노래(Senandung Ombak; 1976)'로 번역하였다.

(19) 빠라끼뜨리 심볼론(Parakitri T. Simbolon)은 1947년 12월 28일 북부 수마트라의 사모시르에서 출생했다. 가자마다대학교(UGM) 사회 정치학과를 졸업한 그는 '어머니(Ibu; 1969)', '꾸스니 까스둣(Kusni Kasdut; 1981)' 등의 소설과 '지배자인 소녀(Gadis Penakluk; 1981)'라는 시나리오를 썼다. 그 외에도 번안 작품인 '또빠즈 선생님(Topaz Sang Guru; 1981)'과 '인도네시아가 된다: 인도네시아 국적의 뿌리들(Menjadi Indonesia: Akar-akar Kebangsaan Indonesia; 1955)'이라는 학술서를 썼다.

(20) 마리안느 까또뽀(Marianne Katoppo)는 1943년 6월 9일 술라웨시의 또모혼에서 출생했고 2007년 10월 12일에 세상을 떠났다. 그는 '라우만넨(Raumannen; 1977)' 소설로 유명하며, '녹색 비둘기를 날려 보낸다(Terbangnya Punai; 1980)', '난초는 거짓말을 한적이 없다(Anggrek Tak

Pernah Berdusta; 1980)', '다리 위의 집(Rumah di Atas Jembatan; 1981)', '계절 없는 세계(Dunia Tak Bermusim; 1984)' 등의 소설도 썼다. 1982년에 까또뽀(Katoppo)는 아세안(ASEAN) 문학상을 받았다.

(21) 신두나따(Sindhunata)는 1952년 5월 12일 동부 자바의 말랑에서 출생했다. 철학박사인 그는 문화가이며 신부이기도 했다. 그의 작품은 '귀신 아이가 바람을 몰고 간다(Anak Bajang Menggiring Angin; 라마야나(Ramayana)를 소설화한 작품)', 빤다와와 꼬라와의 전쟁 이야기인 '바라따유다(Bharatayudha; 1978)', '황폐한 짐마차(Cikar Bobrok; 1997)', '너의 박수를 기다린다(Tak Entem Keplokmu)' 등의 소설, 신비주의자인 마울라나 잘라루딘 라미(Maulana Jalaluddin Rami)를 회상하기 위해 '바시스(Basis, 2006)' 문학 잡지에 실린 '마음의 왕좌(Singgasana Hati)', '중고품 상인(Tukang Rombeng)', '난 여기 있다(Di Sinilah Aku)', '춤 추기와 천국에 가는 것이 똑같아(Ke Syurga dengan Menari Sama)', '줄라이카 입술에 석류(Buah Delima dalam Bibir Zulaikha)' 등의 시를 썼다. 신두 신부(Romo Sindhu)는 '정의의 여신의 그림자(Bayang-Bayang Ratu Adil)', '흘러나오는 말(Air Kata-Kata; 시)', '희생양(Kambing Hitam)', '스마르는 육체를 찾는다(Semar Mencari Raga)', '생계의 물(Air Penghidupan)', '꽃과 슬픔의 호수 없이(Tanpa Bunga dan Telaga Duka)', '달의 눈물(Air Mata Bulan)', '중국 공주 이야기(Ilmu Ngglethek Prabu Minohek, Babat Putri Cina)', '르네 지라르의 이론(Teori Rene Girard)'이라는 에세이와 학술서도 썼다.

(22) 아흐맛 또하리(Ahmad Tohari)는 1948년 6월 13일 반유마스에서 출생했다. 그는 종교와 인간의 시각에서 바라본 사회의 논쟁을 즐기는 민감한 칼럼니스트이자 단편소설가, 소설가로서 유명하다. 현재까지도 그는 시골에 살면서 이슬람 기숙학교를 운영하고 있다. 그의 작품들은 사

회문제를 등한시 한 적이 없었고, 순수한 사회와 자연의 그림을 마을의 배경으로 삼고 있다. 그의 소설은 자카르타예술위원회(DKJ) 백일장의 우승 작품인 '찌발락 산 기슭에서(Di Kaki Bukit Cibalak; 1986)', '돔(Kubah; 1980)', '빠룩 마을의 무희(Ronggeng Dukuh Paruk; 1982)' 3부작, '무지개의 바퀴(Jentera Bianglala)', '새벽에 떨어지는 유성(Lintang Kemukus Dinihari; 1985)', '물 순환, 땅 순환(Lingkar Air Lingkar Tanah; 1995)', '빨간 닭(Bekisar Merah; 1993)' 등이 있다.

그의 단편소설로는 '까르야민의 미소(Senyum Karyamin; 1989)'와 '밤의 노래(Nyanyian Malam; 2000)', '보기 좋은 눈(Mata Yang Enak Dipandang)', '다르만(Darman)', '네 번째 사기꾼(Penipu yang Keempat)', '배를 관찰함(Pemandangan Perut)' 등이 있다. 또하리(Tohari)는 '고소인(Mas Mantri Gugat)'이라는 시(詩)도 출판했으며, 1995년에 아세안(ASEAN) 문학상을 수상했다.

(23) 아흐맛 무스따파 비스리(K.H. Ahmad Mustafa Bisri)는 1944년 8월 10일 름방에서 태어났고 리야드핫띠뜹 탈리빈 름방(Riyadhatitut Thalibin Rembang) 이슬람 기숙학교의 학교장, 중부 자바의 지방의회(DPRD) 전 위원, 나흐다뚤 울라마(Nahdatul Ulama; 이슬람교 연합)의 주요 인물이었던 그는 화가이자 시인이었다. 그의 '오호이, 발삼유의 시들(Ohoi, Puisi-puisi Balsem; 1991)'이라는 시집에 실린 시들은 대부분 현대적이고 재미있고 코믹하여 독자들의 웃음을 자아낸다. 우리는 그의 시에서 종교적 가치와 결코 분리될 수 없는 다양한 사회적 가치를 읽을 수 있다. 그의 시들은 소리로 놀이를 하는 것처럼 느껴지지만 그 이면에는 시인의 뛰어난 논리가 엿보인다. 게다가, 그는 시에 읽기 좋은 운율과 시어들을 사용하는 탁월한 능력이 있다. 그의 시들은 독창적이고 살아 있는 듯한 생생한 표현들이 특징이라고 할 수 있다.

그의 두 번째 시집은 '코란 낭독(Tadarus; 1993)'이라는 작품인데, 이 작품의 머리말을 우마르 까얌(Prof. Dr. H. Umar Kayam)이 썼다. 이 시집에서 '다잘(Dajjal)', '부자들이여, 단결해라(Orang-orang Kaya Bersatulah)' 등의 시를 찾아 볼 수 있다. 인도네시아 독립 기념일을 축하 하기 위해 구스 무스는 1994년부터 '바로 어제처럼 느꼈다(Rasanya Baru Kemarin)'라는 시를 썼고, 매년 개작한다.

인도네시아의 반둥, 솔로, 우중빤당(마까사르) 등에서 렌드라(Rendra)의 주도로 개최된 2002년 국제 시인 축제(Festival Penyair Internasional)에 구스 무스(Gus Mus)는 압둘 하밋 자바르(Abdul Hamid Jabbar), 오까 루스미니(Oka Rusmini), 후스니 자말루딘(Husni Jamaluddin), 쩨쩹 샴술 하리(Cecep Syamsul Hari), 압둘 하디(Abdul Hadi W.M), 소시아완 레악(Sosiawan Leak) 등과 함께 참가했다. 그곳에서 구스 무스(Gus Mus)는 자기 작품인 '이름을 대신 한 시(Sajak Atas Nama)'와 '별들의 이스띠고사흐(Itstighotsah Para Bintang)'을 선보였다. 이 두 편의 시는 2002년 4월 '호리손(Horison)' 잡지의 특호에 실렸는데, 강한 사회적 비평과 수준 높은 종교적 가치가 결합된 것이었다. 구스 무스(Gus Mus)의 다른 작품으로는 낭만적이고 신성한 사랑을 표현한 시 '그리움: 사랑의 시들(Gandrung: Sajak-Sajak Cinta; 2001)', '고기의 나라(Negeri Daging)', '서도의 그림(Lukisan Kaligrafi)' 등의 단편소설과 '현자의 돌(Batu Filsafat)'과 '진주의 부스럼(Mutiara Benjol; 1994)'이라는 에세이집이 있다.

그의 초기 작품들은 생경하고 괴팍스럽지만 생생한 뉘앙스를 담고 있다. '너는 어떻게 된거니 아니면 내가 어떻게 해야 하는 거니.(Kau Ini Bagaimana atau Aku Harus Bagaimana)', '자유의 노래 혹은 무슨 노래든지(Nyanyian Kebebasan atau Boleh Apa Saja)', '현대 무슬림의 유머 시(Puisi Jenaka Muslimin Modern)' 등과 같은 그의 시가 인도네시아 문학계를 발칵 뒤집어 놓은 적이 있었다. 구스 무스(Gus Mus)는 '용감한 모기들과 인간 조심(Nyamuk-Nyamuk Perkasa dan Awas Manusia; 1979, 어린이를 위한 번안 이야기)', '시선(Antologi Puisi; 1993)', '잔디와 바람의 루바

이얏(Rubaiyat Angin dan Rumput; 유머 잡지, 1995)', '영웅과 쥐(Pahlawan dan Tikus; 시집, 1996)', '꽥꽥꽥: 천지의 시들(Wekwekwek: Sajak-Sajak Bumi Langit; 1996)', '고기의 나라(Negeri Daging; 2002)', '마하끼아이 하심 아샤리(Mahakiai Hasyim Asy'ari; 번역작품, 1996)', '알 고잘리 신비주의 방법(Metode Tasawuf Al-Ghazali; 번역작품과 코멘트, 1996)', '독실한 의식 독실한 사회(Saleh Ritual Saleh Sosial; 1995)', '일상생활의 계율(Fikh Keseharian; 1997)' 등을 저술했다.

(24) 무하맛 푸돌리 자이니(Muhammad Fudoli Zaini)는 1942년 7월 8일 마두라의 수므늡에서 출생했다. 이집트에서 대학을 졸업한 그는 현재 수라바야 수난 암펠 국립 이슬람 대학교(IAIN Sunan Ampel Surabaya) 우술루딘 학부에서 하디스와 이슬람 교리에 대한 발전사를 가르치는 교수로 재직하고 있다. 푸돌리(Fudoli)의 단편소설들은 대부분 서민의 일상생활과 그들의 비극적인 사건을 이야기하고 있다. 그 이야기들은 종교적인 뉘앙스로 가득하며 또한 신비주의적인 삶을 쉬운 언어로 표현하지만 마음을 사로잡기에는 손색이 없다. 그의 몇 편의 단편소설도 은유적 표현으로 가득차 있다.

그는 머리, 손, 직감 등을 통해 5편의 단편소설을 썼다. 그 단편소설은 '길거리의 노래(Lagu dari Jalanan; 1982)', '인간의 모습(Potret Manusia; 1983)', '출생지(Kota Kelahiran; 1985)', '아라파(Arafah; 1985)', '악마의 돌들(Batu-Batu Setan; 1994)', '농원, 평원, 갈대가 그립다(Rindu Ladang Padang Ilalang; 2002)' 등이다. 그의 은유적인 특징은 다음 제목에서도 느낄 수 있다: "새들은 둥지로 돌아왔다(Burung-burung Kembali ke Sarang)", "새가 새장에서 벗어났다(Burung Lepas dari Sangkar)", "전 세계 새들의 지저귐(Kemicau Burung-burung Semesta)", "까마귀들(Burung-burung Gagak)", "안개 소용돌이(Pusaran Kabut)", "그리움의 새들(Burung-burung Rindu)", "악마의 돌들(Batu-batu Setan)", "죽음(Ajal)",

"전보(Telegram)", "암(Kanker)", "어머니(Ibunda)" 등의 예라고 할 수 있다.

(25) 꾼또위조요(Kuntowijoyo)는 1944년 중부자바의 욕야카르타에서 출생했고 2005년 2월 22일에 사망했다. 그는 소설가, 단편소설가, 시인이며 가자마다대학교에서 인도네시아 역사를 가르친 교수이었다. 그는 유명한 소설 '산상의 설교(Khotbah di Atas Bukit; 1976)', 연재소설 '시장(Pasar)', 시집 '공허함의 술룩(술룩; 종교적인 가르침이 담겨 있는 자바 문학작품)(Suluk Awang-Uwung; 1976)', '암시(Isyarat; 1976)', 단편소설집 '꽃들을 사랑하지 말자(Dilarang Mencintai Bunga-bunga)'와 단편소설 '집 안에 도둑이 있다(Ada Pencuri di dalam Rumah)'를 썼다. 그의 '평화의 총(Pestol Perdamaian)'과 '개들이 무덤을 공격해(Anjing-anjing Menyerbu Kuburan)'는 꼼빠스(Kompas)가 선정한 최고의 단편소설이었으며, 그라메디아-꼼빠스 그룹(Gramedia-Kompas Group)에 실린 단편소설집의 제목이 되기도 하였다.

꾼또위조요의 다른 작품은 '새벽에 기차가 떠나다(Kereta Api Berangkat Pagi Hari; 1966)', '아메리칸 드림(Impian Amerika; 1998)', '뱀 조련사의 주문(Mantra Penjinak Ular; 2000)'이라는 소설, '벤또 호수의 풀들(Rumput-rumput Danau Bento; 1969)', '파뜨마씨를 위한 시간이 없다(Tak Ada Waktu buat Nyonya Fatma; 1972)', '나무 탈(Topeng Kayu; 1973)'이라는 희곡, '잎의 지식, 지식의 잎(Makrifat Daun, Daun Makrifat; 1995)'이라는 시, '전복될 뻔 했다(Hampir Sebuah Subversif; 1999)'라는 단편소설집, '인도네시아 회교 신자의 역동성(Dinamika Umat Islam Indonesia; 1985)', '문화와 사회(Budaya dan Masyarakat; 1985)'라는 학술서, '농민의 비준(Ratifikasi Petani; 1993)'이 있다.

(26) 리누스 수르야디 아구스띠누스(Linus Suryadi Agustinus)는 1953년 3

월 5일 중부자바 욕야카르타의 워노사리에서 태어났고 1999년 7월 30일에 사망했다. 그는 시인, 편집자, 평론가 등으로 유명하며, 저속한 표현을 사용했지만 자바의 문화요소를 많이 보여주고 있다. 그의 유명한 작품으로 '파리음의 고백(Pengakuan Pariyem; 1981)'이라는 서정시가 있다.

리누스(Linus)는 '어두운 하늘(Langit Kelabu; 1976)'과 '호도새의 지저귐(Perkutut Manggung; 1986)'이라는 시집을 썼고, 족자에서 살았던 그는 족자의 이미지가 물씬 나는 '기념비(Tugu)'라는 시를 창작했다. 그는 발레이 뿌스따까 세대부터 현대까지 인도네시아 시인이 창작한 시를 모으고 머리말과 분석을 덧붙여 '기둥 1, 2, 3, 4(Tonggak I, II, III, IV; 1987)'라는 4권의 시 평론을 저술했다. 그는 '몇 가지 이름의 이면에; 인도네시아 현대시의 분석(Di Balik Sejumlah Nama: Sebuah Tinjauan Puisi Indonesia Modern; 1989)'이라는 평론집도 썼다.

리누스는 '브리따 나시오날(Berita Nasional)' 문화 신문의 편집자, 욕야카르타 예술위원회(Dewan Kesenian Yogyakarta, DKY)의 위원, '찌뜨라 욕야(Citra Yogya)' 잡지의 편집장을 역임했고, 이낍 사나따 다르마(IKIP Sanata Dharma, 현 사나따 다르마 대학교, 욕야카르타)의 영문학과에 등록한 적도 있었다.

그의 다른 시로는 '루마 빵궁(Rumah Panggung; 1985)', '띠르따 까만다누(Tirta Kamandanu; 1997)', '족자 나의 도시(Yogya Kotaku; 1997)' 등이 있다. 그의 에세이 모음집으로는 '마을에서 도시로(Dari Desa ke Kota; 1985)'가 있으며, 1984년에 욕야카르타 주 정부로부터 예술상을 받았다.

(27) 윌단 야띰(Wildan Yatim)은 1933년 7월 11일 북부 수마트라의 빠당시듬뿌안에서 출생했다. 그는 학자이자, 작가이며, 반둥 빠자자란 대학교(UPB) 의학부의 교수로 재직했다. 그는 '삶의 투쟁(Pergolakan; 1974)', '사람이 솔직히 말할 때(Saat Orang Berterus Terang; 1974)', '사라진 거

리(Jalur Membenam; 1974)' 등의 단편소설과 '언덕 넘어에 있는 오두막(Pondok di Balik Bukit; 1979)', '그림자들은 더 이상 존재하지 않는다(Tak Ada Lagi Bayang-Bayang; 1981)' 등의 소설이 있다.

(28) 마욘 수뜨리스노(Mayon Sutrisno)는 1958년 뜨망궁에서 출생했고 2004년 자카르타에서 세상을 떠났다. 그는 '결혼 지참금(Emas Kawin; 1983)'이라는 단편소설, '출생의 적들(Musuh-musuh Kelahiran)', '베트남에서 보내온 안개(Kabut Kiriman dari Vietnam)', '파도 소리(Deburan Ombak), '수까르노의 거울(Cermin Kaca Soekarno)' 등의 소설, '부활 시대에 붕 까르노(Bung Karno di Masa Pergerakan)', '수까르노의 소용돌이(Arus Pusaran Soekarno)', '반다 네이라(Banda Neira)' 등의 전기문 그리고 '페미나(Femina)' 여성잡지에 실린 19세기 말의 식민시대를 배경으로 한 '푸른 하늘(Langit Biru)', '냐이 워노끄로모(Nyai Wonokromo)', '마음 없는 세상(Bumi Tanpa Hati)', '막스 하벨라르 이후의 나의 인생(Hidupku sesudah Max Havelaar)' 등의 중편소설을 썼다.

(29) 에까 부디안따(Eka Budianta)는 1956년 2월 1일 동부 자바의 웅임방에서 태어났다. '1백억 분의 일(Sejuta Milyar Satu; 1984)'이라는 시로 유명하며 자카르타예술위원회(DKJ)로부터 문학상을 받았다. 그는 '있다(Ada; 1976)', '벨(Bel; 1977)', '사랑의 바다(Lautan Cinta; 1986)'라는 시집과 '그리움의 불길(Api Rindu; 1987)'이라는 단편소설도 썼다.

(30) 위에서 언급한 작가들 이외에 대중 소설가로 더 유명한 사람이 있다. 대담 전문가로 가자마다대학교(UGM) 교수이며 소설가인 아스하다 시레가르(Ashadi Siregar)는 꼼빠스(Kompas)에 게재된 후 영화로 제작된 소설 '푸른 캠퍼스의 사랑(Cintaku di Kampus Biru)', '너의 사랑으로 향한다(Kugapai Cintamu)', '사랑의 종점(Terminal Cinta Terakhir)' 등의 소설

을 썼다. 그는 '산꼭대기에서의 절망(Frustrasi Puncak Gunung)'과 '빠져 버린 바퀴(Jentera Lepas)'라는 소설도 썼다.

(31) 이끄 수뽀모(Ike Supomo)는 소설가이다. 그녀의 작품인 '보라색 실크 안개(Kabut Sutra Ungu)', '회색 꽃밭(Kembang Padang Kelabu)', '빛나는 노을(Kemilau Kuning Senja)', '주황색 장미(Mawar Jingga)' 등이 영화로 제작되었다.

(32) 에디 이스깐다르(Eddy D. Iskandar)는 '고등학교의 사랑 노래(Gita Cinta dari SMA)', '마음의 공원에 핀 아름다운 꽃(Puspa Indah Taman Hati)', '머리카락이 반질반질한 귀여운 나의 애인(Pacarku Manis Rambutnya Kelimis)', '산드로와 산드라의 사랑 노래(Gita Cinta Sandro dan Sandra)', '일련의 아름다운 추억(Serangkaian Kenangan Indah)', '내가 좋아하는 여자의 일기(Buku Harian Gadis Pujaan)' 등처럼 대부분의 작품이 영화로 제작된 작품을 쓴 소설가이다.

(33) 삐삐엣 슨자(Pipiet Senja)는 '피르다우지(Firdauzi)', '오후에 름방에서 좁은 길을 걸었다(Meniti Hidayah di Rembang Petang)', '방 구석에 있는 한 조각의 마음(Sepotong Hati di Sudut Kamar)', '파란 파란색(Biru yang Biru)' 등의 소설을 쓴 순다 출신의 소설가이다.

(34) 미라 웨(Mira W.)는 현재 의사이자 소설가로서 '중학교 창문에서(Dari Jendela SMP)', '애정의 요새(Benteng Kasih)', '아리니(Arini)', '지나갈 기차가 아직 있다(Masih Ada Kereta yang Akan Lewat)', '사랑만으로는 부족하다(Tak Cukup Hanya Cinta)', '시시의 어두운 마음속(Relung-relung Gelap Hati Sisi), '사랑을 선택해야 할 때(Ketika Cinta Harus Memilih)', '황혼에 피다(Mekar Menjelang Malam)' 등의 소설을 썼다.

(35) 라 로세(La Rose)는 소설가이자 기자였고 에세이스트였으며 화가였다. 그녀는 '사랑의 얼굴들(Wajah-wajah Cinta)', '운명(Takdir)', '삶의 순환(Lingkaran Hidup)', '내가 사랑하지 않기 때문이 아니다(Bukan karena Aku Tidak Mencintai)' 등의 소설을 썼다. 여성잡지에 실린 연재 에세이 '감정을 배려하는 방법(Cara Bertimbang Rasa)', '인생의 창살(Kisi-kisi Kehidupan)', '매력적인 성격(Pribadi Mempesona)' 등도 있다.

(36) 마르가 떼(Marga T)는 의사이자 소설가였다. 그는 영화로 제작된 '까르밀라(Karmila)'와 '태풍은 반드시 지나갈 것이다(Badai Pasti Berlalu)'라는 소설을 썼다. 이외에도 '과거의 소나타(Sonata Masa Lalu)', '나를 위해(Untuku)', '아가씨(Nona)', '빨간 로뎀나무(Saga Merah)', '사랑의 계략들(Ranjau-ranjau Cinta)' 등의 작품을 집필하였다.

위에서 언급한 작가들 이외에도 나집 끄르따빠띠(Najib Kertapati), 무하맛 주흐리(Muhammad Zuhri), 수와르노 쁘라골라빳(Suwarno Pragolapat), 이브라힘 삿타(Ibrahim Sattah), 야띠 위하르자(Yati M. Wiharja), 라야니 스리위도도(Rayani Sriwidodo), 뚜티 헤라띠 라일라 추도리(Tutie Herati Laila S. Chudori), 아흐맛 누룰라(Ahmad Nurullah), 아비다 라 칼리끼(Abidah la Khaliqi), 헤를리나띠엔스(Herlinatiens), 오미 인딴 나오미(Omi Intan Naomi), 베니 스띠아(Beni Setia), 헨드리 떼 엠(Handry T.M.), 라이 리잘(Ray Rizal), 박디 수만또(Bakdi Sumanto), 수나르요노 바수끼 까에스(Sunaryono Basuki KS), 이끄라느가라(Ikranegara), 쁘라세툐 우또모(S. Prasetyo Utomo), 마리아 사르조노(Maria A. Sardjono) 등이 포함된다.

VI

90년 세대와 2000년 세대 문학

VI

90년 세대와 2000년 세대 문학

1. 2000년 세대 문학

현대에는 여류 작가가 눈에 띄게 많이 등장했다. 일반적으로 그들은 자유롭고 예리하고 풍부한 상상력과 감정 표현으로 문학작품을 창작했다. 여성 작가인 리누스 수르야디(Linus Suryadi Ag.)처럼 자신의 작품 '빠리음의 고백(Pengakuan Pariyem)'을 통해 매우 놀라울 정도의 파격적인 에로틱한 분위기, 관능적인 묘사, 심지어 성적인 묘사를 보여준 작가도 있다. 물론, 그렇지 않는 작가들이 더 많은 것이 사실이다. 성적으로 음란하고 에로틱한 표현은 제나르 마헤사 아유(Jenar Mahesa Ayu)의 작품인 '(성기를 가지고) 장난치지 마(Jangan Main-Main(dengan Kelaminmu))'와 '아버지의 젖을 빨다(Menyusu Ayah)'라는 단편소설과 아유 우타미(Ayu Utami)의 '사만(Saman)'이라는 소설의 특정 에피소드에서 찾아볼 수 있다.

2000년 세대의 여류 문학가들로는 아유 우따미(Ayu Utami), 제나르

마헤사 아유(Jenar Mahesa Ayu), 피라 바수끼(Fira Basuki), 헤를리나띠엔스(Herlinatiens), 누낄라 아말(Nukila Amal), 린다 크리스띠안띠(Linda Christianti), 라띠 꾸말라(Ratih Kumala), 오까 루스미니(Oka Rusmini) 등이 있다.

2000년 세대의 여류 작가들 중에는 이전의 엔하 디니(N.H. Dini)작가가 표현했던 '여성의 자유(woman libs)'라는 이데올로기를 사용한 작가도 있다. 그러나 엔하 디니가 사용한 여성의 자유라는 표현은 전혀 음란하지 않다. 특정 부분에서는 즈나르(Jenar Mahesa Ayu)와 우따미(Ayu Utami)의 소설작품이 매우 시적이고, 철학적이고, 인간적이고, 종교적이며 풍부한 사고와 상상력을 보여주고 있다고 할 수 있다. 음란하고 성적인 표현만 제외하면 그들의 작품은 리누스(Linus Suryadi)의 작품인 '빠리음의 고백(Pengakuan Pariyem)'처럼 시적이고 수준 높은 문학작품이라고 할 수 있다. 그러나 그렇지 않았기 때문에 그들의 대표작이 사회적 물의를 일으킨 작품이 되었다.

문학에서 자유주의의 깃발을 높이 내건 즈나르(Jenar Mahesa Ayu)와 우따미(Ayu Utami)와는 달리 헬피 띠이나 로사(Helvy Tiana Rosa)와 아스마 나디아(Asma Nadia), 아피파 아프라(Afifah Afra), 이자뚤 잔나(Izzatul Jannah), 삭띠 위보워(Sakti Wibowo), 하비부라흐만 엘 시라지(Habiburahman el Shirazy), 골라 공(Gola Gong) 등의 문학가들이 펜클럽(Forum Lingkar Pena: FLP)에 등장했다. 펜클럽(FLP)에서는 간혹 종교적인 문학, 하느님에 대한 찬미 문학, 초자연적인 문학 또는 계몽적인 문학이라고 불리는 이슬람 문학의 경향을 보여주었다. 펜클럽(FLP) 문학가들에게 있어서 올바른 문학이란 아름답고 부드럽고 품위 있는 언어를 통해 대중들을 계몽시키고, 깨우치고, 가르치고, 더 나아가 현명하고 올바른 정신을 가다듬을 수 있도록 이끄는 것이었다.

그들은 '쓰는 것이 부자로 만들 수 있다(Menulis Bisa Bikin Kaya)'라는 주제를 다양한 토크쇼, 강연, 심포지엄 등에서 다뤘다. 여기서 부자라는 것은 보통 사람이 이해하는 것뿐만 아니라 일반적으로 넓은 의미를 가지고 있다. 물론, 물질적인 것을 의미할 수도 있지만(예컨대, 힐만 하리위자야(Hilman Hariwijaya)가 인도네시아 전 지역의 주목을 받은 '루뿌스(Lupus)'라는 연재 소설로 5년간에 무려 8억 루피아 인세를 받았음) 풍부한 생각, 마음, 정신, 지식 그리고 경험에 더 의미를 둔다고 볼 수 있다.

꼬리에 라윤 람빤(Korrie Layun Rampan)에 의하면, 현재까지 계속 창작 활동을 하고 있는 80년 세대 문학가와 2000년 세대 문학가는 다음과 같은 특징을 가지고 있다:

1. 언어는 '서민적인(kerakyatjelataan)' 일상어를 선택했음.
2. 일정한 규칙이 없이 타이포그래피 형식을 띠고 있지만 구체적인 시의 경향을 취하고 있음.
3 의인법이라는 새로운 미학을 사용.
4. 개인이 다수의 인물과의 상호 작용을 통해 창작활동이 이루어짐.
5. 작품의 대상과 일치하는 관계속에서 사건과 사물의 조화로운 구성.
6. 자연(잎, 풀 등)을 활용하여 보다 구체적인 예언 시나 종교적인 시 창작 경향을 보임. 예언적인(종교적인) 시.
7. 2000년대의 불확실한 정치 사회 상황과 신질서 체제의 공포로 인해 사회적인 비평이 더 강하게 나타남.
8. 새로운 타이포 그래피와 일치하고 시의 댓구 형식 또는 댓구가 없는 형태로 창작한 시가 많음.
9. 자연의 이미지를 사용.
10. 지역의 색채와 고립된 모습을 지우려고 노력하는 혁신적인 활동주의 움직임.
11. 1인칭 관찰자 시점(하이릴 안와르와 동시대의 다른 시인들의 시에 나타난 1인칭 시점)에서 1인칭 주인공 시점으로 교체.

2000년에 그라신도(Grasindo) 출판사를 통해 코리에 라윤 람만(Korrie Layun Raman)은 '인도네시아 문학의 2000년 세대(Angkatan 2000 dalam Sastra Indonesia)'라는 제목의 방대한 문학서를 출판했다. 그 문학서는 76명의 문학가를 담고 있다. 그들은 대부분 70년대 생으로 인도네시아 문학계에 알려진지 그리 오래 되지 않은 작가들이다. 이외에도 알려지지 않는 문학가들이 여전히 많다. 따라서 문학서에 포함된 76명 이외에 2000년 세대 문학가 명단에 들어갈 수 있는 인도네시아 문학가 이름은 수십 명 또는 그 이상일 수 있다.

한편, 코리에(Korrie Layun Rampan)가 이전 세대에서 작품활동을 했지만 2000년 세대(Angkatan 2000)에 포함시킨 몇몇 작가들이 있다. 그들은 아프리잘 말나(Afrizal Malna), 아흐마둔 요시 헤르판다(Ahmadun Yossi Herfanda), 세노 구미라 아지다르마(Seno Gumira Ajidarma) 등이다. 반면, 코리에(Korrie Layun Rampan)가 기술한 2000년 세대(Angkatan 2000)의 문학서에 포함되지 않은 몇몇 유명한 작가도 있다. 그 이유는 그들이 90년대 또는 그 이전 세대에서 활동한 선배들이기 때문이다. 이에 해당되는 작가들은 '일본의 꽃(Kembang Jepun)', '끼르미지의 빨간 베일(Kerudung Merah Kirmizi, KLA)' 등의 소설과 '짜 바우 깐(Ca Bau Kan)', '삼 포 콩(Sam Po Kong)', '천 편의 시집(Antologi Seribu Puisi)' 등의 시를 쓴 레미 시라도(Remy Sylado), '인도네시아 사람이 되기가 창피하다(Malu Aku Jadi Orang Indonesia, MAJOI)'라는 시로 개혁을 시도한 따우픽 이스마일(Taufik Ismail), '12월의 쓰레기(Sampah Bualan Desember)'와 '용변기 속 머리(Kepala dalam Pispot)'라는 단편소설을 출판한 함삿 랑꾸띠(Hamsad Rangkuti), '매우 그립다(Gandrung)', '코란 낭독(Tadarus)', '생쥐와 인간(Tikus dan Manusia)', '혹의 철학(Filsafat Benjol)' 등의 시를 쓰고 '악마는 절대 죽지 않는다(Iblis Tidak Pernah Mati)'라는 단편소설을 쓴 세노 구미라 아지다르마(Seno Gumira Ajidarma) 그리고 문학작품과 칼럼뿐만 아니라 가믈란 끼아이 깐젱(Gamelan Kiai Kanjeng) 음악 그룹에게 노래 가사를 써 주기도 한 엠하 아이눈 나집(Emha Ainun Najib), 일요 신문인

꼼파스(Kompas)에 많은 단편소설을 쓴 꾼또위조요(Kuntowijoyo)와 부디 다르마(Budi Darma) 등이 있다.

2. 90년 세대와 2000년 세대 문학가들

(1) 아프리잘 말나(Afrizal Malna)는 1957년 6월 7일 자카르타에서 출생하여 드리야르까라 철학 대학교(Sekolah Tinggi Filsafat Driyarkara, STF Driyarkara)에서 수학한 적이 있는 시인이다. 그는 시집 '달리는 시대(Abad yang Berlari; 1984)'를 썼으며, 주로 유명 미디어에 예술, 연극, 문학 에세이 등을 게재했다. 아프리잘(Afrizal)은 '암소의 명상(Meditasi Sapi Betina)'이라는 산문, '마이크로폰에서 조용한 것(Yang Berdiam dalam Mikrofon; 1990)', '걱정스러운 신화들(Mitos-mitos Kecemasan; 1985)', '친구에게서 받은 목걸이(Kalung dari Teman)' 등의 시, '인도네시아의 어떤 것(Sesuatu Indonesia)'이라는 에세이집 그리고 '거실로부터의 이주(Migrasi dari Ruang Tamu)'라는 희곡을 썼다. 1994년에 아프리잘은 레뿌블리까 상(Republika Award)을 받았다.

(2) 레미 실라도(Remy Sylado, 일명 Yapi Tambayong)는 1945년 6월 12일 술라웨시의 우중 빤당(현 마까사르)에서 출생했다. 그는 일반적인 시 형식에서 벗어난 시(puisi mbeling)의 선구자로 유명하다. 그는 '일본의 꽃(Kembang Jepun; 2000)', '삼 뽀 꽁(Sam Po Kong)', '짜 바우 깐(Ca Bau Kan)', '오직 한 가지 죄(Hanya Sebuah Dosa; 1999)' 등을 썼고 2002년 '끼르미지의 빨간 베일(Kerudung Merah Kirmizi)'로 5천만 루피아 상금과 함께 적도 문학상(Khatulistiwa Literary Award)을 수상했다. 악기 연주를 잘하고 노래를 잘 불렀으며 여러 종교의 경전을 읽고 여러 외국어에 능통했을 뿐 아니라 문학, 음악, 연극, 등에서도 다재 다능한 재능을 보

여준 레미는 '극작법의 기초(Dasar-dasar Dramaturgi; 1981)', '인도네시아 어휘 10개 중 9개는 외래어이다(9 dari 10 kata Indonesia adalah Asing)'와 '1,000편의 시 모음집(Antologi 1,000 Puisi)'도 썼다. 그의 소설로는 '구멍을 파고 구멍에 미친다(Gali Lubang Gila Lubang; 1977)', '오직 한 번뿐인 우리의 인생(Kita Hidup Hanya Sekali; 1977)', '오래카스(Orexas)', '까리그마(Karigma; 1999)' 등이 있다. 레미(Remy)는 '시안 링(Sian Ling)', '기원(Genesis)', '메시아(Mesiah)' 등의 희곡도 썼다.

(3) 자와위 임론(D. Zawawi Imron)은 1946년 9월 19일 수므눕의 바땅-바땅에서 출생했다. 그는 마두라에 있는 이슬람 기술학교에 다닌 적이 있으며, 독학으로 시를 공부한 문학가로 유명하다. 그의 작품으로 '마두라, 나는 너의 바다(Madura, Akulah Lautmu; 1978)', '갈대로 찔린 달(Bulan Tertusuk Lalang; 1982)', '향기로운 야자 꽃(Semerbak Mayang; 1977)' 등이 있다. 그리고 교육문화성의 우수도서재단 상을 수상한 '나의 선조는 눈물(Nenek Moyangku Air Mata; 1985)'과 '금낫(Celurit Emas; 1986)'이라는 시집이 있다. 자와위(Zawawi)는 '니 쁘리 딴중 울란(Ni Peri Tunjung Wulan)'과 '방사짜라 라자빠드미(Bangsacara Rajapadmi)'의 이야기를 재구성하여 시를 썼다. 그의 다른 작품으로는 '빠르게 하느님을 찬미하다(Derap-derap Tasbih; 1992)', '빠모르 바딕에서 항해하다(Berlayar di Pamor Badik; 1994)', '파도는 나의 베개 바람은 이불(Bantalku Ombak Selimutku Angin; 1996)', '너의 바다는 파도가 끊이지 않는다(Lautmu Tak habis Gelombang; 1996)', '마두라, 나는 너의 피(Madura, Akulah Darahmu; 1999)' 등의 시가 있다. 그리고 '마을(Dusun; 2000)'과 '하느님께 시위한다(Unjuk Rasa kepada Allah; 1999)'를 묶어 만든 '중얼거림(Gumam-gumam)'이라는 칼럼 모음집도 있다.

(4) 빤디르 끌라나(Pandir Kelana)는 1925년 4월 4일 반자르 느가라에서 출

생했다. 군에서 소장으로 근무한 적이 있는 작가는 최고 자문 위원회(Dewan Pertimbangan Agung, DPA) 위원과 자카르타 예술대학(Institut Kesenian Jakarta, IKJ)의 총장을 역임했다.

그의 소설로는 '뿌닥 왕이의 동곳(Tusuk Sanggul Pudak Wangi; 1989)', '마지막 기차(Kereta Api Terakhir; 1991)', '까다르왕이(Kadarwangi; 1991)', '뻐꾸기의 울음 소리(Rintihan Burung Kedasih; 1991)', '누르하야띠의 에메랄드 귀고리(Subang Zamrud Nurhayati; 1992)', '신드르 어머니(Ibu Sinder; 1991)' 등이 있다.

(5) 라하르디(F. Rahardi)는 1951년 6월 10일 암바라와에서 태어났다. 그는 명료하고 현실적이며, 저속한 시를 쓰는 시인으로 유명하다. 그는 교사로 근무하다가 현재 '뜨루부스(Trubus)' 농업 잡지의 부편집인으로 일하고 있다. 그는 '부패한 사람의 일기(Buku Harian Sang Koruptor; 1985)', '창녀의 맹세(Sumpah WTS; 1983)', '간도의 계보(Silsilah Garong; 1990)', '사냥꾼의 연말 연설(Pidato Akhir Tahun Seorang Germo; 1997)' 등의 시를 썼다. 그리고 '홍수림으로부터의 사랑(Cinta dari Hutan Bakau; 1994)'이라는 생활환경에 관련된 시를 모아 시집을 만들고 머리말도 직접 썼다.

(6) 리안띠아르노(N. Riantiarno)는 1949년 6월 6일 찌르본에서 출생했다. 그는 꼬마 극장(Teater Koma)를 이끌며 매우 활발하게 희곡을 썼다. 그는 '바퀴벌레 오페라(Opera Kecoa)', '줄리니 오페라(Opera Julini)', '구갓 밴드(Band Gugat)', '승계(Suksesi)', '골든 트라이앵글의 중개인(Pialang Segitiga Emas)', '시기(Kala)', '부리스라와 재벌(Konglomerat Burisrawa)', '일반화된 오류의 오페라(Opera Salah Kaprah)', '삼펙 엥 타이(Sampek Eng Thay)', '여성 국회위원들(Wanita-wanita Parlemen)', '스마르 구갓(Semar Gugat; 1995)', '욕정의 사랑(Cinta yang Serakah, 1996)', '변비 오페라(Opera Sembelit; 1998)' 등의 희곡을 썼으며, '황혼의 사랑(Percintaan Senja;

1988)'이라는 소설도 썼다. 1993년에 인도네시아 정부 예술상을, 1998년에 아세안(ASEAN) 문학상을 수상했다.

(7) 아유 우따미(Ayu Utami)는 1968년 11월 21일 서부 자바의 보고르에서 출생했다. 그녀는 인도네시아 대학교의 러시아 문학과를 졸업했다. 1998년 자카르타 예술위원회 소설 쓰기 대회에서 1등 상을 받은 '사만: 라이라는 뉴욕에 들르지 않다(Saman: Laila Tak Mampir di New York; 1999)'라는 소설로 유명하다. 아유 우따미는 우딴 까유 문학 공동체(Komunitas Sastra Utan Kayu, KUK)와 구나완 모하맛(Goenawan Mohamad), 니르완 데완또(Nirwan Dewanto) 등과 함께 문화저널의 칼럼(Kalam Jurnal Kebudayaan)에서 활동했다. 사만(Saman) 출판 이후, 우따미는 '바닥이 없는 관(Larung)'이라는 소설과 '기식자(Parasit Lajang)'라는 단편소설을 출판했다. 우따미의 5권의 소설은 '사만(Saman)', '바닥이 없는 관(Larung)', '기식자(Si Parasit Lajang)', '숫자 푸(Bilangan Fu)', '만잘리와 짜끄라비라와(Manjali dan Cakrabirawa)' 등이다. 그녀는 젠더 문제, 섹스, 정신주의 등의 문제들을 솔직하고 명쾌한 문체로 풀어내 독자들에게 인정을 받았다. 그녀의 소설 '사만(Saman)'은 클라우스 왕자 재단(Prince Claus Fund)으로부터 2000년에 클라우스 왕자 상(Prince Claus Award)을 받았다. 그리고 '숫자 푸(Bilangan Fu)'는 2008년에 적도 문학상(Khatulistiwa Literary Award)을 받았다.

(8) 아구스 에르 사르조노(Agus R. Sarjono)는 1962년 7월 27일 서부자바의 반둥에서 출생했다. 그는 반둥 사범 대학교(Institut Keguruan dan Ilmu Pendidikan Bandung, IKIP Bandung) 어문학 교육학과를 졸업했다. 현재는 반둥 인도네시아 예술대학교(Sekolah Tinggi Seni Indonesia Bandung, STSI Bandung) 연극학과의 교수로 재직하고 있다. 아구스(Agus)는 자카르타 예술위원회의 문학위원회와 '호리손' 문학 잡지에서도 활동했다. 따

우픽 이스마일(Taufiq Ismail), 렌드라(Rendra), 수따르지(Sutardji C.B), 쩨쩹 샴술 하디(Cecep Syamsul Hadi), 압둘 하디(Abdul Hadi W.M.) 등과 함께 '문인이 말하고 학생이 묻다(Sastrawan Bicara Siswa Bertanya, SBSB)'라는 프로그램을 인도네시아전역에서 진행하였다. 그의 작품으로는 '바람 나라 이야기(Suatu Cerita di Negeri Angin)', '눈물의 제사(Kenduri Air Mata; 1994)', '오랜 세월의 밤(Malam Seribu Bulan; 1991)', '21세기 시인의 단상(Mimbar Penyair Abad 21; 1996)' 등의 시가 있다. 그는 '4세대의 문학(Sastra dalam Empat Orba)'도 썼고, 그의 에세이들은 '호리손' 문학 잡지에 많이 실렸다.

(9) 아흐마둔 요시 헤르판다(Ahmadun Yossi Herfanda)는 1956년 1월 7일 끈달(Kendal)에서 출생했다. 그는 욕야카르타 사범 대학교(IKIP Yogyakarta)의 인도네시아어문학과를 졸업했다. 현재까지 '레뿌블리까(Republika)' 신문의 편집인을 맡고 있다. 그는 '태양(Sang Matahari; 1984)', '푸른 잔디밭(Ladang Hijau; 1990)', '무용가의 시(Sajak Penari; 1991)', '잔디의 기도(Sembahyang Rumputan; 1996)' 등의 시와 '웃는 것이 금지되기 전에(Sebelum Tertawa Dilarang; 1997)'라는 단편소설을 썼다.

(10) 아쩹 잠잠 누르(Acep Zamzam Noor)는 1960년 2월 28일 따식말라야에서 태어났고 찌빠숭 이슬람기술학교(Pondok Cipasung)와 반둥공과대학(ITB) 미술 디자인 학부를 졸업하고 이탈리아로 유학을 갔다. 그후 '삐끼란 락깟 반둥(Pikiran Rakyat Bandung)' 신문사에서 일을 했다. 아쩹(Acep)은 '내 얼굴을 때려라!(Tamparlah Mukaku!), '나 지금 기도해(Aku Kini Doa)', '조용한 까시다(Kasidah Sunyi, 아랍의 종교 성가)', '비 내리는 도시에서(Dari Kota Hujan)', '움브리아 위에서(Di Atas Umbria)' 등의 시를 썼다.

(11) 아비다 알 칼리에키(Abidah Al Khalieqy)(이다 바니 사드르(Ida Bani Sadr)라는 필명을 쓰기도 함)는 1965년 3월 1일 좀방에서 출생했다. 그는 욕야카르타 이슬람대학교(IAIN Sunan Kalaga Yogyakarta)의 이슬람 법학부를 졸업했으며 '노한 바다는 나의 어머니(Ibuku Laut Berkobar; 1997)'라는 시를 썼다. 그의 시는 다른 시인의 작품과 함께 '바람의 무리(Kafilah Angin; 1990)', '나라(Negeri; 1996)', '슴빌루(Sembilu)', '오아시스(Oase)', '가장자리(Ambang)', '공연(Pagelaran)', '따모 선생님(Guru Tamo)', '시인의 의식(Upacara Penyair)' 등의 시집에 실렸다. 그의 '게니 조라(Geni Jora)'라는 소설은 2003년에 자카르타예술위원회(DKJ)로부터 소설 부문 2등상을 받았다.

(12) 도로테아 로사 하를리아니(Dorothea Rosa Harliany)는 1963년 10월 20일 중부 자바의 마글랑에서 태어났다. 욕야카르타 사나따 다르마 대학교(Universitas Sanata Dharma Yogyakarta) 인도네시아 어문학과를 졸업했으며 '소란스러운 노래(Nyanyian Gaduh; 1987)', '흐르는 태양(Matahari yang Mengalir; 1990)', '외로운 애벌레(Kepompong Sunyi; 1993)', '갈대 결혼(Nikah Ilalang; 1995)' 등을 썼다. 1998년~2000년 사이 이스마일 마르주끼 기념공원(TIM)에서 개최된 시 쓰기 백일장에서 자카르타예술위원회(DKJ)로부터 2등 상을 받은 '떨어진 올리브 잎의 꿈(Mimpi Gugur Daun Zaitun; 1999)'이라는 시가 있다. 그녀의 단편소설로는 '등잔(Blencong; 1995)', '캐리커처와 한 조각의 사랑(Karikatur dan Sepotong Cinta; 1995)', '기다리는 여성(Perempuan yang Menunggu; 2000)' 등이 있다.

(13) 구스 떼에프 사까이(Gus TF Sakai)는 1965년 8월 13일 서부 수마트라의 빠야꿈부에서 출생했다. 그는 '살의 새장(Sangkar Daging; 1997)'이라는 시와 '끄띠니산 궁전(Istana Ketinisan; 1996)', '반짝이는 빛(Kemilau

Cahaya)', '눈먼 여자(Perempuan Buta; 1996)' 등의 단편소설과 '전설(Tambo; 2000)', '다리가 부러진 사각형(Segi Empat Patah Kaki; 1990)', '다리가 빠진 삼각형(Segitiga Lepas Kaki; 1991)' 등의 소설도 썼다.

(14) 헬피 띠아나 로사(Helvy Tiana Rosa)는 1970년 4월 2일 북부 수마트라의 메단에서 태어났으며 인도네시아대학교 아랍문학과를 졸업했다. 그녀는 '펜 클럽(Forum Lingkar Pena, FLP)' 회장, 인도네시아대학교 브닝 극장(Teater Bening UI)의 설립자였다. 그녀의 희곡은 '아미나와 팔레스타인(Aminah dan Palestina; 1991)', '마법사들의 땅(Negeri Para Pesulap; 1993)', '로까 마을에서의 죽음(Maut di Kampung Loka; 1993)', '파티야와 세브레니따(Fathiya dan Sebrenita; 1994)', '여자의 나라(Tanah Perempuan; 2005)' 등이 있다. 그녀는 '가가 씨가 떠날 때(Ketika Mas Gagah Pergi; 1997)', '애정의 방랑(Kembara Kasih; 1998)', '돌이 말할 때까지(Hingga Batu Bicara; 1999)', '나의 왕자님(Pangeranku; 2000)', '하늘 사람들(Manusia-manusia Langit; 2000)', '이별 노래(Nyanyian Perpisahan; 2000)' 등을 썼다. 그녀의 '빨간 그물들(Jaring-jaring Merah)'이라는 단편소설은 지난 10년간 '호리손(Horison)' 문학 잡지가 선정한 최고의 단편소설 목록에 포함되어 있다.

(15) 이스베디 스띠아완(Isbedy Stiawan Z.S.)은 1958년 6월 5일 남부 수마트라의 람뿡 딴중까랑에서 태어났다. 그는 '피(Darah; 1982)', '바드리(Badri; 1984)', '종말(Akhir; 1986)', '파도의 그림(Lukisan Ombak; 1992)', '하늘의 거울(Cermin Langit; 1994)' 등의 시를 썼다.

(16) 자말 데 라흐만(Jamal D. Rahman)은 1967년 12월 14일 수므늡에서 태어났다. 그는 '샤리프 히다야뚤라 이슬람대학교(IAIN Syarif Hidayatullah)' 우술루딘 학부를 졸업했다. 그는 '신의 눈물(Airmata Dewa; 1993)'과 '인

도(Trotoar; 1996)'라는 시를 쓰기도 했다.

(17) 조꼬 삐누르보(Joko Pinurbo)는 1962년 5월 11일 수까부미의 뻴라부한 라뚜에서 태어났다. 그는 '사나따 다르마 사범대학교(IKIP Sanata Dharma)'의 인도네시아 어문학과를 졸업했다. '바지(Celana)', '펄럭이는 사룽 아래(Di Bawah Kibaran Sarung)', '나의 어린 애인(Pacar Kecilku)', '나의 애인(Kekasihku)', '핸드폰(Telepon Genggam; 2006)' 등의 시를 썼다.

(18) 꾸스쁘리얀또 남마(Kusprihyanto Namma)는 1965년 10월 30일 응아위에서 태어났다. 그는 '마렛 스블라스 대학교(Universitas Sebelas Maret)', 교육사범대학(FKIP)의 인도네시아 어문학과를 졸업했다. 그는 '내륙 문학의 활력(Revitalisasi Sastra Pedalaman)'의 선구자이자, 뻬론 극장(Teater Peron)의 설립자였다. 그는 '미로(Labirin)'라는 시집과 '뿐덴(Pundhen)', '드라큘라(Drakula)', '신인(Orang Baru)' 등의 단편소설을 쓰기도 했다.

(19) 넨덴 릴리스(Nenden Lilis A.)는 1971년 12월 26일 가룻에서 태어났다. 그녀는 반둥 사범대학교(IKIP Bandung)의 언어 예술 교육 학부(Fakultas Pendidikan Bahasa dan Seni)의 인도네시아 어문학과를 졸업했다. 그녀는 '마법의 나라(Negeri Sihir; 1999)'라는 시를 썼다. 그녀의 다른 시로는 '21세기 시인의 단상(Mimbar Penyair Abad 21)', 보라빛 여류 시인의 시집, '인도네시아 시인(Penyair Indonesia)' 등이 있다.

(20) 오까 루스미니(Oka Rusmini)는 1967년 7월 11일 서부 자바의 자카르타에서 출생했다. 그녀는 우다야나대학교(Universitas Udayana) 문학부를 졸업했으며 '지구의 춤(Tarian Bumi; 2000)'이라는 소설과 시 쓰기 백일

장에서 우승한 '나무의 독백(Monolog Pohon; 1997)'이라는 시를 썼다. 그녀의 '뿌뚜가 신을 돕는다(Putu Menolong Tuhan)'라는 단편소설은 1994년 '페미나(Femina)' 여성잡지가 선정한 최고의 단편소설이었다. 그녀의 시 작품으로는 '사랑하는 발리의 기도(Doa Bali Tercinta)', '아이의 그리움은 사랑을 일다(Rindu Anak Mendulang Kasih; 1987)', '어둠의 나라(Negeri Bayang-bayang; 1996)', '21세기 시인의 단상(Mimbar Penyair Abad 21; 1996)' 등이 있다.

(21) 세노 구미라 아지다르마(Seno Gumira Ajidarma)는 1958년 6월 19일 미국의 보스턴에서 태어났고, '자카르타 예술대학(IKJ)'의 영화학과를 졸업했다. '시대(Zaman)' 잡지의 편집자를 역임했으며 '자카르타-자카르타(Jakarta-Jakarta)'라는 잡지사에서 일한 적도 있다. 그는 미라 사또(Mira Sato)라는 필명으로 '죽다 죽다 죽다(Mati Mati Mati; 1975)', '죽은 아기(Bayi Mati; 1978)', '미라 사또의 기록(Catatan-catatan Mira Sato; 1978)', '수류탄과 다이너마이트(Granat dan Dinamit; 아지 수다르마지 무크신(Ajie Sudarmadji Mukhsin)공저, 1975)' 등의 시를 창작하기도 했다. 그 이후에 세노 구미라 아지다르마(Seno Gumira Ajidarma)라는 이름으로 '방의 인간(Manusia Kamar; 1988)', '신비한 사수(Penembak Misterius; 1993)', '증인(Saksi Mata; 1994)', '목욕실에서의 노래 금지(Dilarang Menyanyi di Kamar Mandi; 1995)', '사랑을 위한 질문(Sebuah Pertanyaan untuk Cinta; 1996)', '안개의 나라(Negeri Kabut; 1996)', '악마는 절대 죽지 않는다(Iblis Tidak Pernah Mati; 1999)', '사랑의 이름으로(Atas Nama Cinta; 1999)' 등의 단편소설을 출판했다. 그의 다른 작품으로는 '시(Sajak)', '인도네시아 영화에서 대화하는 방법: 1973년~1992년 사이에 인도네시아 영화제에서 찌뜨라 상을 수상한 20편의 시나리오(Cara Bertutur dalam Film Indonesia: 20 Skenario Pemenang Citra FFI)', '재즈(Jazz)', '그 사건의 행운의 여신(Fortuna on Insiden; 1996)', '평평한 장막

(Layar Rata; 2000)', '도망자 위상게니(Wisanggeni Sang Buronan; 2000)', '언론이 막혔을 때 문학이 말해야 된다(Ketika Jurnalisme Dibungkam Sastra Harus Bicara; 1997)' 등이 있다. 그의 '쓰기 수업(Pelajaran Mengarang)'이라는 단편소설은 '꼼파스(Kompas)' 잡지가 선정한 최고의 단편소설이었고, 이외에도 '골든 트라이앵글(Segitiga Emas)'이라는 단편소설은 1990년~1991년까지 새로운 소리(Suara Pembaruan)라는 글쓰기 대회에서 2등 상을 받았다. 그의 단편소설 '증인(Saksi Mata; 1997)'은 1994년에 인도네시아 교육문화성으로부터 상을 받았다. 그리고 '사랑을 위한 질문(Sebuah Pertanyaan untuk Cinta)'이라는 단편소설은 우수도서재단(Yayasan Buku Utama)에서 선정한 최고의 소설로 상을 받았다. 그는 태국에서 주는 동남아시아 작가상(SEA Write Award)도 수상했다.

(22) 시똑 스렝엥에(Sitok Srengenge)는 1965년 8월 22일 그로보간에서 출생했다. 그는 자카르타 사범대학교(IKIP Jakarta) 인도네시아 어문학과를 졸업했다. 그는 렌드라 극장(Teater Rendra)에서 활발하게 활동했고, 태양 극장(Teater Matahari)과 넝마주이 대화 포럼(Forum Dialog Keranjang Sampah) 그리고 두더지 문화(Gorong-gorong Budaya)협회의 설립자이고, 우딴 까유 극장(Teater Utan Kayu)의 운영자였다. 그는 '거친 성교(Persetubuhan Liar; 1992)'라는 시를 썼다.

(23) 소니 파리드 마울라나(Soni Farid Maulana)는 1962년 2월 19일 타식말라야에서 태어났다. 그는 반둥 인도네시아 무용 예술 전문대학(Akademi Seni Tari Indonesia Bandung, ASTI Bandung) 연극학과를 졸업한 '삐끼란 락깟(Pikiran Rakyat)'의 기자였다. 왕성한 창작 시인인 그는 '천사의 트럼펫(Bunga Kecubung; 1984)', '지도 없는 세계(Dunia Tanpa Peta; 1985)', '태양의 화장터(Krematorium Matahari; 1986)', '성묘객들(Para Penziarah; 1987)', '안개 낀 태양(Matahari Berkabut; 1989)', '거울 앞

의 꿈(Impian Depan Cermin; 1993)', '떨어진 먼지(Guguran Debu; 1994)', '어둠의 전경(Panorama Kegelapan; 1996)', '비가 그친 후: 1980년~1993년 시 모음집(Sehabis Hujan: Sehimpunan Puisi 1980~1993; 1996)', '우리는 이야깃 거리로 태어났다(Kita Lahir sebagai Dongengan; 2000)' 등의 시를 썼다.

(24) 위지 뚜쿨 위자야(Wiji Thukul Wijaya)는 1963년 8월 26일 중부 자바의 솔로에서 태어났다. 하류층 시인이자 인도네시아예술학교를 중퇴한 그는 노동자 집회에 자주 참여하였고, 민주민중당(Partai Rakyat Demokrat)에 당원으로 가입하였으며, 수까반지르(Sukabanjir) 극장의 책임자였다. 그는 정부기관으로부터 핍박을 당한 적이 있으며, 현재 1998년 개혁시대 때 신질서 체제의 희생자이자 실종자로 등록되어 있다. 그의 시는 빈민가 지역과 막노동꾼의 생활을 있는 그대로 가감없이 그렸다. 그의 가장 유명한 시는 '경고(Peringatan)'이며, 그가 자주 외치는 모토는 '오직 한 마디: 대적해!(Hanya ada satu kata: lawan!)'라는 것이었다. 위지 뚜쿨 위자야는 학력이 낮았지만 1990년 한국에서 열렸던 제3차 문화행동에 관한 아시아-태평양 트레이너 양성 워크숍(Asia Pasific Trainer's l'raving Workshop on Cultural Action)에 참여한 적이 있다. 1991년 네덜란드에서 Wertheimen Encourage Award과 Werthein Stechting 상을 받았다. 그의 시는 '초원을 찾는다(Mencari Tanah Lapang; 1994)', '하수구의 깡꿍 음식(Tumis Kangkung Comberan; 1996)', '나는 총알이 되고 싶다(Aku Ingin Jadi Peluru; 2000)', '펠로 시(Puisi Pelo)', '다르만(Darman)' 등이 있다. 그는 '꾀꼬리의 울음 소리(Kicau Kepodang; 1993)', '여기 기부의 소리(Suara Sumbang Sini)', '작은 주전자 나라에서 2(Dari Negeri Poci 2)' 등의 시를 다른 시 작품과 함께 발표했다.

(25) 야누사 누그로호(Yanusa Nugroho)는 1960년 1월 2일 수라바야에서 태어났고 인도네시아 대학교 문학부(Fakultas Sastra Universitas Indonesia, FSUI)를 졸업했다. 그의 단편소설들은 대부분 부조리를 모티프로 삼았다. 왕성한 창작 활동 이외에도 야누사는 전통 예술 분야의 활동을 위해 부다야 누산따라(PT Budaya Nusantara)를 설립하기도 했다. 그는 '노란 개똥벌레(Kunang-kunang Kuning; 1987)'라는 작품으로 물따뚤리(Multatuli) 상과 네덜란드 라디오 상을 수상한 적이 있고, '디나르(Dinar)'라는 제목의 동화로 '아야 분다(Ayah Bunda)' 잡지가 주는 상을 받은 적이 있다. 야누사는 마일드(A Mild), 지 삼 수(Dji Sam Soe), 파라멕스(Paramex), 프리포트(Free Port), 비엠더블 센 세븐(BMW sen 7,) 단카우(Dancow) 등 인기 상품의 광고 문구를 만들기도 했다. 작가로서 그는 '발가 벗겨진 달(Bulan Bugil Bulat; 1990)', '한 두루마리만큼의 옛날 이야기(Segulung Cerita Tua; 2002)', '야자 잎 이야기(Cerita di Daun Tal; 1992)', '번개를 움켜쥔다(Menggenggam Petir; 1996)'라는 단편소설을 출판했다.

(26) 유스리잘(Yusrizal K.W)은 1969년 서부 수마트라의 빠당에서 태어났고 조형예술고등학교(Sekolah Menengah Seni Rupa, SMSR)를 졸업한 후 빠당 에까삭띠 대학교 정치사회학부(Universitas Ekasakti Padang FISIPOL)에 진학했다. 그는 '출생의 내면(Interior Kelahiran; 1997)'이라는 시를 썼고, '여성 안의 여성(Perempuan dalam Perempuan)'이라는 단편소설집을 편집했다. 그의 '평화의 권총(Pistol Perdamaian; 1996년 꼼파스가 선정한 단편소설)'은 단편소설집에 실렸고, 레뿌블리까(Republika), 수아라 뻼바루안(Suara Pembaruan), 메디아 인도네시아(Media Indonesia), 까르띠니(Kartini) 신문 및 잡지 등에도 실렸다. 그의 시 '란딱 8(Rantag 8; 1991)', '시 속의 관광(Pariwisata dalam Puisi; 1991)', '작은 주전자 나라에서 3(Dari Negeri Poci 3)'는 다른 시인의 작품과 함께 '21세기 시인의 단상(Mimbar Penyair Abad 21; 1998)'에 실렸다.

(27) 제나르 마헤사 아유(Djenar Maesa Ayu)는 1973년 1월 14일 서부 자바의 자카르타에서 태어난 인도네시아 문학가이다. 이 작가의 단편소설들은 '꼼파스(Kompas)', '더 자카르타 포스트(The Jakarta Post)', '레뿌블리까(Republika)', '꼬란 템뽀(Koran Tempo)' 등의 신문 및 잡지를 통해 널리 알려졌다. 그녀의 첫 작품인 '그들이 내가 원숭이래!(Mereka Bilang, Saya Monyet!)'는 2003년 적도 문학상(Khatulistiwa Literary Awards)의 베스트 10권 후보에 올랐다. 그녀의 두 번째 작품인 '(성기를)장난치지마(Jangan Main-Main(dengan Kelaminmu))는 2004년 적도 문학상의 베스트 5권이라는 상을 받았다. '나일라(Nayla)'는 그라메디아 뿌스따까 우따마(Gramedia Pustaka Utama)에서 출판된 제나르의 첫 작품이다. 최근 '사이아(Saia)'라는 단편소설을 썼다.

(28) 안드레아 히라따 세만(Andrea Hirata Seman)은 1967년 10월 24일 블리뚱에서 태어났다. 그는 '무지개 군대(Laskar Pelangi)', '꿈꾸는 사람(Sang Pemimpi)', '에덴서(Edensor)', '마르야마 까르뽀브(Maryamah Karpov)' 등의 4부작 소설을 썼다. 그리고 '달 평원(Padang Bulan)'과 '유리잔 속의 사랑(Cinta di dalam Gelas; 2010)'이라는 2부작 소설도 썼다. 2011년에 그는 '11명의 애국자(Sebelas Patriot)', '무지개 군대 2012년 가요집(Laskar Pelangi Song Book 2012)'이라는 소설을 썼다. '무지개 군대(Laskar Pelangi)'는 인도네시아의 스테디셀러로 7세 아이부터 70세 교수까지 그의 작품에 관심을 갖게 만든 작품이다. 2006년에 창작한 '꿈꾸는 사람(Sang Pemimpi)'은 찬란한 미래의 삶을 이야기하면서 독자들이 사랑, 꿈, 헌신 그리고 신의 관용을 잃지 않게 만들었다. 또한 이 소설은 인간의 운명, 사랑, 행복 등이 넘치는 삶과 함께 마음을 찢는 듯한 슬픈 삶을 이야기하여 독자들이 삶의 양면성에 대해 생각하도록 만들었다.
'에덴서(Edensor)'는 2007년 적도 문학상(KLA: Khatulistiwa Literary Award) 후보에 올랐다. 이 소설의 주인공인 이깔(Ikal)과 아라이(Arai)

가 프랑스의 대학원에서 공부하기 위해 유럽 연합에서 장학금을 받고 유학할 때를 작품의 배경으로 삼고 있다. '마르야마 까르뽀브(Maryamah Karpov)'는 2008년 11월에 븐땅 뿌스따까(Bentang Pustaka)에서 출판되었다. 이 소설은 이전의 소설들이 해답을 제시하지 않았던 질문들에 대한 답을 제시해 주고 있다.

소설 '달 평원(Padang Bulan)'은 영어 수업을 매우 좋아하지만 어쩔 수 없이 학교를 그만두어야 하고 가족의 생계를 책임지게 된 14세 소녀 에농(Enong)에 대해 이야기한다. '유리잔 속의 사랑(Cinta di dalam Gelas)은 '달 평원(Padang Bulan)'과 마찬가지로 2부작이며 2부작 소설로는 두 번째 작품이다. 이 소설의 주인공은 아버지의 죽음으로 고아가 되버린 에농(Enong) 또는 마르야마(Maryamah)라고 할 수 있다. 2부작 이전의 소설에서는 애정을 담아 만든 커피 한 잔, 사랑을 표현하는 커피 한 잔처럼 샬리마(Syalimah)와 잠잠이(Zamzami) 그리고 에농(Enong) 부모의 이야기를 그리고 있다.

안드리아 히라따(Andrea Hirata)는 '11명의 애국자(Sebelas Patriot)'라는 소설에서 아버지의 희생, 아이의 사랑, 국가대표 축구 선수가 되는 꿈을 달성하기 위한 강인한 의지와 애국심을 이야기하고 있다. 이 작품은 미국 아이오와 대학교에서 문학을 공부한 후에 쓴 그의 첫 작품에 해당한다. 2012년에 안드리아 히라따는 '무지개 군대 2012년 가요집(Laskar Pelangi Song Book 2012)'을 출판했다. 그가 작곡한 노래와 '무지개 군대(Laskar Pelangi)'라는 소설의 이야기는 그 작품의 뿌리가 되었고, 메다(Meda)와 쫏 니껜(Cut Niken)이 부른 '무지개 군대 시리즈(Laskar Pelangi The Series)'의 사운드 트랙이 되었다.

(29) 아흐맛 푸아디(Ahmad Fuadi)는 1972년 12일 30일 서부 수마트라의 바유르에서 출생했다. 그의 첫 소설인 '5개 탑의 나라(Negeri 5 Menara)'는 그의 3부작 소설 중에 첫 번째 소설이며, '3가지 색깔의 평지(Ranah 3

Warna)'와 '1개 하구의 강변(Rantau 1 Muara)' 소설이 뒤를 이었다. 2011년에 '5개 탑의 나라(Negeri 5 Menara)'는 영화로 제작되었고 2010년의 적도상(Khatulistiwa Award) 후보에 올랐을 뿐만 아니라 2010년의 최고의 소설과 작가 상을 받았다.

(30) 하비부라흐만 엘 시라지(Habiburrahman El Shirazy)는 1976년 9월 30일 스마랑에서 태어났다. 2007년 '레뿌블리까(Republika)' 신문은 그를 인도네시아 변화를 주도한 인물로 선정하였다. 그의 작품으로는 '사랑이 천국을 줄 때(Ketika Cinta Berbuah Surga; 2005)', '클레오파트라의 매력이 퇴색하다(Pudarnya Pesona Cleopatra; 2005)', '사랑의 구절들(Ayat-ayat Cinta; 2004)', '사랑의 돗자리 위에(Di Atas Sajadah Cinta; 2004)', '사랑이 신을 찬양할 때 1(Ketika Cinta Bertasbih 1; 2007)', '사랑이 신을 찬양할 때 2(Ketika Cinta Bertasbih 2; 2007)', '사랑의 미흐랍 속에(Dalam Mihrab Cinta; 2007)', '사랑의 세상(Bumi Cinta; 2010)', '로맨스(The Romance; 2010)', '자흐라나의 신성한 사랑(Cinta Suci Zahrana)' 등이 있다. '메카 하늘은 빨갛다(Langit Mekkah Berwarna Merah)', '맑은 눈의 요정(Bidadari Bermata Bening)', '예루살렘에서의 허니문(Bulan Madu di Yarussalem)', '기도에서 기도까지(Dari Sujud ke Sujud)'는 '사랑이 신을 찬양할 때(Ketika Cinta Bertasbih)'의 후속작이며, 그 이후에 '사랑의 구절 2(Ayat-ayat Cinta 2)'를 완성했다.

'미다스의 손을 가진 작가'라고 불리워졌던 하비부라흐만은 인도네시아 동남아시아의 명망 있는 상을 다수 수상했다. 그가 받은 상들은 다음과 같다: 펜 클럽(Forum Lingkar Pena)에서 최고의 소설로 인정받아 뻬나 어워드 2005(Pena Award 2005)를 수상하였고, '무슬리마(Muslimah)' 잡지로부터 2005년 최우수상(The Most Favourite Book 2005)을 받았고, 2006년 최고의 성인 소설로 2006 IBF Award 2006 상을 받았다, 2007년 인도네시아 변화를 주도한 인물로 레뿌블리까 상(Republika Award), 2008년 욕야카르타 수난 칼리자가 국립 이슬람 대학교 교양 학부(Fakultas Adab UIN Sunan Kalijaga Yogyakarta)가 선정한 이슬람 소설 분야 교양 상(Adab Award 2008), 2008년에 디뽀네고로대학교 올해의 인물로 선정 된 동시에 인도네시아 최고의 소설가로 디뽀네고로대학교 상(Undip Award)을 받았다. 청년 체육부 장관(Menteri Negara Pemuda dan Olahraga, Menpora)이 국가 영화의 발전에 기여함은 물론, 인도네시아 문학을 발전시킨 공적을 기려 주는 문학가 상을, 동남아시아 문학 위원회(Majelis Sastra Asia Tenggara, Mastera)의 언어 센터(Pusat Bahasa)가 문학을 읽을 수 있도록 사회를 움직이게 만든 창조적인 문학가에게 주는 2008년 국가문학상(Penghargaan Sastra Nusantara 2008)을, 인도네시아 예술과 문학에 크게 기여한 사람에게 수여하는 2009 빠라마디나 상(Paramadina Award 2009)을, 2011년 반둥 영화제가 '사랑이 신을 찬양할 때 2010년 라마단 특집(Ketika Cinta Bertasbih Spesial Ramadhan 2010)' 드라마 시나리오로 최고의 각본가에게 주는 상을 수상했다.

(31) 따사로(Tasaro Gk)는 9월 1일 구눙 끼둘에서 태어났다. 따사로(Tasaro)는 따우픽 삽또또 로하디(Taufik Saptoto Rohadi)의 약어이며, 게까(Gk)는 구눙 끼둘(Gunung Kidul)의 축약어이다. 따사로는 욕야카르타 국립대학교(UNY)를 졸업했다. 따사로의 '메카 현관에서(Di Serambi Mekkah; 2006)'와 '오, 아킬레스(O, Achilles; 2007)'가 인도네시아 출판인 협회(Ikapi)로부터 최고의 소설로 인정받았다. 그의 작품 '게이: 멈추시오(Wandu: Berhentilah)'는 2005년 FLP의 상을 수상하였고, '미치광이 쇼(Mad Man Show)'는 2006년 페미나 버르붕(femina verbung)의 최우수상을 받았으며, '부밧(Bubat)'은 2006년 영화국 시나리오의 공모전 최우수상을 수상했다. 또한 '미인대회, 합당한 위선(Kontes Kecantikan, Legalisasi Kemunafikan)'은 2009 청소년 체육부 장관 상을 받았고, '끼난띠 은하수(Galaksi Kinanthi)'는 2009년 아누그라하 페나(Anugerah

Pena)로부터 최고의 작품 상을 받았다.

(33) 떼레 리예(Tere Liye)는 1979년 5월 21일에 태어났다. 그녀는 수마트라의 오지에서 성장했다. 평범한 농부의 딸로 태어난 그녀는 동부 끼낌 국립 초등학교 2(SDN2)와 국립 중학교 2(SMPN2)에서 공부한 이후 반다르 람뿡 국립 고등학교 9(SMUN 9)에서 공부하고 인도네시아 대학교의 경제학부에 입학했다. 작품으로는 '샬랏 델리사의 암기(Hafalan Shalat Delisa 2005)', '어머니가 하느님께 사랑받기를(Moga Bunda Disayang Allah; 2005)', '상심한 자의 꿈(Mimpi-mimpi Si Patah Hati; 2005)', '지시자의 이야기(Kisah Sang Penandai; 2005)', '내 사랑은 자카르타 & 쿠알라룸푸르 사이에서(Cintaku Antara Jakarta & Kualalumpur; 2006)', 'The Gogons Series: James & Incridible Incidents' (2006), '표시자(Sang Penandai; 2006)', '천국의 요정들(Bidadari-bidadari Surga; 2008)', '너의 얼굴에 달이 지다(Rembulan Tenggelam Di Wajahmu; 2009)', '부르리안(Burlian;2009)', '저인망(Pukat; 2010)', '떨어진 잎은 바람을 미워한 적이 없다(Daun Yang Jatuh Tidak Pernah Membenci Angin; 2010)', '엘리아나(Eliana; 2011)', '로시에와 함께 보는 일몰(Sunset Bersama Rosie; 2011)', '우리 아버지는 거짓말쟁이가 아니다(Ayahku Bukan Pembohong; 2011)', '너, 나 그리고 빨간 세뱃돈 봉투 하나(Kau, Aku, dan Sepucuk Angpau Merah; 2012)', '재수 없는 사람들의 나라(Negeri Para Bedebah; 2012)', '새로운 마음 한 조각(Sepotong Hati yang Baru; 2012)', '백만개의 감정을 지니다(Berjuta Rasanya; 2012)', '뿔 끝에 있는 나라(Negeri di Ujung Tanduk; 2013)', '아멜리아(Amelia; 2013)', '지구(Bumi; 2014)' 등이 있다.

위에서 언급한 작가들 이외에 2000년 세대 문학가의 명단에 들어갈 수 있는 이름이 아직도 많이 있다. 그들은 2000년 전후에 수준 높은 작품성을 인정받아 인도네시아의 중앙이나 지방 차원에서 창작활동을 한 인물들이다.

그러한 작가들은 다음과 같다: 뜨리얀또 뜨리위끄로모(Triyanto Triwikromo), 쁘라세탸 우또모(S. Prasetya Utomo), 아피파 아프라 아마뚤라(Afifah Afra Amatullah) 그리고 데위 레스따리(Dewi Lestari)는 초신성(Supernova)으로 유명하며, 피라 바수끼(Fira Basuki)는 '지붕, 문, 창문(Atap, Pintu, Jendela)' 등의 시리즈로 유명하다. 라다르 빤짜 사하나(Radar Panca Sahana), 아구스 누르(Agus Noor), 압둘 와히드 베 에스(Abdul Wahid B.S), 아흐맛 누룰라(Ahmad Nurullah), 아흐맛 슈바누딘(Ahmad Syubanuddin Alwi), 하밋 살랏(Hamdi Salad), 아에스 락사나(AS Laksana), 고 베니 부디만(Beni R. Budiman), 쩨쩹 삼술 하디(Cecep Samsul Hadi) 린다 끄리스띠안띠(Linda Kristianti) 그리고 헤를리나띠엔스(Herlinatiens)는 '레즈비언의 가장자리(Garis Tepi Seorang Lesbian)' 라는 소설을 썼다. 조니 아르야 디나따(Joni Arya Dinata), 주주르 인딴 나오미(Jujur Intan Naomi), 따우픽 익람 무자밀(Taufik Ikram Mujamil), 울파띰(Ulfatim CR), 인드라 뜨랑고노(Indra Tranggono), 아흐맛 무닢(Ahmad Munif), 골라 공(Gola Gong), 안드릭 뿌르와시따(Andrik Purwasita), 소시아와리 레악(Sosiawari Leak), 에꼬 뚜나스(Eko Tunas), 얀 무지얀또(Yant Mujiyanto), 한드리(Handri TM), 묵띠 수따르만(Mukti Sutarman) 그리고 까티 꾸말라(Katih Kumala)는 2003 자카르타예술위원회(DKJ) 소설 쓰기에서 3등을 수상했던 '따불라 라사(Tabula Rasa)'라는 소설로 유명하다.

VII

각 세대별 인도네시아 문학의 주요 작품과 특징

VII

각 세대별 인도네시아 문학의 주요 작품과 특징

1. 각 세대의 주요 작가와 문학작품

인도네시아 문학사에서는 문학작품을 세대별로 구분할 수 있다. 문학작품의 세대별 구분은 보통 10년을 주기로 분류한다. 특정 10년을 주기로 구분하여 발레이 뿌스따까, 뿌장가 바루, 45년 세대, 66년 세대 그리고 2000년 세대로 부른다.

위에서 언급한 문학 구분 용어인 주기는 '10년(dekade)'과 '세대(angkatan)'라는 두 용어를 동시에 사용할 수 있다. 그렇기 때문에 특정 문학 세대을 특정 10년 주기라는 이름으로 바꾸어 부르기도 한다.

발레이 뿌스따까 시대 또는 세대에서 시작된 인도네시아의 현대 문학사는 다음과 같이 시대별 또는 세대별로 구분할 수 있다:

1) 발레이 뿌스따까 세대 문학 또는 1920년대 문학

2) 뿌장가 바루 세대 문학 또는 30년대 문학
3) 일본 식민 시기의 문학
4) 45년 세대 문학
5) 50년대 문학
6) 66년 세대 문학 또는 문화성명 세대 문학
7) 70년대~80년대 문학 또는 80년 세대 문학
8) 최근 문학 세대 또는 1990년대와 2000년 세대 문학

위에서 언급한 바와 같이 인도네시아 문학의 시대 구분은 20년대에 활동하기 시작한 발레이 뿌스따까 세대로부터 현재 활동하고 있는 2000 세대까지라고 할 수 있다. 각 세대에는 소설, 시, 희곡 등 문학작품을 창작한 유명한 문학가들이 있다. 각 세대별 문학가와 문학작품은 각기 다른 고유한 특징을 가지고 있다.

(1) 발레이 뿌스따까 세대 또는 20년대의 주요 작가와 문학작품:
1) 마라 루슬리(Marah Rusli)의 소설 '시띠 누르바야(Siti Nurabaya)'
2) 무하맛 야민(Muhammad Yamin)의 시 '조국(Tanah Air)'
3) 압둘 무이스(Abdul Muis)의 소설 '잘못된 교육(Salah Asuhan)'
4) 루스땀 에펜디(Rustam Effendi)의 시 '묵상의 방울(Percikan Permenungan)'
5) 누르 수딴 이스깐다르(Nur Sutan Iskandar)의 소설 '개구리가 소가 되고 싶어하다(Katak Hendak Jadi Lembu)'

(2) 뿌장가 바루 세대 또는 30년대의 주요 작가와 문학작품:
1) 수딴 딱디르 알리샤바나(Sutan Takdir Alisyahbana)의 소설 '돛이 펼쳐지다(Layar Terkembang)'와 시 '펼쳐진 구름(Tebaran Mega)'
2) 아미르 함자(Amir Hamzah)의 시집 '그리움(Buah Rindu)'과 '고요한 노래

(Nyanyian Sunyi)'

3) 아르민 빠네(Armijn Pane)의 소설 '속박(Belenggu)'
4) 사누시 빠네(Sanusi Pane)의 시 '방랑의 찬가(Madah Kelana)' 와 희곡 '새로운 인간(Manusia Baru)'
5) 얀 엥을버트 따뗑껭(Y.E. Tatengkeng)의 시집 '그리움과 복수(Rindu Dendam)'
6) 함까(HAMKA)의 소설 '반 데르 윅 호의 침몰(Tenggelamnya Kapal Van Der Wijk)'

(3) 일본 식민 시기 문학과 45년 세대의 주요 작가와 문학작품:

1) 하이릴 안와르(Chairil Anwar)의 시집 '절규가 먼지와 섞였다(Deru Campur Debu)'
2) 우스마르 이스마일(Usmar Ismail)의 희곡 '형상(Citra)'
3) 엘 하낌(El Hakim)의 희곡 '아시아 위의 태풍(Taufan di Atas Asia)'
4) 아흐디앗 까르따미하르자(Achdiat Kartamiharja)의 소설 '무신론자(Atheis)'
5) 쁘라무디아 아난따 뚜르(Pramudya Ananta Toer)의 단편소설 '혁명의 얼룩(Percikan Revolusi)'

   쁘라무디아 아난따 뚜르(이하 쁘람)는 '인간의 대지(Bumi Manusia)', '모든 민족의 아이(Anak Semua Bangsa)', '발자국(Jejak Langkah)', '유리 집(Rumah Kaca)' 등의 4부작 소설로 유명하다.

(4) 50년 세대의 주요 작가와 문학작품:

1) 아집 로시디(Ajip Rosidi)의 소설 '노년을 위한 집 한 채(Sebuah Rumah buat Hari Tua)'
2) 모띵고 부세(Motinggo Boesye)의 희곡 '저주받은 밤(Malam Jahanam)'

3) 엔하 디니(N.H. Dini)의 소설 '평화로운 마음(Hati yang Damai)'
4) 렌드라(Rendra)의 시 '사랑하는 사람들의 발라드(Balada Orang-orang Tercinta)'
5) 목타르 루비스(Mochtar Lubis)의 소설 '끝 없는 길(Jalan Tak Ada Ujung)'

(5) 66년 세대의 주요 작가와 문학작품:
1) 따우픽 이스마일(Taufik Ismail)의 시집 '압제와 요새(Tirani dan Benteng)'
2) 사빠르디 조꼬 다모노(Sapardi Joko Damono)의 시집 '신의 슬픔은 영원히(Duka-Mu Abadi)'
3) 하르또요 안당자야(Hartoyo Andangjaya)의 시 '시집(Buku Puisi)'
4) 부르 라수안또(Bur Rasuanto)의 시집 '그들은 일어섰다(Mereka Telah Bangkit)'
5) 라마단 까하(Ramadhan KH)의 소설 '혁명의 후유증(Royan Revolusi)'과 시집 '즐리따씨의 프리앙안(Priangan Si Jelita)'

(6) 70~80년대의 주요 작가와 문학작품:
1) 수따르지 칼초움 바흐리(Sutardji Calzoum Bachri)의 시집 '오 아묵 까빡(O Amuk Kapak)'
2) 이완 시마뚜빵(Iwan Simatupang)의 소설 '참배(Ziarah)'
3) 다나르또(Danarto)의 단편소설 '고들롭(Godlob)'
4) 망운위자야(Y.B. Mangunwijaya)의 소설 '멧새들(Burung-burung Manyar)'
5) 뿌뚜 위자야(Putu Wijaya)의 소설 '전보(Telegram)'와 희곡 '두근 두근 두근(Dag Dig Dug)'
6) 꾼또위조요(Kuntowijoyo)의 소설 '산상의 설교(Khotbah di Atas Bukit)'
7) 유디스띠라 아르디 누그라하(Yudhistira Ardi Noegraha)의 소설 '항복하지 않으려고(Mencoba Tidak Menyerah)'
8) 아리핀 쩨 누르(Arifin C.Noer)의 희곡 '구름들(Mega-Mega)'

9) 우마르 까얌(Umar Kayam)의 소설 '쁘리야이들(Para Priyai)'

10) 아흐맛 또하리(Ahmad Tohari)의 소설 '빠룩 마을의 무희(Ronggeng Dukuh Paruk)', '새벽에 떨어지는 유성(Lintang Kemukus Sini Hari)', '무지개 바퀴(Jentera Bianglala)' 등의 3부작으로 출판.

(7) 최근 문학(90년대와 2000년 세대)의 주요 작가와 문학작품:

1) 엠하 아이눈 나집(Emha Ainun Najib)의 시집 '인도네시아 일기장의 찢겨진 한 장(Sesobek Buku Harian Indonesia)'과 희곡 '베일의 바다(Lautan Jilbab)'

2) 세노 구미라 아지다르마(Seno Gumira Ajidarma)의 단편소설 '악마는 절대 죽지 않는다(Iblis Tidak Pernah Mati)'

3) 아유 우따미(Ayu Utami)의 소설 '사만(Saman)'과 '바닥이 없는 관(Larung)'

4) 제나르 마헤사 아유(Jenar Mahesa Ayu)의 단편소설 '나는 원숭이다! 라고 그들이 말했다(Mereka Bilang, Saya Monyet!)'

5) 리안띠아르노(N. Riantiarno)의 오페라 '바퀴벌레 오페라(Opera Kecoa)'와 희곡 '멧돼지의 공화국(Republik Bagong)'

6) 야누사 누그로호(Yanusa Nugraha)의 단편소설 '한 두루마리의 옛날 이야기(Segulung Cerita Tua)'

7) 아프리잘 말나(Afrizal Malna)의 시집 '도망친 세기(Abad yang Berlari)'

8) 아흐마둔 요시 헤르판다(Ahmadun Y. Herfanda)의 시집 '잔디의 기도(Sembahyang Rumputan)'

9) 자와위 임론(D. Zawawi Imron)의 시집 '파도는 나의 베게 바람은 나의 이불(Bantalku Ombak Selimutku Angin)'

10) 아흐맛 무스따파 비스리(K.H. Ahmad Mustofa Bisri)의 시 '오호이, 발삼유 시들(Ohoi, Puisi-puisi Balsem)'과 시집 '매우 그립다(Gandrung)'

2. 각 세대별의 문학적 특징

(1) 발레이 뿌스따까의 특징

발레이 뿌스따까의 작품들은 대부분 강제 결혼에 대한 모순, 전통문화에 대한 대립과 갈등, 결혼에 대한 부모의 지배를 이야기한다. 문체는 멀라유 문학의 영향을 받았으며, 여전히 멀라유 속담이나 격언과 같은 진부한 비유나 표현을 사용하였다. 발레이 뿌스따까에서 출판된 작품들은 반드시 교훈적이어야하고, 정치와 종교에 대해 중립적이어야 한다고 못박은 린꺼스 규정(Nota Rinkes)을 준수해야 한다.

(2) 뿌장가 바루의 특징

이 세대의 작가는 인도네시아 국가주의를 표방하면서도 젊은이로서의 새로운 모습도 보여주었다. 이 세대는 네덜란드의 1880세대에 영향을 받았기 때문에 14행시가 두드러지게 많았다. 이 세대에서는 서양과 동양의 문학에 대한 견해를 달리하였다. 예컨대, 수딴 딱디르 알리샤바나(Sutan Takdir Alisyahbana)는 세계과학기술의 발전에 대한 높은 이상을 가지고 서양의 주지주의, 개인주의, 물질주의 등의 서구적 가치의 영향을 받았다. 반면, 사누시 빠네(Sanusi Pane)는 정신을 중요시하는 유심론적인 동양(인도, 중동, 중국)의 가치에 영향을 받았다. 그리고 아르민 빠네(Armijn Pane), 아미르 함자(Amir Hamzah), 끼하자르 데완따라(Kihajar Dewantara) 등은 서양의 학문과 동양의 신비주의의 결합을 추구했다.

(3) 일본 식민 시기의 문학과 45년 세대의 특징

이 세대의 문학작품들은 매우 엄격하고 억압적인 일본 식민지배의 고통을 이야기하며, 물리적인 혁명의 투쟁과 독립에 대한 이상을 추구하였다. 일본 식민시기에 활동한 문학가들은 검열관에게 걸리지 않으려고 상징적인 문학을 추구하였다. 이 세대에서는 간결하면서도 명료한 표현(하이릴 안와르의 시 문체)과 간결한 문장에서 느낄 수 있는 새로움(이드루스의 산문 픽션/스케치의 문체)이 등장했다.

(4) 50년대 문학의 특징

50년대 문학은 끊임없이 창작하고 또한 투쟁해야만 했던 인도네시아의 독립 초기의 사회생활을 반영한다. 이 세대를 끼사(문학 잡지) 시대라고 부르기도 한다. 이 세대의 인도네시아 문학은 단편소설이 급속하게 발전하였고 모띵고 부셰(Motinggo Boesye), 무하맛 알리 마리짜르(Muhammad Ali Maricar), 렌드라(W.S. Rendra) 등이 창작한 희곡 작품들이 많이 등장했다. 이 세대에서는 문학 심포지움, 특히 대학교에서 개최되는 학술대회가 많이 열렸다.

(5) 66년 세대 문학의 특징

빤짜실라와 1945년 헌법에 기초한 정당성과 정직성을 앞세우고, 공산주의와 독재체제를 반대하고, 수하르또(Suharto) 장군이 이끄는 신질서 체제로 구질서 체제를 타파하였고, 인도네시아공산당(PKI)과 레끄라(Lekra)도 역사의 뒤안길로 사라졌다. 66년 세대 문학은 진정한 빤짜실라 이념을 추구하려고 노력했다. 이 세대에서 가장 유명한 작품은 따우픽 이스마일(Taufiq Ismail)의 '압제와 요새(Tirani dan Benteng)'라는 시이다. 그리고 이 세대의 문학가들은 대부분 레끄라(Lekra)와 대립하고 충돌한 경험이 있는 문화성명의 주요 지지자들이었다.

(6) 70년대~80년대 문학의 특징

이 세대의 문학은 문학적 표현을 실험해 보려는 용기가 있었고, 현대적인 다양한 사고와 인식을 통해 사회생활을 표현했다. 이 세대는 수따르지(Sutardji Calzoum Bachri)와 유디스띠라(Yudhistira Ardi Noegraha)의 시, 이완 시마뚜빵(Iwan Simatupang)과 다나르또(Danarto)의 소설, 아리핀 쩨 누르

(Arifin C. Noer)와 뿌뚜 위자야(Putu Wijaya)의 희곡처럼 독특하고 신선한 작품으로 인도네시아 문학의 새로운 개혁자가 등장한 시기였다.

(7) 최근 문학 세대(90년대와 2000년 세대) 문학의 특징

문학에는 부정부패(Korupsi, Kolusi, Nepotisme; 부패, 결탁, 연고주의)를 방지하기 위한 개혁적이고, 생각과 표현의 자유로 가득 차 있으며, 신비주의 뉘앙스와 종교적인 사고가 담겨 있었다. 그리고 이 세대 작가들은 다양한 삶을 인식하고 추구하기 위해 양심적인 행동을 주저하지 않았다. 66년 세대 문학 인물로 유명한 따우픽 이스마일(Taufiq Ismail)은 그의 시 '인도네시아 사람이 되기가 창피하다(MAJOI)'에서 개혁의 당위성을 표현했다. 민족에 대한 관심(Peduli Bangsa; 레뿌블리까 잡지 문화란에 쓴 용어)을 표현한 시들과 억압을 방지하고 정당성을 좋아하고 진실된 언어(1998년의 국민선서에 사용된 것)를 사용하며 개혁의 주제를 담고 있는 작품이 등장했다. 이외에도 문학 공동체(Komunitas Sastra)인 우딴 까유 극장(Teater Utan Kayu)에서 활동했던 아유 우따미(Ayu Utami), 제나르 마헤사 아유(Jenar Mahesa Ayu), 데위 르스따리(Dewi Lestari) 등의 작품에 반영된 것처럼 여성의 자유를 추구하는 양성 평등의 경향이 작품에 나타나기 시작했다. 동시대인의 의식을 깨우기 위한 문학을 지향한 '쓰는 것이 부자로 만들 수 있다(Menulis Bisa Bikin Kaya)'라는 헬피 띠아나 로사(Helvy Tiana Rosa)의 작품은 풍부한 생각, 마음, 정신, 지식, 경험 등을 담고 있어 펜 클럽(Forum Lingkar Pena, FLP)에 큰 반향을 불러 일으켰다.

3. 각 세대별의 주요 희곡

우리는 한 시대(세대)부터 다른 시대(세대)까지 또한 발레이 뿌스따까부터 현재 20세기까지의 인도네시아 희곡의 발전사를 알고 있다. 실제로 시,

소설 형태인 문학작품과 희곡의 성장 및 발전의 역사는 동일하다고 할 수 있다. 희곡은 20년대부터 시작되었지만 그 씨앗은 더 오래전에 뿌려졌다. 20세기 초기부터 21세기 초기까지의 약 1세기 동안 많은 연극이 공연되었지만 출판사나 서점에서 희곡작품을 찾는 것은 소설, 단편소설 그리고 시집을 찾는 것보다 더 어려운 것이 사실이다. 그러나 야신 문헌 센터(Pusat Dokumentasi H.B. Jassin)와 다른 문학 자료 보관소 그리고 자카르타 예술위원회에서 그 어려움을 해소할 수 있다.

초기부터 현재까지의 희곡작품을 살펴보면 다음과 같다:

(1) 1901년부터 발레이 뿌스따까 세대 이전까지:

a. 끼옹 호 히에(Kiong Ho Hie)의 '아이를 잘 가르치는 어머니의 이야기(Tjerita Satoe Iboe yang Pinter Adjar Anak)'

b. 퀴 떽 호아이(Kwee Tek Hoay)의 '가장 소중한 악세서리(Barang Perhiasan yang Paling Berharga)'

c. 칭 띠아우(Tjhing Tiauw) 등의 '누구의 잘못이지(Siapa yang Berdosa)', '돌게(Kepiting Batoe)', '어머니 아니면 아내(Iboe atau Istri)'

(2) 발레이 뿌스따까와 뿌장가 바루 세대의 희곡:

a. 루스땀 에펜디(Rustam Effendi)의 '브바싸리(Bebassari)'

b. 무하맛 야민(Muhammad Yamin)의 '껜 아록과 껜 데데스(Ken Arok dan Ken Dedes)', '데위 따라가 즉위했다면(Kalau Dewi Tara Sudah Bertahta)'

c. 사누시 빠네(Sanusi Pane)의 '마자빠힛의 와해(Sandhyakalaning Majapahit)', '신인류(Manusia Baru)'

d. 아지라바스(Ajirabas)의 '방사짜라(Bangsacara)'와 '라가빠드미(Ragapadmi)'

(3) 일본 식민 시기의 희곡:

a. 엘 하낌/ 아부 하니파(El Hakim/dr. Abu Hanifah)의 '아시아 위의 태풍(Taufan di Atas Asia)', '특별한 지성(Intelek Istimewa)', '완전한 인간(Insan Kamil)'

b. 우스마르 이스마일(Usmar Ismail)의 '형상(Citra)', '예술가의 휴일(Liburan Seniman)', '누사 바다에서 온 진주(Mutiara dari Nusa Laut)', '빈 자리(Tempat yang Kosong)'

c. 아르민 빠네(Armijn Pane)의 '땅과 하늘 사이(Antara Bumi dan Langit)', '가치 없는 물건(Barang Tiada Berharga)'

d. 이드루스(Idrus)의 '죄의 복수(Kejahatan Membalas Dendam)', '비스마 의사의 아쩨 자폭(Jibaku Aceh dari Dokter Bisma)'

e. 아말 함자(Amal Hamzah)의 '아민 씨(Tuan Amin)'

(4) 독립 초기의 희곡:

a. 이드루스(Idrus)의 '수로노 가족(Keluarga Surono)'

b. 우뚜이 따땅 손따니(Utuy Tatang Sontani)의 '식당의 꽃(Bunga Rumah Makan)'

c. 뜨리스노 수마르조(Trisno Sumardjo)의 '캄보디아 의사와 몰락(Tumbang dan Dokter Kamboja)'

(5) 50년대의 희곡

a. 아오 까 하디마야(Aoh K. Hadimadja)의 '사랑의 다툼(Bentrokan dalam Asmara)', '극한 상황 속의 둘라 씨(Pak Dullah in Extremis)', '락복(Lakbok)'

b. 스리 무르또노(Sri Murtono)의 '바라따유다의 북(Genderang Bharatayudha)'

c. 루스딴디 까르따꾸수마(Rustandi Kartakusumah)의 '왕과 공주(Prabu

dan Putri)', '모두 빨갛게 물든 꽃(Bunga Merah yang Merah Semua)', '모두 하얗게 물든 꽃(Bunga Putih yang Putih Semua)'

d. 시또르 시뚜모랑(Sitor Situmorang)의 '진주 길(Jalan Mutiara)', '최종 수비(Pertahanan Terakhir)'

e. 슬라뭇 물야나(Slamet Mulyana)의 '딴중 사리(Tanjung Sari)', '껜 데데스(Ken Dedes)'

f. 우뚜이 따땅 손따니(Utuy Tatang Sontani)의 '아왈과 미라(Awal dan Mira)', '유감스럽지만 다른 사람이 있어요(Sayang Ada Orang Lain)', '잘 가오 불신자(Selamat Jalan Anak Kufur)'

g. 끼르조물요(Kirjomulyo)의 '다이아몬드 캐는 사람(Penggali Intan)', '대나무 집의 시(Puisi Rumah Bambu)', '빨간 하늘의 달(Bulan di Langit Merah)', '달콤한 거짓말(Dusta yang Manis)', '일곱 명의 수감자(Tujuh Orang Tahanan)'

h. 나샤 자민(Nasyah Jamin)의 '검은 점들(Titik-titik Hitam)', '한 편의 순다 노래(Sekelumit Nyanyian Sunda)'

i. 미스바흐 유사 비란(Misbach Yusa Biran)의 '큰 북소리(Bung Besar)', '사랑하는 내 아이(Anakku Sayang)'

j. 모뗑고 부셰(Motenggo Boesye)의 '오후까지의 폭풍(Badai sampai Sore)', '저주의 밤(Malam Jahanam)'

k. 엔당 아흐마디(Endang Achmadi)의 '영웅 방랑자(Pahlawan Kelana)', '최종 수비(Pertahanan Terakhir)'

l. 렌드라(Rendra)의 '길모퉁이의 사람들(Orang-orang di Tikungan Jalan)', '핏빛의 꽃(Bunga Semerah Darah)', '석회암의 남자들(Lelaki-lelaki Tanah Kapur)'

m. 리요노 쁘라띡또(Riyono Pratikto)의 '꽃의 다리(Jembatan Bunga)', '귀환자(Yang Pulang)'

n. 아감 위스피(Agam Wispi)의 '머라피 계곡의 빨간 돌(Batu Merah

Lembah Merapi)', '차량(Gerbong)'

o. 바스따리 아스닌(Bastari Asnin)의 '은발의 아가씨(Gadis Berambut Putih)', '내세에서의 코미디(Komedi di Alam Baka)'

(6) 60년대 희곡

a. 모뗑고 부셰(Motenggo Boesye)의 '바라바(Barabah)', '원숭이 언덕의 신혼 밤(Malam Pengantin di Bukit Kera)', '마님과 마님(Nyonya dan Nyonya)'

b. 술라르또(B. Sularto)의 '혁명의 양들(Domba-domba Revolusi)'

c. 이완 시마뚜빵(Iwan Simatupang)의 '석류와 정사각형의 달(Buah Delima dan Bulan Bujur Sangkar)', '공원(Taman)', '0 통 0 반(RT 0 RW 0)'

d. 알리 아우다(Ali Audah)의 '날은 아직 길다(Hari Masih Panjang)'

e. 우뚜이 따땅 손따니(Utuy Tatang Sontani)의 '반뗀에서 온 신인들(Orang-orang Baru dari Banten)', '깜뼁 씨와 사빠르 씨(Si Kampeng dan Si Sapar)'

f. 유난 헬미 나수띠온(Yunan Helmy Nasution)의 '마시또 여신(Dewi Masyitoh)'

g. 바흐룸 랑꾸띠(Bahrum Rangkuti)의 '라일라-마즈눈(Layla-Majnun)', '불타는 사랑(Asmara Dahana)'

h. 아리핀 쩨 누르(Arifin C. Noer)의 '한쌍의 신혼부부(Sepasang Pengantin)'

i. 수얏나 아니룬(Suyatna Anirun)의 '한 황혼(Satu Senja)'

j. 사이니 까 엠(Saini K.M.)의 '순뗀 자야 왕자(Pangeran Sunten Jaya)'

k. 렌드라(Rendra)의 '빕 봅, 람바떼 라떼 라따(Bip Bop, Rambate Rate Rata)'

(7) 70년대와 80년대의 희곡

a. 렌드라(Rendra)의 '마스토돈과 콘도르 새(Mastodon dan Burung Kondor)', '용의 투쟁 이야기(Kisah Perjuangan Suku Naga)', '섹다(Sekda)', '아즈와르 세계(Dunia Azwar)'

b. 꾼또위조요(Kuntowijoyo)의 '파뜨마 마님을 위한 시간이 없다(Tak Ada Waktu buat Nyonya Fatma)'

c. 뿌뚜 위자야(Putu Wijaya)의 '밤이 깊어질 때(Bila Malam Bertambah Malam)', '노래하는 바다(Lautan Bernyanyi)', '아니다(Tidak)', '고인(Almarhum)', '두근 두근 두근(Dag Dig Dug)'과 '훔삠빠(Humpimpah)'

d. 아쿠디앗(Akhudiat)의 '셰흐 시띠 즈나르(Syeh Siti Jenar)', '자까 따룹(Jaka Tarub)', '그라피또(Grafito)'

e. 아르쉔도 아뜨모윌로또(Arswendo Atmowiloto)의 '왕자님과 조각가(Sang Pangeran dan Sang Pemahat)'

f. 이끄라느가라(Ikranegara)의 '내레이터들(Para Narator)'

g. 위스란 하디(Wisran Hadi)의 '말린꾼당과 부수 공주(Malinkundang dan Putri Busu)'

h. 사이니 까 엠(Saini K.M.)의 '폐하(Sang Prabu)'

i. 엠하 아이눈 나집(Emha Ainun Najib)과 파자르 수하르노(Fajar Suharno)의 '호랑이를 뒤쫓는 자의 소동(Geger Wong Ngoyak Macan)', '애인의 조각상(Patung Kekasih)'

j. 레미 실라도(Remy Sylado)의 '높은 곳에 계신 신이시어(Opo Mananatase)'

k. 아즈와르 아 엔(Azwar A.N.)의 '하늘 위에 하늘이 있다(Di Atas Langit Ada Langit)'

l. 뜨구 까르야(Teguh Karya)의 '휴게실의 천장(Langit-Langit Peraduan)'

m. 꼬마 극장(Teater Koma)의 '종이 집(Rumah Kertas)', '친자식(Anak Kandung)', '금이 간 유리잔(Gelas Retak)', '똑딱거리는 벽시계(Jam

Dinding yang Berdetak)'

n. 사르도노 꾸수마(Sardono W. Kusuma)의 '변화된 생태학(Metaekologi)', '플라스틱의 숲(Hutan Plastik)'

(8) 90년대와 2000년 세대의 희곡

a. 헤니 끄사와무르띠(Heni Kesawamurti)의 '원통 체계(Orde Tabung)', '곰보가 거울을 판다(Buruk Muka Cermin Dijual)'

b. 하닌다완(Hanindawan)의 '우리 수레가 수렁에 있다(Pedati Kita di Kubangan)', '가정부 빠잉(Paing Si Bedinde)'

c. 리안띠아르노(N. Riantiarno)의 '바퀴벌레 오페라(Opera Kecoa)', '줄리니 오페라(Opera Julini)', '자반 생선 오페라(Opera Ikan Asin)', '부리스라와 재벌(Konglomerat Burisrawa)', '승계(Suksesi)', '골든 트라이앵글의 중개인(Pialang Segi Tiga Emas)', 멧돼지 공화국(Republik Bagong)'

d. 헬피 띠아나 로사(Helvy Tiana Rosa)의 '아미나와 팔레스타인(Aminah dan Palestina)', '마법사들의 나라(Negeri Para Pesulap)', '모종 삽(Tukai Bumi-라흐마와띠(Rahmawati)와 공저)'과 '파티야와 세브레니따(Fathiya dan Sebrenita)'

e. 라뜨나 스룸빠엣(Ratna Serumpaet)의 '알리아=메카 현관의 상처(Alia=Luka Serambi Mekah)', '마르시나(Marsinah)', '지하에서 온 노래(Nyanyian dari Bawah Tanah)'

f. 렌드라(Rendra)의 '레소 왕(Panembahan Reso)', '술라이만 손자의 제사(Selamatan Anak Cucu Sulaeman)'

g. 엠하 아이눈 나집(Emha Ainun Najib)의 '베일의 바다(Lautan Jilbab)', '평화로운 가족(Keluarga Sakinah)'

4. 각 세대별의 인도네시아 현대 소설 문학의 선구자

작품성이 뛰어난 문학작품은 기존의 주제나 진부한 주제를 답습하지 않는다. 뛰어난 작가와 시인은 풍부한 어휘, 독특한 아이디어, 아름다운 상상 등을 독특한 방식으로 결합시키고 표현함으로써 자신만의 창작 세계를 창조하는 사람들이다. 새로운 길을 열어가는 그들은 혁신적이고 독창적이고 통합적인 문학작품을 창작하기 위한 노력을 결코 멈추지 않는다.

다양한 혁신, 독창성, 독특성, 전통성 등은 문학작품의 내용을 구성한다. 훌륭한 문학가들은 대부분 그들의 선배에게서 열심히 배우고 공부하면서 선배들의 작품을 꾸준히 읽은 후 문학의 존재를 실현하기 위해 새로운 지식, 생각, 경험 등을 문학 창작에 계속 반영하는 사람들이다. 즉, 그들의 문학작품은 다른 사람의 문학작품을 따라하거나 이어가는 것이 아니다. 그들은 다른 시인의 시를 모방하는 사람이 아니고, 다른 작가의 작품을 모방하여 단편소설이나 소설을 쓰는 사람도 아니다. 따라서 그들의 문학작품은 표절이나 모방이 결코 아니다

그들의 높은 독자성과 창작정신은 다른 작가의 보호나 영향력에서 벗어나 그들만의 문학작품의 색깔을 만들어내게 한다. 그들은 좋아하는 작가의 우수한 문학작품으로부터 영감을 받기도 하지만, 그들이 받은 영감을 혁신적이고 독창적이고 독특하고 전통적인 문학작품으로 재창작한다. 그들의 예술적인 개성은 그들의 문학작품에 반영되고 표현된다. 그들의 문학작품이 다른 문학가의 작품을 모방하고 영향을 받게 된다면 그들은 진정한 시인이거나 작가라고 불릴 수 없다.

(1) 아방 가르드 문학

혁신, 독창성, 독특성, 전통성 등의 가치를 바탕으로 한 창조적인 정신이야말로 아방 가르드 예술, 선구자가 된 문학작품 그리고 동시대의 문학작품보다 앞서가는 문학작품을 창작하게 만든다. 아방 가르드 예술은 기존

의 창작세계의 편협한 상황에 대한 우려, 지겨움 그리고 싫증 때문에 탄생한 것이다. 창작세계에서는 더 넓은 하늘과 더 맑은 공기가 필요하다. 왜냐하면 문학가들은 진부한 문학의 울타리에 갇혀 있거나 침체된 문학의 분위기에 갇혀서 창작 활동이 멈추는 것을 원치 않기 때문이다.

인도네시아 문학의 각 세대에서는 산문 형태이든 시 형태이든 아방 가르드 문학이 언제나 등장했다. 발레이 뿌스따까 세대부터 2000년 세대까지, 기존의 문학작품과는 다른 색깔과 영혼을 가진, 게다가 개성이 넘치는 문학작품을 통해 문학계에 새로운 바람을 불어 넣은 작가나 시인이 항상 존재해 왔다.

그들은 아방 가르드 문학작품을 창작하기 때문에 아방 가르드 작가나 시인이라고 불린다. 그렇다고 해서 그 문학가들의 문학작품이 모두 아방 가르드 문학작품이라는 것을 의미하는 것은 아니다. 가끔 그들은 이전에 만든 유명 문학작품보다 작품성이 그리 좋지 않거나 보통 수준의 문학작품을 창작하기도 했다.

특정 세대의 아방 가르드 소설작품들은 대부분 역사적인 작가의 유명 문학작품이라고 할 수 있다. 예컨대, 압둘 무이스(Abdul Muis)의 '잘못된 교육(Salah Asuhan)', 아르민 빠네(Armijn Pane)의 '속박(Belenggu)', 수딴 딱디르 알리샤바나(Sutan Takdir Alisyahbana)의 '돛이 펼쳐지다(Layar Terkembang)', 아흐디얏 까르따미하르자(Achdiat Kartamihardja)의 '무신론자(Atheis)', 목타르 루비스(Mochtar Lubis)의 '끝없는 길(Jalan Tak Ada Ujung)', 끼 빤지 꾸스민(Ki Panji Kusmin)의 '하늘이 어두워지다(Langit Makin Mendung)', 이완 시마뚜빵(Iwan Simatupang)의 '빨강의 빨강(Merahnya Merah)', 망운위자야(Y.B. Mangunwijaya)의 '멧새들(urung-burung Manyar)', 쁘라무디아(Pramudya)의 '인간의 대지(Bumi Manusia)', 다나르따(Danarta)의 '고들롭(Godlob)', 부디 다르마(Budi Darma)의 '올렌까(Olenka)' 등이 여기에 해당한다. 그렇다면, 이들 작품들은 당대 최고의 유명 작품일까? 이 질문에 대한 답은 확실치 않다. 왜냐하면 이 소설이나 단편소설이 아방 가르드 소설작품인지 아니면 최고의 소설작품인지를 정하는 기준이 다르기 때문이다.

예컨대, 특정 세대인 뿌장가 바루의 아방 가르드에 속하는 소설이 세대를 뛰어넘는 뛰어난 작품성을 가지고 있다고 해서 70년대나 심지어 현재의 아방 가르드 소설이라고 불릴 수는 없다. 이것은 뿌장가 바루 세대에 적용되던 문학의 기준이 신질서 체제(Orde Baru)에 적용되는 문학의 기준과는 사뭇 다르기 때문이다. 특정 세대의 비전통적이고 혁신적이고 독특한 작품이라고 평가되는 작품도 다른 세대의 평가 기준을 적용하면 더 이상 비전통적이고 혁신적이고 독특한 작품이 아닐 수도 있다. 예를 들자면 '잘못된 교육(Salah Asuhan)'과 '속박(Belenggu)'은 발레이 뿌스따까와 뿌장가 바루 세대의 아방 가르드 작품이라고 할 수 있다. 그렇지만, 만약 현재의 마욘 수뜨리스노(Mayon Sutrisno)와 수와르나 쁘라골라빠띠(Suwarna Pragolapati)가 네덜란드 식민시대의 교육체계, 문화 그리고 폐해를 비판하는 소설을 창작하거나 이 시대에 모뗑고 부세(Motenggo)와 미라 웨(Mira W.)가 의사와 환자의 스캔들 또는 그런 유의 소설을 창작한다면 그들의 소설들을 아방 가르드 작품이라고 할 수 있을까?

아방 가르드 문학은 당대의 다른 문학작품보다 앞서가고, 그 문학작품안에 놀라움, 새로움, 특색, 다양함, 독특함 등이 담겨 있고, 창조성이 뛰어나고 풍부한 이미지를 보여주는 문학작품이라는 것을 의미한다. 그 작품이 순리를 거역하거나 개인의 표현을 보여주는 것도 가능하다. 그런 작품도 대부분의 다른 작품의 이미지와는 전혀 다른 이미지를 보여줄 수 있다. 그 작품에 대한 이미지가 처음 출판되었을 때는 부정적일 수 있지만 그 후속 세대에서는 긍정적으로 바뀔 수도 있다. 이전에는 압둘 무이스(Abdul Muis)의 '잘못된 교육(Salah Asuhan)', 아르민 빠네(Armijn Pane)의 '속박(Belenggu)' 그리고 하이릴 안와르(Chairil Anwar)의 대부분의 시는 너무 거칠고, 대범하고, 비윤리적인 작품이라는 평가를 받았다. 하지만, 이들 작품에 대한 현재의 평가는 과거와 다를 수도 있다.

(2) 현대 문학

한 문학작품을 특정 세대의 아방 가르드 문학작품이라고 할 수 있지만, 다른 세대에서는 그렇지 않은 경우가 종종 있다. 현대문학도 마찬가지이다. 하이릴 안와르(Chairil Anwar)의 시들은 독립 초기에 현대시라고 부를 수 있었지만, 그의 자유 분방한 사고와 문학적 표현은 문화성명 세대나 현재 세대(다른 시인이 상당히 많기 때문에)에서는 더 이상 현대시라고 느껴지지 않는다.

그렇다면 아방 가르드 문학과 현대문학의 차이는 무엇일까? 현대문학은 부조리와 비전통성이 내포된 현대성이란 개념을 강조하지만, 아방 가르드 문학은 자기 세대보다 더 앞서가고, 선구적이고, 고무적이며 혁신적인 측면을 더 강조한다. 따라서 두 문학의 공통점은 일반적인 특성, 즉 진부한 것과 대중 문화와의 영합이나 획일성을 반대한다. 그 두 문학들은 전통적인 가치에서 벗어났다고 볼 수 있다.

지난 70년 동안 인도네시아 문학사에서는 많은 아방 가르드 작품이 창작되었다. 발레이 뿌스따까 세대에서는 '잘못된 교육(Salah Asuhan)'이 창작되었고, 뿌장가 바루 세대에서는 '속박(Belenggu)'과 '돛이 펼쳐지다(Layar Terkembang)'가 창작되었다. 독립 초기에는 '무신론자(Atheis)'와 '아베 마리아에서 로마까지의 다른 길(Dari Ave Maria ke Jalan Lain ke Roma)'이 등장하였다. 그 이후에는 목타르 루비스(Mochtar Lubis)의 '끝없는 길(Jalan Tak Ada Ujung)', 나비스(A.A Navis)의 '우리 회교 사원의 붕괴(Robohnya Surau Kami)', 엔하 디니(N.H. Dini)의 '선상에서(Pada Sebuah Kapal)', 이완 시마뚜빵(Iwan Simatupang)의 '빨강의 빨강(Merahnya Merah)'과 '성지순례(Ziarah)', 뿌뚜 위자야(Putu Wijiya)의 '전보(Telegram)', '역(Stasiun)', '그레스(Gres)', 다나르따(Danarta)의 '고들롭(Godlob)'과 '아담 마리팟(Adam Ma'rifat)', 망운위자야(Y.B. Mangunwijaya)의 '멧새들(Burung-burung Manyar)', 아흐맛 또하리(Ahmad Tohari)의 '돔(Kubah)'과 '빠룩 마을의 무희(Ronggeng Dukuh Paruk)', 부디 다르마(Budi Darma)의 '올렌까(Olenka)'와 '블루턴 사람들(Orang-orang

Blomington)', 쁘라무디아 아난따 뚜르(Pramudya Ananta Toer)의 '인간의 대지(Bumi Manusia)', 모뗑고 부세(Motenggo Boesye)의 '사누 인피니따 끔바르(Sanu Infinita Kembar)', 세노 구미라 아지다르마(Seno Gumira Ajidarma)의 '방의 인간(Manusia Kamar)' 그리고 마흐붓 주나이디(Mahbud Junaidi)의 '계절풍(Angin Musim)' 등이 있다.

1) 압둘 무이스(Abdul Muis)

작가가 보여준 새로운 주제와 관점 때문에 압둘 무이스(Abdul Muis)의 '잘못된 교육(Salah Asuhan)'이라는 작품은 아방 가르드 소설이라는 평가를 받는다. 정치와 종교에 대해 중립적이며 교훈적인 것을 다루어야한다는 린커스 규정(Nota Rinkes)을 준수해야 하는 발레이 뿌스따까의 기준으로 보면 이 작품은 린커스 규정을 위반했다. 정치적인 성향을 띤 것으로 인식되었던 이 작품을 통해 작가는 자유분방한 서구 혼혈인 코리(Corrie)와 사귀고, 서양의 영향을 받아 현대 생활을 즐기고, 주지주의 영향을 받아서 전통을 무시하고, 신성한 전통결혼제도를 경멸하고, 자기 어머니의 가르침을 거부하는 하나피(Hanafi)라는 캐릭터를 혹독하게 비판한다. 네덜란드 식민정부의 관점에 볼 때 '잘못된 교육(Salah Asuhan)'이나 그와 같은 소설들은 교훈적이거나 정치적인 중립을 지킨 것이라고 보기가 어렵다. 작가는 하나피에 대한 비판적인 인식을 가지도록 독자들을 가르치고 깨우치고자 했지만, 이는 네덜란드 식민정부를 돕거나 이롭게 할 목적이 아니었다.

같은 세대의 므라리 시레가르(Merari Siregar)의 '고통과 불행(Azab dan Sengsara)', 마라 루슬리(Marah Rusli)의 '시띠 누르바야(Siti Nurbaya)' 그리고 누르 수딴 이스깐다르(Nur Sutan Iskandar)의 작품들과 비교해도 '잘못된 교육(Salah Asuhan)'의 주제는 동세대 작품과 매우 다르다. '잘못된 교육(Salah Asuhan)'은 지역적이고 멀라유적인 특성을 더 이상 중요하게 생각하지 않는다. 압둘 무이스(Abdul Muis)가 창작한 '잘못된 교육'은 국가주의자의 관점에서 바라 본 정치, 사회적인 문제를 표출하고 있다. 이는 압둘 무이스

(Abdul Muis)가 정치단체에서 활동한 적이 있고, 외교 활동에도 참여한 적이 있을 뿐만 아니라 문학작품을 통해서 국가와 국민을 위해 투쟁한 국가주의자였기 때문이다.

자국민의 입장에서 서구의 정치와 문화에 대한 비판적인 태도를 견지했던 압둘 무이스(Abdul Muis)는 자유분방한 서양과 규범 및 관습을 지키려는 동양 간에 갈등, 분쟁 그리고 문화충돌이 발생할 수 밖에 없다고 인식했다. 네덜란드 시민, 인도네시아-프랑스 혼혈 소녀 코리(Corrie) 그리고 서양인보다도 더 서양의 생활 방식을 추종하는 하나피(Hanafi)가 서양을 대표하고 있다면, 하나피(Hanafi)의 어머니, 하나피의 아내 라피아(Rapiah), 하나피의 할머니와 외삼촌 그리고 회교의 계율과 관습을 유지하려는 마을 사람들이 동양을 대표한다. 다른 한편에서 압둘 무이스(Abdul Muis)는 라피아의 생활방식을 전근대적이고, 시대에 뒤떨어진 인물로 묘사하고 있지만, 그 이미지의 이면에는 전통과 관습에 충실하고 가족에 대한 책임감이 강한 전통 여성으로 묘사하고 있다. 반면, 하나피는 생활에 뿌리 박혀 있는 향락주의와 자유주의에 도취된 현대 남성으로 묘사되고 있다.

작가는 냉소적인 시각으로 하나피의 인생이 어떻게 타락해 가는지를 보여준다. 하나피와 코리는 전통사회로부터 인정받지 못한 결혼생활로 인해 불행으로 가득 찬 삶을 살게 된다. 왜냐하면 그 두 사람의 결혼은 미낭까바우의 전통 관습을 위반했을 뿐만 아니라 부모의 동의나 축복을 받지 못했기 때문이다. 하나피가 추종한 자유분방한 서구의 생활방식은 이미 가정을 꾸린 멀라유 젊은이가 코리와 함께 살기 시작할 때부터 불행의 씨앗을 잉태한 것이다. 서양인에 대한 동경과 원주민으로서의 콤플렉스를 지닌 하나피는 그의 착하고 순종적인 아내인 코리에게 절제력을 상실한 채 사소한 문제에도 신날한 비난을 퍼붓는다. 하나피의 폭언과 폭행 때문에 코리는 마음의 상처를 받았고 결국에는 지병으로 불쌍하게 세상을 떠나게 된다. 그 결과 하나피는 뒤늦게 자기의 잘못을 깨닫고 큰 충격을 받게된다.

그는 혼란스러운 마음으로 고향의 작은 마을을 찾아가 아내와 아들을 만났다. 하나피는 아내와 아들에 대한 자신의 행동을 후회하는 동시에 자신이 마을 사람들을 어떻게 평가해 왔는지를 되돌아 보았다. 이전에는 하나피가 마을 사람들이 시대의 변화를 읽지 못하는 어리석인 사람들이라고 판단했었다. 그 당시에 하나피는 최고의 삶이 현대적인 서구생활을 향유하는 것이라고 믿었다. 따라서 현대적인 서구생활은 자유롭고, 향락주의적이고 비종교적인 것이라고 믿었고, 더 나아가 서양은 위대하고 또한 자신의 전부라고 생각했다.

하나피는 서양인보다 더 서양인답게 생활한 멀라유 젊은이었다. 하나피는 서양의 가치를 무비판적으로 받아들여 오히려 긍정적인 서양의 가치보다 부정적인 가치들을 더 많이 수용하는 잘못을 범하게 되었다. 이 소설에서 압둘 무이스는 하나피를 통해 현대적인 서구의 생활 방식과 서구의 교육 프로그램을 철저히 비판하고 대응하는 모습을 보여주었다.

이 소설의 비극적인 결말(지병으로 고생하다 죽음을 맞이한 코리와 자기 고향으로 되돌아갔을 때 받은 비난과 미낭까바우인으로 받아들여지지 않은 것에 대한 스트레스 때문에 자살한 하나피)은 특정한 메세지를 독자들에게 전달하려는 작가의 의도를 보여준다. 여기서 작가는 전통을 경멸하고 어머니에게 반항하고 아내와 아들을 방치한 죄인의 전형으로 하나피를 이용했다. 하나피는 자신의 잘못과 자만심 때문에 고통스러운 카르마의 처벌을 받았다. '잘못된 교육(Salah Asuhan)'을 창작한 이유가 서양의 문화와 교육이 늘 좋은 것만은 아니라는 것과 시대에 뒤떨어졌다는 이미지를 갖고 있는 마을 사람들과 어른들의 생활방식을 무시하면 안 된다는 경고가 담겨 있다고 할 수 있다.

'잘못된 교육(Salah Asuhan)'에서 사용된 언어, 사건, 배경 등은 새로운 것이었다. 왜냐하면 동 세대에 출판된 '시띠 누르바야(Siti Nurbaya)'와 '고통과 불행(Azab dan Sengsara)'처럼 속담으로 가득찬 멀라유 분위기를 더 이상 느낄 수 없기 때문이다. '잘못된 교육(Salah Asuhan)'은 신세대 남녀의 자유로운 교제와 성 그리고 테니스 운동 같은 서양의 사회 생활방식을 보여준다. 압둘 무이스는 용감하고 과감하게 전통적인 관점에서 전통과 현대의 생활

방식의 차이점을 성공적으로 보여줌으로써 같은 세대보다 한 발 앞서 나갈 수 있었다.

그 전통을 중시하는 관점(동양보다 서양을 선택한 하나피의 행동을 용감하게 비판하는 것) 때문에 '잘못된 교육(Salah Asuhan)'이 린꺼스(Nota Rinkes) 규정에 의해 발레이 뿌스따까에서의 출판이 거부되었다. 그 소설의 내용이 그 당시 식민정부가 홍보한 정치색을 띠어서는 안된다라는 규정에 부합되지 않았기 때문에 당연히 발레이 뿌스따까 출판 규정에도 맞지 않았던 것이다. 심지어 그 당시에 '잘못된 교육(Salah Asuhan)'은 파괴적인 불온소설로 낙인 찍힐 가능성 마저 있었다.

그러나 그것 때문에 역설적으로 우리가 '잘못된 교육(Salah Asuhan)'을 발레이 뿌스따까 세대의 아방 가르드 소설이라고 하는 것인지도 모른다. 그 소설은 대중의 취향이나 식민 통치자가 원하는 대로 창작된 것이 아니었고, 오히려 대담하게 순리를 거역해 가면서 개성있는 소설로 출현한 것이다. '잘못된 교육(Salah Asuhan)'은 발레이 뿌스따까에서 출판하기 위해 창작된 것이 아닌 작가의 양심에서 나온 작품이라고 볼 수 있다.

예컨대, 마라 루슬리(Marah Rusli)의 '시띠 누르바야(Siti Nurbaya)'에서 샴술 바흐리(Syamsul Bachri)가 중위(Letnan Mas)로 승진하여 탐욕스럽고 비열하고 잔인하기까지 했던 다뚝 마링기(Datuk Maringgih)와 맞서 싸우는 것이(샴술 중위가 세금납부를 거부하며 반란을 일으킨 다뚝 마링기와 맞서 싸울 때) 논리적으로 보일 수 있음에도 불구하고, 압둘 무이스(Abdul Muis)는 식민정부의 편을 들어야 할 의무를 전혀 느끼지 않았다. 하나피가 서양문화와 교육 때문에 그렇게까지 타락해 버릴 수 있다는 것을 증명해 보였다. '잘못된 교육(Salah Asuhan)'을 통해 압둘 무이스는 하나피가 종교와 관습을 지키려는 전통문화를 올바르게 배웠다면 그렇게 잘못된 사람이 되지는 않았을 것이라고 말하고 있는 듯하다.

그런 혁명적인 소설의 특징은 분명히 발레이 뿌스따까 문학에서는 새로운 것이었다. 이전 소설작품이나 같은 세대의 소설작품에 비해 이야기의 전개 방식이 더 긴밀하고 간결하다. 다른 인물들도(현대적인 서구의 삶에 넋이 빠진 하나피, 자유분방하지만 하나피의 부인이 되었을 때의 충직했던 코리, 종교와 전통을 따르는 인물인 하나피의 어머니와 라피아) 생동감 넘치는 인물로 묘사했기 때문에 이 소설은 작품성 있는 소설로서의 입지를 굳힐 수 있었다. 압둘 무이스는 하나피와 그의 어머니 사이에서 벌어지는 갈등, 하나피와 코리의 갈등 그리고 하나피와 전통 관습의 갈등을 도발적으로 그렸다고 볼 수 있다.

2) 아르민 빠네(Armijn Pane)

서양과 동양의 가치에 대하여 민족주의의 관점에서 비판적인 시각을 견지한 작가의 용기 때문에 '잘못된 교육(Salah Asuhan)'이 아방 가르드 소설로 간주된다면, 아르민 빠네(Armijn Pane)의 '속박(Belenggu)'은 그 당시 터부시(금기)된 남녀 간의 불륜 문제를 공론화한 작가의 용기 때문에 뿌장가 바루의 아방 가르드 소설이라고 할 수 있다. '잘못된 교육(Salah Asuhan)'이 정치적인 색채을 띠고 있는 소설이라면, '속박(Belenggu)'은 사회 비평적인 심리소설에 더 가깝다고 할 수 있다. 아르민 빠네가 '속박(Belenggu)'에서 터부시된 불륜을 주제로 다룬 것은 위험한 행위였지만 아랑곳하지 않고 사회의 현실을 있는 그대로 작품에 반영하였다. 물론, 아르민 빠네가 '속박(Belenggu)'에서 다룬 주제와 소재가 그 당시와는 달리 현대에서는 그리 놀라운 것이 아닐 수 있다. 그러나 사회적 윤리와 지위를 매우 높게 숭상하던 시대에 아르민 빠네가 불륜이라는 비도덕적인 소재를 작품에 사용했다는 것은 매우 놀라운 일이 아닐 수 없다.

뿌장가 바루 세대에는 봉건주의가 여전히 강하게 남아 있던 시기였다. 따라서 의사와 동창생인 환자 사이의 스캔들은 올바른 행동이 아니라고 간주되던 시기였고 현재까지도 그런 불륜관계는 대중의 비난을 받는다. 그러나 '속박(Belenggu)'의 독자들은 그런 불륜을 이해하고 동정하며 심지어 인간적인 모습이라 생각했다. 현대인들은 의사와 환자 사이의 불륜을 인정하고 말고 할 것도 없이 사회적 현실로 받아들이고 있으며 분륜을 그리 대단한 일이 아니라고 생각한다. 그렇지만 30년대~40년대에는 그렇지 않았다. 수까르또노(Sukartono) 의사와 그의 환자였던 야흐(Yah) 사이의 연애사건을 이야기하면 사람들은 깜짝 놀랐다. 그 당시의 사람들은 그런 불미스러운 사건이 일어날 수도 있다는 생각을 전혀 하지 못하고 오로지 작가만 비난했다.

아르민 빠네도 자신의 작품에 대한 논란이 뜨거울 것이라고 어느 정도 예상은 했지만, 그렇다고 오직 대중의 취향에 맞추어 창작하기를 원치 않았다. 아르민 빠네는 대중과 타협하지 않고, 임의대로 창작하려는 태도를 취함으로서 어떤 압력이나 환경에 구속받지 않고 자유롭게 창작할 수 있었다. 그는 네덜란드 식민지배의 암울했던 사회현실을 직시하고, 그 암울한 현실을 상상력을 통해 드라마틱한 소설 형태로 탄생시켰다.

인간 심리의 관점에서 개인주의를 강조하는 캐릭터를 묘사하고 있기 때문에 '속박(Belenggu)'은 심리소설이라는 꼬리표가 늘 뒤따라 다닌다. 의사 수까르또노(Sukartono) 그의 아내 수마르띠니(Sumartini), 그의 환자 로하야(Rohayah) 등은 자신들의 자아를 중요시하고, 자기들의 주관 대로 자유롭게 행동하는 캐릭터이다. 진실한 행복은 올바른 신앙심이나 진실함 그리고 사회적 지지를 받아야 가능하기 때문에 그들의 진실한 행복은 쉽게 찾아지지 않는다. 사회규범을 위반하고, 남을 의식하지 않는 자유분방한 삶을 살고, 자신의 의무와 책임을 인식하지 못하고, 너무 이기적으로 행동한다면 오히려 자신의 그릇된 욕망에 구속될 것이다. 이런 행위의 결말은 그들을 정신적인 혼란과 고통에 빠지게 할 것이고, 그 고통에서 벗어날 길도 불확실해질 것이다. 그렇게 된다면 그들이 과연 행복할 수 있을까?

결국, '속박(Belenggu)'의 모든 작중 인물들은 너무 심한 스트레스를 받았고, 그로 인해 정신이 황폐화되었다. 수까르또노와 수마르띠니의 가정은 풍비박산이 났고, 로하야는 칼레도니아로 떠났다. 또노가 띠니에게 돌아가도록 로하야가 칼레도니아로 떠나기로 결정을 한 것인지 알수는 없다. 독자가 이야기의 결말을 상상하도록 만들었다. 작가가 의도적으로 이야기를 마무리 하지 않는 것이라고 볼 수 있다.

이런 결말은 그 당시에 흔한 경우가 아니었다. 소설이나 로망은 이야기의 결말이 꼭 있어야 될까? '속박(Belenggu)'의 이야기는 완전히 마무리되지 않았지만 소설의 구성 요소들 간의 연계성이 긴밀하기 때문에 그 소설은 완성된 소설로 간주되었다. 그 소설은 또노, 띠니, 야흐 등의 운명적인 결말을 알 필요 없이 완성된 작품으로 충분히 즐길 수 있다.

언어 사용과 이야기의 전개 방식에 있어서 아르민 빠네는 압둘 무이스와 마찬가지로 멀라유 스타일에서 벗어나 물질보다 정신을 더 중요시하였다. 즉, 인간 내면의 심리와 정신 세계를 자연과 물질 세계보다 더 많이 다루고 있다.

3) 아흐디앗 까르따미하르자(Achdiat Kartamihardja)

'잘못된 교육(Salah Asuhan)'이나 '속박(Belenggu)'에서도 찾아볼 수 없는 '아방 가르드' 성향을 지닌 50년대의 작가인 아흐디앗 까르따미하르자(Achdiat Kartamihardja)의 '무신론자(Atheis)'는 출간되자마자 큰 관심과 인기를 끌었다. 작가가 제시한 주제나 이야기의 내용이 다름 아닌 공산주의 이데올로기와 그로 인해 발생하는 공산주의 이념의 부정적인 측면이었기 때문이다. 작가는 '무신론자(Atheis)'에서 공산주의를 단순히 소설의 주제로 다룬 것이 아니라 심층적인 사회문제로 다루었다. '무신론자(Atheis)'는 국제적으로 막강한 영향력을 끼쳤던 공산주의 이데올로기의 연구를 위해서도 유용한 연구자료라고 할 수 있다.

'무신론자(Atheis)'처럼 작품성이 뛰어난 소설을 쓰는 것이 작가의 상상력과 언어사용 능력만으로는 불가능하다. 작가는 작품의 주제와 대상에 대한 깊이 있는 연구를 해야한다. 그것을 위해 아흐디앗(Achdiat)은 칼 막스(Karl Marx), 레닌(Lenin) 그리고 헤겔(Hegel) 등의 공산주의 이념을 철저하게 이해하기 위해 공산주의자들의 저서를 읽는 것 이외에도 인도네시아공산당(PKI)이 개최한 회의에도 참석했다.

작가는 이 작품에서 공산주의에 대한 조심스러운 접근과 태도를 취하고 있다. 그는 공산주의 이념에 동조하지 않고 또한 공산주의에 감성적으로 접근하지도 않는다. 소설 '무신론자(Atheis)'에서 아흐디앗(Achdiat)은 공산주의의 이성적인 측면을 탐색하기도 하고, 신비주의적이고 이슬람적인 배경을 가지고 있는 하산(Hasan)의 공산주의에 대한 내면의 갈등과 투쟁으로 인해 일어나는 삶의 회한을 적극적으로 묘사하기도 한다. 아흐디앗(Achdiat)은 하산의 마음에서 일어나는 갈등의 요인들을 매우 능숙하게 묘사하고 있다. 한편에서는 하산이 공산주의에 경도된 친구들의 견해에 동조하는 듯이 보이지만, 다른 한편에서는 자신이 믿고 있는 종교를 여전히 사랑하고 그 종교를 완전히 떠나는 것이 두려워서 때로 공산주의자인 친구들의 견해에 반대하기도 한다. 아버지를 간접적으로 죽인 것에 대하여 후회하는 하산을 작가는 무신론자로 묘사하였다.

아흐디앗은 도덕성을 경시하는 공산주의자인 루슬리(Rusli), 안와르(Anwar), 까르띠니(Kartini), 빠르또(Parto) 등의 캐릭터를 매우 암시적으로 묘사했다. '무신론자(Atheis)'에서 공산주의자들이 공산주의 이념을 실천하는 것이 공산주의 이론을 널리 전파시킨다기 보다는 오히려 공산주의자들의 이념 활동에 대한 경고나 주의를 주기 위한 것이다. 그것을 작가는 부드럽고 매력적인 표현으로 전달한다.

종교, 정치, 심지어 나라를 위태롭게 만든 공산주의 이념에 대한 주제와 문제를 다루면서도 아흐디앗은 자신의 작품에서 이 주제가 너무 학문적인 성격을 띠거나 독자를 가르치거나 세뇌시키지 않도록 세심하게 배려한다. 그래서 문학의 형태와 특성이 잘 유지되고 있다고 볼 수 있다.

두 명의 나, 즉 작가 자신과 자서전을 쓰는 1인칭 시점의 하산(Hasan)의 존재 그리고 플래쉬 백 사용 등의 표현기법에서 알 수 있듯이, 아흐디앗은 전통적인 표현법을 따르지 않았다. 인도네시아 문학사에서 두 명의 '나'를 플래쉬 백의 이야기 기법으로 사용한 경우는 흔하지 않다. 아흐디앗은 30년대에 함까(Hamka)가 '성전의 보호 아래(Di Bawah Lindungan Kabah)'라는 작품에서 플래쉬 기법을 쓴 이후 이 기법을 사용한 두 번째 작가였다.

4) 알리 악바르 나비스(A. A. Navis)

아방 가르드 작품을 이야기하면 언제나 로망이나 소설을 떠올린다. 그렇다고 해서 아방 가르드 작품으로 여길 수 있는 문학작품이 반드시 소설형태이어야 한다는 뜻은 아니다. 단편소설 형태에도 놀라운 일, 혁신적인 가치, 독특성, 오랫동안 메아리치는 역사적 특성이 담겨 있을 수가 있다. 부디 다르마(Budi Darma)의하면, 이는 작가들이 좋은 단편소설을 창작할 때 단지 짧은 이야기의 문자적 전달만 하는 것이 아니라는 점과 관련되어 있다고 한다.

시간과 언어적인 측면에서 보면, 소설은 단편소설보다 읽기에 더 오래 걸리고 창작시간도 더 오래 걸린다. 단편소설에 비해 캐릭터와 이야기 재료가 더 많기 때문이다. 그렇다고 소설이 단편소설보다 더 작품성이 높다는 의미가 아니다. 좋은 단편소설 역시 높은 작품성과 가치를 가지고 있다.

위에서 언급된 판단방식에 따르면, 픽션 형태인 아방 가르드 작품에 대한 연구는 단편소설에도 적용될 수 있다. 긴밀하고, 밀도 있게 표현된 '우리 회교사원의 봉괴(Robohnya Surau Kami)'는 사원에 앉아 돌봄이 역할을 수행하는 할아버지의 신앙심 깊은 행동과 계율을 묘사하는 장면이 한 낡은 사원을 배경으로 시작된다. 뒤이어 그 사원의 돌봄이 역할을 해온 할아버지가 죽었다는 것을 이야기한다. 임종 바로 전날, 나는 할아버지의 슬픈 얼굴을 보고, 할아버지의 슬픔을 함께 느끼고, 할아버지와 이야기를 나누었다. 그 할아버지가 아조 시디(Ajo Sidi)에게 화를 내고 있었다. 남자 아이 아조 시디가 소설에서 저승 사자로 등장한다.

아조 시디는 신의 심판을 받을 때에 전 생애 동안 기도한 사람과 신을 찬미한 사람만이 천국에 들어갈 수 있다고 말했다. 하지만 실은 그 반대였다. 그들을 지옥으로 데리고 갔다. 자기가 천국에 들어가는 첫 번째 그룹에 포함된다고 생각했던 하지 살레(Haji Saleh)는 그의 친구들에게 성명서를 신에게 전달하자고 말했다. 그는 아마도 신이 실수를 한 것같다고 신을 오해 했다.

그 뒤에 성명서 주동자와 신 사이에 일련의 대화가 이루어졌다. 대화를 통해 신이 결코 실수를 하지 않았음을 알게되었다. 그들은 무의식적으로 일련의 사회 관습을 위반한 하지 살레(Haji Saleh)와 친구들이 먼저 지옥에 갈 수도 있다고 생각했다. 그들은 신에게 복종하기 위해 자기 가족을 방치하기도 했다. 심지어 세상 일을 너무 등한시하여 다른 나라가 이 나라를 식민지로 삼고 있는 것도 몰랐다. 그들은 코란의 의미를 잘못 해석했기 때문에 지옥에 던져졌다. 그들은 종교를 믿는다는 것을 단지 사원에서 기도하고 하느님을 찬미하는 것만으로도 충분하다고 생각했다. 그들의 실수였다. 종교의 계율을 지키고 실천하는 것을 마치 열심히 일을 하거나, 공부를 하거나, 아이를 교육하거나, 정직하게 생활하거나, 사람들을 돕거나 하는 것으로 생각했다. 이처럼 하느님은 이기적인 생각이나 행동을 중요시하는 것이 결코 아니었다.

논란을 불러일으킨 아조 시디(Ajo Sidi)의 이야기는 할아버지의 마음을 혼란스럽게 만들었고 결국 사원의 돌봄이였던 할아버지가 너무 절망한 나머지 자살을 하게 되었다는 것이다. 아조 시디(Ajo Sidi)의 사려 깊지 못한 이야기를 나는 유감스럽게 생각했다. 아조 시디의 집을 방문했을 때, 아조 시디가 일하러 나갔다고 부인이 말했다.

직업 윤리로서 하느님께 기도하는 것과 인간적인 선한 행동으로 종교의 가르침에 따르는 방법은 사회의 일반적인 경향이었고, 인간과 신의 대화라는 에피소드를 추가하는 것은 인도네시아의 소설에 새롭고 특별한 모델이 되었다.

5) 이완 시마뚜빵(Iwan Simatupang)

이완 시마뚜빵(Iwan Simatupang)의 소설을 열심히 탐구하게 되면 반드시 놀라움을 느끼게 된다. 이완(Iwan)의 소설들은 서양의 니이체(Nietzsche), 알베르 카뮈(Albert Camus), 샤르트르(Y.P. Sartre) 등의 문학의 영향을 받았다.

그의 소설은 인생의 괴로움과 외로움을 극복하기 위한 마음과 태도 그리고 자부심 때문에 비록 비극적 사건일지라도 독자들이 아름다움을 느낄 수 있다. 또한 그 모든 것이 원인과 결과로 구성된 플롯과 긴밀하고 효과적인 언어로 연결되었다고 느낄 수도 있다.

이완의 소설은 아름다운 비극 소설이다. 이완의 소설에 등장하는 주인공들은 불운한 운명에 처하게 되고 고통스럽게 생활하지만, 그 모든 인물들이 운명을 탓하며 울고 있는 것만은 아니다. 이완이 만든 캐릭터는 몇 주간 먹지 않아도 살 수 있고, 비범한 일을 할 수도 있고, 빗나간 생활신조를 온전히 지켜나갈 수 있는 독특한 인물들이다. 계율을 지키며 순종하는 행동이 이완 캐릭터들의 삶에서 자주 등장하지는 않지만, '빨강의 빨강(Merahnya Merah)'의 결말 부분에서 마리아(Maria)가 수녀가 된다는 것을 제외하면 신에 비해 인간은 한계가 있다는 점을 인정한다. 이완의 캐릭터들은 그들의 대범한 생각과 행동을 제외하면 여러 가지 약점을 가지고 있다.

이완이 인도네시아 부조리 문학의 대가라고 불리는 것이 전혀 이상하지 않다. 그는 부디 다르마(Budi Darma)와 뿌뚜 위자야(Putu Wijaya)가 등장하기 이전에 뒤집혀진 세상과 정신적인 테러의 주제로 문학작품을 썼다. 다시 말해, 선배나 후배가 창작할 수 없는 작품 스타일과 모델로 인도네시아 문학이라는 하늘에 파란 색을 덧입히는 존재가 되었다.

'빨강의 빨강(Merahnya Merah)'을 살펴 보면, 이 소설의 주요 인물인 우리(Kita), 마리아(Maria)와 피피(Fifi)는 삶에서 너무 많은 것을 잃어버렸기 때문에, 그들은 가진 것이 아무것도 없는 노숙자의 모습을 하고 있다. 그들은 시끄러운 소리로 가득찬 대도시에서 살아남을 수 있는 방법으로 한 빈민굴을 택했다. 처음에 그 세명의 노숙자들은 평화롭게 잘 어울려 살았으나 마리아(Maria)의 질투로 인해 그들의 행복은 무너졌다.

어느날 밤, 마리아는 우리와 어린 피피(Fifi)가 재미있게 놀고 있는 것을 보았다. 잠시 후 피피(Fifi)가 사라졌는데, 그 이유를 알고 보니 피피가 마리아(Maria)에 의해 목숨을 잃은 것이었다. 결국 마리아는 회개하고 수녀가 되었다. 피피가 사라진 위기상황 속에서 중대장이 된 적이 있고, 붙잡힌 배신자의 목을 자른 적도 있는 우리(kita)도 사라졌다. 우리가 사라진 것은 대도시를 충격과 슬픔에 빠뜨렸고 혼란스럽게 만들었다. 결국 이 이야기는 유혈이 낭자한 비극적인 사건으로 끝을 맺는다. 왜냐하면 쯘뗑(Pak Centeng)씨와의 치열한 싸움에서 우리(kita)는 목이 잘려 죽었고, 쯘뗑 씨는 경감에 의해 죽임을 당했기 때문이었다.

이완은 그 모든 이야기를 암시적이고 드라마틱하고 감동적인 표현으로 썼다. 이 작품은 노숙자, 가난, 고립, 고통, 애정, 인간성, 죽음, 죄의 깨달음 그리고 몇 가지 부조리에 대한 철학적인 생각 등 매우 풍부한 내용을 담고 있다. 붙잡힌 배신자의 목을 자르는 망나니가 정신적 충격을 받아 정신병원의 환자가 되었고, 정신병원에서 견디지 못해 노숙자의 삶을 선택한 것이나, 품행이 방정한 아가씨가 강간을 당해 창녀가 되는 것이나, 중매쟁이나 살인자가 회개하고 수녀가 되는 것처럼 작중 인물의 평탄치 않은 삶은 독자의 마음을 흔들기에 충분한 사건들이며, 그 사건들이 '빨강의 빨강(Merahnya Merah)'에 고스란히 반영되었다.

이완 시마뚜빵(Iwan Simatupang) 이외에도 부디 다르마(Budi Darma), 뿌뚜 위자야(Putu Wijaya), 다나르또(Danarto) 등도 부조리 문학가들이라고 부를 수 있다. 그들의 부조리는 자신들의 독특성을 그대로 보여준다. 이들 4명의 부조리 문학가들은 혁신적이고 독창적인 문학작품을 창작함에 있어서 여러 공통점이 있을 수도 있지만 서로 다른 표현 스타일과 버전으로 각자의 이름을 날렸다.

6) 부디 다르마(Budi Darma)

이완(Iwan)의 소설처럼 부디 다르마(Budi Darma)의 장단편소설의 인물들은 대부분 불행하며 삶의 고통을 경험한다. 이완 소설의 인물처럼 부디 다르마의 소설의 인물들 역시 운명의 거대한 파도에 직면하게 된다. 간혹 그들은 자신의 한계를 극복하지 못할 때도 있다. 소설 속 등장 인물들의 이상한 생각과 행동은 역설적인 방식으로 부디 다르마의 작품에 다양한 색깔을 입혔다. 철학적 논쟁을 좋아하는 이완 소설의 인물들과는 달리 부디 다르마 소설의 인물들은 느긋하고 한가롭고 우스꽝스런 태도로 삶을 극복하는 경향이 있다.

거의 모든 소설에 화려한 철학적 사고를 지닌 인물들이 등장하며, 뒤집혀진 세상에 웃기고 느긋하고 한가로운 에피소드를 자주 끼어 넣었다. 작품 속 인물들은 자신들에게 불어 닥친 불행과 고통에 너무 좌절하지 않고 자연스럽게 극복해낸다.

이완 소설에 '우리' 라는 인물이 있다면 부디 다르마의 소설작품에는 '나' 라는 인물이 많이 등장하고 있다. 여기서 등장하는 '나'를 부디 다르마와 직접 관련시킬 필요는 없다. 왜냐하면 한 소설작품의 '나'라는 인물은 다른 소설작품의 '나'라는 인물과 사뭇 다르기 때문이다. 하지만 '빨강의 빨강(Merahnya Merah)', '건조한(Kering)', '성지순례(Ziarah)', '쿠우웅(Kooong)' 등의 '우리' 라는 캐릭터 또는 주인공의 특성, 정신, 마음 및 심리적 갈등은 작가와 동일한 인물임을 암시한다. 작가는 캐릭터나 주인공을 통해서 자신의 신념, 인생관, 열망 등을 표출한다.

외국을 배경으로 소설작품을 쓴 인도네시아 작가는 그리 많지 않지만, 그 중에서도 외국을 배경으로, 외국인을 캐릭터로 다룬 작가는 더 적은 편이다. 빠무숙 에네스떼(Pamusuk Eneste), 엔하 디니(N.H. Dini), 무하맛 푸달리(Muhamad Fudali), 우마르 까얌(Umar Kayam), 다나르또(Danarto) 등처럼 부디 다르마(Budi Darma)는 자신의 외국 경험을 영감의 원천으로 소설작품을 쓴 뛰어난 작가였다. '올렌까(Olenka)' 소설과 '블루밍턴 사람들(Orang-orang Bloomington)'은 외국인들의 사상, 물질적 배경, 이국적 분위기 등을 담고 있으며 독특한 배경과 창의적인 인물 묘사는 그의 대표적인 소설 작품의 특징이라고 할 수 있다.

'올렌까(Olenka)'는 1980년에 국가 최고의 소설로 선정된 바 있고, 부디 다르마가 남다른 애착을 갖고 있는 소설이자 작가의 뛰어난 능력을 보여준

소설로 인정받았다. 이 소설에서 벌어지는 수많은 사건과 상상 그리고 생각은 인간의 내면과 상상의 세계에서 일어나는 듯이 창의적인 전개가 빠르고 생동감이 넘친다. 이 소설을 읽으면 우리의 마음은 재미있고, 뜨거운 열기로 활활 타오르고, 다양한 색채로 가득차고, 반전된 이야기에 심취되어 황홀해지고, 자신도 모르게 이야기의 전개 속으로 빠져들게 된다. 폰똔 드룸만드(Fonton Drummand), 올렌까(Olenka), 와이네 단똔(Wayne Danton), 스테븐(Steven), 엠 쩨(M.C.) 등의 묘사는 모두 생동감 넘치고, 환상적인 상상의 세계를 보여준다. 폰톤 드룸만드(Fonton Drummand)와 올렌까(Olenka)가 얼마나 엉망진창인 인생을 살았는지를 보게 되면 독자들은 고개를 절레절레 흔들면서도, 다른 한편으로는 숭고하고 중요한 인간의 가치를 생각할 수 있고 더불어 그 모든 것의 이면에 인간의 가치를 찾을 수 있는 열쇠가 숨겨져 있다는 것을 알게 된다.

인도네시아 소설사에 대해 신문에서 오려낸 그림, 사진 일러스트레이션과 각주를 첨부한 소설은 부디 다르마(Budi Darma)의 '올렌까(Olenka)' 밖에 없다. 54여 개의 각주는 아직 대중화되지 않는 외국어의 설명, 배경 설명, 사건 설명, 시의 인용문, 경전의 인용문, 소설의 인용문, 실제 사건, 코멘트, 영화 속의 이야기 등처럼 다양하다. 부디 다르마는 미국 신문에서 오려낸 일러스트레이션 사진과 그림을 사실적 배경과 캐릭터를 만드는데 사용함으로써 소설 속의 사건과 배경이 실존하는 것같은 인상을 준다. 이 소설이 마치 전기 또는 실제 이야기(true story)처럼 느껴지기도 하는 이유이다.

소설가도 그렇고 비판적인 독자도 그렇고 이 소설이 실제로 벌어진 이야기로 생각할 수도 있지만, 이 소설작품의 문체와 혁신적 시도 그리고 그 모든 것이 창작일 뿐이다. 소설에 사용된 각주와 외국 신문에서 오려낸 그림이 소설의 내외적 구조와 완전한 결합체를 이루었고, 조화로운 구성으로 작가의 완벽한 창작성을 보여주었다. 이외에도 작가의 해박한 지식과 폭 넓은 인생 경험도 잘 반영되어 있음을 보여주었다.

부디 다르마 작품의 핵심적 창작의 포인트는 상황, 사건, 마음의 동요와

심적 갈등을 적극적이고 매력적으로 묘사하는 것이다. 자유분방해 보이지만 실은 절제된 문장으로 빠르게 전개되는 표현은 '올렌까(Olenka)'가 처음부터 끝까지 독자의 마음을 사로잡는 힘이라고 할 수 있다.

'올렌까(Olenka)'라는 소설과 '블루밍턴 사람들(Orang-orang Bloomington)'이라는 단편소설은 외국인을 등장 인물로, 미국을 배경으로 한 것이다. 1988년에 출판된 부디 다르마의 '라필루스(Rafilus)' 소설은 수라바야-작가가 잘 알고 있는 지역-를 배경으로 삼고 있으며, 대부분의 등장 인물이 인도네시아인이었다. 이 소설은 다소 낯선 내용으로 시작되지만 마지막 문장까지 우리 마음을 두근거리게 만든다.

> 라필루스는 두번 죽었다. 어제 그는 죽었고, 오늘 전혀 회생하지 못했고, 그는 또 죽었다. 몇 달 전에 처음 만났를 때, 나는 그가 절대 죽지 않을 것이라는 인상을 받았다. 만약 그가 쓰러졌다해도 단지 늙었기 때문일 것이다. 그리고는 죽을 것이다. 평생 동안 나는 그의 몸이 살로 만들어지지 않고 철로 만들어졌다는 생각을 부정할 수 없었다. 그의 검은 피부는 끊임없이 광택을 내기 위해 닦여졌고, 실제 철의 표면처럼 번쩍였다(라필루스, 14쪽).

이 소설에서 작가는 이상하고 우둔하고 평범하지 않은 몇몇 인물을 보여주지만, 그 인물들은 외부의 힘으로 움직여지기 때문에 자신의 힘만으로 아무 것도 할 수가 없다. 그 인물들의 행동이 낯설고, 평범하지 않고, 자유분방해 보이지만 그 행동은 어떤 운명의 한계 속에 있음을 알 수 있다. 그래서 이야기 속의 인물들이 원치 않는 일들이 수 없이 벌어지게 된다. 작가로서 부디 다르마는 이 소설 속의 인물들이 자유분방하게 활동하도록 방치해 두는 한편, 과거로 피드 백 되면서 혼란을 부추기는 이야기가 전개되도록 하는 이야기 구조를 선택했다. '라필루스(Rafilus)'는 사건을 통해 독창적인 이야기 방식이 전개되고 구성되기 때문에 작가의 이야기가 진부해 보이지 않는다.

낯선 형태의 사건 이외에도 라필루스(Rafilus)와 환 더 크루닝(Van der Klooning)은 인간이 아닌 인간이라는 인상을 주기 때문에 낯설음으로 가득차 있다. 이 인간이 아닌 것을 증명할 수 있는 사건은 많다. '나'라는 인물이 던진 유리잔이 라필루스(Rafilus)의 머리를 맞췄을 때 방울 소리가 들린다. 라필루스 머리가 전신주와 부디쳤을 때 전신주가 굽었다. 라필루스가 만진 책과 앉은 차량의 좌석은 부서졌다. 심지어 라필루스의 몸이 기차에 깔려도 그의 몸은 부서지지 않는다. 까만 네덜란드인 환 더 크루닝(Van der Klooning)도 라필루스와 같이 불가사의하다는 인상을 준다. 예컨대, 그가 잡은 유리잔은 부서지고, 그가 잡은 두꺼운 편지 봉투에는 구멍이 난다.

띠와르(Tiwar)라는 인물 이외에 빠웨스뜨리(Pawestri), 주마룹(Jumarup), 신요 미노르(Sinyo Minor), 알바뜨립(Albatrip), 아흐맛 바끄리(Ahmad Bakri) 등의 인물들은 초현실적이고 멜로드라마 같은 사건에 연루된다. '라필루스(Rafilus)'를 읽어 보면, 이 소설의 상세한 배경 묘사와 이상한 캐릭터 이야기는 누구라도 현대인의 괴상한 행위를 묘사하기 위한 장치라고 생각한다. 이 소설은 실생활과 밀접하게 관련된 것을 암시적으로 묘사하고 있지만 뒤집어진 세상의 모습을 보여주는 아주 좋은 예라고 할 수 있다. 다나르또(Danarto)의 단편소설과 뿌뚜 위자야(Putu Wijaya)의 소설에서 볼 수 있는 것처럼, 라필루스(Rafilus)에서도 인간의 숭고한 생각과 행위는 뒤집어진 세상과도 공존할 수 있다는 것을 보여준다.

7) 뿌뚜 위자야(Putu Wijaya)

부디 다르마 보다 더 많은 소설작품을 창작하였고, 현재까지도 활발하게 창작활동을 하고 있는 발리 출신의 작가가 바로 이 구스띠 응우라 뿌뚜 위자야(I Gusti Ngurah Putu Wijaya)이다. 이완(Iwan)과 부디 다르마(Budi Darma)처럼 뿌뚜 위자야(Putu Wijaya)의 작품들은 진한 부조리를 담고 있다. 그의 소설과 단편소설 대부분은 새로운 바람을 불러 일으켜서 우리 문학세계에 다양한 색깔을 입히고 새로운 차원으로 문학을 끌어 올릴 가능성도 충분하다. 간결하지만 화려한 언어로 사람의 마음을 끌어 당기는 뿌뚜 위자야(Putu Wijaya)의 소설과 단편소설들은 다차원적이고 복잡한 삶 속에 내재된 부조리한 측면을 가감없이 드러낸다.

이야기의 소재로 부조리를 중요시한 이완(Iwan)과 부디 다르마(Budi Darma)와는 달리, 뿌뚜 위자야(Putu Wijaya)는 다양한 사회적 비판을 전달하기 위한 수단의 일부로 부조리를 이용했다. 그가 미국에서 쓴 작품들과 미국에서 돌아와서 쓴 작품들은 대부분 부조리에 관한 작품이었다. 즉, '뽈(Pol)', '피(Darah)', '숙련가(Empu)', '파티(Pesta)', '아니다(Tak)', '보스(Bos)', '오리(Bebek)', '솔(Sikat)', '인도네시아(Indonesia)', '입(Mulut)', '중상(Fitnah)', '귀가(Pulang)' 등이었다. '뽈(Pol)'에서 아스똔(Aston)이 스마르(Semar)를 만나는 꿈을 꾸었을 때와 '피(Darah)'에서 미라(Mirah)가 양파 껍질을 벗기다가 손가락을 베었을 때 하얀 피를 흘리는 부조리함은 인간의 가치관을 강조하기 위해 사용된다.

기자, 뛰어난 단편소설가와 소설가, 시나리오 작가, 수준 높은 영화 제작자와 책 서평가, 만디리 극장(Teater Mandiri) 회장, 유명한 드라마 감독 등의 다양한 분야에서 독보적인 활동을 펼치고 있는 뿌뚜 위자야는 혁신성과 독특성을 지닌 작품을 지속적으로 창작하고 있다. 인도네시아 문단에서 평가받고 있는 그의 혁신성과 독특성은 다음과 같다:

a. 뿌뚜 위자야는 한 단어나 감탄사로 구성된 제목의 작품을 자주 썼다. 예) '어라(lho)', '빵(dor)', '땅(bumi)', '차스 치스 주스(cas cis jus)', '블롱(blong)', '물질(zat)', '몰라(entah)', '뽈(pol)', '조심(awas)', '아야(aduh)', '보스(bos)', '싫어(moh)', '친구(sobat)', '용감(nyali)', '외롭다(sepi)', '패배(keok)', '그..(anu)', '그레스(gres)', '깜박거린다(byarpet)' 등이다.
b. 뿌뚜 위자야는 부조리한 이야기, 이상한 사건, 역설적인 논리 등을 끊임없이 제시해 준다. 그 모든 것은 상징성을 바탕으로 묘사되기 때문에 객관적으로 해석하기가 어렵다. 그 사건들을 문자 그대로 해석한다면 뿌뚜의

이야기는 비논리적이라는 인상을 주기에 충분하다.

예를 들면:

a) '스삐(Sepi)'에서 죽은 아버지의 성기를 머리에 쓴 사람들

b) '비스마(Bisma)'에서 자카르타 월요 시장(Pasar Senin Jakarta)에 갑자기 나타나 몸에 수천 개의 화살이 박혀 있는 상태로 긴 연설을 하는 비스마(Bisma) 할아버지

c) '뽈(Pol)'에서 스마르(Semar)에 대한 꿈을 꿀 수 있다는 희망으로 벽과 침대에 있는 스마르 그림들을 삼키는 아스똔(Aston)

c. 그의 작품에서 언급된 이상한 사건과 부조리는 그 이면에 언제나 인간과 사회적 차원의 생각이나 의미가 숨어 있다. 그래서 그 부조리는 사회을 분석하기 위해 들어가는 다리로 이용된다.

d. 뿌뚜 위자야는 가끔 가치가 없어 보이는 비상식적인 이야기를 생생하고 유창하고 매력적인 언어로 표현하고 있다.

e. 뿌뚜 위자야는 그의 작품을 구성하고 발전시키기 위한 영감의 원천으로 특정 사건과 인물을 이용하고 있다. 그의 소설과 단편소설, 레퍼토리에 생명력을 불어 넣는 상상력과 불합리성은 대부분 사회에서 발생한 적이 있는 사건에서 영감을 얻는다. 뿌뚜는 사회에 대한 깊은 사유와 인식을 바탕으로 다음과 같은 작품들을 썼다:

a) 존 레논(John Lennon)의 죽음(단편소설, 1981)

b) 널리 확산된 범죄('용감(Nyali)' 소설)

c) 숨 꾸닝(Sum Kuning)의 강간 사건('마을 처녀(Perawan Desa)' 시나리오)

d) 귀족의 위선('밤이 어두어지면(Bila Malam Bertambah Malam)' 드라마)

e) 라라 먼둣-쁘라나찌뜨라(Rara Mendut-Pranacitra) 설화('배우(Aktor)' 단편소설)

f) 베짝의 운행 금지('끄로모 씨(Pak Kromo)' 단편소설)

g) 신비함에 대한 믿음('뽈(Pol)' 소설)

뿌뚜 위자야는 그의 많은 작품에서 보통 사람들에게서 일상적으로 일어나는 고통스러운 삶을 이야기 소재로 사용한다.

뿌뚜 위자야는 자카르타예술위원회(DKJ), '호리손(Horison)', '페미나(Femina)', '꼼파스 밍구(Kompas Minggu)' 등이 개최한 여러 가지 레퍼토리, 소설, 단편소설 등의 쓰기 대회에서 여러 차례 우승했다. 예를 들면, '역(Stasiun)'은 1977년 자카르타예술위원회(DKJ)가 선정한 최고의 소설이다. 이 소설은 전 생애에 걸쳐 휘몰아치는 태풍에 맞서 싸운 인물의 투쟁을 강하게 묘사했다. 이 소설의 주인공은 한 역에서 무엇인가를 기다리고 있는 사람이다. 주인공은 인생의 길목에서 비극적이고 고통스럽고 어리석은 사건을 많이 경험하게 된다. 쪽방에서 역겨운 행동을 하는 것, 노숙자 시체에 대해 무례하게 행동을 하는 것 등으로 기소를 당한 사람들-사실 그 사람들은 아무 잘못도 없다-을 관리하는 담당직원의 잔인한 행위에 대한 풍자가 담겨있다. 뿌뚜 위자야는 그 모든 것을 강렬하고 드라마틱하고 감동적으로 묘사했다. 이 소설의 몇몇 부분은 시적인 인상을 주기도 한다.

역, 그곳에서 기다리는 주인공, 분주하고 떠들썩하게 오고가는 사람들, 한 역에서 다른 역으로 떠나는 사람들은 모두 상징적인 의미를 가지고 있다. 그것은 바로 인간의 다차원인 인생 여정을 상징적인 의미로 표현한 것이다.

8) 다나르또(Danarto)

작품성의 측면에서 이완 시마뚜빵, 뿌뚜 위자야, 부디 다르마 등의 작가와 비교했을 때 조금도 뒤지지 않는 우수한 작품을 창작한 작가가 다나르또(Danarto)이다. '고들롭(Godlob)', '아담 마리팟(Adam Ma'rifat)', '우상(Berhala)', '거인(Gergasi)' 등의 4부작의 단편소설과 '꼼파스 밍구(Kompas Minggu)', '엑스트라(Extra)', '호리손(Horison)', '뻴리따(Pelita)', '울루물 쿠란(Ulumul Qur'an)', '보스(BOS)' 등에 단편소설을 쓴 작가이자 화가인 다나르또는 문학계에 자신의 이름을 뚜렷하게 남겼다. 새로운 색깔과 개성을 지닌 그의 단편소설은 인도네시아 문학을 한층 더 품위 있고 아름답게 만들었다.

신비주의자로 평가를 받는 다나르또(Danarto)는 부조리 작가 그룹에도 이름을 올렸다. 그렇지만 다나르또의 부조리(불합리성) 작품은 이완과 부디 다르마의 부조리 작품과는 차원이 다르다. 그 두 작가의 부조리 중에는 인간성과 도덕성에 대한 자신의 생각과 가치가 자주 나타나는 반면, 다나르또의 부조리(불합리성) 중에서는 비범하고 숭고한 가치를 많이 찾아 볼 수 있다. 다나르또의 부조리 작품이 비범하고 숭고한 가치를 지닌 이유는 함까(HAMKA), 자밀 수헤르만(Jamil Suherman), 무하맛 푸델리(Muhammad Fudeli), 꾼또위조요(Kuntowijoyo), 엠하 아이눈 나집(Emha Ainun Najib) 등의 작품에서 읽을 수 있는 비범한 가치와 차원이 다르기 때문이다.

함까(HAMKA)와 자밀(Jamil)은 종교를 이야기의 전개와 배경으로 이용하고 있는 반면, 푸델리(Fudoli), 꾼또위조요(Kuntowijoyo), 엠하(Emha) 등의 작품에서는 종교를 인지의 대상으로 삼고 있다. 다나르또의 단편소설은 우주의 유일한 존재로서의 하느님을 종교적인 대상으로 인식하는 것이 아니라 인간과의 적극적인 통합의 대상으로 인식하였다. 다나르또의 단편소설들 중에 '사람의 자수정(Kecubung Pengasihan)', '아담 마리팟(Adam Ma'rifat)', '어머니의 여행(Perjalanan Ibu)', '나무의 노래(Nyanyian Pohon)', '하늘이 열리다(Langit Menganga)', '연못 바닥의 달(Bulan di Dasar Kolam)', '빛의 조각들(Lempengan-lempengan Cahaya)', '가라목(Gaharu)' 등은 신비로운 세계 또는 신비주의를 반영하고 있다. 즉, 지식인들이 만들어 놓은 신비로운 세계, 신과의 밀접성, 심지어 신과의 통합 그리고 하느님이야말로 진정한 유일 신이라는 신념을 보여주었다. 이 세상은 하느님의 존재를 인정하는 것이고 또한 신의 빛과 본성이 뿜어져 나온 것뿐이라는 것이다. 그렇지만 '유일한 존재'의 개념은 총체적이고 객관적이라서 다나르또는 범신론자라는 인상을 받고 있다. 이에 대한 근거는 다음 문장들에서 찾아볼 수 있다.

a. “내가 신을 품고 있는 중이라는 것을 그들은 모르잖아(Mereka toh tidak tahu bahwa aku sedang mengandung Tuhan)” (‘사람의 자수정(Kecubung Pengasihan)’에서)
b. “나는 예언자가 아니고 신도 아니다, 난 오직 환생한 하느님이다(Aku bukan Nabi dan bukan Dewa, aku hanyalah Allah yang ngajawantah)” (‘아담 마리팟(Adam Ma'rifat)’에서)
c. “난 눈먼 린뜨릭이 아니다, 나야말로 신이다(Aku bukan Rintrik Yang Buta. Akulah Tuhan)”
d. “나는 역시 신성하다(Alangkah mahasucinya aku)”
e. “그래, 나는 신이다, 나를 숭배해라, 그러나 너도 신이다, 그도, 그 사람들도 그리고 나는 모두를 숭배한다(Ya, aku adalah Tuhan, sembahlah aku, Tetapi engkau juga Tuhan, dia juga, mereka juga dan kusembahlah semuanya)”

위 단편소설의 인물들은 피조물인 인간들이지 않을까? 성자와 성부도 두지 않는 것(al-lkhlas [112]: 3)은 하느님의 본성이 아닐까? 하느님은 자신이 만든 피조물들과 다르지 않을까? 이 세상은 신의 창조물인데 어떻게 창조물이 창조주 자체일 수가 있을까? 위 문장들은 세상이 신이고, 신을 해석하고, 신의 본성을 소유하고, 신을 설명한다는 인상을 주고 있다.

범신주의는 모든 곳에 신이 있다고 믿는 개념이다. 신은 모든 창조물에 담겨 있고, 모든 물건에 달라붙어 있다고 본다. 압둘 하디(Abdul Hadi W.M.)에 의해 수피즘 시인이자 멀라유 문학의 아버지라고 불리는 함자 판수리(Hamzah Fansuri)는 다음과 같은 작품을 썼다.

나는 신의 눈으로 본다 나는 신의 귀로 듣는다 나는 신의 혀로 맛을 느낀다 나는 신이다(Aku melihat dengan mata Tuhan Aku mendengar dengan telinga Tuhan Aku merasa dengan lidah Tuhan Akulah Tuhan).

그렇지만 시적 요소가 매우 풍부한 다나르또의 단편소설은 신의 존재를 있는 그대로 해석한 것일까? 범신주의적인 문장(그렇지 않은 다른 문장이 더 많음) 이면에 매우 깊은 신성의 가치가 숨겨져 있지 않을까? 지금 우리는 1968년 '호리손(Horison)' 잡지의 최고 단편소설로 인정받은 '고들롭(Godlob)'을 살펴보고자 한다.

이 독특한 제목을 가진 단편소설은 아무 대가 없이 의무/선행을 수행하는 충직한 눈먼 여성인 린뜨릭(Rintrik)이 주인공이다. 불륜으로 태어나서 버려진 아기들을 보살펴 준다. 비록 불륜관계에서 태어났지만 그 아기들에게는 아무 죄가 없다. 그렇기에 아기들을 애정으로 보살필 필요가 있다. 그 일을 린뜨릭이 하고 있다.

린뜨릭의 아름다운 피아노 연주와 함께 그녀는 계곡 근처에 살고 있는 농부들의 마음을 시원하게 달래주는 존재가 된다. 자연재해로 인하여 농작물이 망쳐졌을 때이다. 린뜨릭에게 신의 숭고한 가치를 배운 사람들은 순수하고 존경스러운 린뜨릭을 신성한 사람으로 대했다.

린뜨릭은 평범한 인물이 아니라 비범한 인물이다. 신의 본성인 지혜의 상징인 그녀도 세속의 본성을 지닌 인간이라서 잠시 세상에서 물의를 일으킨 인물로 묘사되기도 한다. 그녀는 아무 것도 먹지 않는 무생물 또한 신의 말씀으로 창조되었지만 성자와 성부도 없는 무생물이라고 자신을 부정한다. 하지만, 사람들이 신의 존재를 부정할 때면 린뜨릭은 "당신들의 눈처럼 정상적인 눈이 아니라 앞을 볼 수 없는 눈을 나에게 주었으니 신이 불공평하다고 말해야겠어?"라고 단호하게 말한다.

린뜨릭은 다른 인간들처럼 나름대로 고통을 가지고 있다. "내 어머니는 강간 피해자였고 내가 태어난 후 자살했어. 내 아버지는 알고 보니 강도이자 살인자더군. 내가 태어난 지 불과 며칠 안 되어 사람들이 아버지를 살해했어".

그렇다고 해도 린뜨릭은 자기의 고통을 슬퍼하며 울지 않았다. 그녀는 "나는 행복한 사람이다. 내 자신 자체만으로도 행복하다"라고 말한다.

이 인물이 얼마나 신비로운지가 다음의 대화에 잘 나타나 있다. 그녀는 "나는 눈먼 린뜨릭이 아니다. 나야말로 신이다"라고 말한다. 그러나 오직 신만이 신성하다는 사냥꾼의 반론에 린뜨릭은 "신은 무엇 때문에 신성한거지? 라고 되묻고는 "신이 당신을 창조했으니 당연히 당신도 신성함을 갖고 있는거야."라고 말한다.

자신을 신격화 했다고 고발당했을 때 린트릭은 "나는 자신을 신으로 만들지 않았고, 단지 논리를 비약시켰을 뿐이야. 나는 인간이 신처럼 신성하다는 격언을 들은 적이 있어. 인간이 된다는 것이 다른 인간에게는 신이 된다는 내 논리를 비약시킨 것뿐인데, 내가 뭘 잘못했어?"라고 말한다.

"당신이 진짜 신을 없애버렸어"

"그 반대야, 나는 진정한 한 개인을 보여준 것뿐이야. 이것! 우리를 덮어주는 보석의 빛과 같은 것 말이야. 우리의 눈이 볼 수 없을 정도로 너무 선명하지. 그 보석의 빛이 발산되어 그의 하늘까지, 그의 절벽까지, 그의 구석과 만곡부까지. 그리고 우리는 그 모든 것이 신의 모습이라는 것을 알게 될거야"

그러면, 린뜨릭은 도대체 누구일까? 린뜨릭은 끊임 없이 기도하는, 숨쉴 때마다 그녀의 폐부로부터 항상 하느님을 부르짖기 위해 자기에게로 온 사람들에게 기도 한 마디, 전능하신 하느님! 그것 만으로도 충분하다고 가르치는 인간이었다. 린뜨릭은 신을 비난하며 악행을 서슴치 않는 사냥꾼에게 우리 모두가 신 안에 존재하고 있다는 것을 알려준다. "우리 모두 신 안에 존재하고 있어. 신으로부터 결코 도망칠 수가 없어"라고 운집한 사람들에게 린뜨릭은 말한다.

알 할라즈(Al Hallaj), 파리두딘 아뜨따르(Fariduddin Attar), 세흐 시띠 즈나르(Syeh Siti Jenar), 함자 판수로(Hamzah Fansuro) 등의 인물처럼 다나르또는 린뜨릭을 통하여 수피즘 문학과 연합한다. 이 이야기의 결말은 비극적인 알 할라즈(Al Hallaj)와 생명의 끝인 세흐 시띠 즈나르(Syeh Siti Jenar)의 이야기와 크게 다르지 않다. 그 이유는 린뜨릭이 사냥꾼에 의해 목숨을 잃게 되지만 웃으면서 죽음을 맞이하기 때문이다.

다나르또의 신비주의는 이 세상에 신의 빛 줄기가 항상 닿고 있다는 믿음에서 나온다. 다나르또야말로 아기의 신, 정원사의 신, 지나가는 염소의 신 등을 본 적이 있다고 말하는 작가이다. 무엇인가를 바라볼 때마다 그의 머리는 항상 하느님을 떠올렸다. 린뜨릭은 신이 방출한 빛과 행위를 의미한다. 린뜨릭도 "쿠드시(Qudsi)에서 우리의 생각이 신의 생각, 우리의 혀가 신의 혀, 우리의 마음이 신의 마음, 우리의 행동이 신의 행동이라면 얼마나 대단할까"(코란에 존재하지 않는 하느님의 계율)라고 말한 적이 있다.

수피즘 문학은 신과 인간의 사랑의 여정 또는 신과 인간의 아름다운 결합에 일정한 한계를 지닌 문학이기 때문에 사회적인 차원에서 부조리한 이미지를 갖고 있다. 하지만 현실에서도 늘 그럴까? 예컨대, 다나르또의 단편소설은 부드럽고 신비로운 이미지로 가득하지만 사회적 가치와 핵심을 깊이 있게 파헤치고 그에 대한 비판이 넘쳐난다. 그것은 성욕에 눈먼 소녀, 진실이 두려워서 린뜨릭을 없애버리고 자신의 딸을 망쳐버린 독재자 사냥꾼의 캐릭터에서 볼 수 있다. 다나르또의 '고들롭(Godlob)', '사랑의 자수정(Kecubung Pengasihan)', '무대(Panggung)', '연극 위의 연극(Sandiwara atas Sandiwara)', '아버지의 연못(Kolam Ayah)', '시간의 벽(Dinding Waktu)', '아버지의 벽(Dinding Ayah)', '취한 태양(Matahari Mabuk)', '재벌인 술라이만 예언자(Nabi Konglomerat Sulaiman)', '기자의 첫 번째 교육(Pelajaran Pertama Seorang Wartawan)' 등의 단편소설은 명상적, 카타르시스적, 신비적 가치를 중요시하는 것 이외에도 우리 주변에서 벌어지는 문제들을 상세하게 분석한다. 반면, '빛의 조각들(Lempengan-Lempengan Cahaya)'은 대화를 통하여 코란의 부조리한면을 보여주면서 우리에게 이스라엘 사람들로 인한 팔레스타인 아이들의 고통에 대한 의식도 불러일으킨다.

단편소설 '우상(Berhala)'은 물질, 학문, 지위, 영향력, 선진기술 그리고 정치와 클리원 화요일(Selasa Kliwon)의 미신을 숭배하는 경향이 있는 현대인의 태도를 비판한다. 이 단편소설은 이전의 두 단편소설('고들롭(Godlob)'과

'아담 마리팟(Adam Ma'rifat)')과는 달리 현대를 배경으로, 미신의 숭배 논리가 지배적이면서도 다차원적이다. 그렇지만 이것은 그들이 명상, 신비성, 초월성 등의 가치가 부족하다는 의미가 아니다. 이 단편소설을 통해 다나르또는 우리에게 주변의 현실과 우리의 삶을 깊이 있게 생각해 보라고 권한다. 향락주의적인 생활방식('!' 단편소설), 마키아벨리적인 태도('갈라진 소리(Gemeretak)', '파편들(Serpihan-serpihan)', '무대(Panggung)' 등의 단편소설), 인간적인 한계에 도전하는 태도('아이란 벽(Dinding Anak)' 단편소설)들에 대한 사회적 비판이 적지 않았다. 다나르또는 'Godlob(고들롭)'에서 말했던 것처럼 옛날의 풍요로움을 더 이상 탐험하지 않았다. 그의 눈앞에 펼쳐진 현대의 생활을 창조적으로 묘사하고 배열하고 인식하고 확산하고자 한 것으로 해석할 수 있다.

수피즘 문학가로서 다나르또의 주관이 매우 강하기 때문에 '우상(Berhala)'에서도 신비롭고 비범한 것을 찾을 수 있다. 예컨대, '너의 아이는 너의 아이가 아니다(Anakmu bukanlah Anakmu)'에서 남자 없이도 임신한 니켄(Niken)의 상태, '어머니의 벽(Dinding Ibu)'에서 호화로운 호텔방의 벽에 어머니의 도플갱어가 존재한다는 기브란(Gibran)의 말, '기념품(Cendera Mata)'에서 매우 긴 실처럼 눈물을 흘린 아이, '하늘이 열리다(Langit Menganga)'에서 법정 바닥을 침수시킨 물에 젖은 검사의 몸, '할머니, 안녕히 가세요(Selamat Jalan, Nek)'에서 할머니의 무덤이 갑자기 활짝 열려 수의를 당겼을 때 그 수의가 수천 미터나 길게 풀린 것 등이다. 하지만 그 모든 것은 추상적인 삶의 배경을 보여주기 때문에 인위적인 인상은 거의 주지 않는다. 다나르또는 독자들에게 현대인의 지나친 합리주의 사고방식이 반드시 옳은 것만은 아니라는 사실을 확신시켜 주는 것 같다. 왜냐하면 물질적이고 이성적인 것의 이면에는 정신적이고 신성한 것이 있기 때문이다. 그리고 이것들이 현대에서 자주 소외되고 있다고 본 것이다.

9) 망운위자야(Y.B. Mangunwijaya)

망운위자야의 '멧새들(Burung-burung Manyar)'에서는 다양한 유머, 자바어 그리고 자바문화에서 영향을 받은 숙어들이 등장하여 꽤 흥미로운 사회적 담론을 탄생시켰다. 문화 전문가, 건축가, 신부 등으로 유명한 망운위자야 작가는 태국의 시르킷(Sirkit) 여왕으로부터 직접 아세안 문학상(SEA Award)을 수상하였다.

1981년에 첫 출판된 '멧새들(Burung-burung Manyar)'은 그 당시의 아방 가르드 소설 중 하나라고 불리는 것이 맞을까? 이 소설은 대담한 소설이다. 작가는 활기차고 부드럽고 적극적인 언어로 정치, 사회, 투쟁, 지적인 문제들을 이야기 형식으로 재미있게 분석한다. 일본 식민시기, 독립 투쟁기의 초기를 배경으로 삼다가 신질서 체제로까지 배경을 확장시킨다. 망운위자야는 자바어와 네덜란드어를 활용하여 인도네시아어에 활력을 불어 넣었고, 이것이 결국 소설 전체에 생생한 활기를 불어 넣는 역할을 하게 된다. 이드루스(Idrus)의 '아베 마리아에서 로마까지의 다른 길(Dari Ave Maria ke Jalan Lain ke Roma)'에서 다루었던 것처럼 정직과 진실 그리고 인도네시아 독립 투쟁의 현실을 드러내면서도 작품성을 떨어뜨리지 않았다.

망운위자야의 용기는 그가 선택한 관점에서 뚜렷이 드러나고 있다. '나'라는 캐릭터는 네덜란드 동인도 근위대원(KNIL: hit Koninklijke Nederlandsch-Indische Leger/Tentara Kerajaan Hindia Belanda)이며, 자기 어머니는 일본군의 첩으로 생활했기 때문에 그는 일본과 협작한 인도네시아인을 매우 증오한다. 이 소설을 통해 망운 위자야는 군인의 세계가 거칠고, 무례하고, 무법적인 강도질에 물들었다는 것을 증명한다. 이것은 오직 식민 지배자 측에만 국한된 것이 아니다. 독립 투사도 모두 양심적이지만은 않다는 것이다. 독립투사들 중에서도 국민의 마음을 졸이게 하고 불안하게 만든 인물이 있다. 망운 위자야는 삼수(Samsu)라는 일명 세딴 꼬뽀르(Setan Kopor; 트렁크 악마)라는 캐릭터를 등장시킨다.

작품에서 스따데와(Setadewa)와 라라사띠(Larasati)의 유년기 경험과 그들을 둘러싸고 있는 삶이 매우 아름답게 묘사되고 있다. 군인과 식민 지배자 사이의 논쟁은 밝게 묘사된다. 떼또(Teto)는 붕 까르노(Bung Karno), 붕 핫따(Bung Hatta), 아구스 살림(H. Agus Salim), 수딴 샤흐리르(Sutan Syahrir; 현실에서 샤흐리르는 망운이다) 등의 인도네시아 공화주의자인 인물들을 모욕한다. 인도네시아 공화국의 지도자들을 비판하고 모욕을 주는 해학적인 표현들이 객관적이고 유연하고 암시적이고 상징적인 표현들과 뒤섞여서 이 소설은 사람들의 마음을 끌기에 충분했다.

수많은 사건과 경험 그리고 비극적이고 로맨틱한 모멘트는 이 소설에서 진실을 밝히는 수단이 되었다. 국가주의적인 색채를 띠고 있지 않더라도 우리는 그 소설에서 다양한 역사적인 정보를 깊이 있게 찾아낼 수 있고 인간적인 개성과 인식도 느낄 수 있다.

여기서 자연을 스승으로 삼은 망운 위자야가 멧 새의 소리를 다양한 소통의 이미지로 사용했는데, 실제로 언어와 개성의 이미지를 다룬 아띡(Atik)의 박사학위 논문에서 망운 위자야의 지혜가 새롭게 밝혀졌다. 이 소설에서 인간의 사랑과 우정에 대한 가장 내면적인 인간의 가치는 철학과 종교 그리고 인간적인 접근을 통해 발견된다. 이 소설은 인간의 심리 문제, 식민지 하의 기숙생들의 삶, 머라삐 산(Gunung Merapi) 기슭에 있는 마을, 자바에 있는 궁전의 삶, 주지주의적인 현대 생활 그리고 신질서의 몇 가지 위법에 관한 문제 등을 다루고 있다.

10) 세노 구미라 아지다르마(Seno Gumira Ajidarma)

다나르또 시대 이후의 아방 가르드 작가로는 함삿 랑꾸띠(Hamsad Rangkuti), 하밋 자바르(Hamid Jabbar) 등이며, 이외에도 세노 구미라 아지다르마(Seno Gumira Ajidarma)가 있다. 세노의 단편소설 '방의 인간(Manusia Kamar)'은 사기, 위선, 범죄, 범행 등이 가득한 주변 상황을 묘사한 것으로 항상 테러를 당하고 있다고 느끼는 현대인의 비극을 보여준다. 따라서 주인공은 가능한 최소의 공간과 시간으로 다른 사람과 소통하기 위해 자발적으로 가택연금된다. 그는 스스로 시공간적 제약 없이 방에 갇히게 된다.

방 한칸에 갇혀 살아가는 주인공은 쓰기와 창작 분야에서 명성을 얻고 찬란한 업적을 쌓게 되며 시대에 뒤쳐진 적도 결코 없었다. 그는 오히려 온갖 현대적인 가정용품 덕분에 호화롭게 살았다. 그는 집에서 나갈 필요도 없이 특정 미디어를 통해 학문과 고급 정보를 언제나 풍부하게 접할 수 있었다. 그는 적절하게 소통하며 방문받는 것을 항상 거절하였다.

이것은 무엇을 의미하는 것일까? 이것은 다른 사람들을 신뢰하지 못하는 현대인의 정신 세계를 묘사한 것이다. 그는 방해받는 것에 대한 두려움을 느낀다. 그는 자신이 충분히 강하다고 생각하기 때문에 다른 사람의 도움이 필요 없다고 생각하며, 자신의 존재를 완전히 격리시킨다.

그것들로부터 그는 행복할까? '나'라는 인물은 행복의 의미를 모른다. 오랫동안 다양한 출판과 매스미디어를 지배한 작품인 '방의 인간(Kamar Manusia)'은 다른 인물의 등장으로 인해 인기가 시들해졌다. 방의 인간은 세상에서 사라졌다. '나'라는 인물이 그의 집을 방문했을 때 하나뿐인 작은 문이 단단히 잠겼있었고 도시락도 더 이상 그 문을 통해 배달되지 않았다. 아마도 방의 인간은 혼자서 쓸쓸히 죽었을 것이다.

세노 구미라 아지다르마는 1958년 보스톤에서 출생했으며, 불가사의한 이야기를 즐겨 쓴 기묘한 젊은 작가였다. 다양한 미디어를 통해 널리 알려진 그의 작품은 대부분 서민의 삶을 묘사하는데 초점을 맞추고 있었기 때문에 사회적 인지도를 높일 수 있었다. 1986년 일요판 '꼼파스(Kompas)'에 실린 'Ggrrhhh'이라는 제목의 그의 단편소설은 좀비 같은 존재가 된 후 미스테리한 발포자(Petrus; penembak misterius)에게 살해 당한 길거리 불량배의 부활을 이야기한다. 그들은 길거리에서, 특히 블랙리스트를 만든 사람과 경찰 앞에서 테러를 가한다. 체액을 배출하고 수 천개의 애벌레가 스멀스멀 기어다니는 몸을 가진 좀비는 일반 소총으로 죽일 수가 없다. 그들의 테러 공격을 막으려면 수 백기의 미사일이 필요하다.

'Ggrrhhh'은 주법(州法)에 따르지 않고 미스테리한 발포자(petrus)에 의해 길거리 불량배가 처형당하는 것을 비판한다. 한 거대한 웅덩이에 묻힌 수십명의 사형자 중에 세노(Seno)는 사형을 선고받기에는 너무 잡범이었다

'아시와 그녀의 남편인 수깝의 비극(Tragedi Asih dan Suaminya Sukab)'과 '새벽에 들린 비명(Teriakan di Pagi Buta)'은 서민들의 고통을 날카롭게 묘사한 작품이다. 이 두 단편소설은 타인의 운명에 무신경한 현대인의 삶으로 인해 억압당하고 패배한 서민들의 애가라고 할 수 있다. 반면, '세상의 마지막 베짝 또는 람보(Becak Terakhir di Dunia atawa Rambo)'라는 단편소설은 베짝꾼의 아이러니한 운명과 직원들과의 논쟁, 멀리 날아간 그들의 꿈 그리고 베짝 운행의 금지로 인해 닥칠 베짝꾼의 실업문제를 다루고 있다. 초현실주의 스타일로 '헬리콥터와 공무원의 코 또는 피노키오 병(Helikopter dan Hidung Seorang Pegawai Negeri atawa The Phinochio Disease)'이라는 세노(Seno)의 단편소설은 부자들의 지나치게 탐욕스러운 삶을 날카롭게 비평한다.

함삿 랑꾸띠(Hamsad Rangkuti), 샷야그라하 후립(Satyagraha Hurip), 그로손 포익(Gerson Poyk)처럼 세노 구미라 아지다르마는 훌륭한 작가이다. 그는 아이디어가 다양하고 상상력이 풍부하다. '수피즘 스승이 지나다(Guru Sufi Lewat)', '공깃돌의 인간(Manusia Gundu)', '한 밤중의 급보(Midnight Express)' 등 그의 단편소설들이 유려한 언어와 매끄러운 대화 형식으로 독자들의 관심을 끌기에 충분했고 비중 있게 다뤄지는 것 또한 당연하다.

그럼에도 불구하고 기존의 아방 가르드 소설과 단편소설들 그리고 다른 형태의 문학에도 혁신적이고, 독특하고, 신선하고, 발전된 모습을 발견할 수 있다. 그들은 우리가 이전에 경험한 적이 없는 새로운 문학의 지평을 열고 있다. 거기에는 뒤집어진 세상도 있다. 하지만 창의적인 표현 이외에도 대안과 상징 세계로서 작가의 존재는 그들의 사회적 소통을 실현한다. 문학작품은 독자의 존재를 의식하지 않고, 작가만이 즐기는 독점적인 예술이 결코 아니다. 아방 가르드 문학과 부조리 문학은 내적인 논리 시스템을 가지고 있다. 또한 그 문학은 일반적이고 전통적인 가치에서 벗어난 다른 세계라고 할 수 있지만 작가들은 항상 현실과 평범한 외부의 세상과 밀접한

관계를 가지고 있다. 아방 가르드 문학과 부조리 문학은 실은 문학적 삶의 지평이 매우 유사해서 심지어 통합되기도 한다. 왜냐하면 이 문학적 삶 그 자체에는 부조리(불합리성), 다차원성 그리고 모든 가능성이 열려 있기 때문이다. 아방 가르드 예술과 불합리성 그리고 모든 가능성이 열려 있는 세상과 다차원적인 문학적 삶과의 연합관계가 존재하고 있다. 부디 다르마(Budi Darma)와 뿌뚜 위자야(Putu Wijaya)의 뒤집힌 세상, 이완 시마뚜빵(Iwan Simatuang)과 다나르또(Danarto)의 부조리(불합리성)는 렌드라(Rendra)와 엠하 아이눈 나집(Emha Ainun Najib)의 시에 비해 덜 날카롭고, 덜 비판적이며 덜 열정적인 사회적 함의를 가지고 있다. 인도네시아 소설문학에서 아방 가르드 예술은 사회로부터 전혀 유리되지 않는다. 심지어 그들은 시간이란 파고와 공간이란 압박에 더 강하게 대응하고, 미래를 향한 새로운 돌파구로서 일상의 삶과 사회상황을 주시하고 있다.

VIII

발레이 뿌스따까 세대부터 2000년 세대까지의 인도네시아 시들의 프로필

VIII

발레이 뿌스따까 세대부터 2000년 세대까지의 인도네시아 시들의 프로필

1. 각 세대 시들의 프로필

인도네시아 문학사에서 문학작품들은 세대나 시대를 기준으로 구분될 수 있다. 문학의 시대/세대 구분은 문학 여정의 연대 구분으로, 보통 10년을 그 주기로 삼고 있다. 발레이 뿌스따까, 뿌장가 바루, 45년 세대, 66년 세대, 2000년 세대 등과 같은 문학 세대들이 특정 10년 단위 기간을 토대로 설정되었다.

위 두 용어 즉, 10년 주기(dekade)와 문학 세대(angkatan)는 동시에 사용할 수 있다. 심지어 특정 문학 세대 이름은 특정 10년 주기의 이름으로도 호환되어 사용되고 있다.

발레이 뿌스따까 시대에서 시작된 인도네시아 문학사를 다음과 같이 시대 및 세대별로 분류할 수 있다:

1) 발레이 뿌스따까 세대(20년대)
2) 뿌장가 바루 세대(30년대)
3) 일본 식민 시기의 문학(1942년~1945년)
4) 45년 세대
5) 50년대 문학
6) 66년 세대 문학(문화성명 세대)
7) 70년대~80년대 문학(80년 세대)
8) 최근 문학 세대(1990년대~2000년 세대)

각 세대 또는 시대에는 산문을 창작한 소설가와 운문을 창작한 시인 등 주요 문학가들이 존재한다. 간혹 소설가인 동시에 시인인 문학가들도 있다. 예컨대, 무하맛 야민(Muhammad Yamin), 사누시 빠네(Sanusi Pane), 수딴 딱디르 알리샤바나(Sutan Takdir Alisyahbana), 아집 로시디(Ajip Rosidi), 모뗑고 부셰(Motengo Boesye), 렌드라(Rendra), 꾼또위조요(Kuntowijoyo), 엠하 아이눈 나집(Emha Ainun Najib), 아프리잘 말나(Afrizal Malna), 아비다 알 할리키(Abidah Al Khalieqy), 헬피 띠아나 로사(Helvy Tiana Rosa) 등과 같은 문학가들을 예로 들 수 있다.

(1) 발레이 뿌스따까 세대

인도네시아 나의 고국(Indonesia Tumpah Darahku)

시인: 무하맛 야민(Muhammad Yamin)

Bersatu kita teguh
Bercerai kita runtuh

Duduk di pantai tanah yang permai

Tempat gelombang pecah berderai
Berbuih putih di pasir berderai
Tampaklah pulau di lautan hijau
Gunung-gunung bagus rupanya
Dilingkari air mulia tampaknya
Tumpah darahku Indonesia namanya

Lihatlah kelapa melambai-lambai
Berdesir bunyinya sesayup sampai
Tumbuh di pantai bercerai-berai
Memagar daratan aman kelihatan

Dengarlah ombak datang berlagu
Mengejar bumi ayah dan ibu
Indonesia namanya. Tanah airku

Tanahku bercerai seberang-menyeberang
Merapung di air, malam dan siang
Sebagai telaga dihiasi kiambang
Sejak malam diberi kelam
Sampai purnama terang-benderang
Di sanalah bangsaku gerangan menompang
Selama berteduh di alam nan lapang
Tumpah darah Nusa India
Dalam hatiku selalu mulia
Dijunjung tinggi atas kepala
Semenjak diri lahir ke bumi

Sampai bercerai badan dan nyawa
Karena kita sedarah-sebangsa
Bertanah air di Indonesia

(2) 뿌장가 바루 세대

수련(Teratai)

시인: 사누시 빠네(Sanusi Pane; Kihajar Dewantara)

Dalam kebun di tanah airku
Tumbuh sekuntum bunga teratai
Tersembunyi kembang indah permai
Tidak terlihat orang yang lalu

Akarnya tumbuh di hati dunia
Daun berseri Laksmi mengarang
Biarpun dia diabaikan orang
Seroja kembang gemilang mulia

Teruslah O Teratai Bahagia
Berseri di kebun Indonesia
Biar sedikit penjaga taman

Biarpun engkau tidak dilihat
Biarpun engkau tidak diminat
Engkau pun turut menjaga zaman

바다로 향하다(Menuju Ke Laut)

시인: 수딴 딱디르 알리샤바나(Sutan Takdir Alisyahbana)

Kami telah meninggalkan engkau,
Tasik yang tenang, tidak beriak,
Diteduhi gunung yang rimbun
Dari angin dan topan,
Sebab sekali kami terbangun
Dari mimpi yang nikmat;

"Ombak ria berkejar-kejaran
Di gelanggang biru bertepi langit.
Pasir rata berulang dikecup,
Tebing curam ditantang diserang,
Dalam bergurau bersama angin,
Dalam berlomba bersama mega".

Sejak itu jiwa gelisah.
Selalu berjuang, tiada reda.
Ketenangan lama rasa beku,
Gunung pelindung rasa pengalang.
Berontak hati hendak bebas,
Menyerang segala apa yang mengadang.

Gemuruh berderau kami jatuh,
Terhempas berderai mutiara bercahaya
Gegap gempita suara mengerang,

Dahsyat bahana suara menang.
Keluh dan gelak silih berganti
Pekik dan tempik sambut menyambut.
Tetapi betapa sukarnya jalan,
Badan terhempas, kepala tertumbuk,
Hati hancur, pikiran kusut,
Namun kembali tiadalah ingin,
Ketenangan lama tiada diratap.
…………………
Kami telah meninggalkan engkau
Tasik yang tenang, tiada beriak,
Diteduhi gunung yang rimbun
Dari angin dan topan
Sebab sekali kami terbangun
Dari mimpi yang nikmat.

그리움과 복수(Rindu Dendam)

시인: 따뗑껭(Y.E. Tatengkeng)

Semalam dingin sekali
Kini pagi terang-cemerlang
Kuangkat kaki melangkah masuk ke dalam taman
Udara yang segar
Alam yang indah !
Semua hijau
Semua hidup

Apakah yang terang-cemerlang
Tergantung-gantung di ujung daun bunga bakung itu?
Kuhampiri, O, sebutir embun!
O. betapa jernih,
Betapa suci dan putih

Kupandang ke dalam
O, kehidupan
Aku meninjau ke dalam alam
Yang tak terbatas jauhnya
Langit bercermin dalamnya
Matahari berpancar dalamnya
Makin tinggi matahari naik,
Makin benderang embun itu memancarkan terang itu ke luar
Makin kecil juga ia
Akhirnya lenyap dari pandangan mata
O, Tuhanku
Biarkan aku menjadi embun-Mu
Memancarkan terang-Mu
Sampai aku hilang lenyap olehnya

Soli Deo Gloria

오직 너에게(Padamu Jua)
시인: 아미르 함자(Amir Hamzah)

Habis kikis
Segala cintaku hilang terbang
Pulang kembali aku padamu
Seperti dahulu

Kaulah kandil kemerlap
Pelita jendela di malam gelap
Melambai pulang perlahan
Sabar, setia selalu

Satu kekasihku
Aku manusia
Rindu rasa
Rindu rupa

Di mana engkau
Rupa tiada
Suara sayup
Hanya kala merangkai hati

Engkau cemburu
Engkau ganas
Mangsa aku dalam cakarmu
Bertukar tangkap dengan lepas

Nanar aku, gila sasar
Sayang berulang padamu jua
Engkau pelik menarik ingin

Serupa dara di balik tirai
Kasihmu sunyi
Menunggu seorang diri
Lalu waktu - bukan giliranku
Mati hari - bukan kawanku

(3) 45년 세대

디뽀네고로(Diponegoro)

시인: 하이릴 안와르(Chairil Anwar)

Di masa pembangunan ini
Tuan hidup kembali

Dan bara kagum menjadi api

Di depan sekali tuan menanti
Tak getar, Lawan banyaknya seratus kali
Pedang di kanan, keris di kiri
Berselempang semangat yang tak bisa mati

MAJU
Ini barisan tak bergenderang-berpalu

Kepercayaan tanda menyerbu

Sekali berarti
Sudah itu mati

MAJU
Bagimu negeri
Menyediakan api
Punah di atas menghamba
Binasa di atas ditinda

Sungguhpun dalam ajal baru tercapai
Jika hidup harus merasai

MAJU
Serbu
Serang
Terjang

1943년 2월

나(Aku)

시인: 하이릴 안와르(Chairil Anwar)

Kalau sampai waktuku
Kumau tak seorang pun kan merayu

Tidak juga kau

Tak perlu sedu sedan itu
Aku ini bintang jalang
Dari kumpulannya terbuang

Biar peluru menembus kulitku
Aku tetap meradang menerjang
Luka dan bisa kubawa berlari
Berlari
Hingga hilang pedih-perih

Dan aku lebih tidak peduli
Aku mau hidup seribu tahun lagi

출처: '큰 소리가 먼지와 섞였다(Deru Campur Debu)'
45년 세대

어머니의 편지(Surat dari ibu)

시인: 아스룰 사니(Asrul Sani)

Pergi ke dunia luas, anakku sayang
Pergi ke dunia bebas
Selama angin masih dingin buritan
Dan matahari pagi menyinar daun-daunan
Dalam rimba dan padang hijau

Pergi ke laut lepas, anakku sayang
Pergi ke alam bebas
Selama hari belum petang
Dan warna senja belum kemerah-merahan
Menutup pintu waktu lampau

Jika bayang telah pudar
Dan elang laut pulang ke sarang
Angin bertiup ke benua
Tiang-tiang akan kering sendiri
Dan nahkoda sudah tahu pedoman
Boleh engkau datang padaku!
Kembali pulang, anakku sayang
Kembali ke balik malam!
Jika kapalmu telah rapat ke tepi
Kita akan bercerita
"tentang cinta dan hidupmu pagi hari"

(4) 끼사 세대/50년대

무명의 영웅(Pahlawan Tak Dikenal)

시인: 또또 수다르또 바흐띠아르(Toto Sudarto Bachtiar)

Sepuluh tahun yang lalu ia terbaring
Tetapi bukan tidur, sayang
Sebuah lubang peluru bundar di dadanya
Senyum bekunya mau berkata, kita sedang perang

Dia tidak ingat bilamana ia datang
Kedua lengannya memeluk senapan
Dia tidak tahu untuk siapa dia datang
Kemudian dia terbaring, tapi bukan tidur sayang

Wajah sunyi setengah tengadah
Menangkap sepi padang senja
Dunia tambah beku di tengah derap dan suara menderu
Dia masih sangat muda

Hari itu 10 November, hujan pun mulai turun
Orang-orang kembali ingin memandangnya
Sambil merangkai karangan bunga
Tapi yang nampak, wajah-wajahnya sendiri yang tak di kenalnya

Sepuluh tahun yang lalu ia terbaring
Tetapi bukan tidur, sayang
Sebuah lubang peluru bundar didadanya
Senyum bekunya mau berkata: aku sangat muda

(5) 60년대 세대

배고픈 자의 기도(Doa Orang Lapar)

시인: 렌드라(Rendra)

Kelaparan adalah burung gagak
Yang licik dan hitam

Jutaan burung gagak
Bagai awan yang hitam
Oh Allah!
Burung gagak menakutkan.
Dan kelaparan adalah burung gagak.
Selalu menakutkan.
Kelaparan adalah pemberontakan
Adalah penggerak gaib
Dari pisau-pisau pembunuhan
Yang diayunkan oleh tangan-tangan orang miskin
Di wajah laut yang tidur
Adalah mata air penipuan
Adalah pengkhianatan kehormatan
Seorang pemuda yang gagah akan menangis tersedu
Melihat bagaimana tangannya sendiri
Meletakkan kehormatannya di tanah
Karena kelaparan .

Kelaparan adalah iblis
Kelaparan adalah iblis yang menawarkan kediktatoran
O Allah !
Kelaparan adalah tangan-tangan hitam
Yang memasukkan segenggam tewas
Ke dalam perut para miskin
O Allah!
Kami berlutut.
Mata kami adalah mata-Mu

Ini juga hati-Mu
Ini juga perut-Mu
Perut-Mu lapar, Ya Allah.
Perut-Mu mengenggam tewas
Dan pecahan-pecahan gelas kaca.
O Allah!
Kelaparan adalah burung gagak.
Jutaan burung gagak
Bagai awan yang hitam
Menghalangi pandanganku
Ke sorga-Mu!

민중(Rakyat)

시인: 하르또요 안당자야(Hartoyo Andangjaya, 66 세대)

Rakyat adalah kita
Jutaan tangan yang mengayun dalam kerja
Di bumi di tanah tercinta
Jutaan tangan mengayun bersama
Membuka hutan ilalang menjadi ladang-ladang berbunga
Mengepulkan asap dari cerobong pabrik-pabrik di kota
Menaikan layar menebar jala
Meraba kelam di tambang logam dan batu bata
Rakyat ialah tangan yang bekerja

Rakyat ialah kita

Otak yang menapak sepanjang jemaring angka-angka
Yang selalu berkata dua adalah dua
Yang bergerak di simpang-siur garis niaga
Rakyat ialah otak yang menulis angka-angka

Rakyat ialah kita
Beragam suara di langit tanah tercinta
Suara bangsi di rumah berjenjang bertangga
Suara kecapi di pegunungan jelita
Suara bonang mengembang di pendapa
Suara kecak di muka pura
Suara tifa di hutan kebuh pala
Rakyat ialah suara beraneka

Rakyat ialah kita
Puisi kaya makna di wajah semesta
Di darat
Hari yang berkeringat
Gunung batu berwarna coklat
Di laut
Angin yang menyapu kabut
Awan menyimpan topan
Rakyat ialah puisi di wajah semesta

Rakyat ialah kita
Darah di tubuh bangsa
Debar sepanjang masa

출처: 시 집(Buku Puisi), 31쪽.

(6) 80년대 세대

안녕 인도네시아(Selamat Pagi Indonesia)

시인: 사빠르디 조꼬 다모노(Sapardi Joko Damono)

Selamat pagi Indonesia, seekor burung mungil mengangguk
Dan menyanyi kecil buatmu.
Akupun sudah selesai, tinggal mengenakan sepatu,
Dan kemudian pergi untuk mewujudkan setiaku padamu
Dalam kerja yang sederhana;
Bibirku tak biasa mengucap kata-kata yang sukar
Dan tanganku terlalu kurus untuk mengacu terkepal.
Selalu kujumpai kau di wajah anak-anak sekolah,
Di mata para perempuan yang sabar,
Di telapak tangan yang membatu pada pekerja jalanan;
Kami telah bersahabat dengan kenyataan
Untuk diam-diam mencintaimu.

Pada suatu hari tentu kukerjakan sesuatu
Agar tak sia-sia kau melahirkanku.
Seekor ayam jantan menegak, dan menjeritkan salam
Padamu, kubayangkan sehelai bendera berkibar di sayapnya.

Akupun pergi bekerja, menaklukkan kejemuan,
Merubuhkan kesangsian,

Dan menyusun batu demi batu ketabahan, benteng kemerdekaanmu
Pada setiap matahari terbit, o anak jaman yang megah,
Biarkan aku memandang ke timur untuk mengenangmu.
Wajah-wajah yang penuh anak sekolah berkilat,
Para perempuan menyalakan api,
Dan di telapak tangan para lelaki yang tabah
Telah hancur kristal-kristal dusta, khianat dan pura-pura.
Selamat pagi, Indonesia, seekor burung kecil
Memberi salam kepada si anak kecil
Terasa benar, aku tak lain milikmu.

독수리의 시(Sajak Rajawali)
시인: 렌드라(Rendra)

Sebuah sangkar besi
Tidak bisa merubah seekor rajawali
Menjadi seekor burung nuri

Rajawali adalah pacar langit
Dan di dalam sangkar besi
Rajawali merasa pasti
Bahwa langit akan selalu menanti

Langit tanpa rajawali
Adalah keluasan dan kebebasan
Tanpa sukma

Tujuh langit, tujuh rajawali
Tujuh cakrawala, tujuh pengembara
Rajawali terbang tinggi
Memasuki sepi memandang dunia
Rajawali disangkar besi
Duduk bertapa
Mengolah hidupnya

Hidup adalah merjan-merjan kemungkinan
Yang terjadi dari keringat matahari
Tanpa kemantapan hati rajawali
Mata kita hanya melihat fatamorgana

Rajawali terbang tinggi
Membela langit dengan setia
Dan ia akan mematuk kedua matamu
Wahai, kamu, pencemar langit yang durhaka

길거리의 시(Puisi Jalanan)

시인: 엠하 아이눈 나집(Emha Ainun Najib)

Hendaklah puisiku lahir dari jalanan
Dari desah nafas para pengemis gelandangan
Jangan dari gedung-gedung besar
Dan lampu gemerlapan

Pada pengemis yang lapar
Langsung menjadi milik Tuhan
Sebab rintihan mereka
Tak lagi bisa mengharukan

Para pengemis menyeret langkahnya
Para pengemis batuk-batuk
Darah dan hatinya menggumpal
Luka jiwanya amat dalam mengental
Hendaklah puisiku anyir

Seperti bau mulut mereka
Yang terdampar di trotoar
Yang terusir dan terkapar

Para pengemis tak ikut memiliki kehidupan
Mereka mengintai nasib orang yang dijumpainya
Tetapi jaman telah kebal
Terhadap derita mereka yang kekal
Hendaklah puisi-puisiku
Bisa menjadi persembahan yang menolongku
Agar mereka menerimaku menjadi sahabat
Dan memaafkan segala kelalaianku

Yang banyak dilupakan orang ialah Tuhan
Para gelandangan dan korban-korban kehidupan
Aku ingin menjadi karib mereka

Agar bisa belajar tentang segala yang fana

출처: 뚜구 역(Setasiun Tugu)
'2000년 욕야카르타 아흐맛 다흘란 대학교 40주년 기념일의 시 낭독 대회의 자료' 시집, 17쪽.

징후를 읽다(Membaca Tanda-Tanda)

시인: 따우픽 이스마일(Taufik Ismail)

Ada sesuatu yang rasanya mulai lepas
Dari tangan
Dan meluncur lewat sela-sela jari kita

Ada sesuatu yang mulanya
Tak begitu jelas
Tapi kini kita mulai merindukannya

Kita saksikan udara
Abu-abu warnanya

Kita saksikan air danau
Yang semakin surut jadinya
Burung-burung kecil
Tak lagi berkicau pagi hari

Hutan kehilangan ranting

Ranting kehilangan daun
Daun kehilangan dahan
Dahan kehilangan hutan

Kita saksikan zat asam
Didesak asam arang
Dan karbon dioksida itu
Menggilas paru-paru

Kita saksikan
Gunung memompa abu
Abu membawa batu
Batu membawa lindu
Lindu membawa longsor
Longsor membawa air
Air membawa banjir
Banjir membawa air
Airmata
Kita telah saksikan seribu tanda-tanda
Bisakah kita membaca tanda-tanda?

Allah
Kami telah membaca gempa
Kami telah disapu banjir
Kami telah dihalau api dan hama
Kami telah dihujani abu dan batu
Allah

Ampuni dosa-dosa kami
Beri kami kearifan membaca
Seribu tanda-tanda
Karena ada sesuatu yang rasanya
Mulai lepas dari tangan
Dan meluncur lewat sela-sela jari

Karena ada sesuatu yang mulanya
Tidak begitu jelas
Tapi kini kami
Mulai
Merindukannya

아(Ah)

시인: 수따르지 칼초움 바흐리(Sutarji Calzoum Bachri)

Ah
Rasa yang dalam!
Datang Kau padaku!
Aku telah mengecup luka
Aku telah membelai aduhai!
Aku telah tiarap harap
Aku telah mencium aum!
Aku telah di pukau au!
Aku telah meraba
Celah
Lobang

Pintu

Aku telah tingggalkan puri purapuraMu

Rasa yang dalam

Rasa dari segala risau sepi dari segala nabi tanya dari segala nyata sebab dari segala abad sungsang dari segala sampai duri dari segala rindu luka dari
segala laku igau dari segala risau kubu dari segala buku resah dari segala rasa
rusuh dari segala guruh sia dari segala saya duka dari segala duka ini dari
segala anu puteri pesonaku !
Datang kau padaku!

Apa yang sebab? Jawab, apa yang senyap? Saat. Apa yang renyai? Sangsai apa yang lengking? Aduhai apa yang ragu? Guru. Apa yang bimbang? Sayang. apa yang mau? aku dari segala duka jadilah aku dari segala tiang jadilah aku dari segala nyeri jadilah akudari segala tanya jadilah aku dari segala jawaban aku tak tahu

Siapa sungai yang paling derai siapa langit yang paling rumit siapa laut yang paling larut siapa tanah yang paling pijak siapa burung yang paling sayap siapa ayah yang yang paling tunggal siapa tahu yang paling tidak siapa Kau yang paling aku kalau tak aku yang paling rindu ?

Ah
Rasa yang dalam
Aku telah tinggalkan puri pura puraMu

Yang mana sungai selain derai yang mana gantung selain sambung yang mana nama selain mana yang mana gairah selain resah yang manatahu selain waktu yang mana tanah selain tunggu
yang mana tiang
Selain
Hyang
Mana
Kau
Selain
Aku?
Nah
Rasa yang dalam
Tingggalkan puri puraMu!
Kasih! Jangan menampik
Masuk Kau padaku

('오 아묵 까빡(O Amuk Kapak)'에서)

자유의 노래 아니면 아무것이나(Nyanyian Kebebasan Atawa Boleh Apa Saja)
시인: 무스또파 비스리(K.H.A. Mustofa Bisri)

Merdeka!
Ohoi, ucapkanlah lagi pelan-pelan
Merdeka
Kau 'kan tahu nikmatnya
Nyanyian kebebasan
Ohoi,

Lelaki boleh genit bermanja-manja
Wanita boleh sengit bermain bola
Anak muda boleh berkhotbah di mana-mana
Orang tua boleh berpacaran di mana saja

Ohoi,
Politikus boleh lerlagak kiai
Kiai bobeh main film semau hati
Ilmuwan boleh menggugat ayat
Gelandangan boleh mewakili rakyat

Ohoi,
Dokter medis boleh membakar kemenyan
Dukun klinik boleh mengatur kesejahtraan
Saudara sendiri boleh dimaki
Tuyul peri boleh dibaiki

Ohoi,
Pengusaha boleh melancur
Pelancur boleh berusaha
Pembangunan boleh berjudi
Penjudi boleh membangun

Ohoi,
Yang kaya boleh mengabaikan saudaranya
Yang miskin boleh menggadaikan segalanya
Yang di atas boleh dijilat hingga mabuk
Yang di bawah boleh diinjak hingga remuk

Ohoi,
Seniman boleh bersufi-sufi
Sufi boleh berseni-seni
Penyair boleh berzikir samawi
Mubaligh boleh berpuisi duniawi

Ohoi,
Si anu boleh anu
Siapa boleh apa
Merdeka?

1987

(7) 90년대 세대

눈물의 대지(Tanah Airmata)

시인: 수따르지 칼초움 바흐리(Sutarji Calzoum Bachri)

Tanah airmata tanah tumpah dukaku
Mata air airmata kami
Airmata tanah air kami

Di sinilah kami berdiri
Menyanyikan airmata kami
Di balik gembur subur tanahmu
Kami simpan perih kami
Di balik etalase megah gedung-gedungmu
Kami coba sembunyikan derita kami

Kami coba simpan nestapa
Kami coba kuburkan dukalara
Tapi perih tak bisa sembunyi
Ia merebak ke mana-mana

Bumi memang tak sebatas pandang
Dan udara luas menunggu
Namun kalian takkan bisa menyingkir
Ke mana pun melangkah
Kalian pijak airmata kami
Ke mana pun terbang

Kalian kan hinggap di airmata kami
Ke mana pun berlayar
Kalian arungi airmata kami

Kalian sudah terkepung
Takkan bisa mengelak
Takkan bisa ke mana pergi
Menyerahlah pada ke dalaman airmata kami

출처: '문학가가 말하고 학생이 묻다(Sastrawan Bicara Siswa Bertanya)', 2003, 25쪽.

들풀의 기도(Sembahyang Rumputan)

시인: 아흐맛 요시 헤르판다(Ahmad Yosi Herfanda)

Aku, rerumputan
Tak pernah lupa sembahyang
Inna sholati wa nusuki
Wamahyaaya wa mammati
Lillahi Robbil'alamin

Topan melanda padang ilalang
Tubuhku bergoyang-goyang
Tapi tetap teguh dalam sembahyang
Dan akarku yang mengurat di bumi
Tak berhenti mengucap shalawat nabi

Tebanglah aku
Akan segera tumbuh sebagai rumput baru
Bakarlah daun-daunku
Akan bertunas melebihi dahulu
Aku, rerumputan
Kekasih tuhan
Di kota-kota disisihkan
Alam memeliharaku subur di hutan

Aku rerumputan
Tak lupa sembahyang
Inna sholati wa nusuki
Wamahyaaya wa mammati
Lillahi Robbil'alamin

Pada kambing dan kerbau
Daun-daun hijau kuberikan
Pada bumi akar-akar kupertahankan
Agar tidak kehilangan akar keberadaan

Di bumi terendah aku berada
Tapi zikirku menggema
Di langit dan cakrawala:
La ilaaha Ilallah
Muhammadar Rasulullah

Aku rerumputan

Kekasih tuhan
Segera gerakku
Adalah sembahyang

내 기도 속에(Dalam Doaku)

시인: 사빠르디 조꼬 다모노(Sapardi Djoko Damono)

Dalam doaku subuh ini kau menjelma langit yang semalaman tak memejamkan mata, yang meluas bening siap menerima cahaya pertama, yang melengkung hening karena akan menerima suara-suara

Ketika matahari mengambang tenang di atas kepala, dalam doaku kau menjelma pucuk-pucuk cemara yang hijau senantiasa, yang tak henti-hentinya mengajukan pertanyaan muskil kepada angin yang mendesau entah dari mana

Dalam doaku sore ini kau menjelma seekor burung gereja yang mengibas-ngibaskan bulunya dalam gerimis, yang hinggap di ranting dan menggugurkan bulu-bulu bunga jambu, yang tiba-tiba gelisah dan terbang lalu hinggap di dahan mangga itu

Maghrib ini dalam doaku kau menjelma angin yang turun sangat perlahan dari nun di sana, bersijingkat di jalan kecil itu, menyusup di celah-celah jendela dan pintu, dan menyentuh-nyentuhkan pipi dan bibirnya di rambut, dahi dan bulu-bulu mataku

Dalam doa malamku kau menjelma denyut jantung yang dengan sabar bersitahan terhadap rasa sakit yang entah batasnya, yang setia menyusut rahasia demi rahasia, yang tak putus-putusnya bernyanyi bagi kehidupanku.

Aku mencintaimu, itu sebabnya aku takkan pernah selesai mendoakan keselamatanmu

(8) 2000년대 세대

논밭의 감사 기도(Doa Syukur Sawah Ladang)

시인: 엠하 아이눈 나집(Emha Ainun Najib)

Atas padi yang engkau tumbuhkan dari sawah
Ladang bumimu, kupanjatkan syukur dan
Kunyanyikan lagu gembira sebagaimana padi itu
Sendiri berterima kasih kepadamu dan bersukaria

Lahir dari tanah, menguning di sawah, menjadi
Beras di tampah, kemudian sebagai nasi memasuki
Tenggorokan hambamu yang gerah, adalah cara
Paling mulia bagi padi untuk tiba kembali di pangkuanmu

Betapa gembira hati pisang yang dikuliti dan
Dimakan oleh manusia, karena demikianlah tugas
Luhurnya di dunia, pasrah di pengolahan usus para
Hamba, menjadi sari inti kesehatan dan kesejahteraan

Demikianpun betapa riang udara yang dihirup,
Air yang direguk, sungai yang mengaliri pesawahan,
Kolam dengan anak-anak berenang, lautan penyedia
Bermilyar ikan serta kandungan bumimu yang
Menyiapkan berjuta macam hiasan

Atas segala tumpahan kasih sayangmu kepadaku
Ya Allah, baik yang berupa rejeki maupun cobaan,
Kelebihan atau kekurangan, kudendangkan rasa
Bahagia dan tekadku sebisa-bisa untuk membalas cinta

시인의 선언(Maklumat Penyair)

시인: 위지 뚜쿨 위자야(Wiji Thukul Wijaya)

Pernah bibir pecah
Ditinju
Tulang rusuk
Jadi mainan tumit sepatu
Tapi tak bisa merdeka
Meremuk: kata-kataku!

Seperti rampok
Mereka geledah aku
Darah tetes di baju
Tapi tak bisa merdeka
Rebut senjataku: kata-kataku

Ketika aku diseret
Diancam penjara
Si kerdil yang bernama ketakutan
Kutendang keluar
Dan kuserukan maklumat
"kalian bisa bikin tubuhku lebam membiru
Tapi tak bisa kalian padamkan
Marahnya kepalan kata-kataku!"

시인(Penyair)

시인: 위지 뚜쿨 위자야(Wiji Thukul Wijaya)

Jika tak ada mesin ketik
Aku akan menulis dengan tangan
Jika tak ada tinta hitam
Aku akan menulis dengan arang

Jika tak ada kertas
Aku akan menulis di dinding
Jika menulis dilarang
Aku akan menulis dengan
Pemberontakan
Dan tetesan darah

경고(Peringatan)

시인: 위지 뚜쿨 위자야(Wiji Thukul Wijaya)

Jika rakyat pergi
Ketika penguasa pidato
Kita harus hati-hati
Barangkali penguasa putus asa

Kalau rakyat bersembunyi
Dan berbisik-bisik
Ketika membicarakan masalahnya sendiri
Penguasa harus waspada dan belajar mendengar

Bila rakyat tidak berani mengeluh
Itu berarti sudah gawat
Dan bila omongan penguasa
Tidak boleh dibantah
Kebenaran pasti terancam

Apabila usul ditolak tanpa ditimbang
Bicara dibungkam kritik dibuang tanpa alasan
Dituduh subversif dan mengganggu keamanan
Maka hanya ada satu kata
LAWAN !

나부끼는 사룽 아래(Di Bawah Kibaran Sarung)

시인: 조꼬 뿌누르보(Joko Punurbo)

Dibawah kibaran sarung anak-anak berangkat tidur
Ke haribaan malam. Tidur mereka seperti tidur yang baka
Tidur yang dijaga dan disambangi seorang lelaki kurus
Dengan punggung melengkung, mata yang dalam dan cekung
"Hidup orang miskin!" pekiknya sambil membentangkan sarung

"Hidup sarung!" seru perempuan, sahabat malam, yang tekun
mendengarkan hujan. Lalu ia memainkan piano, piano tua, di dada
lelaki
itu, "Simfoni batukmu, nada-nada sakitmu, music klasikmu, mengalun
merdu sepanjang malam," hibur perempuan itu dengan mata setengah
terpejam

Di bawah kibaran sarung
Rumah adalah kampung
Kampung kecil di mana kau
Bisa ngintip yang serba gaib:
Kisah senja, celoteh cinta
Sungai coklat, dada langsat,
Parade susu, susug cantik ,
Dan pantat nunging
Yang kau sebut nasib.
Kampung kumuh di mana penyakit,
Onggokan sampah, sumpah serapah,

Mayat busuk, anjing kawin,
Maling mabuk, piring pecah,
Tikus ngamuk, timbunan tinja
Adalah tetangga

"Rumahku adalah istanaku,"
Kata perempuan itu sambil terus
Memainkan pianonya, piano tua,
Piano kesayangan.
"Rumahku adalah kerandaku,"
Timpal lelaki itu sambil terus
Meletupkan batuknya, batuk darah,
Batuk kemenangan
Dan seperti keranda mencari penumpang
Dari jauh terdengar suara andong
Memanggil pulang. Kling klong kling klong

Di bawah kibaran sarung
Kutulis puisimu,
Di rumah yang dingin terpencil
Seperti perempuan perkasa
Yang betah berjaga
Menemani kantuk, menemani sakit
Di remang cahaya
Menghitung iga, memainkan piano
Di dada lelaki tua
Yang gagap mengucap doa

Ya, kutuliskan puisimu
Kulepaskan ke seberang
Seperti kanak-kanak berangkat tidur
Ke haribaan malam
Ayo temui aku di bawah kibaran sarung
Di tempat yang jauh terlindungi(1999)

2. 현대시의 감상적 평론: 사회 현실의 반영

현대시의 감상적 평론: '사회 현실의 반영과 프로필(Kritik Apresiatif Puisi Kontemporer: Profil Dan Refleksi Realitas Sosial)'이라는 얀트 무지안또(Yant Mujianto)의 2014년 논문에서 인용한 것이다.

(1) 개성

현대시는 현대적 관점을 우선시하고 혁신을 추구하며, 다양한 색깔을 담고 있는 시를 의미한다. 현대시는 전통적이거나 진부한 것이 아니며, 그렇다고 해서 기존의 형식들을 고수하는 것도 아니다. 흔히 현대시는 시류를 거부하며, 이미 고착된 기존의 질서를 뒤집거나 해체하며, 일반적인 것이 아니라 일탈적이며, 독특하고 다른 뉘앙스와 느낌을 갖도록 실험적인 시도에 초점을 맞춘다. 현대시는 새로움을 추구한다.

아미르 함자(Amir Hamzah), 하이릴 안와르(Chairil Anwar), 수따르지 칼초움 바흐리(Sutarji Calzoum Bachri), 아프리잘 말나(Afrizal Malna)와 같은 최고의 '아방 가르드' 시인들은 분명 그 시대의 현대시인들이다. '나(Aku)', '친구에게(Kepada Kawan)', '잘 있어요(Selamat Tinggal)'와 같은 하이릴 안와르의 자유시는 일반적인 미적 취향과는 다른 느낌과 뉘앙스를 갖고 있다. 그의 시는 거칠고 투박해 보이지만 신선하다. 또한 발레이 뿌스따까와 뿌장가 바루 세대의 전통적 표현 형식에서 벗어나 새롭고 독특한 어떤 놀라움을 보여주고 있다. 특히, 사회적 논쟁을 불러일으킨 수따르지 칼초움 바흐리의 시는 그의 신념과 더불어 거칠고 아크로바티크한 시 낭독 스타일로 존재감을 인정 받았다. 그의 시집 '오 아묵 까빡(O Amuk Kapak)'에 수록된 시들이 대표적이다.

시어는 관념을 전달하는 도구가 아니라 관념 그 자체이다. 시어는 자유롭다. 시어가 자유로워지면 창조성도 가능해진다. 시어들이 스스로 심상을 창조할 수 있고, 스스로 의미를 만드는 역할을 할 수 있으며 스스로 원하는 표상을 결정할 수 있다. 통념적으로 시의 개념 통로 기능을 하는 시어가 자유로워지면 그 본래 시어의 기능과는 반대의 기능을 할 수 있게 된다. 따라서 이전에는 상상할 수 없었던 창의적인 시가 나타나게 되는 것이다 (Bachri, 1981:13).

아프리잘 말나(Afrizal Malna)는 치열한 언어 탐구로, 예상을 뛰어 넘는 상상의 나래로 긴밀하고 연상적인 문장으로 구성된 독특한 문단 형태의 시를 창작했다. 현대시는 지루한 시어 반복, 진부한 시어 선택, 전통적인 억양, 비유와 상상에서 벗어나려고 노력한다. 본질적으로 현대시인은 그 이전의 시 형태로 시를 쓰는 시인, 다른 사람의 시를 읽어야 시를 쓸수 있는 시인, 읽은 적이 있는 시에서 전혀 벗어나지 못한 시인 등과 같은 시인이 되는 것을 부끄러워한다.

현대시인은 대부분 끊임없이 혁신의 고삐를 풀지 않고, 더욱이 기존의 것과 진부한 것을 반복하기를 거부하고 대담하게 기존의 것과 차별화하고자 노력한다. 그들은 색다르고, 신선하고, 웃기고, 다채롭고, 즐겁고, 꽤 수준 높은 것을 독자들에게 제공해 준다. 그들의 시 작품 중에는 교훈을 제공해 주면서도 사고를 이끄는 힘을 가지고 있고, 영성을 풍부하게 만들면서도 생각이나 관점의 지평을 넓혀주는 사색적인 시 작품들도 있다.

(2) 프로필

시 세계의 프로필은 인쇄(타이포그래피), 표현법, 말씨 등 시의 외적 구조를 의미한다. 현대시들의 프로필은 매우 다양하며 시인의 창작과 상상력도 매우 다채롭다. 대부분의 시인은 자기 고유의 프로필을 보여준다. 예를 들면 다르만또 잣만(Darmanto Jatman), 도로테아 로사 헤르리아니(Dorothea Rosa Herliani), 유디스띠라 아르디 누그로호(Yudhistira Ardi Noegroho), 아프리잘 말나(Afrizal Malna), 렌드라(Rendra), 따우픽 이스마일(Taufiq Ismail) 등이 이에 속한다. 이외에도 몇몇 시인의 프로필을 볼 수 있는데, 수따르지 칼초움 바흐리, 고젝 조꼬 산또소(Gojek Joko Santoso), 무스또파 바스리(K.H.A Mustofa Basri(Gus Mus)), 엠하 아니눈 나집(Emha Ainun Najib(Cak Nun)), 사빠르디 조꼬 다모노(Sapardi Joko Darmono), 조꼬 삐누르보(Joko Pinurbo), 아구스 에르 사르조노(Agus R. Sarjono) 등이라고 할 수 있다. 무지개처럼 다채로운 프로필로 그들의 내면 세계와 인생의 관조(프로젝션 스크린)와 그들의 열망과 강박관념, 사고의 깊이, 인간적 가치와 종교적 가치 그리고 그들의 상상적 모험, 불합리한 여정, 빛나거나 어두운 삶의 측면들과 다양함, 매우 밝거나 어두운 뉘앙스를 그들은 반영하고 기록한다. 발라드, 애가, 풍자, 찬송가, 송시, 경구 등의 시 형식에 신비주의적, 종교적, 인간적, 철학적, 정치적, 심리적인 내용을 담고 있다.

위에서 언급한 몇몇 시인들의 프로필을 살펴보면, 전통적이거나 반전통적인 것에서부터 수놓은 듯한 그래픽 요소를 중요시하는 것까지 다양한 색채의 현대시들을 볼 수 있다. 문단 형태인 것, 산문 형태인 것(아르리잘 말나의 시 작품들), 상징적인 것(이브라힘 사파와 착 눈의 '나의 신을 위한 99; 99 untuk Tuhanku'), 하이쿠적인 것(긴밀하고 짧은 한 연의 단시), 다언어적인 것(다르만또 잣만의 시 작품들), 대화형식으로 시어를 구성한 것(수따르지 칼초움 바흐리의 '윈카와 시흐카의 비극; Tragedi Winka dan Sihka'과 '큐; Q', 구스 무스의 '이름으로 의 시; Sanjak Atas Nama', 하밋 자바르의 '인도네시아 노예 인간 잘 있어요; Selamat Tinggal Manusia Budak Indonesia', 아구스 에르 사르조노의 '거짓 시; Sajak Palsu', '함축적인 상상력; Imajinasi Bernas'과 조꼬 삐누르보의 '헤아 릴 수 없는; Tak Terduga'), 드라마틱 스타일의 발라드적인 것으로는 착 눈의 '전나무의 향기를 마시다(Menghisap Klembak Menyak)'와 구스 무스의 '동물들의 기도(Munajat Kaum Binatang)'가 있다.

(3) 사회 현실의 반영

현대시인들이 시를 창작하는데 가장 중요시 한 것 중에 하나는 사회 현실을 반영하는 것이었다. 시인은 고통스럽고, 혼란스럽고, 거짓과 위선으로 가득차고, 선동가와 겁쟁이들로 넘쳐나고, 사랑과 애정이 결핍되고, 순종이 사라지고, 부패하고 어려운 삶이 지속되고 있는 사회 현실과 사건들을 가감없이 있는 그대로 시에 반영한다. 시인은 삶의 캔버스에 다양한 색채를 그려 넣는 기자나 화가로서의 역할을 담당하며, 현명하고 용감한 시대의 목격자로서, 금기시 된(예, 렌드라와 착 눈) 담론을 연결하는 전문가로서의 역할을 담당한다. 그들은 더 이상 잎에서 떨어지는 이슬 방울에 대해서, 하늘과 대양에서 항해하는 매우 아름다운 달에 대해서, 어둠운 밤을 지키는 별의 반짝거림에 대해서, 해변을 끊임없이 쓰다듬는 파도와 부드러운 바람에 대해서, 약속을 어긴 적이 없는 비둘기에 대해서, 시든 적이 없는 에델바이스에 대해서, 거짓을 말한 적 없는 난초에 대해서, 달을 그리워하는 솔부엉이에 대하여 이야기하는 평범한 시인이 아니다. 그 모든 것이 로맨틱하고 시적이라고 할지라도 그들은 그 이면에 내재된 슬프고 불쌍한 의미를 드러내고 감싸준다. 왜냐하면 시인은 국민의 상처입은 마음을 달래주는 지킴이자, 이 세상이 무너지지 않도록 지탱해 주는 시대의 기둥이기 때문이다. 그래서 그들의 작품들도 의식의 흐름, 깨달음의 빛, 인간의 가치 그리고 의미있고 고귀한 삶들을 보여주어야 한다.

사회 현실을 반영한 현대시는 셀 수 없을 정도로 아주 많은 편이다. 신랄하고 자유롭고 독립적이고 솔직하고 비판적이고 창작력이 뛰어난 시를 쓴 구스 무스(Gus Mus)는 '자유의 노래가 아니면 아무거나(Nyanyian Bebas

Atawa Boleh Apa Saja)'에서 자유로운 문화(모든 것을 해도 된다)를 퍼뜨리는 것, 한계를 뛰어 넘는 것, 현대성을 만끽하는 것('현대 무슬림의 유머시; Puisi Jenaka Muslimin Modern'), 모두가 혼돈스러운 상황을 직시하는 것('너는 어떻게 할 거니 나는 어떻게 해야 되니; Kau ini Bagaimana atawa Aku Harus Bagaimana') 그리고 인간에 의해 파괴된 생활환경에 대한 비통함을 금할 수 없는 것('동물들의 기도; Munajat Kaum Binatang') 등을 이야기한다. '오호이, 발삼유 시들(Ohoi Puisi-puisi Balsem)'에서 그의 언어는 객관적이고, 투명하고, 반복적이지만 매끄러운 논리를 즐겨 사용한다.

독실한 이슬람의 율법학자인 구스 무스(Gus Mus)와 이슬람의 계율에서 이탈한 율법학자인 착 눈은 전혀 다른 모습을 보여준다. 두 시인 모두 빼산트렌(이슬람 기숙학교) 공동체를 배경으로 삼고 있지만 착 눈의 시들은 숭고하고 시적이고 로맨틱한 상징적 표현을 더 선호하면서도 수피즘을 강하게 드러낸다. 하지만 신질서 체제에서 금서로 낙인 찍힌 착 눈의 시 '나 의 신을 99(99 untuk Tuhanku)', '즐거운 이스라 미라즈(Israk Mikraj yang Ayik)', '베일 바다의 시(Syair Lautan Jilbab)', '전나무의 향기를 마시다(Menghisap Klembak Menyan)', '아이의 행실은 부모의 책임(Bapak Polah Anak Keradah)' 등의 종교 시에서조차 날카로운 사회적 비판을 빠뜨리지 않는다. 날카로우면서도 드라마틱한 사회적 논쟁을 대화형식을 통해 표출한 이 장문의 상징적인 시는 신질서 체제부터 현재의 개혁 시대까지의 아버지와 아이 사이, 신세대와 구세대 사이, 민중과 통치자 사이의 흥미로운 논쟁를 주제로 이야기한다.

여기에서 아이는 신세대를 대표하는 반면, 아버지는 구세대를 대표한다. 아이를 서민으로 해석할 수도 있고, 라마(Rama)를 통치자로 해석할 수도 있다. 엠하(Emha)의 사회적 비판은 꽤 예리하고 신날하다. 엠하는 "신세대가 도덕성의 타락과 더불어 소년 범죄를 일으킨다면 구세대의 존재와 태도는 물론 구세대가 가르친 교육에서 벗어날 수 없지 않을까?"라고 반문한다.

아버지는 말한다:
"Wis,bis, aja diteruske
Batinmu lethek, le
Pinternya Cuma rame-rame
Napsu besar tenaga kere
Tak paham sepi ing pamrih
Rame ing gawe"

아이는 대답한다:
"Rama, kalau ada buah yang lethek
Pohonya pasti lebih lethek lagi
Siapa yang bikin anak
Kalau bukan bapaknya
Dosa bagi bapak yang menanamkan benih
Tanpa nurani yang jernih"

아버지가 욕한다:
"Edan! Kok malah ngutuk
Kamu ini, le, malas kerja
Tidak nriman apa adanya
Tidak legalila"

아이는 부정한다:
"Nyak, legalila gimana
Kalau diperlakukan semena-mena
Jaman yang rakus, Rama
Tak mengenal kewajaran kerja

Hidup yang penuh pencurian
Tak mengajari nriman
Jika angin penuh perbudakan
Dan penindasan, meskipun diam-diam
Nurani tak bakal rela membiarkan
Sebab kami bukan kuda tunggangan
Rama!
Waktu telah bergolak
Tak setenang itu air telaga
Langit batinku retak
Tidak lagi bisa diucapkan
Kata legalila
Maaf, Rama!
Tak mampu lagi aku menatapmu
Sebab kami berpihak ke masa depan!"

미래의 편에 선다는 것은 무슨 의미일까? 그것은 신세대에 대한 구세대의 고정관념을 깨는 것이다. 신세대가 변화, 다양성, 개방성, 활동성, 강인함 등을 가지고 혁명을 선호한다는 것을 구세대가 인정하는 것이다. 그렇지 않을 경우 결코 구세대는 미래의 편에 서 있다고 여기지 않을 것이다. 일반적으로 그들은(구세대) 현재의 상황을 유지하려는 경향이 강하고 또한 신세대에 대한 영향력을 행사하고 싶어한다.

이 시에서 아버지는 탐욕스럽고 쾌락주의적이고 몰염치한 인물로 묘사된다. 라마(Rama)로 상징되는 아버지는 한 가족의 아버지로서가 아니라 한 사회의 아버지로서, 심지어 국민 또는 국가의 아버지로서 영향력을 행사한다. 그러나 아버지는 안타깝게도 아버지다운 모습을 보여 주지 못했고, 오히려 자기 마음대로 행동하기 때문에 신세대와 서민들이 그들의 영향력을 의심하게 만들었고 사회를 혼란스럽게 만들었다. 엠하(Emha)는 빗나간 아버지를 둔 아이의 미래를 암시적으로 묘사한다.

Tapi sang anak telah direguk oleh badai
Hari esok mereka dirampas
Masa depan mereka direbut
Pikiran mereka dikibiri
Wawasannya dikelabui
Anak-anak itu, tiba-tiba merasa asing
Kepada dirinya sendiri
Kaget, dan membelalakkan mata!

그들(신세대와 구세대) 사이의 골은 매우 깊다. 젊은이와 서민의 잠재력을 인정하지 않는 구세대의 태도는 착취적이고 일방적인 모습을 보여준다. 그들의 태도는 결국 억압당한 사람들의 저항을 불어일으키게 만든다. 신세대는 라마(rama)에게 그들의 원망을 쏟아낸다.

Kami sudah telan
Telormu yang setengah matang
Kami jadi tikus-tikus
Yang kamu makan dengan rakus
Mana bisa kamu nguntal jagad
Lha wong kami malah diuntal oleh jagad
Rama, kranjang kami bodhol
Para widadari ucul
Ada yang mulia bagai Ibu Siti Maryam
Tapi banyak juga yang dijual eceran

Rama?
Jiwa seseg, tubuh ringseg!

자유롭고 한가롭게 살고 있는 젊은이를 보면, 구세대는 그들이 전혀 인간이 되지 않았으며 존재감을 상실했다는 판단을 내린다. 그들은 개념도 없고, 어른들과의 만남의 의미도 이해하지 못하고, 공동체를 통해 세워진 사랑의 의미도 이해하지 못한다고 여긴다. 다음과 같이 아이는 잘못을 인정하라는 압력을 받곤 한다:

"Nggih sorry kemawon, Rama
Bagaimana hidup kami bisa wungkul
Kalau sirah kami tansah didengkul
Bagaimana batin kami bisa wutuh
Kalau seribu nilai berperang berubuh
Gendruwo soklat sugih dadakan
Jalaran saka mulasara"

일반적으로 개발도상국에서는 대다수 사람들이 글로벌시대의 가치, 철학, 문화의 흐름 속에서 가면을 쓴 배우가 되기도 한다. 대다수 사람들은 담배를 피우고, 외국 학문을 받아들이고, 외국의 정신, 문화, 생활방식을 만끽하고, 순간적/의도적으로 속이고, 세속적인 것을 즐기는 등 그 모든 것을 받아들이고 행동하면서 자신들의 개성을 잃어버린다. 대다수 사람들은 오버하고 한계를 뛰어 넘고 비이성적이고 이기주의적이고 욕망을 따르는 행동으로 인해 스스로 공허, 굴욕, 고통의 삶으로 추락한다. 그들은 자기가 만든 꿈에 도취되고, 신데렐라 신드롬이나 나르시스 신드룸에 빠지고 난 이후에 세상을 향하지만 의미있는 삶을 살기가 어렵게 된다. 결국 자신의 삶과의 싸움에서 승리한 사람은 올바른 사람이 아니라 강한 사람이다. 자

신의 삶에서 약한 사람은 진정 패하게 되고, 강한 사람에 의해 희생되고 결국 종말을 맞이하게 된다:

Mengejar bahagia ternyata fatamorgana
Mengejar kenikmatan dalam jiwa
Memburu duwit di bawah telapak meja
Mengabdi semua atasan
Supaya hidup jadi aman
Takut pada hantu berseragam
Soal Tuhan gampang ditangguhkan
Ikan-ikan dalam lautan
Tak jelas ke mana badan diarahkan
Ikan besar makan ikan kecil
Yang kecil makan yang lebih kecil
Yang lebih kecil makan lumut-lumut dan batu
Batu dan lumut habis
Ia makan dirinya sendiri

그렇다면 구세대와 신세대 사이 그리고 통치자와 서민 사이의 싸움은 어떻게 전개 될까? 그들이 서로 적대시하고 논쟁하기에는 적합하지 않은 사이다. 모든 피조물이 신과 하나가 될 수 있다면, 예컨대 산속의 농부와 텔레비전 속의 '소머즈(bionic-woman)', 검은색과 흰색 그리고 모래와 파도가 하나가 될 수 있다면 어른들과 젊은이, 구세대와 신세대, 통치자와 서민도 하나가 될 수 있는 것이다.

이 힘들고 고통스러운 그들 사이의 불신의 상황은 학교에서 뿐만 아니라 전 사회에 만연되어 있다. 아구스 에르 사르조노(Agus. R. Sarjono)가 이런 고통스러운 상황을 시에 얼마나 잘 반영하고 있고 또한 잘 표현하고 있는지 살펴보자.

거짓의 시(Sajak Palsu)

Selamat pagi Pak, selamat pagi Bu, ucap anak sekolah
Dengan sapaan palsu. Lalu merekapun belajar
Sejarah palsu dari buku-buku palsu. Di akhir sekolah
mereka terperangah melihat hambaran nilai mereka
yang palsu. Karena tak cukup nilai,
maka berdatanganlah mereka ke rumah-rumah
bapak dan ibu guru untuk menyerahkan amplop
berisi perhatian dan rasa hormat palsu.
Sambil tersipu palsu dan membuat tolakan
Tolakan palsu, akhirnya pak guru dan bu guru
Terima juga amplop itu sambil berjanji palsu
Untuk mengubah nilai-nilai palsu dengan
Nilai-nilai palsu yang baru. Masa sekolah
Demi masa sekolah berlalu, merekapun lahir
Sebagai ekonom-ekonom palsu, ahli hukum palsu,
Ahli pertanian palsu, insinyur palsu
Sebagian menjadi guru, ilmuwan
Atau seniman palsu. Dengan gairah tinggi
Mereka menghambur ke tengah pembangunan
Palsu dengan ekonomi palsu sebagai panglima
Palsu. Mereka saksikan ramainya
Perniagaan palsu dengan ekspor
Dan impor palsu yang mengirim dan mendatangkan

Berbagai barang kelontong kualitas palsu.
Dan bank-bank palsu dengan giat
Menawarkan bonus dan hadiah-hadiah palsu
Tapi diam-diam meminjam juga pinjaman
Dengan jin dan surat palsu kepada bank negeri
Yang dijaga pejabat-pejabat palsu. Masyarakatpun berniaga
dengan uang palsu yang dijamin
devisa palsu. Maka uang-uang asing
menggertak dengan kurs palsu
sehingga semua blingsatan dan terperosok krisis
yang meruntuhkan pemerintahan palsu
ke dalam nasib buruk palsu. Lalu orang-orang palsu
meneriakkan kegembiraan palsu dan mendebatkan
gagasan-gagasan palsu di tengah seminar
dan dialog-dialog palsu menyambut tibanya
demokrasi palsu yang berkibar-kibar
begitu nyaring
dan palsu

현대시인에 의해 우리 시대의 검은 세상(블랙 월드)이 표적이 된 적이 있었다. 어머니가 임신한 것이 잘못이 아니라 원치 않는 임신 때문에 어두운 삶으로 추락한 사람이 적지 않았다는 점이다. 만약 그들의 삶이 매우 어렵지 않았다면 또는 간신히 연명할 정도의 심각한 상태가 지속되지 않았다면, 하급 공무원인 끼민(Kimin)은 자카르타의 성매매 집성촌인 끄라맛 뚱각(Kramat Tunggak)에서 사랑하는 아내가 윤락녀에게 우유를 팔아 생업을 유지하는 것을 허락하지는 않았을 것이다. 경제적인 삶이 전혀 개선되지 않은 초등학교 선생인 샤흐단(Syahdan)도 마찬가지였다. 아이 목숨을 바치는 형태의 무서운 운명을 바꾸기 위해 그는 사무드라 왕자의 고행지인 끄무꾸스산에서 7번의 성관계 의식을 아내가 아닌 하녀와 갖게 된다. 다음의 두 작품이 사회 현실을 어떻게 반영하고 있는지 살펴 보고자한다.

어머니에게 보내는 끼민의 편지(Surat Kimin Kepada Ibunya)
시인: 고젝(Gojek Js)

Mbok,
Jakarta sungguh jahat
Bagai belantara satwa
Manusia memangsa sesamanya

Mbok,
Jadi pegawai rendah, gajiku pas-pasan
Tak mampu mengejar kebutuhan
Untuk menutup nafkah
Istriku bisnis kecil-kecilan
Jual susu di Kramat Tunggak
Tubuh memang dijajankan
Tapi tidak untuk jiwanya

Mbok,
Sebagai pelacur dia tetap jujur
Tak pernah mencuri uang tamunya
Apalagi korupsi
Dia disiplin dan tahu diri
Pulang tepat waktu, jam 1 dinihari

Saat birahi merayap sunyi

Mbok,
Orang bilang, istriku wanita nakal
Tapi bisa memahami keadaan sosial
Para mahasiswa diberi diskon khusus
Separuh harga tarifnya
Tak perlu dicaci dan dilaknati
Walau menghibur seribu lelaki

Mbok,
Lelaki berbagai suku negeri ini
Dari Sabang sampai Dili, telah dilayani
Dia memang "bhineka tunggal ika"
Menjual kehangatan pada lelaki
Yang berbeda-beda
Namun suami tetap Satu
WNI keturunan, dia malas meladeni
Apalagi lelaki bule
Bukan takut terserang AIDS
Karena watak terlalu nasionalis
Agar tidak dieksploitasi orang asing

Mbok,
Kini istriku meteng pitung sasi
Berarti harus mulai cuti
Aku tak tahu benih siapa tertanam

Dalam rahimnya
De facto, entah siapa bapaknya?
Dejure, janin itu tetap anakku
Karena bakal lahir dari wanita
Yang secara hukum adalah istriku

Mbok,
Dalam galau Metropolitan
Rindu dongeng "kancil nyolong timun"
Sebab, kini para kancil pada sibuk
Nguras laci republik

Mbok,
Jakarta bau whisky
Aku kangen aroma ketiakmu
Yang terbukti sebagai pembius tidur
Kala aku masih kanak-kanak
솔로, 1993년 12월 22일

악마의 도움을 구한다(Mencari Pesugihan)

시인: 수조노뿌로(K.R.T.Sujonopuro)

Seorang guru SD tergeletak capai
Seharian mengejar, seumur-umurnya dihajar
Setiap bulan gajinya kena potongan
Setiap naik harus dengan sogokan

Akhirnya dia pingsan karena belum sarapan

Ketiga guru tersebut diuman,
Didatangi serombongan demonstran
Mereka bersepakat mengangat nasibnya
Menjadi topik protes-protesnya
Seorang guru adalah guru
Malah dia memberi wejangan
"Jangankan Cuma demonstrasi,
Aku sudah tak percaya lagi.
Telah banyak keputusan
Melarang potongan.
Nyatanya gaji masih disunat kesana-kemari
Kalau bisa jangan seperti kami.
Jadilah mador proyek saja
Atau bela para pembantu rumah tangga".

Demonstran kehilangan kesempatan
Akan sebuah tema buat spanduknya.
Sesungguhnya ceritera guru telah popular,
Dan demonstran mau mengemasnya guna masuk DPR
Maka, memperjuangkan babu-babu,
Meski diukur dari situ.

Guru tertatih-tatih di muka kelas,
Dengan safari lusuh warna kelabu.
Seharian ia berada di sana,

Sehari dia jadi tuntunan
Itulah guru: tumbal masa depan.
Guru SD adalah pegawai,
Jalan hidupnya sangat landai.
Lututnya yang keropos dan capai
Dipakai berdiri mengganjal nilai.

Sambil menunggu ujian
Sang guru mengutak-urik ramalan.
Siapa tahu akan mendapat undian.
Dan hidupnya lalu akan mengalami perubahan.
Lotere tak jua memberi jaminan,
Padahal perjalanan makin menua.
Ruang kelas telah merampas hidupnya,
Lewat himne muluk tapi perkasa.
Akhirnya guru memutuskan mencari pesugihan.

"Kemarin guru, baby, dan kami
Yang hidupmu selalu terasa kelabu.
Datanglah kemari,
Ziarahlah ke sini.
Ini gunung Kemukus,
Tidak seberapa tinggi, memang.
Tapi ini sarang para danyang.
Bila kualifikasimu tepat,
Harkatmu cepat meningkat
Dijamin tanpa sogokan maupun potongan

Di sini tak ada birokrasi"

Demikian suara membersit,
Ketika guru, babu, dan orang-orang kelabu,
Merangkaki Kemukus meggapai bukit.
Itu suara Pangeran Samudra.
Pelita dari dunia sana.

"Pangeran, kami telah datang.
Apa kualifikasi itu?
Tolong segera berikan,
Kami haus sejengkal peningkatan"

"Siapapun kalian mesti berpasangan
Bisa saja babu dengan guru,
Bakul dengan kopral,
Asal perempuan-lelaki.
Buatlah ritus kesuburan.
Di bukit ini.
Sejumlah 7x Jum'at Ponan.
Dan jangan ganti pasangan.

Semua diam mendengarkan.
Hanya guru yang berani bertanya:
Bukan itu percabulan Pangeran?"
"Mungkin saja mas guru,
Itu wasiat peninggalan.

Siapa mau, silakan.
Dan maaf, dalam hal ini tidak ada sarasehan"
Guru memantapkan hati.
Banyak pesugihan berbeda gaya,
Tapi tak dipilihnya karena ngeri,
Mendengar mereka bersesaji nyawa.

Guru mencari pasangan di kaki bukit.
Di antara kerikil, debu dan hidup.
Lalu bertemulah dengan seorang babu.
Mereka seia-sekata.
Kencang menggenggam wangsit.

Malam Jum'at pon pertama:
Gelap itu masih ada.
Merajalela di lereng bukit dan tubuh mereka.
Yang berkeringat dan dibuat sesat.
Demikianlah wasiat.
Demikianlah perburuan harkat.

"Omong-omong mas guru,
Bagaimana saya bisa meningkat?
Gajiku sih kecil selalu"
"Itu bisa lewat aku.
Sesuai wasiat,
Rezekiku juga rezekimu.
Aku akan buka warung di rumah

Mengais rezeki,
Traktat dan dupa mengikat aku dan kamu.
Istriku takkan tahu itu"

Darah lalu kembali terasa mengalir di tubuhnya.
Dan pak guru giat menawarkan les privat.
Istrinya disuruhnya untuk buka warung.
Dari belakang dia mendukung.

Malam jum'at pon kedua:
Harapan terasa makin bersosok.
Berkelebat lewat dekat mereka.
Ketika itu ritus dilaksanakan lewat pergumulan.
Harkat, diburu ke mana dia tersimpan.

Malam jum'at pon ketiga:
Gelap masih saja menutup jalan.
Terdengar gelisah daun bambu yang diterpa angin.
Mas guru celingukan mencari pasangannya.
Lalu ketemu

Pasangannya babu berkata,
Bahwa rasanya harkat telah meningkat,
Karena ia mengandung benihnya guru.
"Ya Allah ya Rabbi.
Mengapa kamu bisa berisi?
Ini bukan asrama, bukan rencana,

Tapi cara yang disepakati
Minah, Minaah…"
Seketika kepala guru kena palu.
Tak tahu mesti berbuat apa.
Benih yang tak disangka.
Menggoncing dirinya.
Walau perempuannya menerima,
Tetap juga guru malu,
Sehabis itu,
Malam Jum'at Pon yang keempat,
Dibiarkannya lewat
Dan riwayat
Tak sepenuhnya meski diingat.
(수라까르따, 1994년 10월)

위 두 작품은 하나같이 비극적이다. 왜냐하면 암울하고 가난한 삶을 타개하기 위한 방편으로 악행과 탈선을 조장하고, 불의를 하나의 해결책으로 제시하고 있기 때문이다. 사랑과 행복이 충만해야할 결혼식에 비극이 도사리고 있다면, 신을 찾고 구원을 받는 것이 바람직하다는 것이다. 그러나 굴곡진 삶의 여정을 띠고 있는 가난과 죽음의 비극은 비록 신을 향하고 있지만 신의 구원을 받지는 못한다.

윈까와 시흐카의 비극(Tragedi Winka Dan Sihkha)

시인: 수따르즈지 칼초움 바흐리(Sutarji Calzoum Bachri)

Kawin
    Kawin
        Kawin
            Kawin
                Kawin
                    Ka
                    Win
                    Ka
                Win
            Ka
        Win
    Ka
  Win
Ka
  Winka
      Winka
          Winka
              Sihka
                  Sihka
                      Sihka
                          Sih
                      Ka
                  Sih
              Ka

Sih

Ka

Sih

Ka

Sih

Ka

Sih

Ka

Sih

Sih

Sih

Sih

Sih

Sih

Sih

Ka

Ku

(오 아묵 까빡, 38쪽)

위와 같은 매우 독특한 시 형식의 표현은 수따르지 칼초움 바흐리(Saturdji Calzoum Bahri)만이 가정 생활의 비극을 반영하기 위해 사용한 것이 아니다. 수따르지 칼초움 바흐리는 사회 단결의 지수가 얼마나 높은지를 물었고, 또한 그 사회 단결의 지수에 대해 비난하기도 했다.

다음과 같은 시에서 'adakah kalau luka kakiku, kakimu lukakah dan kalau kakikau luka, lukakukah kakiku':

독법 배우기(Belajar Membaca)

시인: 수따르지 칼조움 바흐리(Sutarji Calzoum Bachri)

Kakiku luka
Luka kakiku
Kakikau lukakah
Lukakah kakikau
Kalau kakikau luka
Lukakukah kakikau
Kakiku luka
Lalukakaukah kakiku
Kalau lukaku lukakau
Kakiku kakikaukah
Kakiku luka kaku
Kalau lukaku lukakau
Lukakakukakiku lukakaku kakikaukah
Lukakakukakikaukah lukakakukakiku
1979

다른 사람에 대한 우리의 태도와 동포에 대한 우리의 연대를 이해하고 배우는 것을 결코 멈추어서는 안된다. 타인에 대한 태도와 동포에 대한 연대가 존재했을까? 가라앉았을까? 사라졌을까? 이 맥락 속에서, '폭정과 요새(Tirani dan Benteng)'로 유명한 66년 세대 시인이자 '인도네시아 사람이 된 것이 나는 창피하다(Malu Aku Jadi Orang Indonesia)'라는 시로 개혁 시대를 주도한 시인이 있다. 그가 바로 따우픽 이스마일(Taufiq Ismail)이며, 그는 시적 기호들을 현명하게 읽을 수 있도록 우리를 안내한다.

사람들이 시적 상징들을(기호들을) 현명하게 읽는 것과 현명하게 해석하는 것의 차이도 읽을 수 있다. 우리는 아래에 제시된 '견해 차이(Beda Pendapat)'를 현명하게 읽고 또한 해석할 수 있을까?.

견해 차이(Beda Pendapat)

시인: 고젝(Gojek Js)

Meoong …..
Itu suara kambing

Petok…petok
Itu suara lembu

Kaeing…..kaeing…..kaeing
Itu suara mahasiswa

Kwek….kwek….kwek….kwek….kwek
Kwek….kwek….kwek….kwek….kwek
Kwek….kwek….kwek….kwek….kwek
Kwekkwekkwekkwekkwekkwek

Apa itu suara DPR?
솔로, 1993년 8월

현실 세계에서의 표상된 기호들에 대한 다양한 견해 차이를 현명하게 읽고 해석하는 것은 마치 우리의 사회 현실에 대한 상황도 현명하게 제기할 수 있음을 의미한다. 이것이 2002년 3월 무함마디야 수라까르따 대학교 강당에서 개최된 국제시인포럼에서 이 시를 매력적으로 낭송했던 시인의 증언이다.

욕질 9: (Umpatan IX):
디오라마(Diorama)
시인: 소시아완 레악(Sosiawan Leak)

Kesaksianku ini
Kesaksian penyair pekak
Hidup dijaman yang onak
Di mana sajak-demi sajak tidak bisa tidak
Cuma mengeja ruang yang kian sesak
Kesaksiankulah ini
Kesaksian yang berkisar tentang sebuah generasi
Di mana aku dan kamu berpusar di dalamnya
Menjadi bagian yang berdosa
Lantaran ketidakberdayan kita
Menjinakan rumus-rumus kehidupan,
Maka dengan sempurna
Lahirlah anak-anak kita lewat tabung-tabung televisi
Di mana tangisnya menjelma tangga lagu-lagu dunia
Yang menggema, menjauh dari kesahajaan tembang bumi pertiwi
Di mana ocehannya adalah rekaman iklan-iklan
Yang mencabik-cabik kesederhanaan
Mereka anak-anak kita
Tidak lagi darah daging kita sendiri
Lantara darahnya telah lunas dialiri gunci modernisasi
Lantaran dagingnya telah rampung diototi parfum industrialisasi

Hingga terkesiaplah kita
Tatkalah mereka tak punya jati diri
Poraklah harapan kita
Tatkala mereka tak punya jati diri
Poraklah harapan kita
Kala pendidikan hanya mentasbih mereka
Sebagi serombongan kuda dengan kaca mata satu arah
Yang tak mungkinkan memandang mata angin dengan sempurna
Kurikulum yang dicekkokan kepada mereka
Kadang manis madu rasanya
Namun esensinya tak lunas diterjemahkan
Oleh empedu sepahit apapun
Karenanya, tak jarang mereka punya nada sama dalam bersuara
Juga gerakan yang seragam dalam pikirannya
Karnanya, mereka kerap dirampok pemahamannya
Tentang alam tata warna yang beraneka rupa
Hingga gunung Cuma punya warna biru
Langit Cuma punya warna biru
Dan laut Cuma punya warna biru.

Sedangkan kau tahu:
Hutan bisa saja berubah bara berwarna merah
Sawah tak salah berubah kelam berwarna gudah
Dan kebun-kebun bisa berwarna apa saja
Tergantung siapa yang menggambarnya
(kebun cengkih kita berwarna apa?)
Kesaksiankulah ini

Kesaksian penyair gagu
Hidup di jaman sembilu
Di mana syair demi syair tak mendesirkan lagu merdu
Cuma mengeja ragu dalam pilu
Ketika hidup dibanjiri topeng-topeng bergincu

Kesaksiankulah ini
Kesaksian tentang dunia yang mengepung kita
Di mana aku dan kamu berkubang di dalamnya
Sebagai pihak yang tak bisa bergerak
Terjebak dalam lubang kian sesak
Di mana perampasan dan perampokan
Menjelma hukum yang disahkan
Di mana perlindungan terhadap hak kaum yang kalah
Semakin susah
Hanya berpintu kesah
Maka, ketika koran-koran tak lagi punya suara
Juga berita radio dan televisi tak lagi punya makna
Kutuliskan semua ini
Agar kau mengerti
Bahwa puisi bisa menjadi saksi
Atas nurani yang terterali
Bahwa puisi bisa menjelma tanda
Atas ayat-ayat yang tak terjaga
Meski kau tahu
Para penyair kian kerap bunuh diri
Di forum-forum seminar dan diskusi

Sibuk menerjemahkan sajak-sajak mereka
Yang tak kuasa berbicara dan menjauh dari realita
(sajakmu berada di mana di ruang gelap atau di kamar gulita?)

Kesaksiankulah ini
Kesaksian penyair gagap
Yang kerap menghirup udara pengap
Hingga kata demi kata
Tak mendeburkan kesegaran pada dada-dada.
Kesaksiankulah ini
Kesaksian tentang nasib jutaan orang
Yang diranjang-ranjang surat-surat sakti beterbangan
Hingga konglomerasi berhamburan
Sedang korupsi dan manipulasi belum juga menemu mautnya
Bagai hantu, mereka bersliweran dengan leluasa
Namun kita hanya meraba bayang-bayang
Tatkala mencoba melacaknya
hukumpun tak kuasa membidiknya
Dan selalu menemu lorong buntu
Bila mencoba mengusiknya
Inilah teka-teki yang termisteri
Meski kita tahu siapa di balik sengaja peristiwa
Namun tak kuasa tuk buka kedoknya
Maka, resmilah kita menjadi penonton yang setia
(kamu ingin menonton yang mana drama kekejaman atau adegan dagelan?)
Kesaksiankulah ini
Kesaksian yang kukabarkan kepadamu

Agar tidak menjadi kabur
Dan terlanjur dikuburkan
Sebelum sempat dikibarkan
솔로, 1994년 10월 12일

물론 모든 이전 세대들이 현실을 반영했던 것처럼 현대시인들도 사회 현실을 반영한 시들을 많이 썼다. 대표적인 시인인 렌드라(Rendra)는 젊었을 때부터 현재까지 사회문제에 대해 매우 비판적인 시를 쓴 대가이다. 하르또(Pak Harto)와 신질서 체제를 붕괴시킨 개혁에 대한 추억의 시에 현실을 있는 그대로 반영하고 있다. 예컨대, 렌드라는 '인도네시아 5월의 시(Sajak bulan Mei di Indonesia)'에서 수하르또와 신질서 체제를 붕괴시킨 민중의 개혁의 목소리를 강렬하지만 순수하고 드라마틱하게 표현하고 있다.

인도네시아 1998년 5월의 시(Sajak Bulan Mei 1998 Di Indonesia)
시인: 렌드라(W.S. Rendra)

Aku tulis ini di bulan gelap raja-raja.
Bangkai-bangkai tergeletak lengket di aspal jalan.
Amarah perajalela tanpa alamat
Ketakutan muncul dari sampah kehidupan.
Pikiran kusut membentur simpul-simpul sejarah.
O, zaman edan!
O, malam kelam pikiran insan!
Koyak-moyak sudah keteduhan tanda kepercayaan.
Kitab undang-undang tergeletak di selokan.
Kepastian hidup terhuyung-huyung dalam comberan.
O, tertawalah fatamorgana kekuasaan!

O, sihir berkilauan dari mahkota raja-raja
Dari sajak zaman Ibrahim dan musa
Allah selalu menginginkan
Bahwa hukum harus lebih tinggi
Dari keinginan para politisi, raja-raja dan tentara.

O, kebingungan yang muncul dari kabut ketakutan!
O, rasa putus asa yang terbentur sangkur!
Berhentilah mencari Ratu Adil!
Ratu Adil itu tidak ada. Ratu Adil itu tipu daya!
Apa yang harus kita tegakkan bersama adalah Hukum Adil.
Hukum Adil adalah bintang pedoman di dalam prahara!
Bau anyir darah yang kini memenuhi udara
Menjadi saksi yang akan berkata
Apabila pemerintah sudah menjarah Daulat Rakyat
Apabila aparat keamanan sudah menjarah keamanan
Maka rakyat akan mencontoh penguasa,
Lalu menjadi penjarah di pasar dan di jalan raya.

Wahai, penguasa dunia yang fana
Wahai jiwa yang tertenung sihir tahta!
Apakah masih buta dan tuli di dalam hati?
Apakah masih akan menipu diri sendiri?
Apabila suara akal sehat kamu remehkan
Berarti pintu untuk pikiran-pikiran kelap
Yang akan muncul dari sudut-sudut gelap
Telah kamu bukakan!

Cadar kabut duka cita menutup wajah ibu pertiwi
Air mata mengalir dari sajakku ini.

자카르타, 1998년 5월 17일

현대시와 사회 현실 사이에는 명확하고 분명한 연결고리와 현실적 관련성이 존재하기 때문에 시가 현실 세계의 일상적 경험과 분리되거나 무관한 것이 결코 아니라는 것을 알 수 있다. 이성적 사고와 양심에 대한 약속을 지킴으로써 시는 폭넓고 다양한 삶과 사회를 해석하면서도 마음을 흔드는 감동을 주는 동시에 무지개 색처럼 다채롭고 유리알처럼 투명하고 아름다움을 안겨준다.

IX

문학 사건과 관련된 용어들 및 최근의 문학 트랜드

IX

문학 사건과 관련된 용어들 및 최근의 문학 트랜드

(1) 발레이 뿌스따까(Balai Pustaka)

발레이 뿌스따까는 최초의 인도네시아 문학 서적의 출판사로 기록되었다. 이 출판사는 1908년에 네덜란드 식민정부에 의해 국민독서위원회(Komisi Bacaan Rakyat; Commissie Noor de Indlansche School en Volkslectuur)로 설립되었다. 1917년부터 국민독서국(Kantor Bacaan Rakyat; Kantor Noor de Volkslectuur) 또는 발레이 뿌스따까로 개명되었다. 인도네시아가 독립한 이후에는 인도네시아 정부의 출판사가 되었고, 21세기인 현재까지 존재하고 있다

발레이 뿌스따까가 출판한 첫 인도네시아 소설은 므라리 시레가르(Merari Siregar)의 '고통과 불행(Azab dan Sengsara; 1920)'이고, 전설적인 소설인 마라 루슬리(Marah Rusli)의 '시띠 누르바야(Siti Nurbaya; 1922)'가 그 뒤를 이었다. 발레이 뿌스따까의 다른 유명 작품은 압둘 무이스(Abdul Muis)의 '잘못된 교육(Salah Asuhan; 1928)'이다.

발레이 뿌스따까의 편집자를 지낸 적이 있는 인도네시아 작가들은 수딴 딱디르 알리샤바나(Sutan Takdir Alisyahbana), 누르 수딴 이스깐다르(Nur Sutan Iskandar), 아흐디얏 까 미하르자(Achdiat K. Miharja), 프라무댜 아난따 뚜르(Pramudya Ananta Toer), 우뚜이 따땅 손따니(Utuy Tatang Sontani), 루스만 수띠아수마르가(Rusman Sutiasumarga), 압둘 하밋 자바르(Abdul Hamid Jabbar), 압둘 하디(Abdul Hadi W.M.), 수바기오 사스뜨라와르도요(Subagio Sastrawardoyo) 등이며, 마지막에 언급된 세 명의 작가는 신질서 체제에 포함된다.

(2) 발레이 뿌스따까 세대(Angkatan Balai Pustaka)

이 명칭은 발레이 뿌스따까 출판사가 인도네시아 문학 서적을 활발하게 출판한 시기와 일치하며, 이 시기인 20년대에 출현한 작가들을 일컫는다. 이 세대의 문학가로는 므라리 시레가르(Merari Siregar), 마라 루슬리(Marah Rusli), 압둘 무이스(Abdul Muis), 무하맛 까심(Muhammad Kasim), 누르 수딴 이스깐다르(Nur Sutan Iskandar) 등이 있다. 그들의 작품은 대부분 발레이 뿌스따까에서 출판되었다.

(3) 뿌장가 바루(Pujangga Baru)

'뿌장가 바루'는 1933년 7월부터 1942년 2월까지 뿌스따까 락얏(Pustaka Rakyat)에서 발행한 문화잡지의 이름으로 주요 독자는 지식층이었다. 일본 식민 지배 시기에 이 잡지가 서양의 이념과 경향을 띠고 있다고 여겨져 일본 파시스트에 의해 출판이 금지되었다. 그러나 1948년 3월부터 1953년까지 재출판되기도 하였다. 식민 지배 시대 초기에 편집자가 된 적이 있는 문학가는 수딴 딱디르 알리샤바나(Sutan Takdir Alisyahbana), 아미르 함자(Amir Hamzah), 아르민 빠네(Armijn Pane) 등이었다. 독립 이후에 하이릴 안와르(Chairil Anwar), 아스룰 사니(Asrul Sani), 루끼아(S. Rukiah), 도동 지와쁘라자(Dodong Djiwapraja), 하리자디 하르또와르도조(Harijadi S. Hartowardojo)

등이 편집자를 역임했다.

(4) 뿌장가 바루 세대(Angkatan Pujangga Baru)

이 이름은 '뿌장가 바루' 잡지가 발간된 이후에 30년대 문학가에게 붙여졌다. 뿌장가 바루의 문학가는 수딴 딱디르 알리샤바나(Sutan Takdir Alisyahbana), 아미르 함자(Amir Hamzah), 아르민 빠네(Armijn Pane), 사누시 빠네(Sanusi Pane) 등이다. 이 세대는 문학과 문화를 통해 인도네시아어를 발전시키기 위해 심혈을 기울였는데, 그 방법 중의 하나가 '뿌장가 바루' 잡지를 이용한 것이었다.

(5) 45년 세대(Angkatan '45)

이 이름은 일본 식민 지배와 인도네시아 독립 초기인 40년대에 출현한 문학가들에게 붙여졌다. 이 용어는 1949년 1월 9일에 '시아삿(Siasat)' 문학 잡지에 실린 글에서 로시한 안와르(Rosihan Anwar)가 최초로 사용한 것이 계기가 되었다. 야신(H.B. Jassin)이 45년 세대 문학가들 중에 선구자라고 일컬은 사람들은 다름 아닌 하이릴 안와르(Chairil Anwar), 아스룰 사니(Asrul Sani), 리바이 아삔(Rivai Apin), 이드루스(Idrus), 쁘라무디아 아난따 뚜르(Pramoedya Ananta Toer), 우스마르 이스마일(Usmar Ismail) 등이었다. 45년 세대를 뿌장가 바루 세대 작가인 수딴 딱디르 알리샤바나와 아미르 함자에 대한 "평가" 또는 "반응"이라고 여기는 사람들도 있다.

(6) 글랑강 결의서(Surat Kepercayaan Gelanggang)

글랑강 결의서는 '글랑강 스니만 머르데까(Gelanggang Seniman Merdeka)'에 연계된 인도네시아 문화 전문가와 예술가들의 견해 표명이라고 할 수 있다. 이 성명서가 1950년 10월 23일 '글랑강/시아삿(Gelanggang/Siasat)'에 최초로 실렸고, 그 성명서의 내용은 다음과 같다:

<글랑강 결의서>

우리는 세계 문화의 합당한 상속자로, 이를 우리 나름의 방식대로 계승해 나갈 것이다. 우리는 대중 안에서 태어났으며, 우리에게 대중이란 개념은 건전한 새로운 세계를 탄생시킬 수 있는 각계각층의 집단을 의미한다. 인도네시아 정신이란 우리의 강렬한 고동색 피부, 까만색 머리카락, 앞으로 돌출한 관자뼈 등의 외형적인 모습뿐만 아니라, 우리의 구체적인 사고와 행동양식을 의미한다. 우리는 인도네시아 문화와 관련된 어떤 말도 제공해 준적이 없었다.

굳이 인도네시아 문화를 이야기하자면, 우리는 문화의 자부심을 고수하기 위해 옛 문화의 결실이 소멸되기를 원치 않는다. 그리고 우리의 문화가 빛을 발하고 온 세상에 퍼져나가기를 기원한다. 그 이후에 우리의 목소리로 퍼져나가 다양한 다른 목소리와 통합되어 인도네시아의 생활 방식으로 되돌아오기를 기대한다. 우리는 올바르지 못한 문화가치를 거부하는 동시에 협소화하려는 모든 시도들에 저항할 것이다

우리에게 개혁이란 일소해야 할 낡은 문화가치를 새로운 문화가치로 바꾸는 것이다. 우리는 조국의 개혁이 아직 끝나지 않았다고 생각한다.

우리의 결정이 언제나 순수하지 않을 수도 있다. 왜냐하면, 우리는 인간이기 때문이다. 새로운 문화가치를 찾고, 분석하고, 조사하는 방법 속에서 우리는 스스로의 태도를 견지해야한다. 주변(사회) 상황에 대한 우리의 올바른 가치는 사회와 예술가 사이의 상호 영향이 존재하고 있음을 인지하는 것이다.

자카르타, 1950년 2월 18일

(7) 문화 논쟁(Polemik Kebudayaan)

a. 문화 논쟁 1

'문화 논쟁 1'은 1948년에 아흐디앗 까르따미하르자(Achdiat Kartamiharja)

가 편집한 책 제목이다. 이 책에는 수딴 딱디르 알리샤바나(Sutan Takdir Alisyahbana), 사누시 빠네(Sanusi Pane), 뿌르바차라까(Poerbatjaraka), 수또모(dr. Sutomo), 친다르부미(Tjindarbumi), 아디네고로(Adinegoro), 아미르(M. Amir)와 끼 하자르 데완따라(Ki Hajar Dewantara)의 글이 실렸다. 그들의 글에는 인도네시아 국민이 꿈꾸고 경험한 문화와 관련된 문제들을 집중 조명하고 있다. 작가들은 자기 비전과 미션에 따라 문화의 문제를 분석하고 있다.

b. 문화 논쟁 2

'문화 논쟁 2'는 30년대의 인도네시아 지식인과 문화 전문가 사이에서 벌어진 일련의 논쟁이라고 할 수 있다. 이 논쟁은 지식인이자 문학가인 수딴 딱디르 알리샤바나(Sutan Takdir Alisyahbana)의 '새로운 인도네시아 문화와 사회를 지향하다(Menuju Masyarakat dan Kebudayaan Baru Indonesia)'라는 제목의 글에서 자극을 받고 또한 영감을 얻었다고 한다. 기본적으로 수딴 딱디르(Sutan Takdir)는 인도네시아의 역사를 인도네시아 시대(20세기에 시작됨)와 그 이전의 시대로 구분했다. 뿌장가 바루의 주요 인물이었던 수딴 딱디르 알리샤바나에 의하면, 인도네시아 이전의 시대란 인도네사아가 무지몽매한 시대였으며 또한 인도네시아 시대의 탄생이 시작된 시기였다. 하지만 인도네시아 시대는 인도네시아 이전의 시대와 이어진 시대라고 절대로 생각하지 않았다. 왜냐하면 두 시대의 사회와 문화의 내용과 형태가 전혀 다르기 때문이었다. 새로운 세대가 꿈꾸었던 인도네시아는 마따람과의 연계성이 있었던 것도 아니었고, 그렇다고 미낭까바우 또는 반자르마신 왕국과의 연계성이 존재한 것도 아니라고 생각했다. 이 논리에 의하면 인도네시아 문화는 자바, 멀라유, 순다 또는 다른 문화와 연계된 것도 아니라는 것이다. 인도네시아 문화의 선구자들은 인도네시아 이전 시대의 문화로부터 자유로워야 한다고 생각했다. 자유로워야 한다는 말은 어떤 복잡한 것을 모른다는 것을 의미하지 않는다. 여기서 자유로워야한다는 말은 단지 관련이 없다는 의미이다. "지금은 우리의 시선을 서쪽으로 돌릴 때가 되었다"라는 수딴 딱디르(Sutan Takdir)의 주장을 사누시 빠네(Sanusi Pane)와 뿌르바차라까(Poerbatjaraka)가 비판했다. 사누시 빠네(Sanusi Pane)는 '하나의 인도네시아(Persatuan Indonesia), (Suara Umum, 1935년 9월 4일)'라는 글에서 "현재 시대는 이전 시대와 연계성이 존재하고 있음이 분명하다. 올바른 방향은 정신과 신체를 통일시키고 물질주의와 주지주의, 개인주의와 정신주의, 감정주의와 집단주의를 밀접하게 만드는 것이다"라고 주장했다. 뿌르바차라까(Poerbatjaraka)는 '시대의 연속성(Sambungan Zaman)'이라는 제목의 글에서 "우리의 민족과 조국을 위한 바람직한 태도는 과거부터 지금까지의 역사의 여정을 똑바로 인식하는 것이다. 예컨대, 옛 문화에 너무 빠지지도 않고 서양 문화에도 너무 빠지지 않는 것이다. 현재와 미래에도 두 문화를 잘 이해하고 잘 활용하며, 두 문화 중에 좋은 것을 취사선택해야 한다는 것이다.

수딴 딱디르 알리샤바나(Sutan Takdir Alisyahbana), 아미르(M. Amir), 끼 하자르 데완따라(Ki Hajar Dewantara) 등의 교육계 인물들이 연루된 정치적 논쟁이 있었다. 그들의 정치적 논쟁의 글들을 아흐디앗 까르따미하르자(Achdiat Kartamiharja)가 '문화의 논쟁(Polemik Kebudayaan; 1948)'이라는 책에 수록하였다.

(8) 최근 세대(Angkatan Terbaru)

이 이름은 50년대에 왕성하게 창작활동을 한 문학가들에게 붙여졌다. 1960년 자카르타에서 개최된 제2차 대학생 예술 주간 심포지엄 위원회(Panitia Simposium Sastra Pekan Kesenian Mahasiswa)가 이 용어를 최초로 사용하였다. 그 이후에 아집 로시디(Ajip Rosidi)가 1960년 8월 14일 심포지엄에서 발표한 '인도네시아 최근 세대 문학가의 기여(Sumbangan Angkatan Terbaru Sastrawan Indonesia)'라는 제목의 글에도 사용되었다.

아집 로시디에 의하면, 최근 세대의 특징은 다음과 같다: (a) 장소와 시간의 통합에 얽매인다(장소: 인도네시아, 시간: 50년대 초반). 그들은 인도네시아 문학계가 난관, 의욕 상실, 위기, 고발 등의 우울함에 처해 있을 때 등장했다. (b) 그들은 인도네시아 문학 교육을 받으면서 성장했다. 따라서 그들은 고국에 뿌리를 두고 자연스럽게 성장했다. (c) 그들은 문화적인 뿌리와 영감의 원천은 지역에 대한 새로운 가치를 부여했다. 아집 로시디(Ajip Rosidi)에 의해 최근의 문학 세대에 포함된 작가들로는 렌드라(Rendra), 또또 수다르또 바흐띠아르(Toto Sudarto Bachtiar), 도동 지와쁘라자(Dodong Djiwapraja), 무하맛 알리(Muhammad Ali), 또하 목타르(Toha Mochtar), 엔하 디니(N.H. Dini), 수바기오 사스뜨라와르도요(Subagio Sastrawardoyo), 누그로호 노또수산또(Nugroho Notosusanto), 나비스(A.A. Navis), 뜨리스노유워너(Trisnoyuwono), 아르단(SM. Ardan), 수깐또(Soekanto S.A.), 아바스 까르따디나따(Abas Kartadinata), 나스자 자민(Nasjah Djamin), 미스바흐 주사 비란(Misbach Jusa Biran), 끼르조물요(Kirjomulyo), 모띵고 부세(Motinggo Busye) 등이 있다.

(9) 끼사 세대(Generasi Kisah)

이 이름은 수바기오 사스뜨라와르도요(Subagio Sastrawardoyo)에 의해 1960년 이전에 '끼사(Kisah)' 잡지에 문학작품을 게재한 적이 있는 모든 작가에게 붙여졌다. 이 용어는 수바기오(Subagio)의 '끼사 세대 사이(Antara Generasi Kisah), (Kompas, 1968년 10월 7일)'에서 사용되어졌다. 이 이름을 붙인 이유는 "그 당시의 문학 활동은 '끼사' 잡지를 통한 문학작품의 출판이 활발했기 때문이다". 이 세대의 작가로는 아집 로시디(Ajip Rosidi), 리요노 쁘라띡또(Riyono Pratikto), 뜨리스노유워노(Trisnoyuwono), 끼르조물요(Kirjomulyo) 등이 있다.

(10) 호리손 세대(Generasi Horoson)

이 이름도 '심포니(Simphoni)' 시와 '숨빙의 남성다움(Kejantanan di Sumbing)'이라는 단편소설로 유명한 지식인이자 문학가인 수바기오 사스뜨라와르도요(Subagio Sastrawardoyo)가 붙였다. 수바기오(Subagio)에 의하면

1960년 이후, 특히 '호리손(Horison)' 잡지에 작품을 발표한 적이 있는 모든 작가들이다. 수바기오(Subagio)가 이 용어를 '끼사 시대와 호리손 시대 사이(Antara Generasi Kisah dan Horison), (Kompas, 1968년 10월 7일)'라는 글에서 최초로 사용했다.

수바기오에 따르면, 이 이름을 붙인 이유는 '호리손(Horison)' 잡지야 말로 최근 문학의 독특한 색깔을 보여주었기 때문이라고 한다. 호리손 세대에 포함된 문학가는 따우픽 이스마일(Taufiq Ismail), 부르 라수안또(Bur Rasuanto), 다나르또(Danarto), 아리핀 누르(Arifin C. Noor), 이완 시마뚜빵(Iwan Simatupang), 구나완 모하맛(Goenawan Mohamad), 아립 부디만(Arif Budiman), 뚜띠 헤라띠(Toeti Heraty), 삿야그라하 후립(Satyagraha Hoerip) 등이다.

(11) 인도네시아 작가의 약속(Ikrar Pengarang Indonesia)

a. 인도네시아 작가는 인도네시아 혁명과 완전하게 통합한다.

b. 인도네시아 작가는 빤짜실라(Panca Sila)를 기반으로 정치선언(Manifesto Politik)과 1945년 헌법, 인도네시아의 사회주의, 교도 민주주의, 정부 주도 경제 및 국가 동질성(Undang-undang Dasar 1945, Sosialisme Indonesia, Demokrasi terpimpin, Ekonomi terpimpin, Keperibadian Indonesia)을 기반으로 인도네시아 혁명의 목적을 달성하기 위해 전 국민과 함께 계속 투쟁한다.

c. 인도네시아 작가는 인도네시아 혁명의 위대한 지도자인 붕 까르노(Bung Karno)에게 복종한다.

d. 이와 일치하여, 인도네시아 작가는 혁명에 대한 사고, 창작, 새로운 개념을 지원하고, 특히 정신적인 측면에서 혁명을 지원하기 위해 계속 글을 쓰고 창작한다.

e. 이를 위해 인도네시아 작가는 어떤 형태이든 특히 문화 분야에서 제국주의를 반대하기 위해 계속 투쟁하고, 창조적인 국가의 문화 발전을 보장하

는 동시에 보호하는 활동을 지원한다. 유일신이 우리를 보호하고 우리 길을 열어주기를 기원한다.

자카르타, 1964년대 3월 7일

인도네시아 작가의 분과 회의(KKPI) 모든 참가자들

회장 : 수조노(dr. Soedjono)

사무총장 : 보꼬르 후따수훗(Bokor Hutasuhut)

(12) 성명 세대(Angkatan Manifes) = 63세대(Angkatan '63)

이 용어는 '호리손(Horison, 1966년 12월)' 잡지에 실린 삿야그라하 후립(Satyagraha Hoerip)의 '우리 문학의 66년 세대(Angkatan 66 dalam Kesusastraan Kita)'라는 제목의 글에서 최초로 소개되었다. 삿야그라하(Satyagraha)에 의하면, 66년 세대라고 명명한 것을 야신(H.B. Jassin)은 '성명 세대' 또는 '63년 세대'라고 부르는 것이 더 적합하다고 주장했다. 그가 보기에 이 용어는 붕까르노(Bung Karno)의 구질서 체계를 붕괴시킨 하르또(Pak Harto)의 신질서 체제가 탄생한 시기와 일치한다. 그는 정치적인 인상을 주는 "66년 세대"라는 용어 보다는 '성명 세대'가 더 예술 및 문화적이라는 인상을 준다고 생각했다.

(13) 문학 위기(Krisis Sastra)

이 용어는 인도네시아 문학이 난관에 직면한 것을 의미하며, 1950년~1952년 쯤에 등장하였다. 1953년 7월 네덜란드의 암스테르담에서 열린(수딴 딱디르 알리샤바나, 아스룰 사니, 쁘라무디아 아난따 뚜르 등이 참여) 한 문학 심포지엄에서 다시 이 용어가 언급되었다.

그러나 이 용어는 1954년 7~8월호 '꼰프런따시(Konfrontasi)' 잡지에 실린 수잣모꼬(Soedjatmoko)의 "왜 대결인가?(Mengapa Konfrontasi?)"라는 글

로 더 유명해졌다. 이 글에서 수잣모꼬(Soedjatmoko)는 인도네시아 문학이 위기를 맞고 있다고 주장했다. 그러나 이 주장은 누그로호 노또수산또(Nugroho Notosusanto), 아르단(SM. Ardan), 부중 살레(Boejoeng Saleh), 야신(H. B. Jassin), 시또르 시뚜모랑(Sitor Situmorang) 등에 의해 거부당했다.

(14) 레끄라(Lekra)

레끄라(Lekra)는 민중문화기관(Lembaga Kebudayaan Rakyat)의 약자이며 자카르타에서 1950년 8월에 설립되었다. 1950년부터 1959년까지 레끄라의 사무총장으로 활동한 적이 있는 작가들은 하르따(A.S. Dharta), 끼아라 아구스땨(Kiara Agustya), 쁘라무디아 아난따 뚜르(Pramudya Ananta Toer) 등이었다.

이 기관의 기본 이념은 레끄라의 서문에서 밝혔듯이, 특별히 레끄라는 문화분야에서의 활동에 중점을 두었고, 현재는 주요 학문과 예술 분야에 중점을 두고 활동한다는 것이다. 레끄라는 예술인들, 학자들, 다른 문화인들의 활동과 힘을 결집시키고자 노력했다. 레끄라는 예술과 학문이 사회와 분리될 수 있다는 의견에 반대했다. 레끄라는 인도네시아의 발전을 위해 의식적으로 자기 실력과 창작성을 발휘하라고 문화인들을 독려했다. 레끄라는 사회 내에서 뿐만 아니라 사람의 마음 속에서 발생하는 대립을 이해하며, 더 나아가 자기 개발을 위해 활동해야 하며, 미래를 배우고 이해해야 한다고 제안했다. 레끄라는 학문분야에서 활동하든 예술 분야에서 창작하든 이전의 발전 사실들에 대한 정확한 이해를 제안했다. 예술 분야에서 레끄라는 창작의 열의와 용기를 격려하고, 창작의 진실과 예술적 아름다움을 격려하고, 모든 예술 형태나 스타일을 받아들이려고 노력했다. 예술활동에서 레끄라는 창작의 제반 문제들에 대해서 서로 도와주고 비평하며 가족적인 토론 방법을 선호했다. 레끄라는 국민의 편에 설 것과 국민을 위해 헌신할 것을 분명히 밝히는 한편, 예술가들, 학자들, 문화인들이 튼튼하고 오래 지속될 수 있는 결실을 맺기 위해 노력해야만 한다고 생각했다. 레끄라가 문화조직으로 어떤 사조 또는 신념을 가진 기관일지라도 이 예술

활동을 지지하고 협력하는 모든 예술인들에게 손을 내밀었다. 레끄라의 활동과 투쟁이 공산주의 이데올로기(PKI; 인도네시아 공산당)와 연계되어 있다고 간주되어 9.30사건(G30S/PKI' : 인도네시아 공산당의 1965년 9월 30일 쿠데타) 이후 감옥에 투옥된 레끄라의 인물이 많았다. 예컨대, 쁘라무디야 아난따 뚜르(Pramoedya Ananta Toer)는 부루 섬에 14년 동안(1966년~1980년) 수감된 적이 있었다.

(15) 레스부미(Lesbumi)

레스부미는 인도네시아 무슬림 문화 예술가 단체(Lembaga Seniman Budayawan Muslimin Indonesia)의 약자로, 나흐다뚤 울라마(Nahdlatul Ulama; NU)의 하부 조직의 문화단체였다. 연극과 문화 분야에서 활동한 45년 세대 문학가인 우스마르 이스마일(H. Usmar Ismail)과 아스룰 사니(Asrul Sani)는 엔우(NU)의 회장을 역임한 적이 있었다. 레스부미 회원들은 이슬람의 연극이나 시 낭독에 크게 공헌했다. 이러한 작가로는 유난 헬미 나수띠온(Yunan Helmy Nasution), 바흐룸 랑꾸띠(Bahrum Rangkuti), 자밀 수헤르만(Jamil Suherman), 아집 로시디(Ajip Rosidi) 등이 있다.

(16) 국가문화기관(LKN)

엘까엔(LKN)은 국가문화기관(Lembaga Kebudayaan Nasional)의 약자이며, 1959년 자카르타에서 설립된 인도네시아 국민당(Partai Nasional Indonesia; PNI) 산하 문화단체였다. 50년대 시인인 시또르 시뚜모랑(Sitor Situmorang)은 이 기관의 초대 회장(1959년~1965년)을 역임했다. 신질서 체제는 국가문화기관이 레끄라와 꽤 밀접한 관련이 있었다고 판단하여 국가문화기관(LKN) 회장이었던 시또르 시뚜모랑을 6년 동안이나 감금한 적이 있었다.

(17) 문화성명(Manifes Kebudayaan)

문화성명은 예술성 추구에 있어 비젼과 미션에 대한 모든 예술가와 문화 전문가들의 태도 표명이었다. 이 선언은 1963년 9월/10월 19일 '브리따 레뿌블릭(Berita Republik)' 문화 잡지에 최초로 실렸고, 그 선언 내용은 다음과 같다:

<문화성명>

인도네시아 예술가이자 지식인들은 우리 국가의 정치문화에 대한 견해와 이상을 밝히는 문화성명을 발표한다.
문화란 우리에게 인간의 삶의 조건을 완벽하게 갖추기 위한 투쟁이다. 우리는 문화분야 중의 어느 하나를 다른 분야에 비해 더 중요하다고 인식하지 않는다. 각 문화분야는 원칙적으로 그 문화 자체를 위해 함께 투쟁해야 한다.
우리는 국가문화를 발전시키기 위해 국제사회에서 인도네시아 국민으로서의 위신을 지키고, 정직과 진심을 다해 창작하고자 노력해야한다.

빤짜실라는 우리 문화의 철학이다.

자카르타, 1963년 8월 1일.

이 문화성명에 서명한 사람은 위랏모 수끼또(Wiratmo Soekito), 야신(H.B. Jassin), 뜨리스노 수마르조(Trisno Sumardjo), 아립 부디만(Arief Budiman), 구나완 무하맛(Goenawan Mohamad), 보꼬르 후따수훗(Bokor Hutasuhut), 부르라수안또(Bur Rasuanto), 자이니(Zaini), 라스 시레가르(Ras Siregar), 물잔또(D.S. Moeljanto), 주프리 따니산(Djufri Tanissan), 바스따리 아스닌(A. Bastari Asnin), 사흐윌(Sahwil), 따우픽 이스마일(Taufiq Ismail), 사리비(M. Saribi Afn.), 뿌르나완 촌드로나고로(Purnawan Tjondronagoro), 하르또조 안당자자(Hartojo Andangdjaja), 비스나르 시똠뿔(Bisnar Sitompul), 분 에스 우마르자

띠(Boen S Oemarjati) 등이다.

1964년 5월 8일에 붕 까르노(Bung Karno)는 인도네시아 정치성명(Manifesto Politik Republik Indonesia; Manipol)이 이미 국가의 대강령(노선)이 되었고, 다른 선언이나 성명과는 함께 할 수 없다는 이유로 문화성명을 반대했다. 문화성명의 존재는 혁명에 대해 주저하는 듯한 태도를 보여주었을 뿐만 아니라 방관하는 듯한 인상도 주었다.

1964년 5월 10일 위랏모 수끼또(Wiratmo Soekito), 야신(H.B. Jassin) 그리고 뜨리스노 수마르조(Trisno Sumardjo)는 문화성명의 모든 지지자의 이름으로 수까르노 대통령에게 금지령을 따르겠다는 전보를 보냈다. 그 후 그들은 1964년 5월 19일에 수까르노 각하(PYM; Paduka Yang Mulia)에게 사죄의 편지를 보냈다.

이와 관련하여, 위랏모 수끼또(Wiratmo Soekito)는 "문화성명을 바꾸기 위해 또한 새로운 정치선언을 만들기 위해 노력한 혁명의 위대한 지도자의 바램을 이제서야 따르게 되어 송구스럽게 생각합니다. 이 사과의 목적이 문화성명에 대한 금지령을 폐하려는 것이 아닙니다"라고 밝혔다.

(18) 66년 세대(Angkatan '66)

이 용어는 '호리손(Horison; 1966년 8월)'에 실린 야신(H.B. Jassin)의 '66년 세대: 한 세대의 부활(Angkatan 66: Bangkitnya Satu Generasi)'에서 최초로 소개되었다. 야신(H.B. Jassin)에 따르면, 66년 세대의 범주에 포함된 사람은 1945년에 6살쯤이 되어 소학교(초등학교)에 입학했고 그리고 1966년쯤에 25살이 되는 사람들이다. 그들이야말로 '끼사(Kisah)', '시아삿(Siasat)', '밈바르 인도네시아(Mimbar Indonesia)', '부다야(Budaya)', '인도네시아(Indonesia)', '꼰프런따시(Konfrontasi)', '쯔리따(Cerita)', '쁘로사(Prosa)', '사스뜨라 바시스(Sastra Basis)' 등과 같은 55년대의 문화와 문학 잡지에 열심히 게재한 사람들이었다. 그들은 아집 로시디(Ajip Rosidi), 렌드라(Rendra), 유사흐 아난다(Yusach Ananda), 바스따리 아스닌(Bastari Asnin), 하르또조 안당자자(Hartojo

Andangdjaja), 만수르 사민(Mansur Samin), 사리비(Saribi Afn.), 구나완 모하맛(Goenawan Mohamad), 인도네시아 오 가레라노(Indonesia O Galelano), 따우픽 이스마일(Taufiq Ismail), 나비스(A.A. Navis), 수와르디 이드리스(Soewardi Idris), 자밀 수헤르만(Djamil Suherman), 보꼬르 후따수훗(Bokor Hutasuhut) 등이다. 즉, 그들은 66년대 초에 저항시를 쓰기 시작한 사람들뿐만 아니라 몇 년 전에 이미 등장한 사람들도 있었다.

(19) 문학 소동(Heboh Sastra, 1968)

인도네시아 문학에서 발생한 소동은 1968년 8월 '사스뜨라(Sastra)' 잡지에 실린 끼 빤지 꾸스민(Ki Panji Kusmin; 필명)의 '하늘이 캄캄해지다(Langit Makin Mendung)'라는 단편소설로 촉발되었다.

이 단편소설이 이슬람교와 신을 모욕했다는 것이다. 그 결과 메단에 위치한 북부 수마트라 고등검찰청은 1968년 10월 12일에 '사스뜨라' 잡지를 압류조치했다. 한 무리의 무슬림들이 자카르타에 위치한 '사스뜨라' 잡지 사무실을 상대로 시위운동을 벌였다. 메단에 있는 작가들은 고등검찰청이 '사스뜨라' 잡지를 압류조치 한 것에 대해 납득할 수 없다는 반응을 보였다. 메단의 작가들은 하나같이 입을 모아 합법적인 방식과 문학적인 표현으로 고등검찰청의 압류조치를 비판했다. 이에 동참한 작가는 소리 시레가르(Sori Siregar), 빵아두안 루비스(Z. Pangaduan Lubis), 루슬리 말렘(Rusli A. Malem), 자까리아 빠세(Zakaria M. Passe), 조한 나수띠온(Djohan Nasution) 등이었다.

메단으로부터 압류조치 소식을 접한 후, 자카르타의 작가와 예술가들은 사스뜨라 잡지의 판매금지에 항의하는 성명을 발표했다. 그들은 뜨리스노 수마르조(Trisno Sumardjo; 자카르타 예술위원회의 회장), 자자꾸수마(Djajakusuma; 인도네시아 국립 연극 기관의 회장), 우마르 까얌(Umar Kayam; 영화, 라디오, TV 등의 차관), 따우픽 이스마일(Taufik Ismail; 66 세대의 시인), 슬라멧 수끼르난또(Slamet Sukirnanto; 국회/ 국민협의회 의원인 시인) 그리고 쁘레시디움

까미(Presidium KAMI; KAMI 최고의 회의 간부), 무함마디야(Muhammadiyah) 연합의 대표 등이다. 1968년 10월 14일 '까미(KAMI)' 신문의 주요 기사는 위에 언급된 판매 금지령에 대한 것이었다. 신문 기사 내용은 "문학은 창작의 자유가 보장되어야 발전할 수 있는데, 창작의 자유를 제한하게 되면 문학은 움추려들거나 죽을 수밖에 없다"라는 것이 그 요지였다. 1968년 10월 22일에 끼 빤지 꾸스민(Ki Panji Kusmin)은 '사스뜨라' 문학 잡지 독자들에게 자신의 단편소설을 없었던 것으로 여겨 달라는 내용의 사과 편지를 보내는 동시에 그의 단편소설을 폐기했다. 끼 빤지 꾸스민(Ki Panji Kusmin)은 자신의 단편소설이 이슬람교를 모욕한 것으로 치부되는 것이 유감스럽다고 말했다. 이슬람교를 모욕한 것이 아니라 오히려 '하늘이 캄캄해지다(Langit Makin Mendung)'라는 단편소설을 쓴 이유는 신, 예언자, 천국 등과 직접 소통하고 싶은 개인의 열망 때문이라고 밝혔다. 더불어 그는 수까르노(Soekarno)시대의 신자들의 어리석음을 비웃고 싶었다고 말했다.

비록 작가가 자신의 단편소설을 폐기했지만 '사스뜨라' 잡지의 편집자인 야신(H.B. Jassin)은 끼 빤지 꾸스민(Ki Panji Kusmin)의 신원을 끝까지 밝히지 않아 법정에 서야만 했다.

법정에서 야신(H.B. Jassin)은 위의 단편소설이 인도네시아의 특정 종교를 해석한 종교적인 글이 아니라 종교적 규범들을 파괴시키지 않는 판타지 작품일 뿐이라고 주장했다. 그는 법정에서 단편소설이란 작가의 상상이며, 그 상상은 현실이 아니라고 밝혔다. 야신(Jassin)은 문학작품을 종교 규범의 기준으로 판단하고 종교 작품으로 간주하는 것에 반대했다. 단편소설은 종교적 작품, 사회적 작품 등과 다른 문학세계와 논리를 지닌 상상의 결과물이다. 단편소설은 문학의 내적 논리 시스템을 가지고 있다. 그렇기 때문에 단편소설은 종교적 규범으로 판단할 수 없다. 따라서 '하늘이 캄캄해지다(Langit Makin Mendung)'라는 단편소설은 신과 이슬람교를 모욕한 것으로 치부될 수 없다. 다양한 문학적, 종교적, 사회적 위기로 인해 사람이 좌절 상태에 처하게 되는 것에 분노한다. 판사는 이런 소신을 굽히지 않은 야신에게 결국 1970년 10월 28일에 1년의 징역형에 2년의 집행유예를 선고했다.

(20) 시의 재판, 1974(Pengadilan Puisi, 1974)

시의 재판은 인도네시아 시 세계에 대한 "반항"이었다. 그 반항은 인도네시아 문학 평론가, 저명한 시인들 그리고 인도네시아의 문학 잡지를 대상으로 진행되었다. 이 문제와 관련된 평론가는 야신(H.B. Jassin)과 후따갈룽(M.S. Hutagalung)이며, 이 두 사람 모두 인도네시아 대학교 문학부의 졸업생이었다. 그들은 더 이상 인도네시아 현대시의 발전을 기약할 수 없는 상황이라고 판단했다. 시의 재판에서 비난을 받은 저명한 시인은 수바기오 사스뜨로와르도요(Subagio Sastrowardoyo), 렌드라(Rendra), 구나완 모하맛(Gunawan Mohamad) 등이었다. 그들 세 명은 인도네시아 시의 발전을 가로막는 장본인으로 지목되었다. 아울러 피고가 된 문학 잡지인 '호리손(Horison)'은 가족 잡지 또는 소수 이익집단의 잡지로 변질되었기 때문에 대중의 열망을 더 이상 담아낼 수 없을 것으로 간주되었다.

슬라멧 수끼르난또(Slamet Sukirnanto) 검사는 피고인 시인, 평론가, 편집인 등의 잘못을 고발하고 다음과 같은 의견서를 제출했다.

a. 인도네시아 현대시의 발전을 저해한 문학 평론가인 야신(H.B. Jassin)과 후따갈룽(M.S. Hutagalung)은 반드시 평론가로서의 역할을 정지시켜야 한다.
b. '호리손(Horison)' 문학 잡지의 편집인 사빠르디 조꼬 다모노(Sapardi Djoko Damono)를 "해고 해야 한다".
c. 저명한 시인 수바기오 사스뜨로와르도요(Subagio Sastrowardoyo), 구나완 모하맛(Goenawan Mohamad), 사빠르디 조꼬 다모노(Sapasrdi Djoko Damono), 렌드라(Rendra) 등과 그들을 추종하는 시인들은 추방 조치해야 한다.

d. '호리손(Horison)' 잡지와 '부다야 자야(Budaya Jaya)' 잡지의 출판허가는 반드시 취소되어야 하고, 이미 출판된 잡지는 무효 처리되어야 한다. 두 잡지는 문학이 건강하게 발전하기를 바라는 문학 활동가와 대중을 혼란에 빠뜨릴 위험이 있기 때문에 금서 조치를 취해야 한다.

검사의 고발과 기소에 대한 반론 재판에서 사넨또 율리만(Sanento Yuliman)이 주심을 맡은 재판관들은 평론가들과 저명한 시인들에게 창작할 수 있는 기회를 부여한다는 결정을 내렸다.

그렇기 때문에 야신(H.B. Jassin)은 자신이 고발당한 그 시의 재판에 저항하는 태도를 보여주었다. 야신(H.B. Jassin)은 시의 재판을 단지 우스꽝스러운 한 어린이의 소꿉놀이일 뿐이라고 생각하였다. 그렇지만, 그 재판은 물질적 현실을 간과할 수 없었지만 진실을 찾는 자극제가 되었다.

야신(H.B. Jassin)의 견해에 동조했던 후따갈룽(M.S. Hutagalung)은 '최근의 우리 시(Puisi Kita Dewasa Ini)'라는 제목의 글에서 "시의 재판에서 수끼르난또(Sukirnanto) 관점에 입각해서 자신의 생각과 믿음을 전혀 바꿀 필요가 없다"라고 말했다. 그의 믿음은 시의 재판에 대한 그의 태도와도 일치한다. 문학 발전을 저해했다는 평론가의 잘못에 대한 고발은 전혀 근거가 없고 사리에도 맞지 않는다는 것이다. 수끼르난또(Sukirnanto)의 관점이야말로 건강하지 못한 사회의 개차반과 다를바 없다.

사빠르디 조꼬 다모노(Sapardi Djoko Damono)는 '시의 재판에 대한 기록(Catatan atas Pengadilan Puisi)'과 '슬라멧 수끼르난또의 고발(Tuntutan Slamet Sukirnanto)'이라는 원고에서 자신의 믿음을 제시했다.

그에게 창작의 중요한 원천이었던 '호리손(Horison)' 잡지에 대한 모욕은 이해할 수 없는 것이었다. 사빠르디(Sapardi)는 슬라멧 수끼르난또(Slamet Sukirnanto)가 다르만또 잣만(Darmanto Jatman)의 농담 피해자라고 생각했다. 이런 사빠르디(Sapardi)의 태도는 그의 원고에서도 볼 수 있다. 사빠르디(Sapardi)는 '호리손(Horison)' 잡지의 존재 여부를 슬라멧 수끼르난또(Slamet

Sukirnanto)가 결정할 사안이 아니기 때문에 시 재판의 결과를 결코 받아들일 수 없다고 밝혔다.

(21) 야야산 부꾸 우따마(Yayasan Buku Utama)

야야산 부꾸 우따마(Yayasan Buku Utama)는 매년 문학서적을 포함한 최고의 책을 선정하여 상을 주는 재단이다. 이 재단은 비영리 재단으로 자카르타의 잘란 머르데카, 11에 위치하며 1973년 12월 28일 인도네시아 공증서 166호로 1972년 인도네시아 회계연도 국가위원회(Panitia Nasional Tahun Buku Internasional 1972 Indonesia)에 의해 설립되었다. 1980년 6월 16일에 이 공증서는 재단의 기본약관 변경에 대한 관리청 산하 관리위원회 회의의 결과에 따라 수정되었다. 인도네시아교육문화성(P&K)의 산하 야야산 부꾸 우따마(Yayasan Buku Utama)의 설립은 문학과 학문 분야에서 특히 인기 있는 서적과 창작품의 출판을 격려하고 발전시키는 것을 목표로 삼고 있다. 이 목표를 달성하기 위해 이 재단은 다양한 활동을 한다: (a) 사람들이 국가서적의 발전에 유익하고 건강한 분위기를 만들 수 있도록 지원하는 것을 재단의 이상과 목표로 삼고 있다, (b) 다양한 분야에 대한 서평을 지원하고 최고의 책을 창작한 작가에게 상을 주고 있다, (c) 추천서이든 자료정보이든 관련된 단체에게 평가 결과를 작성하여 제공해 주고 있다, (d) 교육과 국가서적 분야의 연구자들에게 사회의 지원금을 제공하려 노력하고 있다.

야야산 부꾸 우따마(Yayasan Buku Utama)는 1975년에 1973/1974년 출판된 소설이나 인기 있는 학문 관련 서적들에 대해 첫 서평을 냈다. 이같은 일은 1977년까지 지속되었다. 1978년부터 소설과 인기 있는 학문서적 이외에 자연과학, 과학 기술, 사회학 등의 교과서, 그 다음 해에는 유아 및 초등학교를 위한 책, 실용 과학 교과서, 일반시민의 과학서적, 문화, 과학과 수학, 사회학, 인문학, 픽션, 역사, 과학, 수학, 사회학, 생물학, 문학과 언어학, 물리학 등에도 지원하고 있다. 또한, 1988년부터 1999년까지는 어린이와 청소년을 위한 픽션과 논픽션, 과학 기술, 사회학, 인문학 등과 관련된 책들도 평가하여 지원하고 있다.

(22) "규정에서 벗어난 시(Puisi Mbeling)"

음블링(Mbeling) 시는 반둥에서 출판된 '악투일(Aktuil)' 잡지(1972~1978)의 시란 이름이며, 이 난에 실린 시를 지칭하는 용어이기도 하다. 이 시의 선구자는 다재다능한 예술가(시인, 극작가, 음악가, 가수, 소설가, 언어 학자)인 레미 실라도(Remy Sylado)였다. 사빠르디 조꼬 다모노(Sapardi Djoko Damono)에 따르면, 음블링(mbeling) 시의 주요 특징은 농담이라는 것이다. 그 농담의 효과를 달성하기 위해 말의 장단, 의미, 소리, 타이포그래피를 사용한다. 대부분의 출판된 음블링(mbeling) 시는 다른 숨겨진 의도 없이 단순히 독자들과 농담하는 시인의 의도가 엿보인다. 그러나 음블링(mbeling) 시의 선구자이자 시인인 레미(Remy)는 그 말을 부정한다.

음블링(Mbeling) 시는 아무런 토대나 상황없이 그냥 탄생하는 것이 아니다. 음블링(Mbeling) 시는 모든 것을 있는 그대로 보여준다. 시가 있는 그대로 보여준다는 것은 한 작가의 윤리적 책임이 뒤따르는 것을 의미하며 작가 자신의 삶과 주변의 삶을 어떻게 투영하고 조망하느냐를 의미한다고 볼 수 있다(1975년, '악투일').

(23) 언어국(Pusat Bahasa)

예전에 언어국은 언어발전과 개발센터(Pusat Pembinaan dan Pengembangan Bahasa; P3B)라고 불렸으며, 인도네시아 교육문화성 산하의 인도네시아의 지방 문학과 언어를 개발하고 발전시키는 의무를 담당하였다. 1975년 이전에는 이 재단이 지방 문학과 언어에 대한 연구, 워크숍, 연수, 세미나 등을 활발히 개최하였고, 지방 문학과 언어 그리고 인도네시아 문학과 언어에 대한 서적도 많이 출판하였다. 현재, 이 언어국은 서부 자카르타의 라와망운에 위치해 있다.

(24) 야신(H.B. Jassin)의 문학 문헌원(Pusat Dokumentasi Sastra/PDS)

야신(H.B. Jassin)의 문학 문헌원은 자카르타 아트 센터의 이스마일 마르주끼 기념공원(TIM)에 위치해 있고, 야신(H.B. Jassin) 문학 도큐멘테이션 재단 산하에서 있다. 야신의 문학 문헌원(PDS H.B. Jassin)은 1976년 6월 28일 자카르타에 기공되었고, 1977년 5월 30일에 자카르타 시장인 알리 사디낀(Ali Sadikin)에 의해 준공되었다.

문학 문헌원은 1940년부터 시작된 야신(H.B.Jassin)의 자료 수집의 노력에서 비롯되었고 그 이후 지속적으로 발전하였다. 문학 문헌원은 특히 인도네시아 문학서적, 인도네시아 문화에 대한 신문기사, 잡지(문학, 예술, 문화), 인도네시아 작가 프로필, 개인 서신과 인도네시아 작가가 직접 손으로 쓴 원고 등을 보관하고 있다. 문학 문헌원은 자카르타와 지방에서 찾아온 학생들을 대상으로 현장 실습 강의를 하거나, 논문을 준비하거나 쓰고 있는 인도네시아 어문학과의 학부생 및 대학생이 찾는 곳이다. 이 기관은 간혹 호세 리잘 마누아(Jose Rizal Manua)처럼 시인의 시 낭독에 관한 원고와 자료들을 복사하여 제공하기도 한다. 야신의 문학 문헌원(PDS H.B. Jassin)은 Jalan Cikini Raya 73, Jakarta 10330에 위치하고 있으며, 전화번호는 (021)336641이다.

(25) 70년 세대(Angkatan '70)

이 명칭은 70년대 쯤에 출현한 문학가들에게 붙여졌다. 이 용어를 처음으로 소개한 사람은 인도네시아대학교(UI) 문학부에서 열린 '띠파 사스뜨라(Tifa Sastra)' 잡지의 5주년 기념 문학토론회(1977년 5월 25일)에서 '스케치 속에 70년대 인도네시아의 시 지도(Peta Perpuisian Indonesia 70-an dalam Sketsa)'라는 작품을 발표한 다미 엔 또다(Dami N. Toda)였다.

다미(Dami)에 의하면, 70년 세대는 독특한 소설의 심미적 지식을 가진 이완 시마뚜빵(Iwan Simatupang) 소설의 등장으로 시작되었고, 렌드라(Rendra)의 소극장(Bengkel Teater)과 70년대 초에 그의 '설교(Khotbah)', '거위의 노래(Nyanyian Angsa)', '바람 때문에(Disebabkan oleh Angin)' 등의 시로 이어졌다고 한다. 그 이후에는 수따르지 칼초움 바흐리(Sutardji Calzoum Bachri) 시와 다나르또(Danarto)의 단편소설인 '고들롭(Godlob)', '린뜨릭(Rintrik)' 등의 심미적 지식에서 더욱 뚜렷해 졌다.

70년 세대에 포함된 작가들로는 이완 시마뚜빵(Iwan Simatupang), 렌드라(Rendra), 수따르지 칼초움 바흐리(Sutardji Calzoum Bachri), 다나르또(Danarto), 부디 다르마(Budi Darma), 뿌뚜 위자야(Putu Wijaya), 아리핀 누르(Arifin C. Noer) 등이 있다. 꼬리에 라윤 라만(Korrie Layun Raman)은 '인도네시아 문학의 80세대(Angkatan'80 dalam Sastra Indonesia), ('Basis', 1984년 12월)'에서 70년 세대를 "80년 세대"라고 명명하기도 했다.

(26) 시의 신조(Kredo Puisi)

시의 신조는 수따르지 칼초움 바흐리(Sutadji Calzoum Bachri)의 시 창작의 신념과 태도를 일컫는다. 이 신조는 처음으로 1974년 12월 '호리손(Horison)' 잡지에 게재되었고, 그 내용은 다음과 같다:

<시의 신조>

낱말들은 뜻을 전달하는 도구가 아니다. 낱말들은 물을 흐르게 하는 수도관도 아니다. 낱말들은 의미 그 자체이다. 낱말들은 자유롭다.
의자에 비유하자면, 낱말은 의자 그 자체이지 앉는 도구가 아니다. 칼에 비유하자면, 낱말은 칼 그 자체이지 썰거나 찌르는 도구가 아니다.
일상생활에서 낱말은 의미를 전달하는 데에 사용되며, 의미를 전하는 하수인으로 여긴다. 그리고 의미로서의 그의 독립된 지위를 잃어버린다. 낱말들은 의미의 속박과 관념의 부담에서 자유로워져야 하며, 스스로의 의미를 결정하는데도 자유로워져야 한다.
사회에 의해 추잡한 것(음란한 것)으로 규정된 특정 낱말에 부담을 지우는 도덕성, 문법, 사전처럼 속박을 강요하는 낡은 전통으로부터 낱말들은 자유로워져야 한다.

낱말들이 자유로워져야 창의성도 가능해 진다. 낱말들이 스스로 의미를 형성할 수 있기 때문에, 자기가 원하는 의미를 스스로 결정할 수 있기 때문에 창작의 길도 열릴 수 있다. 왜냐하면 낱말이 의미를 전달하는 도구로 자주 활용되고 있고, 낱말의 자유로움이 의미의 기능를 약화 또는 강화할 수도 있기 때문이다. 따라서 이전에 예상치 못한 낱말들이나 창의적인 것들이 등장하기도 한다.

나의 시(창작)에서 낱말들은 자유롭다. 그의 낱말들은 창작의 순간에 종이 위에서 자유롭게 번뜩번뜩 뛰고 춤을 추기도 한다: 자유롭게 선택하고, 스스로를 노출하고, 이리저리 왔다갔다를 반복하며, 같거나 같지 않은 의미를 보여주고, 자유롭게 자신을 분리하거나 자신을 확장하기 위해 다른 것과 결합하고, 자유롭게 자신을 뒤집고, 서로 마주 보고, 모든 것을 연결할 수 있고, 자신에게 부담을 지우려는 것에 반대할 수도 있고, 스스로 반항할 수도 있고, 필요하면 자신을 죽일 수도 있다.

시인으로서 낱말의 자유로움에 방해받지 않는다면 의미 그 자체를 지키게 될 것이고, 낱말들의 자유로운 존재로 인해 최고의 음율을 얻을 수 있다.

나에게 있어서 시를 창작한다는 것은 낱말들을 자유롭게 뛰어 놀게한다는 것이고, 이것은 바로 낱말들이 처음으로 되돌아 간다는 것을 의미한다. 처음에는 낱말이다. 그리고 '첫 번째 낱말은 주문이다'. 따라서 나에게 시를 창작한다는 것은 주문으로 낱말을 되돌아가게 만드는 것이다.

자카르타, 1973년 3월 30일

(27) 2000년 세대(Angkatan 2000)

이 세대의 이름은 꼬리에 라윤 람빤(Korrie Layun Rampan)이 90년대 심미적 지식을 탄생시킨 시인과 작가들에게 붙여준 것이다. 이 세대의 작가로는 아프리잘 말나(Afrizal Malna; 시), 세노 구미라 아지다르마(Seno Gumira Ajidarma; 단편소설) 그리고 아유 우따미(Ayu Utami; 소설) 등이 있다.

꼬리에(Korrie)는 "아프리잘 말나(Afrizal Malna)가 사물의 특성과 특정 사건에 관련된 인간의 심리 그리고 이들의 다양한 상호작용에서 파악된 새로운 심미적 지식을 발전시켰으며, 이 심미적 지식은 인도네시아 문학에서 아프리잘(Afrizal)이 추구한 특징"이라고 주장한다. 꼬리에(Korrie)는 "세노(Seno)의 혁신이 허구적인 현실을 동화적인 현실로 환치시키려는 구전 문학의 모델이라고 보았다. 세노(Seno)에 의해 발전된 새로운 심미는 시와 산문의 표현을 구분하지 않는 문학으로의 전환이었다"라고 말한다. 꼬리에(Korrie)는 아유 우따미(Ayu Utami)에 대해 "소설에서 육체의 혁신이 이루어졌다"라고 말했다. 아유 우따미(Ayu Utami)는 특별한 표현 기법을 선보인 소설 '사만(Saman)'에서 새로운 심미적인 통찰력을 선보였다. 그의 혁신은 심미적인 문학의 가치들을 드러내는 캐릭터나 사건을 통해 다양한 색채에서 벗어난 콜라주 형식을 탄생시켰다. 이 콜라주의 특성은 소설과 시의 허구적 요소와 구성적 요소를 결합시킨 것이라 할 수 있다.

2000년 세대의 또 다른 작가로는 아쩹 잠잠 누르(Acep Zamzam Noor), 아흐마둔 요시 헤르판다(Ahmadun Yosi Herfanda), 도로테아 로사 헤르리안니(Dorothea Rosa Herliany), 구스 사까이(Gus Tf Sakai), 이스베디 스띠아완(Isbedi Stiawan ZS), 조니 아니아디나따(Joni Aniadinata), 머디 루끼또(Medy Loekito), 소임 안와르(M. Shoim Anwar), 넨덴 리리스(Nenden Lilis), 오까 루스미니(Oka Rusmini), 라다르 빤짜 다하나(Radhar Panca Dahana), 시똑 스렝엥에(Sitok Srengenge), 소니 파리다 마우라나(Soni Farid Maulana), 따우픽 이끄람 자밀(Taufik Ikram Djamil), 위지 투꿀(Wiji Thukul), 야누사 누그로호(Yanusa Nugroho) 등이 있다.

위에서 언급된 작가들 이외에도 2000년 세대에 포함될 수 있는 작가들은 대략 2000년을 전후해서 국가나 지방 문학의 질적인 수준에 걸맞는 작품성을 인정받은 사람들이다. 예컨대, 뜨리얀또 뜨리위끄로모(Triyanto Triwikromo), 쁘라스탸 우또모(S. Prasetya Utomo), 아피파 아프라(Afifah Afra), '초신성(Supernova)' 작품으로 유명한 데위 레스따리(Dewi Lestari), '지붕, 문, 창문(Atap, Pintu, Jendela)' 등의 시리즈로 유명한 피라 바수끼(Fira Basuki), 라다르 빤짜다하나(Radar Pancadahana), 아구스 누르(Agus Noor), 압둘 와힛(Abdul Wahid B.S.), 아흐맛 누룰라(Ahmad Nurullah), 아흐맛 수바누딘 알위(Ahmad Subanudin Alwy), 함디 살랏(Hamdy Salad), 락사나(AS Laksana), 고인 베니 부디만(Beni R. Budiman), 쩨　　삼술 하디(Cecep Samsul Hadi), 린다 끄리스띠안띠(Linda Kristianti), '그들은 내가 원숭이라고 했다!(Mereka Bilang Saya Monyet)', '(성기를 가지고) 장난치지 마(Jangan Main-main(dengan Kelaminmu)' 등의 단편소설을 쓴 제나르 마헤사 아유(Jenar Mahesa Ayu), '레즈비언의 가장자리(Garis Tepi Seorang Lesbian)' 소설을 쓴 흐르리나띠엔스(Herlinatiens) 그리고 조니 아리아디나따(Joni Ariadinata), 주주르 쁘라난또(Jujur Prananto), 고인 끄리아뿌르(Kriapur), 므디 루끼따(Medi Lukita), 넨넨 리리스 아(Nenden Lilis A), 오미 인딴 나오미(Omi Intan Naomi), 따루픽 이끄람 자밀(Taufik Ikram Jamil), 울파띤(Ulfatin Ch), 인드라 뜨랑고노(Indra Tranggono), 아흐맛 무니프(Ahmad Munif), 골라 공(Gola Gong), 안드릭 뿌르와시따(Andrik Purwasita), 소시아완 르악(Sosiawan Leak), 에꼬 뚜나스(Eko Tunas), 얀트 무지안또(Yant Mujianto), 한드리 떼엠(Handry TM), 묵띠 수따르만(Mukti Sutarman SP) 등이다.

(28) 인도네시아 현대 문학의 경향(Tren Sastra Indonesia Mutakhir)

a. 영화나 드라마로 제작된 소설과 로망(Sinetronisasi/filmisasi novel dan roman)

다수의 소설과 로망이 출판된 이후 먼저 시나리오와 레퍼토리로 구성된 다음에 영화나 드라마로 제작되었다. 왜 이런 현상과 트랜드가 나타난 것일까? 이것은 소설과 로망 그리고 연극과 영화 각본 사이의 공통점이 존재하고 있기 때문이다. 이 둘 모두 다음과 같은 공통점을 가진다:

a) 이야기 주제와 자료

b) 성격 묘사(인물과 성격)

c) 이야기의 장소, 시간, 분위기

d) 플롯/줄거리

드라마나 영화로 만들어진 소설/로망은 문학 소설 형태인 것이 있고, 팝 소설 형태인 것도 있다. 드라마나 영화로 만들어진 로망과 소설은 다음과 같다:

- 문학작품:
  - 마라 루슬리(Marah Rusli)의 '시띠 누르바야(Siti Nurbaya)'
  - 뚤리스 수딴 사띠(Tulis Sutan Sati)의 '쾌락을 동반한 불행(Sengsara Membawa Nikmat)'
  - 압둘 무이스(Abdul Muis)의 '잘못된 교육(Salah Asuhan)'
  - 아흐디앗 까르따미하르자(Achdiat Kartamiharja)의 '무신론자(Atheis)'
  - 수딴 딱디르 알리샤바나(Sutan Takdir Alisyahbana)의 '범죄자 소굴에 갇힌 처녀(Anak Perawan Di Sarang Penyamun)'
  - 아흐맛 또하리(Ahmad Tohari)의 '빠룩 마을의 무희(Ronggeng Dukuh Paruk)'
  - 망운위자야(Y.B. Mangunwijaya)의 '베짝의 발라드(Balada Becak)'
  - 아르스웬도 아뜨모윌로또(Arswendo Atmowiloto)의 '날짜를 세다

(Menghitung Hari)'와 '전나무 가족(Keluarga Cemara)'

- 알리 샤합(Ali Shahab)의 '부딪친 사랑의 순간(Detik-detik Cinta Menyentuh)'
- 엔하 디니(N.H. Dini)의 '두 마음의 만남(Pertemuan Dua Hati)'
- 하비부라흐만 엘 시라지(Habiburahman el Shirazy)의 '사랑의 구절(Ayat-ayat Cinta)'과 '사랑이 찬양될 때(Ketika Cinta Bertasbih)'
- 안드레아 히라따(Andrea Hirata)의 '벨리뚱 섬의 무지개 군대(Laskar Pelangi)', '꿈꾸는 사람(Sang Pemimpi)', '에덴서(Edensor)'
- 하비비(B.J. Habibie)의 '하비비와 아이눈(Habibie dan Ainun)'
- 데위 레스따리(Dewi Lestari)의 '종이배(Perahu Kertas)'
- 함까(HAMKA)의 '반 데르 윅 호의 침몰(Tenggelamnya Kapal Van Der Wijk)'
- 골 아 공(Gol A Gong)의 '신에게 무릎을 꿇는다(PadaMu aku Bersimpuh)'
- 아비다 엘 칼리에키(Abidah el Khalieqy)의 '소르반을 두른 여성(Perempuan Berkalung Sorban)'
- 하눔 라이스(Hanum Rais)의 '유럽 하늘의 빛 99(99 Cahaya di Langit Eropa)'

• 대중(팝) 소설:

- 마르가 떼(Marga T)의 '까르밀라(Karmila)'와 '태풍이 반드시 지나갈 것이다(Badai Pasti Berlalu)'
- 유디스띠라 아르디 누그라하(Yudhistira Ardi Noegraha)의 '아르주나가 사랑을 찾는다(Arjuna Mencari Cinta)'
- 힐만 하리위자야(Hilman Hariwijaya)의 '루뿌스(Lupus)'
- 띠띠 사잇(Titie Said)의 '내 목숨을 거두지 마오(Jangan Ambil Nyawaku)'와 '화띠마/욕망의 노예(Fatimah/Budak Nafsu)'
- 아샤디 시레가르(Ashadi Siregar)의 '푸른 캠퍼스의 사랑(Cintaku di

Kampus Biru)', '너의 사랑으로 향한다(Kugapai Cintamu)', '사랑의 종점(Terminal Cinta Terakhir)'

- 에디 이스깐다르(Eddy D. Iskandar)의 '고등학교의 사랑 노래(Gita Cinta dari SMA)'와 '마음의 공원에 아름다운 꽃(Puspa Indah Taman Hati)'
- 이끄 수뽀모(Ike Supomo)의 '보라빛 비단의 물결(Kabut Sutra Ungu)'과 '석양 노을이 반짝이다(Kemilau Kemuning Senja)'
- 미라 웨(Mira W)의 '아리니(Arini)', '지나갈 기차가 아직 있다(Masih Ada Kereta yang Akan Lewat)', '비둘기는 약속을 어긴 적이 없다(Merpati Tak Pernah Ingkar Janji)'
- 모뗑고 부셰(Motenggo Boesye)의 '어머니의 수많은 슬픔(Sejuta Duka Ibu)'과 '장군의 딸(Putri Seorang Jendral)'
- 야띠 엠 위하르자(Yati M. Wiharja)의 '유리처럼 맑다(Sebening Kaca)'
- 리스 쁘라스뜨요(Ris Prasetyo)의 '눈물의 연못(Telaga Air Mata)'
- 뜨구 에스하(Teguh Esha)의 '거리의 아이 알리 또빤(Ali Topan Anak Jalanan)'
- 나스리 체피(Nasri Cheppy)의 '보이의 노트(Catatan si Boy)'

b. 시인과 작사가 간 상호 협업/협력(Kolaborasi/kerja sama sinergis antara penyair dengan musisi)

노래는 가사가 필요하고, 시적인 가사는 본질적으로 시이기도 하다. 그렇기에 시인이 쓴 노래 가사가 꽤 많고, 이 노래 가사를 반드시 작사가가 써야된다는 원칙도 없다. 작사가가 쓴 노래 가사의 질이 시인이 쓴 시의 질과 비슷해서 시인이면서 작사가인 경우도 있다. 시인이자 작사가는 다음과 같다:

- '카멜리아(Camelia I, II, III, IV)'-앨범; '인물들(Tokoh-Tokoh)'-앨범; '친구의 소식(Berita Kepada Kawan)'-노래; '우리의 명상을 위해(Untuk Kita Renungkan)'-노래; '아버지를 위한 그리움을 간직하다(Titip Rindu buat Ayah)'-노래; '태양을 붙잡다(Menjaring Matahari)'-앨범; '종이 나비들

(Kupu-kupu Kertas)'-앨범; '나는 돌아가고 싶다(Aku Ingin Pulang)'-앨범 등으로 유명한 에비엣(Ebiet G. Ade)

- '적도의 잠룻(Zamrut Khatulistiwa)'; '자연의 가르침(Sabda Alam)'; '너를 위해, 나의 인도네시아(Untukmu, Indonesiaku)'; '소망(Renjana)'; '연꽃(Teratai)' 등의 노래를 작사한 구루 수까모뿌뜨라(Guruh Sukamoputra)
- '굴복하지 않는다(Pantang Mundur)'; '빙(Bing)' (빙 스라멧(Bing Slamet) 고인을 기념하기 위해); '애인(Adinda)'; '창녀(Kupu-kupu Malam)' 등의 노래를 작사한 띠띠엑 뿌스빠(Titiek Puspa)
- 자연 환경을 주제로 가사를 쓴 울리 시가르 루사디(Ully Sigar Rusadi)
- '전등 불빛(Kebyar-kebyar)'; '일기예보(Berita Cuaca)' 등의 노래를 작사한 곰블로(Gombloh)
- '인도네시아(Indonesia)'; '기본권(Hak Azasi)'; '도박(Judi)'; '뚜나위스마(Tunawisma)'; '마지막 밤(Malam Terakhir)' 등의 노래를 작사한 로마 이라마(Rhoma Irama)
- '국민 대표(Wakil Rakyat)'; '붕 핫따(Bung Hatta)'; '벤또(Bento)'; '파괴하다(Bongkar)'; '개혁 송(Salam Reformasi)': '혁명가의 노래(Kantata Revolver)' 등의 노래를 작사한 이완 팔스(Iwan Fals)

작곡가와 협업한 시인은 다음과 같다:

- 따우픽 이스마일(Taufik Ismail)과 빔보 그룹(Bimbo Group; Sam, Acil, Jaka, Iin Parlina)이 '라술 그대에 대한 그리움(Rindu Kami padamu ya Rasul)'; 'Album Balada Nabi-nabi'; 'Aisyah Adinda Kita'; 'Sajadah Panjang'; 'Jabal Rahmah'; 'Gerbang Ampunan'; 'Ibunda Swarga Kita' 등의 노래를 작사했다.
- 유디스띠라 아르디 누그라하(Yudhistira Ardi Noegraha)가 프랭키와 제인(Franky and Jane)에게 '밤 기차(Kereta Malam)'; '새와 바람에게(Kepada Angin dan Burung-burung)' 등의 노래 가사를 써 주었다.

- 렌드라(Rendra)와 스와미(Swami; Iwan Fals, Sawung Jabo, Yongky)는 '도블랑 아저씨(Paman Doblang)'; '상처(Luka)'를 작사했다.
- 엠하 아이눈 나집(Emha Ainun Najib)과 프랭키는 '파손된 배(Perahu Retak)'라는 앨범을 출시했고, 가믈란 끼아이 깐젱(Gamelan Kiai Kanjeng)을 사용한 '무하맛의 선물(Kado Muhammad)', '최후의 위스 시대(Jaman Wis Akhir)', 'Lagu Raja Diraja' 등의 앨범을 내 놓았다.

c. 칼럼니스트가 된 문학가(작가와 시인)(Sastrawan-sastrawati(pengarang dan penyair) terjun menjadi kolumnis)

문학가는 높은 사회적-정치적-문화적인 민감성을 가지고 있다. 인도네시아 현대 문학에서 특정 작가와 시인은 이 다차원적인 삶에 대한 생각과 감정을 풍부한 상상력을 통해 소설과 단편소설, 희곡과 시뿐만 아니라 날카로운 견해를 담은 에세이, 사설, 논설 등의 형태로 표현한다. 칼럼 작가(칼럼니스트)로 활동하며 창작한 문학가는 다음과 같다:

- 엠하 아이눈 나집(Emha Ainun Najib)이 'Slilit Sang Kiai', 'Opini Plesetan(Opples)', 'Markesot Bertutur', 'Markesot Bertutur Lagi' 등의 칼럼을 출판했다.
- 우마르 까얌(Umar Kayam)이 'Mangan Ora Mangan Kumpul', 'Sugih Tanpa Bandha', 'Madhep Ngalor Madhep Ngidul' 등의 논픽션을 썼다.
- 망운위자야(Y.B. Mangunwijaya)가 '라라 먼둣의 꽁초들(Puntung-puntung Rara Mendut)', '공화국 사람들의 불평(Gerundelan Orang-orang Republik)' 등의 에세이를 썼다.
- 구나완 모하맛(Goenawan Mohamad)은 매주 일요일마다 뗌뽀(Tempo) 잡지에 에세이를 게재했고, 7권으로 구성된 '가장자리 수첩(Catatan Pinggir)'으로 유명하다.
- 아흐맛 또하리(Ahmad Tohari)의 '고소인(Mas Mantri Gugat)'이라는 에세이는 독자들에게 웃음을 선사한다.

- 자와위 임론(D. Zawawi Imron)은 칼럼 집인 '마을의 웅성거림(Gumam-gumam dari Dusun)'을 썼다.
- 무스또파 비스리(K.H.A Mustofa Bisri)는 '신앙적인 살레 사교적인 살레(Saleh Ritual Saleh Sosial)' 칼럼집을 썼다. 이들 외에도 다양한 매스미디어에 수백 편의 칼럼을 쓴 다르만또 잣만(Darmanto Jatman), 뿌뚜 위자야(Putu Wijaya), 렌드라(Rendra) 등이 있다.

d. 국가 포럼에서 시 낭독을 하는 고관과 재벌(Pejabat dan konglomerat membaca sajak dalam forum-forum nasional)

시 낭독 활동을 통하여 그들은 대중에게 그들이 문화적이고, 심미적이며 높은 문학 감상과 예술적인 취향을 가지고 있다는 것을 보여주고 싶어한다. 그들의 시 낭독 활동은 긍정적이고 또한 발전적인 행위를 띠고 있다. 그래서 대중의 눈에 시의 이미지가 높아지고 시인은 존경의 대상이 된다. 그리고 시, 시인, 문학 등의 세계가 더 이상 보잘 것 없는 것이 아니라는 인식을 갖게 만든다. 이런 경향은 90년대에 널리 퍼졌지만 신질서 체제에서뿐만 아니라 현재까지도 여전히 남아 있다. 국가 포럼에 등장하여 시를 낭독한 정치인과 사업가는 수도모(Sudomo; Pengkopkamtib), 인뗀 수웨노(Inten Suweno; 전 사회부 장관), 데위 모띡 쁘라모노(Dewi Motik Pramono; 인도네시아 여성 사업가 협회(IWAPI Pusat) 전 회장), 무르디오노(Murdiono; 전 국무부 장관), 하르모꼬(Harmoko; 전 공부부 장관과 Golkar 전 의장), 악바르 딴중(Akbar Tanjung; 전 국민주택 장관과 골까르(Golkar) 전 의장), 아미엔 라이스(Amien Rais; 국민수권당(PAN) 전 총재와 국민협의회 전 의장), 마르와 다웃 이브라힘(Marwah Daud Ibrahim), 뻐르띠위 봅 하산(Pertiwi Bob Hassan) 등이 있다.

스마랑 디뽀네고로 대학교(Universitas Diponegoro Semarang)의 전 총장인 에꼬 부디아르조(Prof. Ir. Eko Budiarjo) 교수는 다양한 자리에서 연설을 할 때 특정 시인의 시나 자신이 직접 쓴 시를 자주 낭독하는 대학교 총장으로 유명하다.

e. 수피즘 문학의 확산(Maraknya sastra sufistik)

신비주의 문학/신비주의적인 문학은 아름다운 상상, 말씨, 표현 등을 통해 마음을 정화시키고, 신에 대한 신앙과 사랑에 대한 그리움을 불러일으키고 그리고 신비스러움을 발산하는 문학작품이라고 할 수 있다. 이 문학은 도피주의로서 세상을 버리거나 대도시의 혼잡함을 피하기 위해 홀로 산꼭대기에서 금욕생활을 하는 것이 아니다. 현대의 수피즘은 다종교 사회에 계속 존재하며, 현대적인 편리함과 물질적인 풍요도 금하지 않는다. 중요한 것은 그 수피즘이 우리를 몽롱하게 만들지 않고, 신을 외면하게 만들지도 않고, 삶의 목적이 되지 않게 만들고, 심지어 더 신중하고 진지하게 기도하게 만드는 수단으로 여겨진다.

신비주의 문학, 신비주의적인 문학은 "깊게 뿌리 박힌 문학"으로 간주된다. 이 신비주의 철학과 본질이 신에게 복종하게 하고, 같은 인간으로서 서로 애정을 가지고 평화를 추구하게 만든다. 따라서 신비주의 문학은 사회적 차원에서 전혀 낯설거나 외롭지 않다. 이 문학은 신과 인간의 수직적인 관계와 인간 사이의 수평적인 관계의 균형, 일치, 조화를 이루기 위해 노력한다. 이러한 경향은 존 네이스비트(John Naisbitt)의 메가트렌드 2000(Megatrend 2000)의 핵심과 일치한다. 즉, 사람들이 배부른 상태에 이르게 되면, 물질적인 것과 세속적인 것을 추구하지 않고 오히려 양심적인 것이나 정신적인 것을 추구하고, 내세의 구원을 추구하게 된다. 그들은 매우 뜨겁게 달구워진 대도시에서 시원한 오아시스를 필요로 한다. 신비주의 가르침과 신비주의 연구는 특히 대도시 사람들의 관심을 많이 끌고 있다. 따라서 다양한 버전의 짝 눈(Cak Nun)의 '땀바 아띠(Tamba Ati)' 노래, '무함맛의 선물(Kado Muhammad)', 가믈란 끼아이 깐젱(Gamelan Kiai Kanjeng), '시드난 선지자(Sidnan Nabi)', 하답 알위(Hadad Alwi)의 '살라왓 짠따 라술(Salawat Cinta Rasul)', 데부(Debu), 라이한(Raihan), 스나다(Snada) 등의 노래, 오픽(Opick)의 '신께 감사하나이다(Bersyukur Alhamdulillah)'라는 노래는 여기저기에서, 길거리에서, 건물에서, 마을에서, 대학교에서 울려퍼진다. 이슬람 기숙학교와 이슬람대학교(IAIN) 출신의 시인 후돌리 자이니(M. Fudoli Zaini; IAIN Sunan Ampel), 엠하 아이눈 나집(Emha Ainun Najib; Pondok Gontor), 무스또파 비스리(K.H.A. Mustofa Bisri; Riadhatut Thalibin Rembang), 끼아이 무하맛 주흐리(Kiai Muhammad Zuhri; Sekarjalak Pati), 끼아이 데 자와위 임론(Kiai D. Zawawi Imron), 함디 살랏(Hamdy Salad)과 아비다 엘 칼리키(Abidah El Khaliqie), 그의 아내인 아흐맛 슈바누딘 알위(Ahmad Syubanuddin Alwy), 아셉 잠잠 누르(Asep Zamzam Noor) 등은 다음과 같은 신비주의 문학(sastra mistik tasawufi)을 탄생시켰다:

- 수따르지 칼초움 바흐리 알 하지(Sutardji Calzoum Bachri Al Hajj)의 '도착(Sampai)', '이둘 피트리(Idul Fitri)', '거울(Cermin)', '카바와 마주하다(Berdepan-depan dengan Ka'bah)' 등의 시.
- 다나르또(Danarto)의 'Rintrik Jantung Tertembus Anak Panah', '권좌(Tahta)', '빛의 파편들(Lempengan-lempengan Cahaya)', '대지 위에 하늘 위에(Di Atas Bumi di Atas Langit)' 등의 단편소설과 'Allah Menuju Pemeratan Ketuhanan'의 시.
- 엠하 아이눈 나집(Emha Ainun Najib)의 '나는 사원이다(Aku Masjid)' 시, 'Lautan Jilbab', '전나무 가족(Keluarga Cemara)' 등의 드라마, 'Syair-syair Asmaul Husna', 'Israk Mikraj yang Asyik' 등의 시.
- 이끄라느가라(Ikranegara)의 'Qasidah Adam Khalifah', 'Wirid Menjelang Fajar' 장(긴) 시(40페이지 풀스 캡판)
- 아 하밋 자바르(A. Hamid Jabbar)의 '임종전 하느님을 영접하다(Sebelum Maut Itu Datang yang Allah)', '갑자기 흔들리는 나의 양탄자(Tiba-tiba Sajadahku Bergoyang)' 등의 시.

참고 문헌

Agustinus, Linus Suryadi.(peny.). 1987. Tonggak 1, 2, 3, 4. Jakarta: Gramedia.

Bachri, Sutardji Calzoum. 1981. O Amuk Kapak. Jakarta: sinar Harapan.

Bisri, A. Mustofa. 1990. Ohoi Puisi-Puisi balsam. Jakarta. Pustaka Firdaus.

Budianta, Eka. 1983. Sejuta Milyar Satu. Jakarta: Penerbit Arcan.

Bosye, Motenggo. 1998. Dua Tengkorak Kepala. Jakarta: Pustaka Firdaus.

Danarto. 2001. Setangkai Merpati di Sayap Jibril. Yogaykarta: Bentang Budaya.

Eneste, Pamusuk(peny.).2001. Buku Pintar Sastra Indonesia. Jakarta: penerbit Buku Kompas.

Fananie, Zainuddin. 2002. Telaah Sastra. Surakarta: Muhammadiyah University Press.

Hamzah, Amir. 1954. Nyanyi Sunyi. Jakarta: Dian Rakyat.

Handry TM(peny.). 1982. Puisi heroik Jawa Tengah. Semarang: Keluarga Penulis Semarang.

Imron, D. Zawawi. 1996. Bantalku Ombak Selimutku Angin. Yogyakarta: Ittaqa Press.

Jassin, H. B. 1967. Kesusastraan Indonesia Modern dalam Kritik dan Essay. Jakarta: Gunung Agung.

______. 1974. Chairil Anwar Pelopor Angkatan: '45. Jakarta: Gunung Agung.

Joyosurto, Kinayati dan Wungsur, Trully. 2004. Mozaik Sastra Indonesia.

Jakarta: Nuansa.

Mahayana, Maman S. dkk, 1992. Ringkasan dan Ulasan Novel Indonesia. Jakarta: Gramedia.

Mulyanto, D. S. dan Ismail, Taufiq. 1995. Prahara Budaya Kilas Balik Ofensif LEKRA/PKI Dkk. Bandung: Mizan.

Muthari, Abdul Hadi Wiji(peny.). 1985. Sastra Sufi. Jakarta: Pustaka Firdaus.

Najib, Emha Ainun. 1983. 99 Untuk Tuhanku. Bandung: Penerbit Pustaka.

______. 1994. Abracadabra Kita Ngumpet. Yogyakarta: Bentang Budaya.

Pinurbo, Joko. 2001. Di Bawah Kibaran Sarung. Magelang: Indonesia Tera.

Pradatokusumo, Partini Sarjono. 2005. Pengkajian Sastra. Jakarta: Gramedia Pustaka Utama.

Rampan, Korrie Layun. 2000. Angkatan 2000 dalam Sastra Indonesia. Jakarta: Grasindo.

Rendra, W.S. 1980. Potret Pembangunan dalam Puisi. Jakarta: Lembaga Studi Pembangunan.

______. 1998. Orang-orang Rangkasbitung. Yogyakarta: Bentang Budaya.

Rosidi, Ajip. 1976. Iktisar Sejarah Sastra Indonesia. Bandung: Binacipta.

______. (peny.). 1977. Laut Biru Langit Biru. Jakarta: Pustaka Jaya.

Sayuti, Suminto A. 2002. Berkenalan dengan Puisi. Yogyakarta: Gama Media.

Simatupang, Iwan. 1974. Kering. Jakarta: Gunung Agung.

Sofyan, Oyon(peny.). 1995. Sajak-sajak Perjuangan dan Nyanyian Tanah Air. Jakarta: Penerbit Obor.

Sugono, Dendy(peny.). 2003. Ensiklopedi Sastra Indonesia Modern. Jakarta: Pusat Bahasa Depdiknas.

Sujarwanto dan Jabrohim. 2002. Bahasa dan Sastra Indonesia Menuju Transformasi Sosial Budaya Abad XXI. Yogyakarta: Panitia FIBSI XXIII Universitas Ahmad Dahlan.

Sutarjo W.M. dkk. 1984. Bagi Masa Depan Teater Indonesia. Bandung: PT Ganesya.

Teeuw, A. 1980. Tergantung pada Kata. Jakarta: Dunia Pustaka Jaya.

Waluyo, Herman J. 1987. Teori dan Apresiasi Puisi. Jakarta: Erlangga.

______. 2003. Apresiasi Puisi bagi Pelajar dan Mahasiswa. Jakarta: Gramedia Pustaka Utama.

Wiji Thukul. 2004. Aku Ingin Jadi Peluru. Magelang: Indonesia Tera.

Woko, Adri darmaji. 1993. Dari Negeri Poci. Jakarta: Pustaka Sastra.

찾아보기
- 인명 -

ㅁ

ㅂ

ㅅ

ㅇ

ㅈ

ㅋ

ㅍ

ㅎ

찾아보기
- 문학 용어 및 기관 -

ㄱ

ㄷ

ㄹ

ㅁ

ㅂ

인도네시아 문학사

초판 인쇄 2019년 3월 7일
초판 발행 2019년 3월 14일

지은이 얀트 무지얀또(Yant Mujiyanto)
아미르 푸아디(Amir Fuady)
옮긴이 김장겸
발행인 김인철
총괄 · 기획 가정준 Director, University Knowledge Press
편집장 신선호 Executive Knowledge Contents Creator
도서편집 박현정 Contents Creator
전자책편집 인은주 e-Contents Creator
재무관리 강현주 Managing Creator
사전 · 출판 정준희 Contents Creator
마케팅 파트장 백승이 Chief Marketing Creator
마케팅 이현진 Marketing Creator
발행처 한국외국어대학교 지식출판콘텐츠원
02450 서울특별시 동대문구 이문로 107
전화 02)2173-2493~7
팩스 02)2173-3363
홈페이지 http://press.hufs.ac.kr
전자우편 press@hufs.ac.kr
출판등록 제6-6호(1969. 4. 30)
디자인 · 편집 (주)이환디앤비 02)2254-4301
인쇄 · 제본 네오프린텍 02)718-3111

ISBN 979-11-5901-446-8 03830 정가 28,000원

*잘못된 책은 교환하여 드립니다.

HUiNE은 한국외국어대학교 지식출판콘텐츠원의 어학도서, 사회과학도서, 지역학 도서 Sub Brand이다. 한국외대의 영문명인 HUFS, 현명한 국제전문가 양성(International +Intelligent)의 의미를 담고 있으며, 휴인(携引)의 뜻인 '이끌다, 끌고 나가다'라는 의미처럼 출판계를 이끄는 리더로서, 혁신의 이미지를 담고 있다.